青春魅力好口才

高情商
聊天艺术

陈小明 / 编

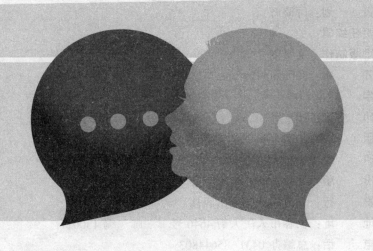

北方妇女儿童出版社

·长春·

图书在版编目（CIP）数据

青春魅力好口才／苏千语等编著；陈小明编. --
长春：北方妇女儿童出版社，2020. 6
ISBN 978-7-5585-4368-5

Ⅰ. ①青… Ⅱ. ①苏… ②陈… Ⅲ. ①口才学-通俗
读物 Ⅳ. ①H019-49

中国版本图书馆 CIP 数据核字（2020）第 087525 号

青春魅力好口才

QINGCHUN MEILI HAOKOUCAI

出 版 人：刘　刚
策　　划：师晓晖
责任编辑：关　巍
排版制作：文贤阁
开　　本：880mm×1230mm　1/32
字　　数：500 千字
印　　张：20
版　　次：2020 年 6 月第 1 版
印　　次：2020 年 6 月第 1 次印刷
出　　版：北方妇女儿童出版社
发　　行：北方妇女儿童出版社
地　　址：长春市人民大街 4646 号　　邮　编 130021
电　　话：总编办 0431-85644803
印　　刷：阳信龙跃印务有限公司

全套定价：108.00 元

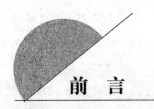

前　言

　　当你喜欢或者说欣赏一个人而期望与之结交的时候，你最怕的是什么？或许，最让人忧虑的一点就是，你与之聊不来、无话可说。没有足够的聊天话题，缺乏恰当的聊天方式，两个人的心百般碰撞，就是难以融合，发不出和谐的共鸣。鉴于此，想必你也该认同，我们有必要讨论一下该如何智慧聊天这一话题了。那么，何为智慧聊天呢？不妨这么来解读，智慧聊天就是依据人群类型的差异，选择合适的聊天话题与聊天方式，愉悦对方，让对方喜欢、信赖与接纳自己，并由此实现聊天利益的最大化。简而言之，智慧聊天就是会聊天。

　　在现实生活中，我们常能看到，在聊天过程中，有的人只需极少的语言，就能够在聊天中打动对方，在对方心里留下深刻的印象。

　　有个小伙跟他女朋友是在跳广场舞的时候认识的，相识过程堪称传奇。

　　一天，小伙被母亲大人以减肥的名义硬拽去跳广场舞。没想到的是，这舞一跳还跳出了惊喜。在跳舞的过程中，小伙遇见了一个容颜清秀、身段娇好的姑娘，对其一见钟情。于是小伙径直走到姑娘面前，装出一副绅士模样，对姑娘说道："姑娘，咱俩玩个小游戏吧，谁先背下对方的手机号码就算谁赢。"姑娘先是一阵愕然，后是慢半拍地大笑了起来。确实，这么幼稚的搭讪方式，会用这招的实属人才。

很显然，小伙一句话就成功撩动了美女的芳心，姑娘爽快地给出了自己的手机号码。两个人说得很是投机，好像有聊不完的话题，都大有相见恨晚之感，小伙成功抱得了美人归。

后来，已经成为小伙女朋友的姑娘对小伙撒娇道："我才不是着了你甜言蜜语的道，只是好久没有遇到聊天痛快的人了。"

可以见到，男孩一句奇趣的开场白便有效地洞开了女孩的心扉。所以说，会聊天的人无须长篇累牍，寥寥数语便能触动人心。亦即是说，会聊天的精髓就在于，不是说了多少话，而是说的话要让人喜欢。

那么，怎样说才能让人喜欢听呢？或许可以从以下两方面着手：一、锤炼说的话语，即在出口前过脑过心；二、训练说话方式，即如何巧妙地表达自己与顺畅地与人互动。私以为，相较于说的内容，对说话方式的训练或许是更实效与快捷的途径。

有这么一对特会聊天的夫妻。一天，在各自单位里受了气的夫妻二人下班回到家，两相碰面，妻子没有立马来寻求安慰，丈夫也没有急着倾诉自己的不满与愤怒，二人都还似新婚燕尔时那般投射给对方久候终见的惊喜神情，异口同声地说道："你回来了呀！"之后便是甜甜的相与温存。

两人一同用完晚餐后，沙发上，妻子头枕着丈夫的肩膀，环抱着丈夫的身腰，一副小鸟依人状，以极委屈的声音说道："今天，我可倒霉了……"丈夫宠溺地凝视着自己的妻子，轻挠着妻子的手心，听妻子的抱怨就如同在听情话一般，专注而调皮。见丈夫这般模样，妻子有些感动，也有些好笑，捶了丈夫一个粉拳，然后凑到丈夫的耳际说道："谢谢我家亲亲老公提供的耳朵，我好多了！现在想想也不是什么大不了的事。咦，这耳朵怎么像猪耳朵……"然后轻轻地咬了一口，一番欢笑打闹在所难免。

嬉玩一阵后，妻子板正丈夫的头，直视丈夫的眼睛，似要洞彻其中的奥义一般，温柔的声音飘然而出："刚才进门的时候，我就发现了你有心事。来来来，委屈巴巴的小娘子，别不开心了，让本老爷来调戏调戏！"说完，妻子便眉飞色舞地讲述起了有关自己的一些糗事。

一个人说得津津有味，或者说滔滔不绝；一个人听得哈哈大笑，或者说瞠目结舌。在这蜜里调油的欢快中，丈夫早就将心中的不快抛到了九霄云外。

最后，丈夫说道："也没什么，就公司一点儿事……谢谢夫人，能有一个相与欢笑的你，是我这一生最大的福分了！"之后，丈夫对着羞涩妻子的性感嘴唇就是一记窒息的痛吻，一切已尽在不言中……

在爱情里，聊得来的人才能走进彼此的心扉、聚在一起。事实上，推之于更为宽泛的人际关系，又何尝不是如此。在上述事例中，我们可以看到，夫妻二人相与的聊天方式才是感动人心的存在，自然、亲切、温馨、甜蜜，哪怕相对无言，怕是二人的心也早已融合在了一起。

漫漫人生路，经由智慧地聊天收获的温暖，不知会消减多少寂寞寥沙洲冷的孤寂。而且，更为现实的动机是，在这高度竞争的现代社会里，能说会说、与人聊得来，你的人生才可能攀上更高的山峰。譬如，在电梯里与上司偶遇，谈论起当前的工作，有的人支支吾吾、表达得一塌糊涂，聊得很是扫兴；有的人思路清晰，表达得清清楚楚，聊得甚为畅达。可想而知，谁会给上司留下好印象，谁的发展前景会更光明。曾有人如此总结道："大部分影响生活的事情，你仔细研究就会发现，都是不善于与人聊天导致的。"对此，不知你们又是如何看待的？

上述言辞种种，似有杂乱，但皆可归纳于一点要旨的统筹之下，即我们要学会智慧地聊天，千方百计地与人聊得来，如此，不论在事业上、爱情上，还是在个人精神层面的满足上，你都能收获良多。当然，我们必须承认，会聊天并不是天生的技能，但同时，这也就意味着，我们可以在后天的不断训练中日益精进我们的聊天本领，并最终做到因语勾心、凭言倾心。

《高情商聊天术》这本书正是深感于"会聊天"的重要性及现代人聊天技能的贫乏与退化，谨怀抛砖引玉之心，姑陈陋见，共勉于自我聊天技能提升的征途。但愿，凭借于苦心孤诣下而不断增进的聊天智商与聊天情商的双重加持，我们的人生都能开创一个崭新的局面！

‖ 目 录 ‖

第一章 ————————

惊艳开场，亮嗓就要抓住
他人之心

‖ 勇于搭讪，大胆向人展现自我

当我们希望认识那些我们所欣赏的人时，经由搭讪，我们才能开启与之交往的序幕。事实上，搭讪的意思仅是简单意义上的与陌生人交流，是我们所应该具备的一种社交破冰能力。

有个男孩爱上了班上的一个女生，于是每次上课的时候，他都会坐在女孩的后面。然而遗憾的是，他从不敢对女孩说一句话。

女孩身边从来不乏追求者。相形之下，男孩总觉得自己配不上女孩。所以，男孩不敢表白自己的心迹，只能在座位后面默然凝望女孩的倩影。

直到半年后，男孩发现女孩与同系的一个学长并排漫步在校园的林荫大道上，这才后悔莫及。而且之后，男孩再也没有坐在女孩的后面，总是避得远远的。

男孩沉浸在遗憾与痛苦中艰难度日，晃眼间又过了一个寒暑。突然有一天，女孩竟主动地坐到了男孩身边，相伴无言。男孩想这可能是女孩的无心之举，但紧张的心还是抑制不住地突突狂跳。而后每一次上课，都重复着相同的故事：女孩主动在男孩身旁的座位坐下，男孩则神情羞涩、局促不安。终于有一天，有人主动打破了沉默。

女孩低着头盯着自己的小手，似带幽怨地说道："你知道吗，我等你说出你的心里话已经好久好久了，可是你……"

男孩听到女孩的话，身体犹如过电般地震了一下，平复良久，才发出了明显是因为过度紧张而显得颤抖、干涩的声音："你说的是……我……"

女孩的头垂得更低了，只听到一个细若蚊蚋的声音飘扬而出："嗯！"

原来，女孩早就看出了男孩的心意，而且一开始就对男孩很有好感。她一直在等待男孩的表白，但怎么也想不到这个傻瓜是个榆木疙瘩，丝毫没有察觉女孩眼神里流露出来的情意。后来，学长追得急了，女孩不得已才去与学长说了个清楚，不曾想又被男孩撞见了，连解释的机会都没有……

可以看到，正因为男孩怯于搭讪，不敢向女孩表白，差点留下爱情的遗憾与痛苦。

在人际沟通中，搭讪是一种突破与战胜自己的最好方式，它能够使我们心灵的能量得到提升与扩充，助益我们走出人际疏离的困境，张扬内心与人交往的愿望，活得更为快乐与自信。

1. 克服恐惧心理

很多人都会有这样的困惑："为什么我一想起搭讪这件事就会不自禁地紧张？"其实，这是心理恐惧症在作祟。你需要正确认识到的是，恐惧心理人人都有，只不过程度不同而已。即便是那些善于搭讪的老手，在与人搭讪时也难免会有紧张的情绪。其实，形成这种状况的根本原因就是不敢表现自己，太过于顾忌他人的感受与他人对自己的看法，害怕别人对自己细微的过失批评指责，对自己真实的能力心存疑虑。

在一个大型的联谊舞会上，伴随着浪漫的音乐，男男女女翩翩起舞。

只见角落处，独坐着一名优雅的男子。他端着一杯红酒，神情复杂而萧索地注视着场上一对对带着一脸幸福感与满足感的男女。同来的朋友们一个个绅士地邀请到了他们心仪的女孩下了舞池，最后只有他落了单。

事实上，他在心中不止一次地暗示自己："勇敢点儿吧，有什么不好意思的呢？"也在脑海中不止一次地幻想着这样的画面：绅士地走到美丽姑娘的面前，面色柔暖，伸手躬身做出"请"的姿态。女孩羞笑盈盈，伸出纤纤玉手。两人就如同电影中的王子与公主，甫一亮相便惊艳全场。然而，总有一个该死的声音又不合时宜地萦绕在耳畔："别傻了，要是被拒绝了，立刻就糗爆了！"于是，男子又一次次地泄了气，刚要迈出的脚步也怯怯地收了回来。场上的欢快、热烈与他周遭的冷寂形成了强烈的对比，使得他内心倍觉凄苦与不自然。

正在他自苦之际，他发现远处角落里有一个独坐的文静女子如他一般神色落寞地注视着场上舞动的人群。他意识到这会是一个绝佳的机会，但内心还是颇为挣扎。最后，抱着"必死"的决心，男子向女子走了过去。走到女子面前，他绅士地伸出了因为紧张而有些潮湿的手，说道："美丽而优雅的女士，可否赏脸一起跳个舞？"令他振奋的是，女子缓缓地将手搭在了他的手上。

这次勇敢的搭讪行为，不仅化解了他在舞会上的尴尬，而且还为他收获了一份美好的爱情。

男子很想邀请女孩跳舞，但因为恐惧而踟蹰了好久。不过当他终于勇敢地与女子搭讪后，才发现自我之前的无端臆想原来是那么幼稚与可笑。男子或许会庆幸，好在自己勇敢地迈出了那一步，不然的话，那得是多大的遗憾啊！

搭讪其实并不像我们想象中的那么难，只要战胜了自我内心对搭讪的恐惧，搭讪就会变得如喝水一般简单。不再过于关注搭讪的结果，或许我们就能变得更为从容与勇敢一些。

2. 洞悉防备心理

一般而言，当你意图搭讪时，别人都会对你存在防备心理。防备心理分很多种，并不单单是对某些恐惧感的防备，也可能是对某一种认知的防备。若无法正确认知这一心理，不能对症下药，对方非但不会卸下防备心理，反而会进一步强化对你的戒备，从而影响到你的搭讪，让你觉得自己说什么都错。

一天，王洲去参加一个宴会。席上，他搭讪一名陌生女子道："你好！"

对方也不言语，只是神情闪烁地打量着王洲。

这种感觉让王洲很不舒服，但他还是和善地继续说道："别害怕，我是个好人。"

令王洲错愕的是，对方就如同一只蜷缩的刺猬，冷冷地说道："无论你是何目的，我是不会吃你这一套的。"

王洲还是头一次遭到这么直白的拒绝，一时不知道该如何应付了，下意识地掏出了口袋中的证件递给对方："你看，我真的是个好人！"

对方依旧冷眼看着王洲，淡然说道："是吗？但是证件又能代表什么呢!"

王洲似乎意识到自己太过急切了, 于是努力地平复了下心情, 徐徐说道: "我是诚心与你结识的, 可能有点儿冒失了, 真的很抱歉。"

可能对方认为以王洲的衣着、谈吐看起来确实不像个坏人, 于是语气变柔道: "毕竟我们还不认识。"

"嗯! 我明白你的感受, 若是街上突然有陌生人与我搭讪, 我肯定也会警惕万分。"

"哦, 您能明白我的想法那真是太好了。"

"这样吧, 我们互留一个联系方式, 若你觉得我不是一个坏人, 我们可以做朋友的话, 不妨改日约出来好好聊聊。"王洲优雅地递上了自己的名片。

对方接过名片, 仔细看了一下, 说道: "或许我们真能成为朋友。"然后很自然地将自己的名片递给了王洲。

事实上, 正是王洲的名片彻底攻破了对方的心防。因为名片上不仅有联系方式, 还有工作单位, 成功地让王洲在对方心里树立起了正面形象。

不难看出, 该女子的防备心理源自对陌生人的不信任。推人及己, 若是你遇到一个陌生人的搭讪会做何反应呢? 我们不免会在心里打鼓: 他究竟是有什么企图? 也就是说, 面对搭讪者, 每个人都会有防备心理。

事实上, 这种应激性的防备心理在我们还未对搭讪者做出有效判断时会愈发强烈, 因为人们往往对未知的事物有着本能的排斥。基于此, 首先, 你要在外形上给予对方良好的第一印象, 譬如衣着、谈吐等；其次，切忌急迫而盲目地解释你的意图，而是要找准对方防备你的主要原因，有针对性地伺机突破，譬如，对方对你的观感不太好，而你一味地强调你有多么善良是毫无用处的。

▍称呼要恰当，给人留下好印象

在人际交往中，称呼是聊天双方所采用的称谓语。从实际效果来看，准确、恰当的称呼有着无比巨大的效能，不仅能更好地展现出自己的素质与涵养，而且能充分照顾到聊天对象的情绪感受与心理需求。简而言之，恰当的称呼能给聊天对象留下好的印象，并由此而高效地启动聊天进程，并使之顺畅地向前延展。

古语有云，良言一句三春暖，恶语伤人六月寒。称呼是聊天之始的见面礼，亦是启动聊天的敲门砖，一言能勾心，一语可伤人，可以说在很大程度上决定着人们交往活动的成败。所以，与人交流务必要提高自己的称呼艺术。

有这么一位刚考上大学的女学生，在其第一次踏进大学校园的时候，由于对校园还不熟悉，兜兜转转，就是找不到自己被分配的住宿楼的位置。

就在女学生不知何去何从之际，一个手臂上戴着"卫生管理员"袖标的老大妈出现在了女学生的视线里。女学生难抑内心的狂喜，闪电般地追了上去。

女学生一脸怯懦、诚挚的神情，谦卑有礼地向老大妈问道："老奶奶，请问您一下，XX 宿舍 XX 号楼怎么走啊？"

女学生本是满怀期冀地等待着老大妈为自己指点迷津，孰料老大妈没好气地回答了一句"不知道!"然后就径直地走开了。茫然的女学生酸楚地忖度道："我究竟是哪里做得不对了，竟招惹起大妈如此深重的敌意？"

后来，女学生从学姐口中得知，那位老大妈非常忌讳别人说她老。若有人称呼她为老奶奶，她会非常不爽；若有人称呼她为阿姨，她对人就非常热情了。

可以看到，正是女孩不谙称呼的艺术，所以才受到了大妈的冷遇。由此可见，在人际交往当中，谨慎地选择称呼语是有多么重要。

聪明的人在与人聊天时，都会用一个恰当的称呼使对方喜笑颜开。话还未谈，一句暖人心肠的称呼已经悄然地拉近了与对方的距离。兵法有云："兵马未动，粮草先行。"若说与人聊天是"打仗"，那么，称呼就是这场战争的"粮草"。"粮草"充足，未开战便已先胜三分。

需要注意到的是，称呼并无特定的模式，而且不同的人对称呼的需求与期望也不尽相同。方方面面的因素综合起来，造就了人际称呼的多元化与复杂性，增加了实现准确、恰当称呼的难度。但是，我们需要注意到的是，称呼虽无一定之规，但恰当的称呼还是存在一些共性的，即展现出自己的礼貌与体现出对他人的尊重。如此，对方的内心才能为自豪感与满足感所充盈，也才更乐于与你接触、与你深入地聊下去。

当然，除了原则性的把控，我们还是能在称呼技巧上做些文章的。在具体称呼时，我们可以从如下两方面着手。

1. 叫出对方名字

对任何一个人而言，最动听、最重要的字眼就是他的名字。名字就是人的尊严，在一定程度上也是人的价值符号，因此，渴望别人记住并叫出自己的名字是人内心深处近似本能的一种心理需求。

X 中学招聘语文老师，要求所有的应聘者当堂试讲。大家都希望脱颖而出，为此做了充分准备。

上课铃声响起后，一位位应聘者面含微笑走上讲台。与学生致意后，应聘者开始试讲。为了活跃课堂氛围，应聘者们都设计了提问的环节。其中的一位应聘者提问效果不太理想。试讲结束后，他自觉被录用的可能性微乎其微。

但是出乎意料的是，几天后他却接到 X 中学人事部的通知，告知他应聘成功。他既惊喜又惊讶。后来，他问校长自己被录用的缘故。校长微笑着说："你试讲的那堂课确实不如别人的出彩。但是你有一点胜过了其他人，那就是你在提问时，不是喊学生的学号或用动作指示学生回答，而是叫出了他们的名字。你的这种做法是对学生的一种尊重，试想，我们怎么能不录用这样的老师呢？"

案例中的应聘者因为在课堂上叫出学生的名字而被校方聘为语文老师。可见在人际交往中，叫出别人名字的人更易受人尊敬和欢迎。

叫出对方的名字，是对对方的一种重视，更是一种尊重。假如你跟他人聊天，对方对你很熟悉、很热情，你却叫不出对方的姓名，每每用"喂"或"你"来代替。可以想见，这种情境会让你何其尴尬，让对方何其失望。因此，在与人聊天时，你需要叫出对方的名字。

2. 揣摩对方心理

人们对称呼的需求与期望是存在个体差异的。当我们在与不同的人打交道时，首先就得揣摩人们的不同心理，然后针对人们的特定需求与期望，予以恰当的称呼。如此，就能有效避免陷入因称呼不当而遭人白眼的窘境。

胡涛大学毕业后，幸运地应聘进了一家自己心仪的公司。去公司报到那天，胡涛就暗下决心：一定要处理好与同事之间的关系。因为胡涛清楚地认识到，只有这样，自己才能在公司有好的发展前景。正是秉承这样的信条，无论在公司碰到什么人，胡涛都是笑脸相对，热情称呼。然而，出乎胡涛意料的是，他这种自以为友善的行为却将一名同事得罪得不轻。

原来，胡涛逢男同事就称大哥，逢女同事就称大姐。通常，面对胡涛这个青涩小伙的热情称呼，一般人也就乐呵呵地接受了。毕竟，虽然不喜欢被人冠以老气的称谓，但相较于胡涛的年纪，被胡涛称呼为大哥或大姐似乎也理所应当。所以，每当被胡涛这么热情地称呼，尤其是在大庭广众之下，同事们虽略感无奈，但也只能于心底自我调侃道："哎，岁月不饶人啊！"

一日，胡涛碰到了一个与自己年纪相仿的女同事。由于该女同事比胡涛先进公司，所以胡涛惯性地称呼了她一声大姐。听闻此言，女同事脸色一沉，抛给了胡涛一记白眼。气氛顿时变得尴尬至极，胡涛只得讪讪地离开了。

后来，这名女同事向其要好的朋友吐槽道："有些人'弱智'起来简直是无敌了！真是受不了我们公司的一个蠢货。前几天居然喊我大姐，我有那么老吗！"

可以看到，胡涛对年轻女同事冠以"大姐"的称呼，严重地戳伤了女同事的心。女孩子往往对年纪最为忌讳，而胡涛显然没有考虑到这一点。正是因为胡涛对女性心理缺乏足够的认知，使得他在女同事心里留下了坏印象。

与胡涛一样，张鸣也是一个刚出校园的职场新人。但有别于胡涛的是，张鸣对同事的称呼却能让每一个与之打交道的人都发自真心地感到欢喜。

上班第一天，张鸣就发觉同事们都很严肃。张鸣心想：对同事的称呼一定要恰当得体，千万不能让别人感到不舒服。经过一段时间的苦思冥想，张鸣想到了一个绝妙的方法：既然自己是新人，那就不妨称呼所有的人为领导。

事实上，张鸣之所以想到以"领导"一词来称呼同事，是因为张鸣深谙职场人士的共性心理，即每一个在职场打拼的人都梦想着有朝一日能当上领导，或者说，每一个人都有被尊重的情感需要。最重要的是，张鸣对同事无差别地冠以领导的称谓，既满足了某些人的虚荣心理，又不会让人觉得张鸣虚伪。

果然，经由称呼同事为领导的做法，张鸣很快就博得了同事们的好感与信任。

不同于胡涛的是，张鸣敏锐地认识到了同事们的虚荣心理，给予的称呼才能让所有人都喜欢。

通常是这样，开口称呼人容易，但要想称呼精准、恰当就不那么容易了。称呼，是一个细心的工作，不仅反映着我们自身的教养以及对他人尊重的程度，而且体现了我们与人交往时的反应机敏度。

‖ 巧妙自我介绍，让人记住自己

当你想与一个初次见面的人聊天时，你或许就会下意识地思考："我该如何做自我介绍，又如何借由巧妙的自我介绍触动别人的谈兴？"

事实上，在人际交往之初，每个人都会遇到这样的问题。而且，我们也往往能看到，那些能与人聊得开、聊得来的聊天高手都非常精通于做巧妙的自我介绍。好的自我介绍，不仅能让人粗略地了解到你传递给别人的有关于你的一些基本信息，而且也能作为一个开启聊天的好话题。当别人对你萌生出进一步了解的兴趣后，别人又怎会不愿意与你聊？

孙祥是大学辩论队的一名辩手，个子不高，还戴着一副厚重的眼镜。可以说，孙祥并非典型的帅哥形象。但凭借出众的口才，孙祥却博得了一众女性粉丝的青眼。

有一次，孙祥去参加学校组织的一次辩论赛，对观众自我介绍说："我的眼睛虽然近视了，但这丝毫不会减损我的睿智与远见；我的耳朵不大，所以我时刻提醒自己要保持专注以更好地捕捉对手话语里的逻辑错误与认知漏洞；我的嘴巴不大，但说出的话语绝对掷地有声；我个子虽矮，但有句话说得好，浓缩的就是精华。有人说'在一定条件下，缺点也能变为优点'，我阅历尚浅，是故不敢轻下断言。但毋庸置疑的是，在一定条件下，自身的一些缺点绝对能变成个人的标志性特色。我，就是一个活生生的例子，不知大家认可不认可!"

可以看到，孙祥的自我介绍是非常巧妙的。孙祥借助自己的容貌来自嘲，不仅能博人一笑，还变相地介绍自己在辩论方面的口才优势。借由这种巧妙的自我介绍，孙祥怕是不想让人记住自己也难。对于像孙祥这样聪慧的人儿，又有谁不会喜欢并期望与之交往呢?

那么，在一般的聊天的场景之下，我们该如何巧妙地自我介绍以撩拨他人愿与我们聊天的兴趣呢?

1. 自我介绍有礼数

就是这么诡异，有的人做自我介绍能得罪人，有的人做自我介绍却可直抵人的心怀。为何会如此天差地别呢?关键就在于，我们在做自我介绍的时候是否有礼貌。

小柏应聘上了客服的岗位，不过，这还是她头一次做这样的工作。

在她第一次接听客户来电的时候，因为过于紧张，说话毫无逻辑，导致客户根本听不懂她在说什么。焦急的小柏不得不捂住话筒，小声地向旁边的同事求救道:"张姐，你好，我是新来的小柏。姐，我头一次做这样的工作，业务上还不是很熟，现在客户好像听不懂我说的意思，您能帮我与客户沟通一下吗?"

张姐听到小柏近乎可怜的求救与温和谦逊的话语，心一下就软了，想道:"这个姑娘这副认真而又可怜的模样，还真是惹人心怜！"

于是，张姐挪了过去，拍了拍小姑娘的肩膀，示意"一切有我，别担心"，然后拿起了电话与客户顺畅地交流了起来。

可以看到，正是小柏在自我介绍时非常注重对张姐的礼数，才得到了张姐善意的回馈。在自我介绍时体现出对他人的尊重，不仅是一种优秀的社交品质，更是一种高贵的人格修养。拥有这样素质的人在自我介绍时往往能给人一种如沐春风之感，让别人生不起丝毫抵抗与排斥的心理。

2. 自我介绍要幽默

聪明的人在进行自我介绍时，往往都会尽可能地说得有趣一些，以便让人更深刻地记住自己。

章洋是一家公司的新进员工，他在参加的第一次部门早会上是如此介绍自己的："大家好，我叫章洋，大家叫我小章、小洋、洋洋都成！我的兴趣爱好还蛮广泛的，也喜欢与人交朋友，但就是有点儿'自卑'（章洋刻意停顿了片刻，部门同事皆露出疑惑之色）。我喜欢打篮球，可打不过姚明；我喜欢唱歌，可唱不过张学友……真是人比人气死人，怎叫人不自卑（章洋一副无可奈何的神情，同事们则笑得前仰后翻）！同样，我深深地喜欢现在的这份工作，但我也清楚地认识到，无论是工作能力还是工作经验，我目前都极为欠缺。所以，还请大伙以后多帮助帮助我这个'自卑'的新同事。在此，我先行谢过大伙儿了（章洋一脸的认真与诚挚，同事们则是哈哈大笑）！"

可以看到，章洋幽默的言谈，不仅拉近了自己与同事之间的距离，而且让大家迅速而又有好感地认识了自己。

3. 自我介绍要新颖

在如今这个高速运转的社会里，每个人每天见的人都不计其数。因此，若我们想要让别人深刻地记住自己，就要学会做与众不同的自我介绍，让人印象深刻、难以忘记。

吴岩是一名很有实力也很有想法的应届大学生。在得知一家知名大企业在本校举行校招会的时候，吴岩自信满满地去参加了。

在校招会现场，吴岩发现，前来应聘的人很多，而且，每一个应聘者只有几分钟的时间与面试官聊天。面对这一情况，吴岩心想，怎样才能在如此短的时间内充分地展示自己而更好地打动面试官呢？权衡再三后，吴岩决定剑走偏锋、出奇制胜。

吴岩究竟是如何做的呢？

当面试官邀请吴岩做自我介绍的时候，吴岩并未依照常规介绍自己的基本信息——事实上，这些基本信息在递交给面试官的简历上已经被写得足够明了了——而是将自己在校期间主导的一个项目详细地介绍了一番，最后更是将学校领导与指导老师的积极评价转述给面试官听。

在吴岩做这番介绍的过程中，面试官的表情变化甚为复杂，先是惊讶，渐是肯定，后已然只剩下欣赏与叹服。

与众不同的自我介绍能给人留下深刻的印象，也是获得好人缘的一条捷径。人们都有先入为主的思想，你经由自我介绍给人留下的第一印象对你接下来与人的交往会有很大的影响。

好的开场白可助你勾动他人心

当我们希望与人聊天时，开场白的重要性是再怎么强调都不为过的。曾有人如此说道："开场白就如同戏曲演出前的开场锣鼓，直接影响着听众的心态。"事实上，正是因为每个人都有先入为主的思想，所以开启聊天的话语才会显得如此之重要。

好的开场白，就应该达到一语勾心的效果。一语勾心，就能快捷而有效地构建起热烈融洽的聊天氛围，让对方觉得可与你聊，能聊得下去、聊得开心。

在某个社交场合，一名男士对一位美丽的女士一见倾心，于是坦然地上前搭讪道："嗨，这位美女，请问，你喜欢马吗？"

女士见这名风度翩翩的男士走近自己，本有些不知所措，但听闻这一莫名其妙的搭讪，还是没能保持刻意的矜持，脱口而出确认道："什么？"

男士不经意地邪魅一笑，继而满脸诚挚地追问道："你小的时候喜不喜欢马？"

女士彻底蒙了，挠头回答道："啊？还好吧！"

男士刻意装出一副落寞的神情，对女士柔声说道："噢！没关系，没关系！我想说的是，在我上小学的时候，有个女同学非常喜欢马。每当午睡的时候，她都会抱着她的马娃娃在我旁边玩，还会装马叫。"

女士听了男士这番话，不解地问道："不过，这与我有什么关联呢？为何你单单来询问我开头的那个问题呢？"

男士恳切地回复道："因为你们长得很像！"

女士这时才恍然大悟，也不禁乐了："嘻嘻……您认错人了！我还真记不得我小时候有那样的爱好，哈哈！"

男士落寞的神情进而表现得有点儿哀婉了，语气诚挚而低婉地说道："我能理解的！若我是她，我肯定也不会承认。事实上，我也并没有肯定你就是她。但是，若你就是那个我记忆中的小女孩的话，我想诚挚地向你道歉！"

女士再度疑惑起来，接话道："为什么要向我道歉呢？"

男士满怀期待地注视着女士的眼睛，煽情地说道："因为我以前经常欺负你。现在回想起来，我觉得很内疚。请问，若你是她的话，你会原谅我吗？"

女士笑得花枝乱颤，也有些莫名的感动，于是温柔地回答道："呃！我想，我应该会的！……"

……

经由此番聊天，这名优雅的男士与这位美丽的女士成了很好的朋友。

可以看到，男士剑走偏锋的开场白成功地触发了女士一探究竟的好奇心。于是乎，一段愉快的聊天便由此展开。详观男士的聊天之道，我们或许就能悟得一二，并举一反三，更好地锤炼与人聊天时的开场技巧。

那么，我们都能想到或者说借鉴哪些说开场白的技巧呢？

1. 制造悬念，激发对方的兴趣

人都有好奇的天性，对未知的事物都会有好奇感。一旦有了疑虑，就非要探出个究竟不可。为了激起对方的兴趣，用开场白制造悬念往往会收到不错的效果。

在一门心理学课程上，主讲老师缓步走上讲台，面带微笑环视了教室一周，看到教室座无虚席，很是满意。

主讲老师对着底下的学生开口说道："同学们，很高兴你们有兴趣来听我的课！中秋节马上就要到了，今天，我带了份礼物来送给大家。"

一听说有礼物收，本来还有些吵闹的教室立马就安静了下来，学生们一个个以期待的眼神注视着讲台上的老师。

主讲老师说道："今天，我带来了美味的月饼，你们喜欢吃月饼吗？"

学生们显然有些困惑了，因为老师分明两手空空。学生们越是不解，就越是聚精会神地注视着老师。

主讲老师说道："大伙儿张开嘴，准备接月饼了。"

底下的学生纷纷张大了嘴，主讲老师做出一副抛东西的姿势，好像手中真有月饼似的。

主讲老师笑着问道："学生们，月饼甜不甜啊？"

学生们异口同声地回答道："甜。"

主讲老师继而说道："虽然你们嘴里没有月饼，感受不到甜味，但当你们参与到这个有趣的互动中来的时候，你们是否会感受到开心与快乐？今天我要讲的就是微笑。可以说，在与人聊天时，微笑是给予他人最好的礼物，也是你个人素质最直观的体现……"

　　主讲老师的开场白充分调动起了学生们的兴趣，并成功地将话题转嫁到了课堂的主旨上去。可能参加了形形色色的讲座，大家记住的很少，但主讲老师的课怕是没人会忘记了。

　　2. 借题发挥，打开聊天的通道

　　借题开场是借助外在客观事物作为话题，从而开始讲话的一种幽默技巧。通常，当你的幽默效果展现出来了，并成功击中了对方的笑点，你与对方的心理距离就缩短了。此后，再转入正题，对方就会比较有兴趣听你说话了。

　　刘铮是一名颇有名气的作家。在一次作家聚会上，刘铮受邀发表了一席讲话。当天晚上，刘铮很想听听其他作家对他白天那番讲话的反应，就想着去其他作家住的酒店房间串串门。

　　当刘铮来到一间酒店房间门口的时候，发现门上贴有"请勿骚扰"字条，但刘铮还是毫不迟疑地推门而入。一进门，刘铮便笑着对房间里面的人寒暄道："各位，对不住哈，我来骚扰大家了！"

　　见来人是刘铮，众人纷纷起身相迎，几乎是异口同声地说道："欢迎骚扰！欢迎骚扰！"

　　就这样，气氛变得异常活跃起来。其间，大家畅所欲言。事后，每个人都觉得在此次聊天中获益良多。

　　可以看到，刘铮从"请勿骚扰"生发开去，以一句"我来骚扰大家了"开场，很好地消除了与人们之间的陌生感，密切了与人们之间的关系。我们在平常的聊天场景下，如果不知怎样开讲，不妨就使用借题开场幽默术。

3. 自我开炮，拉近彼此的距离

自嘲即"自我开炮"。用自嘲的方式来开场，会拉近说话人和倾听者之间的距离，让倾听者倍觉亲切。

有一次，美国著名律师约翰·马克要发表关于解放黑人奴隶的演讲。因为在场的听众大部分是白人，多数对黑人存在偏见，所以约翰·马克上台后修改了本来的演讲开场白。他是这样开场的："女士们，先生们，我来这儿与其说是发表演说，不如说是给这一场合增添一点儿'颜色'……"

约翰·马克的这一自嘲式开场白，让听众们大笑不止，本来严肃的气氛顿时变得活跃，对立的情绪也悄然消失了。虽然接下来的演讲言辞犀利，但是听众们并没有任何过激的反应，演讲大获成功。

约翰·马克凭借自嘲式的幽默开场白，赢得白人听众笑声一片，于无形中消解了他们的敌对情绪，同时使得沉重的演讲话题变得轻松自然，堪称绝妙。

4. 巧妙提问，炒热聊天的气氛

一般来说，人们在听到别人的询问后，都会下意识地展开思索。我们在说开场白时，不妨就利用人们的这一心理来吸引他人的注意力。当然，用提问的方式开场也是有一定技巧的，即所提的问题不能过于简单，要出人意料，能够引起听众的关注。

　　法国某大学邀请一位知名学者做学术报告，与会者皆是学术界的名流。这位学者为了在同行面前不失礼貌，给大家留下良好的印象，在报告开始之前就做了充分的准备。报告开始当天，他从容地登上讲坛，微笑地说道："诸位，你们是希望我用法语讲呢，还是希望我用英语讲呢？"这样的开场白完全出乎听众的意料，场上的气氛霎时变得活跃起来。

　　案例中的学者别出心裁的提问既表现出了他的博学多才，又带动了场上的气氛，为他在听众心里博得了一个好印象，可谓是一举三得。

　　以提问开场是一种最容易引起听众注意的方式，但也是一种不容易操作的方式，问得太多、问得太浅、问得太难、问得无关，等等，都会导致提问失败，引起听者的反感。所以，在实际运用时，一定要把握好提问的尺度。

妙趣小测试

测试内容

1. 平时，你经常与陌生人接触？

A. 是的，接 Q3

B. 不是，接 Q4

C. 偶尔，接 Q2

2. 你善于运用各种聊天话术？

A. 是的，接 Q4

B. 不是，接 Q5

C. 一般，接 Q3

3. 下面的卡通人物，你最喜欢哪个？

A. 史迪仔，接 Q6

B. 海绵宝宝，接 Q5

C. 小魔女梦娜，接 Q4

4. 你为什么最喜欢小魔女梦娜？

A. 聪明机智，接 Q6

B. 慷慨大方，接 Q7

C. 有创造性，接 Q5

5. 你为什么最喜欢海绵宝宝？

A. 风趣幽默，接 Q8

B. 心地善良，接 Q9

C. 人缘很好，接 Q7

6. 你为什么最喜欢史迪仔？

A. 它的能力强，接 Q7

B. 它非常可爱，接 Q8

C. 它充满好奇心，接 Q10

7. 你会为了一件不愉快的事而与好朋友冷战吗？

A. 会冷战，接 Q8

B. 不会冷战，接 Q10

C. 说不清楚，接 Q9

8. 即便是好朋友，你也不能触碰的隐私是？

A. 朋友的家庭，接 Q10

B. 朋友的爱人，属 III

C. 朋友的糗事，接 Q9

9. 你会考虑乘坐热气球吗？

A. 会考虑，接 Q10

B. 不会考虑，属 II

C. 随便，属 IV

10. 若修建一条路，你愿意分担什么工作？

A. 铺路，属 III

B. 搬运，属 I

C. 后勤，属 II

类型		场面话水平
I	90分	已登峰造极。能针对不同的聊天对象运用相应的聊天话术，让人感觉与你聊天似有如沐春风之感。
II	70分	已经很不错了。对陌生人能应对自如，对熟人则难于启齿。
III	50分	一般。善于应变，也有可能为刁钻的问题所难倒，对场面话略微有些排斥。
IV	30分	较低。情绪上非常抵触说场面话，也总是避免进入社交时刻与场地。

第二章

巧引话题，才能聊得开、聊得下去

有好的话题，彼此才能聊得下去

事实上，相较于练习各种聊天技巧，寻找到一个好的聊天话题或许更为重要。当然，我们也承认，寻找到一个好的聊天话题并非易事，尤其是在你与聊天对象还并不熟的情况下。然而，只要你还想与聊天对象建立起进一步的关系，你就应该在话题的寻找上动点儿脑筋、下点儿功夫了。你要清楚地认识到一点，即只有找到一个为对方熟悉并感兴趣的话题，对方才会有与你聊的愿望。

徐亮与金牧住在同一个小区，平时偶尔也能照面，算得上是点头之交。然而，最近的一次偶遇让二人的关系有了一个质的飞跃。

那天，徐亮正在一家渔具店与老板就一柄鱼竿讨价还价。这时，金牧走了进来。金牧是这家渔具店的老顾客了，而且与老板有很好的私交。在金牧的斡旋下，徐亮与老板以双方都能满意的价位成交了。

徐亮与金牧结伴往回走。一路上，两人边走边聊，从"渔具"说到"渔趣"，聊得异常投机。直至此时，两人才发觉对方竟与自己有着相同的兴趣爱好，而且对这一门道了解得还非常透彻，大有相见恨晚之感。

此后，两人经常结伴去钓鱼，关系日渐亲密，成了非常要好的朋友。

可以看到，徐亮与金牧这两个少有交流的邻居，正是因为寻找到了共同话题，才有了聊天的兴趣，从而发展成了好朋友。

林月性格外向，虽是个女孩子，但对足球几近痴迷，是一个地地道道的足球迷。有一次，林月被公司委派到北京去拓展业务，打通自家公司的产品在北京的销售渠道。

在开往北京的列车上，林月的邻座是一位有着浓厚东北口音的小伙。旅程漫漫，林月便与东北小伙聊了起来。

一开始，林月故作惊讶地说道："原来你是东北人呀！我特喜欢东北人豪爽的性格，而且我有几个非常要好的朋友也是东北人。与东北人打交道，就是痛快！"

显然，小伙听到林月的这番称赞，心里很是受用。还没等林月开口询问，小伙便主动地自报起家门："我叫蒋振，大连人，目前在北京工作。事实上，我们东北人除了性格豪爽之外，还非常重义气。"

接着小伙的话，林月说道："确实！东北人真的很团结。就拿大连足球队来说，虽然队中没有什么大牌球星，但凭借团队足球，大连足球队愣是在强队环伺的联赛中取得了不少好成绩。"

恰巧，蒋振也是一位球迷，而且还是大连足球队的死忠粉。说到足球这个话题，两人聊兴大发。就在这种愉快的聊天中，两人都感觉，原本漫长的旅程似乎结束得有些快了。

下车后，两人相约再找个时机好好聊聊。后来，在林月与蒋振的进一步交往中，蒋振为林月介绍了很多球迷朋友。在这些球迷朋友中，有一位还是林月极力争取的大客户。于是，林月轻松地完成了来北京的业务拓展任务。

可以看到，在"足球"这个双方都感兴趣的共同话题上，林月与蒋振聊得甚为投缘。得益于由聊足球而发展起来的友谊，林月还获得意外的收获，即取得了事业上的成功。

由此就能看出，建立在共同话题基础之上的聊天才能聊开他人之心、聊出彼此之间的情感。

1. 聊对方感兴趣的内容

世界上的人形形色色，性情志趣各是不同。所以，说话就得讲究因人而异。仔细留心那些人际关系好的人，就会发现他们身上存在一个共性：与不同的人聊不同的内容，而且聊的均为对方感兴趣的话题。想必，没有一个人会喜欢与那种自以为是、只顾自己的人聊天。人们只愿意与那些同自己有共同话题的人交往。

暑假的时候，叶超在姑姑家做客。有一天，姑姑家来了客人。姑姑招呼客人在客厅坐下后，便去厨房忙碌去了。

客人坐了一会儿，显然是感觉有些无聊了，于是将目光放在了正在摆弄帆船玩具的叶超身上。看了好一会儿，客人起身向叶超走了过去，饶有兴致地对叶超说道："我小时候也非常迷帆船！我记得，我那时的玩具帆船比你这个还要大不少呢！……"显然，客人说的话成功地勾起了叶超的兴趣。叶超向客人问了很多与帆船有关的问题，客人一一给叶超做了解答。

待客人离开时，叶超依依不舍地将客人送到门口，还表示希望客人能多来与自己玩。

"他对帆船好了解啊，肯定是一位帆船行家吧？姑姑，他明天还会来吗？"叶超问姑姑道。

姑姑笑道："帆船行家？或许吧。我只知道他是一名非常有名而且非常忙的律师。"

叶超不甘心地追问道："可是，他若不是一名帆船行家，说起帆船来怎么头头是道，而且还和我聊得热火朝天？"

姑姑笑得更甚了，说道："因为他知道，与你聊这些，你会很有兴趣。事实上，确实如此。不是吗？"

可以看到，客人通过与叶超聊帆船，让自己成了叶超喜欢的人。所以说，打动人心的最佳聊天方式就是，跟对方聊他感兴趣的话题。尤其是在与对方建立良好关系的过程中，聊对方感兴趣的话题是极为重要且具有显著效果的。

2. 聊彼此之间的共同点

在人际交往中，很多时候，人们需要去结识当下还不认识的陌生人。与陌生人的第一次聊天是人际交往中的一大难关。如果彼此一见如故，聊得投机，则可能发展为朋友；如果相对无言，想想就让人尴尬。与陌生人的第一次聊天能不能取得成功，主要的一点就看能不能找到彼此之间的共同点。从共同点下手，聊天往往就会变得顺利、愉快。

一辆客运汽车在路上抛锚了，驾驶员忙活了半天就是维修不好。

车上有一名退伍军人，而且这名退伍军人正好在部队学过车辆维修。正当退伍军人准备起身去帮忙的时候，一名乘客先一步走下去。这名乘客建议驾驶员检查一遍油路，果然，症结就在那里。

退伍军人将这名乘客的一举一动都看在了眼里。借由这名乘客指导驾驶员维修车辆的程序，退伍军人判定这位乘客必然在部队待过。

于是，退伍军人试探着问该乘客道："请问，你这修车的技术是在部队里学的吧?"

乘客爽快地回答道："嗯，在部队待了十年，也算一个老兵了。"

退伍军人兴奋地说道："呀，那咱们可是战友呢！现在想想当兵的那些岁月，还真是怀念啊！……"

于是，这两个萍水相逢的陌生人就此聊了起来。后来，他们还成了朋友。

发现自己与陌生人的共同点并没有臆想中的那么难。只要你成功地寻找到了一个共同点，并以之为聊天的切入口，随着聊天的深入，共同点暴露得就会越来越多。事实上，寻找与陌生人之间的共同点的方法非常多：可以观察对方的服饰、谈吐、行为举止等，也可以直接以话试探……无论你使用何种方法，一旦你寻找到了一个共同点，你就会发现，你与陌生人无话可说的局面就能被轻易打破。

‖ 投其所好的话题，激发聊天热情

男孩："嗨，美女，可以认识一下吗？"

女孩："嗨，帅哥，可以啊！"

男孩："美女，你多大了啊？"

女孩："……"

男孩："美女，你在干吗呢？"

女孩："看电视。"

男孩："电视有什么好看的呀，陪帅哥来聊几块钱的天嘛！"

女孩："……"

这个男孩与女孩搭讪的套路是不是很熟悉？事实上，这种失败的聊天可谓屡见不鲜。显然，这个男孩触碰了女孩的忌讳：动不动就问人家的年龄，毫无内容地问人家在干吗。一言以蔽之，男孩的聊天话题尽是触女孩所恶。可以想见，这种不能投其所好的聊天，自然不会得到他人热情的回应。

一名在偏远山区支教的大学生，为了能给孩子们盖一所新校舍，特地去拜会了省城一家大企业的老板。在拜会这名老板之前，大学生听说这名老板曾开过一张面额巨大的支票，后来支票因故作废，这位老板还特地将之装裱了起来，挂在墙上留作纪念。

大学生一踏进老板的办公室，就对老板说希望能参观一下那张支票，也好对山区的孩子们说道说道。老板慷慨地应允了大学生的要求，并将当时的情景绘声绘色地讲述给大学生听。

老板说完支票的故事，未等大学生开口，就主动问道："你今天来拜会我，不只是来观看这张作废的支票以及听我讲述这张支票背后的故事的吧？有什么话，你不妨直说！我能帮的一定帮。"

此时，大学生才开诚布公地说明了自己的来意。出乎大学生意料的是，老板爽快地答应了大学生的请求，表示他们公司可以全资帮助山区的孩子们修建一所新校舍。

当时，大学生若非事先知道老板的兴趣所在，一见面就投其所好，引他打开话匣子，事情恐怕就没那么顺利了。

智慧的聊天就是要能规避别人不愿提及的痛点，根据别人感兴趣的点投其所好地寻找聊天的话题。如此，聊天的发起者才能更好地激发聊天对象聊的热情。

那么，我们该如何投他人所好地聊天，或者说，如何找到他人感兴趣的话题呢？

1. 关注对方的长处

人们一般都有这样一个心理，即在跟别人聊天时，希望别人谈论自己引以为豪的事情。高明的聊天者能够洞悉人们的这一心理，并在与别人聊天前，了解其得意的事情，在聊天时多谈对方的优势和长处，从而赢得对方的好感，与其建立起良好的关系。

有这么一位刘先生，学术成就并没有那么卓著，但是他结识的人却都是些学术界的重量级人物。常言道，物以类聚，人以群分。可为何这位在学术领域并无多大建树的刘先生往往能成为那些知名学术领袖的座上宾呢？事实上，细细地考究之后就会发现，这位刘先生之所以能得到那些大人物的青睐，就在于其掌握有一门让人不得不喜欢的聊天话术，即有的放矢、充分有效地赞美对方身上所具有的优势与长处。

刘先生在拜访某一位大师之前，都会充分研读这位大师的学术著述，并写下自己的心得与困惑。见面之后，刘先生首先是高度赞扬大师的学术成就，然后是审慎地提出自己的想法，并就自己困惑难解的问题谦恭地向大师请教。整个聊天过程，刘先生与大师的聊天内容都紧密地围绕着大师所主攻领域的知识。刘先生巧妙地给予了大师一个侃侃而谈的契机，可以想见，大师在谈论自己擅长的话题时是有多么兴奋。更何况，对于这个上进的后生，大师又如何忍心拒绝，又如何不对其心生喜爱。

正是基于这种聚焦于对方优势长处的话题引导术，刘先生既达到了结交的目的，又增长了很多见识，可谓一举多得。

可以看到，刘先生在聊天中始终将话题围绕在大师的专业领域，并不失时机地运用了赞语，成功地博得了大师的好感。因此，我们在与他人聊天时，若多聊些对方身上的优势或长处，并运用赞美，就能有效地获得对方的好感。

2. 了解对方的喜好

姜博是一个天然食品推销员，这天他来到一户人家向客户推销芦荟精。但显然，客户对姜博的产品并不感兴趣。见始终无法打动客户，有些失落的姜博也没了继续推销的劲头。

姜博刚想说出告辞的话语，突然发现客户的阳台上摆着一盆非常精美的盆栽，于是转而说道："好漂亮的盆栽啊！这种植物应该是稀有的珍品吧？因为我在市场上好像还没碰到过这样的品种。"

客户颇为傲娇地说道："确实极为稀有，我也是好不容易才弄到手的。"

"那一定很贵吧？"姜博问道。

"嗯。单这一盆就要八百块钱呢！"客户淡定地说道。

姜博惊讶地说道："什么？八百块钱……"与此同时，姜博心下暗想："芦荟精也不过就八百块钱，客户肯定能接受的。"

于是，姜博把话题聚焦到了盆栽上："每天都需要浇水吗？"

"当然，它娇贵得很。"客户回答道。

……

见姜博在盆栽方面是个有心人，于是，客户开始细致地为姜博讲解这株昂贵植物的知识。在客户讲解的过程中，姜博聚精会神地倾听着，就像个渴求知识的孩子。

最后，姜博又将话题转到了自己的产品上来，如此说道："您对植物这么有研究，一定是一个高雅的人。既然您这么了解植物，想必自是知道我们产品的妙处的。您既然毫不吝啬地买下昂贵的盆栽，不妨将我的天然食品也买下来吧！我相信，您一定会满意我所推荐的天然食品的功效的！"

结果，客户爽快地买下了姜博所推销的天然食品。

可以看到，姜博通过聊客户的喜好，博得了客户的好感，实现了成功的销售。在我们结交一个人时，可以事先了解一些他的信息，诸如有什么兴趣、喜好、经历等，并将这些作为正式话题之前的引题。千万不要轻视这些话题，两个人距离的拉近在很大程度上靠的就是这些。聊天之中若没有趣味性、共通性是行不通的。倘若他人对你的话题没有丁点儿兴趣的话，彼此的对话就会变得索然无味。

‖ 话题卡壳了，要巧妙地转换话题

在与人聊天的过程中，很多人都曾遭遇过这样的尴尬：聊着聊着，突然就聊不下去了，即话题卡壳了。或是因为自己的一时失言抑制了他人聊天的热情，或是因为观念相异而与人越聊越对立……无论因为什么，当话题卡壳时，为了避免聊不下去、狼狈收场的尴尬，转换话题就成了唯一的选择。

事实上，只要话题转换得巧妙，你照样能给对方留下好的印象，有时甚至是更为深刻的印象。不难发现，那些极擅聊天的聪明人之所以深得人心，有时并不在于他们寻找的话题多么招人喜欢，更多的时候是因为他们善于转换话题，让他人在整个聊天过程中都感到舒服与自在。

秦箐孤身一人在北京漂泊好些年了，常有孤寂落寞之感。在匆忙的大都市里，交到一个知心的朋友并非易事。当然，秦箐依然对在异乡碰到一个"同病相怜"的知己抱有积极的态度。

后来，秦箐的隔壁搬进了一个女孩。这个女孩名叫孔苓，性格很是开朗。一天下班后，秦箐主动去拜访了这位新邻居。由于年纪相仿以及心境相同，两人聊得非常投机。

秦箐拉着孔苓的手说道："好妹妹，你的皮肤可真好呀！你一定是来自沿海城市吧！"

秦箐这个亲昵的举动显然触动了孔苓内心的柔弱。就只拉手的一刹那，孔苓突然觉得，秦箐就如同自己的亲姐姐一般。于是，孔苓调皮地说道："好姐姐，你猜猜看！"

秦箐思索了片刻，开口说道："妹妹你应该是来自大连吧？大连空气湿润，适宜滋养如此水灵的容颜。"

孔苓摇了摇头，表示不是。

秦箐连续猜了几个地方，都不得要领。见秦箐焦急的神情，孔苓得意地说道："好啦，好啦！不难为姐姐你了。其实，我是青海人！"

"啊！青海？青海那么恶劣的环境也能滋养出你这么好的皮肤？真是让人难以置信啊！"秦箐异常诧异地说道。

见人对自己的家乡抱有如此露骨的偏见，孔苓顿时心生不悦，也不再言语。

很快，秦箐也意识到自己的话语可能伤害了眼前这个小姑娘的感情。同时，秦箐也明白，她若不能尽快消除孔苓心头的不快，那么，她与孔苓之间好不容易建立起来的情谊就可能因为自己的一时失言而毁灭殆尽。

于是，秦箐再一次拉住了孔苓的手，转换话题道："好妹妹，你长得这么漂亮，肯定有男朋友吧？"

孔苓迟疑了片刻，还是认真地点了点头。就在这一刻，秦箐发现，孔苓的眼睛里又迸射出了闪亮的光彩。秦箐明白，她与孔苓之间的美好感觉因为男朋友这个话题又被重构了起来。念及此，秦箐露出了微不可察的满意微笑。

可以看到，秦箐一时失言，无意中伤害了孔苓的情感，使得话题卡了壳。好在，秦箐迅速转换了话题，再度调动起了孔苓的谈兴，挽救了其与孔苓好不容易才建立起来的美好感觉。因此，在与人聊天时，若发现某个话题聊不下去了，就应该尽快地转换话题，避免聊不下去的尴尬。

1. 不露声色地转移话题

你一定身处过这样的聊天情景：与朋友聊天时，你发现朋友对你所说的话题根本不感兴趣，只是在敷衍地应和。这种情况下，你意识到该转移话题以解救聊天危机了。但是，你也明白唐突地扯出一个新话题只会让聊天的氛围变得更为冷寂、尴尬。那么，我们该如何才能做到不露声色地转换话题呢？

某大学中文系教授退休后，潜心写就了一本考究古典诗歌的书籍。该书籍推向市场后，引起了极大的反响，一时洛阳纸贵。

当地电视台的一名年轻记者慕名前去采访，希望教授能畅谈一下写这本书的心路历程以及对当今国学教育现状的看法。教授面露难色，表示写这本书仅仅是出于兴趣爱好，并没有什么深层次的动因及其他方面的考量。

教授的回答是如此干脆直接。记者心乱如麻，心想：若是不能及时找到一个能让教授愿意畅谈的话题，这次采访就势必会以失败收场了。电光石火之间，记者注意到了墙上的书法作品，于是强作从容地说道："教授，墙上的那副字是您的手笔吗？"

教授笑道："是的，让你见笑了，业余的一点儿爱好而已！"

年轻记者趁势说道："看来您在书法上也颇有造诣啊！教授，我们不妨来聊聊您的书法吧？"

事实上，教授对自己的书法是颇为得意的。面对记者的提议，教授笑着说道："可别笑话我有意卖弄才好啊!"

记者心头暗喜，知道有关书法的话题有戏，就借这个话题与教授畅谈开来。

结果表明，这场采访的效果很好。

可以看到，在就书籍的话题聊不下去之后，记者自然地将话题过渡到了教授的书法作品上，使采访得以顺利地继续了下去。

当聊天话题无法引起对方的兴趣或进行下去时，我们必须得及时、有针对性地选择新的话题，从而规避聊天进入死地。需要注意的是，话题转换要自然、不露声色。如此，对方才更易接受你的新话题。那么，如何自然地转换话题呢？你可以在聊天时不着痕迹地插入新话题，把旧话题打断，但切忌在别人还在说话时就贸然地打断。再者，你也可以把旧话题往前引申，转移到新话题上。这样做的好处就是可以保证对方在思想及情绪上的连贯性。

生活中，陷入聊天的尴尬是极为常见的，我们大可不必抱有沉重的心理负担。只要从容应对，巧妙地转换话题，聊天自然会变得轻松与自然起来。

2. 幽默地转移话题

当人们表述较为重要的内容时，态度往往是庄重的，用语往往是严谨的。但是，谁也没硬性规定说，诙谐幽默的话语就无法表述重要的内容。而且，在与人聊天时，时刻保持庄重的气氛，很容易给人造成强烈的压迫感，让人感到极不舒服与自在。所以说，在与人聊天时，该庄重的时候就应该庄重，可以诙谐表述的时候风趣一把也未尝不可。事实上，时庄时谐，也是一种变相的话题转换方式。

一位知名主持人到某大学做演讲。

在提问环节，一名大学生以挑衅的语气对该知名主持人说道："听说你语言功夫了得，那你敢与我比谁说的方言种类多吗？"说完，该大学生便自顾自地说起了各种方言。见主持人一脸茫然的神色，大学生别提有多得意了，活像一只斗赢的公鸡。

该知名主持人问大学生道："请问你叫什么名字？是哪个院的？哪个系的？哪个班的？……"

大学生疑惑地反问道："你问这些干什么？"

主持人回答道："噢！没什么，我只不过想抽空向国家语委报告，在某所学校，有个不提倡讲普通话的角落，方言极为盛行，请他们来调查一下！"

可以看到，面对大学生方言挑战的尴尬，主持人装作一本正经地搞了一次审讯似的连珠炮提问，庄中寓谐，巧妙地把话题从会不会方言转移到推广普通话上。临场应变之机智，话题转换之巧妙，让人拍案叫绝。

‖ 场子降温了，巧用话题化解尴尬

与人沟通、交流的时候，冷场了是极为尴尬的。试想，若相顾无言，环境静得针落可闻，两人的内心该有多么煎熬！在现实生活中，我们要与之打交道的人形形色色，并不是任何时候都能让彼此毫无顾忌地敞开心扉或者随性交谈。也就是说，冷场是随时都有可能发生的。

导致冷场的因素有很多，最主要的因素之一或许就是缺乏对别人的了解。生活中，这种因素导致的冷场俯拾皆是。因为不了解，踩了别人的雷区，戳了别人的痛点，别人也只能无言以对了。那么，在此种情形之下，我们该如何自救呢？

通常而言，我们可以在话题上下功夫。可以依据对方的兴趣，说些对方感兴趣的话题；或者说提出一些新颖有趣的话题，激起对方的谈兴。当然，若我们缺乏对他人的了解，则应在话题的进展中密切关注对方的反应，以便随时结束让人不悦的话题，转向别人感兴趣的话题，做到随时调整、引导话题的走向。此外，回想你与对方说过的话题，你会发现你随便以某个点为由头，都能激起对方的谈话兴致。

事实上，无论你说的话题是否深刻，只要你能打动对方，让他乐意回答你，你们就能交谈得非常愉快。

在与老板一同出差的途中，温炎显得很是紧张，唯恐有什么地方做得让老板不满意。因为全公司的人都知道，老板在工作上极其认真，无论是对自己还是对员工的要求都近乎苛刻。

不过，老板这次出来似乎心情不错，主动问温炎道："温炎，你喜欢旅游吗？这次办完了公事，若是还有多余的时间，不妨一起出去转转。"

温炎不好意思地回答了一句："好啊！"然后就再没有话了。

温炎是穷苦人家出身，还是靠着助学贷款、奖学金以及勤工俭学才攒够了大学四年的学费，又哪有闲钱与心情出去旅游呢！面对老板的问话，温炎不是不想多说，而是无从说起。

一时间，气氛有点儿尴尬。敏感的温炎意识到应该主动缓解下气氛，于是开口问老板道："您一定到过很多地方旅游吧？"

老板笑着说道："我在国外留学的时候，一有机会就会四处走走，去过的地方也不算少吧！不过，我父亲只管我的学费，可不会给我支付旅行的费用。所以，我一般都会打工攒够了钱才去旅行。"

温炎羡慕地说道："您不知道，相较于我，您的学生时代是多么幸福。读大学的时候，我也像您一样打工，但与您是为了赚出去旅游的费用不同的是，我打工是为了赚取学费。您也知道，学生做兼职的薪水是有多么微薄，为此，我不得不申请助学贷款。时至今日，贷款也才还完没多久。"

听了温炎的话，老板吃惊地说道："难怪呢！我总觉得你身上透着股与你年纪不相符的成熟。只是没想到，你原来有如此厚重的人生经历！"

接下来的旅程中，温炎与老板相处得很是愉快。而且日后在公司，老板很是照顾温炎。

　　显然，老板挑起的话题刺中了温炎敏感内心的痛处，温炎不想多谈，唯有以沉默应对。由此，两人之间的谈话陷入了僵局。好在富有情商的温炎意识到，在面对老板的时候，这种冷场的局面对自己是不利的，于是，温炎反过来询问老板的经历。显然，温炎的策略是有效的。老板谈兴大发，也感染着温炎说出了自己以往讳莫如深的个人经历。在这场敞开心扉的交谈中，温炎让老板加深了对自己的了解，并获得了老板的敬重。

　　精通人情世故的人都知道，冷场通常是话题不合时宜导致的。而且你会发现，那些擅长聊天的人，即使只说简单的几句话，也能让沉默的氛围瞬间调动起来。有时这几句话是玩笑话，有时这几句话是恭维话，有时这几句话仅仅是用来转移话题。不难看出，我们只有找到合适的话题，才能打破冷场的僵局，再次让交谈变得热烈起来。

　　1. 学会转移话题
　　在人际交往中，若是碰到话不投机、谈话内容枯燥或者不小心失言等情形，而你又不想就此断了与他人的交流，这时候，你就需要及时地转换话题，使谈话顺利进行下去。当然，这需要交谈者具备敏锐的洞察力与良好的社交口才。

　　在一个舞会上，一个男孩看中了一个女孩，于是一直纠缠着女孩不放，并不停地在女孩面前吹嘘自己家里是如何有钱有势。女孩极有修养，虽心有不满，但始终没有明言，只是沉默以对。不识趣的男孩还是不依不饶，甚至提出了这样的请求："这个周末来我家玩吧，我的家人一定会非常欢迎你的。"女孩实在是有些烦了，冷冷说道："真是不巧。周末的时候，我要去办理结婚登记。"此时，男孩才意识到了自己的失态，于是顺着女孩给的"台阶"就下来了，说道："想不到你比我还风趣呢！"然后改口说起了正经话。

男孩起先没有照顾到女孩的感受，在意识到女孩并不喜欢自己的话题后，就坡下驴，将话题转移到了正常议题上去，既让女孩容易接受，又很好地避免了自己的尴尬。

霍芳曾有一段刻骨铭心的爱情经历。她对那个男孩爱得很是深沉，只是那个男孩太过花心，最后狠心地抛弃了霍芳。为此，霍芳花了好久才走出这段伤痛。

后来，霍芳遇到了现任男友龚嵩，为龚嵩的实在与善解人意所打动。

有一次，两人在约会的时候，龚嵩突然问霍芳道："你对那种见一个爱一个的渣男是怎么看的？"没想到话一出口，霍芳的脸色霎时间变得非常难看。龚嵩立即意识到，自己抛出的这个话题戳到了霍芳心头的伤口。于是，龚嵩随即补充道："这个你别多心。我只是看到了一个有关婚姻的笑话，想着现在能拿来博美人一笑而已。故事是这么说的，一个风流成性的丈夫经常趁太太不在家把情妇带回家过夜，但又时常担心太太会发觉。有一天晚上，他突然从睡梦中惊醒，慌忙推着身边的太太说道：'快起来，快起来，我太太回来了。'等他太太也从梦中清醒时，他一下子傻眼了。"还没等龚嵩讲完，霍芳已笑得花枝乱颤。

　　龚嵩运用故事的形式首先转移了他俩谈话的方向，然后用幽默的感染力，淡化了他因说话不慎而给霍芳带来的不快情绪，从而巧妙地把可能出现的"冷场"给过渡过来，赢得了心上人的开心一笑。

　　一个情商高的人在与人交流的时候是绝不会只顾自己的兴致而不管他人感受的。如果你自以为得意的话题偏偏是别人厌恶与不愿提及的，别人面露难色，你还完全看不见，那就太糟糕了。所以说，在与人交流的时候，千万要观察对方的反应。若你察觉到你所阐述的话题为人所恶，那你就要适时、巧妙地转移话题了。

　　如何能判定一个人对话题是否感兴趣呢？当对方出现这样的反应，你就要小心了：对方只是重复没有意义的内容、兴趣减弱、注意力不集中、左顾右盼，甚至哈欠连天。这时，或许你就应该换一个话题了。

　　那么，又该如何转移话题呢？你不妨停止谈论旧话题，保持沉默。当你沉默时，必然就有人提出新的话题，这时你再顺水推舟将旧话题转移到新话题上，这样对方就比较容易接受。你也可以直截了当地转移话题，不过这一方法需要慎用，因为太过突然与生硬地转移话题会给人一种不舒服的感觉。

　　2. 善于寻找话题

　　很多时候，因为性格差异或彼此不了解的缘故，一时间找不到共同话题，很有可能陷入冷场的尴尬境遇。

　　心理学教授做过这样一项实验。

　　教授首先要求学生们依照自己事先排好的座次调整座位，然后对学生们说道："这堂课的任务就是聊天。现在，你们就与你们的邻座开始交谈。"

教授站在讲台上观察了十来分钟，发现男生与男生、女生与女生都能聊得非常热络，唯独男生与女生之间的聊天显得有些尴尬。

为了搞清楚缘由，教授走下讲台，在同学们之间穿梭走动。经由一段时间的倾听，教授发现，男生与男生聊的无外乎游戏、足球、篮球等，女生与女生聊的都是些衣服、化妆品、电视剧等，而男生与女生始终就聊不起来。

教授由此总结道："之所以两个人聊不起来，就是因为彼此之间缺乏打开话匣子的共同话题。"

良好的沟通需要双方在适当之时分别扮演起信息发送者与信息接收者的角色，就像跳探戈时需要两个人完美配合一般。"一个巴掌拍不响"，交流中一旦出现冷场的局面，也需要两个人共同配合才能打破僵局。交流是两个人的事情，所以，你不能指望对方为交流负起全部责任。因此，当出现冷场或者尴尬之时，要沉着，寻找双方的共同话题，不能一味地等着对方来解决这种尴尬的局面。

‖ 话题也需积累，聊天时才有谈资

赵启自小就梦想着能成为一名主持人，在万众瞩目的舞台上侃侃而谈。为此，尚在读高三的赵启立志一定要考上传媒大学。为了实现自己的理想，赵启已然做好了吃苦的准备。但有一件事时刻令赵启惴惴不安，即赵启自觉口才有所欠缺。甚而，这一心病严重影响了赵启的学业。

班主任看出了端倪，于是特意将赵启叫到办公室谈心。在班主任的循循诱导下，赵启终于敞开了心扉，将自己心中萦绕不去的困扰一股脑儿地向班主任倾诉了出来。

了解实情之后，班主任笑着对赵启说道："你知道提升口才的关键是什么吗？"

赵启摇头道："我看了很多教导人们提升口才的指导书，但就是不得其法……"

班主任温和地说道："要想提升口才，你首先就得积累谈资。丰富自己的谈资储备，可以经由两条途径来实现：其一，经由广泛的阅读提升自己的知识储备；其二，经由真切的生活体验丰富自己的阅历。当你有了丰富的人生感悟，能用你掌握的知识将各种人生感悟随心所欲地表达出来的时候，你说出来的话语就具有了说服及打动人心的力量。"

事实上，班主任的话可谓至理名言。有句古话说得好："操千曲而后晓声，观千剑而后识器。"同样的道理，要想在与人聊天时让自己说得畅快、让人听得舒服，就必须积累谈资、储备丰富的聊天话题。而话题的积累，则要求你必须努力地去学习，以掌握广博的知识；更多地去实践，以增长见识。

1. 阅读增长知识

孤陋寡闻的人很难在聊天的过程中做到侃侃而谈。因此，如果你想要和别人愉快、顺畅地聊天，你就一定要有渊博的知识和丰富的见识。你可以通过阅读来增长自己的知识，丰富聊天的内容。

美国总统林肯是一名非常出色的演说家，他在演说中的旁征博引所显示出来的深厚文化底蕴可谓是他征服千千万万听众最具威力的武器。事实上，林肯总统的卓越学识绝大部分归功于他的勤于阅读。据说，林肯总统能将布朗宁、拜伦的诗集整本背诵下来，更是将莎士比亚的名著翻阅了无数遍。

林肯总统以尼亚加拉大瀑布为题材进行的一次演说，是其深厚文学底蕴的一次集中而淋漓尽致的展示，堪称经典。他是这样说的："……很久很久以前，当哥伦布发现新大陆，当耶稣被钉上十字架，当摩西渡过红海……直至如今，瀑布始终都在这儿，狂啸、嘶吼、奔流。我们所见的尼亚加拉瀑布又何尝不是远古先人们所见的瀑布，它是如此悠久，又是如此岿然不动、岁月悠然……"

在这段演说中，林肯糅杂了大量的典故，赋予了尼亚加拉大瀑布无限的人文气息与蓬勃的生命力。

读书不仅能让人增长知识、开阔眼界，还能丰富一个人的谈资。当你"读书破万卷"之时，你就能够做到"开口如有神"。

2. 体验丰富阅历

丰富的人生阅历能够为聊天提供取之不尽的谈资。比如，一位军事家说起战争必然口若悬河，一位旅游家说起各地的风土人情必然滔滔不绝。因此，如果想要丰富自己的谈资，就要丰富自己的生活经历。

沈静是一个聊天高手，无论在什么场合，她都能成为众星捧月的焦点人物。通常是这样的情形，沈静一个人滔滔不绝地讲，众人围着她津津乐道地听。

事实上，沈静讲述的也就是自己的一些经历。为什么大家会饶有兴致地听其讲述那些与自己无关的个人经历呢？是因为沈静的经历着实丰富与有趣，而且那些激动人心的尝试都是众人心中按捺良久而又最终淹没的憧憬，极易搔挠人心的痒处。

沈静是一个超级"驴友"，无论什么地方，只要心有好奇，便会毅然前往。可以说，世界各地都留有沈静的足迹。眼界开阔了，阅历丰富了，沈静的谈资自然也就多了。

听沈静讲述她的所见所闻，就好像自己也去到沈静所讲述的地方旅游了一般。是故，人们都喜欢听沈静说话，也极愿意与沈静聊天。

可见，正是沈静丰富、有趣的旅游经历，让她成为受人欢迎的聊天高手。

在人际交往中，个人的生活阅历越丰富，谈资就积累得越多，聊天时出现冷场的概率就越小。

妙趣小测试

测试内容

1. 朋友们都觉得你是一个风趣幽默的人吗？

A. 是的，接 Q2

B. 不是，接 Q3

C. 说不好，接 Q4

2. 你是一个情绪不稳的人吗？

A. 是的，接 Q3

B. 不是，接 Q4

C. 还好，接 Q5

3. 若朋友无意冒犯了你，你会怎么办呢？

A. 直接发飙，接 Q5

B. 假装淡定，也会记仇，接 Q5

C. 没关系，很大度，接 Q6

4. 只要是微信好友，你都会点赞吗？

A. 会，接 Q5

B. 不会，接 Q6

C. 因人而异，接 Q7

5. 若让你评价上司，你会如何评价？

A. 能力超群，接 Q6

B. 能力一般，接 Q7

C. 各方面都很差劲，接 Q8

6. 结婚后，你会着急要孩子吗？

A. 会，接 Q7

B. 不会，接 Q8

C. 看情况，属·Ⅱ

7. 你喜欢哪个国家的喜剧片呢？

A. 中国，接 Q8

B. 美国，接 Q9

C. 韩国，接 Q10

8. 在马路上看到别人闯红灯，你会？

A. 出面制止，接 Q9

B. 跟风闯红灯，属 Ⅱ

C. 视而不见，属 Ⅰ

9. 你会随身携带湿纸巾吗？

A. 会，属 Ⅲ

B. 不会，属 Ⅳ

C. 偶尔，属 Ⅱ

10. 你习惯经由什么渠道购买服装？

A. 商店，属 Ⅰ

B. 网店，属 Ⅲ

C. 随意，属 Ⅳ

测试结果

类型	聊天能力	
I	很不会聊天	说话直截了当，不善察言观色。典型的话题终结者！
II	不太会聊天	性格内向，不善聊天；有心参与，极难融入。不算是话题终结者！
III	还算会聊天	善于察言观色，场面话还算得体。不会是话题终结者！
IV	非常会聊天	情商高，很会聊天，喜欢社交，也精于社交。绝不是话题终结者！

第三章

美言增益，聊天才能够越聊越带劲

赞美，人们情感连接的桥梁

华彬是一名装饰材料推销员。有一次，华彬向一家公司的老板推销自己的产品。当华彬介绍完自己产品的性能及价格后，老板提出了自己的质疑，认为华彬的产品价格有些虚高，而且随口说出了几种同类产品的价格来与华彬的产品进行比价，甚至还对材料市场的行情侃侃而谈了一番。

听完这位老板的一番宏论，华彬虽有些吃惊，但也有些窃喜。因为华彬知道，这或许就是自己成功推销的突破口。于是，华彬故作惊讶地说道："呀！您可真了不起，难怪您能成为老板！"

老板笑道："哪里哪里，一点儿浅见而已。"

华彬试探性地问道："这些材料的数据，您是如何知晓的呢？"

老板得意地说道："做企业，自然是要多了解一下市场行情的。也谈不上什么过人之处，这只能算得上是一个企业管理者该有的素养吧！"

华彬赞叹道："您可太谦虚了。本来，我觉得我们老板已经是世界上最有本事的人了。今日一见，没想到您更加博学！您说的那些知识，一听就知道您是下了苦功的！"

听了华彬的这番恭维之词，老板似感得遇知音，于是欣喜地说道："哈哈，闯荡江湖，不下点儿苦功夫可不行啊！"

华彬趁势说道："既然您对这个行业如此了解，您肯定知道我所言非虚吧？我们公司产品的质量一定不会让您失望的。您不妨试用下我们公司的产品，说不定在您储备丰富的材料知识库里就又多了一个优秀的品种。"

老板欣然回答道："那行啊，我就先试用下。"

可以看到，华彬通过赞美老板身上的闪光点，把话说到了老板的心坎上，从而在自己和老板之间构架了一座沟通的桥梁，最终打动了老板，实现了销售目的。

赞美是人际关系的"润滑剂"，常把赞美的话挂在嘴边，你会发现，你的身边不再有敌人。

1. 赞美赢得人心

不可否认，谁都喜欢听赞美话。那些极爱面子与爱慕虚荣的人，都会在赞美话面前为之所动。心理学家揭示："每个人都有一定的虚荣心，若这时你满足他的虚荣心，等于提高了他的价值，那么，他愉悦的心灵会愿意为你做任何事。"那么，如何满足一个人虚荣心呢？最好的办法就是，给予他赞美。

李威是某公司销售部的经理，在郊区买了套新房。这几天他请了一伙装修工来装修房子。其中有一位装修工的手艺十分精湛，做工也很细腻，但就是脾气暴躁，动不动就埋怨李威价钱开得低，还把房间弄得乱七八糟。李威十分气愤，打算辞退这名装修工，但转念一想，临时换人肯定会影响装修的效果，而且一时间也找不到技艺更高超的装修工。于是李威决定适当提高价格，并给对方一些赞美之言，感谢他近段时间的帮忙。结果面对李威的赞美，这位装修工的暴躁脾气奇迹般地消失了，人变得更加勤快，对工作也更尽职尽责。

可以看到，李威正是凭借赞美的巨大力量赚取了装修工的心，改变了他的工作态度。事实上，赞美是人际交往中威力最大的沟通武器。善用这一武器，可以极大地促动我们的人际圈高效、良性地运转起来。

在一家粥店，有两名意犹未尽的顾客先后要求老板给自己增添稀饭。

前面的一位顾客神色不悦地说道："老板，你也太小家子气了吧！几块钱一碗的粥竟然就这么一丁点儿，你必须得再给我盛点儿。"

听到这名顾客的指责，老板有些恼火，没好气地说道："难道我的粥不要成本的呀！想加可以，按价收费。"

这名顾客一时间哑口无言，讪讪地离开了。

后面的一位顾客笑着对老板说道："老板，你们家煮的粥味道太好了！您看看，我这狼吞虎咽的，几口就喝完了！要不，您再给加点儿？"

老板笑容可掬地说道："您喜欢吃就好！来来来，我给您盛。"

人们往往喜欢他人的赞美，这几乎是人的普遍心理，这样可以体现自身的价值、地位或财富。若你能够及时地给予必要的赞美，就会让对方获得心灵的愉悦，你就能在最短的时间赢得他人的好感。

2. 赞美攻破心防

赞美能给人带来成倍的成就感与自信心，是一种感化他人、拉近彼此距离的有效方法。正如古龙所说："夸赞别人，是一种很奇怪的经验，你夸赞别人越多，就会发现自己受惠也越多。"

樊远是一名图书推销员，他曾如此自信地说道："我的推销没人能拒绝得了。"接触过他的人都知道，他之所以如此有底气，是因为他深谙人性，知道人们都喜欢为人所赞美。

有一次，樊远在书展上推销自己公司出版的图书。有很多人都在樊远公司的展台前驻足翻看，也有很多人已经掏钱购买了樊远推销的图书。

突然，一个声音响了起来："垃圾！"樊远循着声音看了过去，发现是一位面目清秀、衣着素简的中年男士。

樊远微笑着走过去，正欲开口，中年男士抢先说道："别给我推销，我不吃你那套。"显然，中年人对樊远是充满警惕和敌意的。

"您的看法是对的，这些书又怎能入得了您的法眼。俗话说，腹有诗书气质华。就您这通身的气派，一看就是学识渊博的文化人。您家里的弟弟妹妹们肯定非常崇拜您这位大哥哥吧？"樊远柔声笑语道。

"你是如何知晓我有弟弟妹妹的？"中年男士诧异地问道。

"因为我在您身上感受到了明显的大哥气场。我想，拥有您这样的一位大哥，您的那些弟弟妹妹一定非常幸福！"樊远诚挚地说道。

两人你一句我一句，竟不知不觉聊了十来分钟。

最后，中年男子对樊远说道："我虽然不看这些东西，但我弟弟或许会喜欢。看在我们聊得还比较投机的分上，我很乐意捧捧场。哥们儿，给我来五套吧!"

用巧妙的赞美来满足对方的自豪感，让别人真诚地坐下来与你聊天，你的目的便达到了一半，成功就唾手可得了。

3. 赞美激发自信

毋庸讳言，每个人都有虚荣心，都渴望得到他人的赞美与肯定。正是基于对这一点的认知，在我们与人聊天的时候，若能给予他人恰当的赞美，或许就能更好地打动他人。

一位心理学家曾做过一个非常有意思的实验。

心理学家将某一个班级的学生召集了起来，除了该班级里一名相貌平平、性格内向的女孩子。心理学家对召集起来的学生们说道："从今天开始，你们每个人都试着将那个未到场的女生当作你们班最好看的姑娘。也许三个月后，你们就能见证一个奇迹的诞生。"

于是，从那天开始，那个女生发现身边的一切都变得不正常起来：男孩子们对那些花容月貌的女孩子熟视无睹，反而是对自己大献殷勤；女孩子们都争相与自己结交，竟说自己比她们漂亮……女孩心底渴望成为童话中的公主的幻梦终于成为现实，于是乎，女孩也如公主般注意起了自己的仪容、衣着、谈吐。

一段时间后，同学们惊奇地发现，原来那个自闭的女孩现在是那么落落大方与神采奕奕。当然，同学们之前的刻意恭维也变成了如今真心实意地肯定。

可以看到，原本内向的女孩因为同学们的赞美而变得愈发自信了起来。赞美的能量是如此巨大，以至于马克·吐温都曾如此说道："一句精彩的赞辞可以代替我十天的口粮。"

赞美不需要任何成本，却能取悦他人，给自己收获好的人缘，如此利人利己的事，我们又何乐而不为呢？

聊天高手从不吝啬赞美他人

有人说，赞美是阳光，可以照亮人们的心房。借由赞美，人与人之间的龃龉便能被有效地消弭；借由赞美，两心之间横亘的沟壑便能被有效地填平。因此，与人聊天，千万别吝啬你的赞美！

很多人可能会说："赞美是一种不知廉耻的阿谀，是一种奴颜婢膝的讨好。人一定要有傲骨，我才不屑干这么下作的勾当。"若你也抱有这样的心态与看法，可以想见，你的人际关系肯定好不到哪儿去。事实上，那些聊天高手，那些成功人士，个个都是不吝赞美且善于赞美的行家能手。因为赞美，他们能轻易地赚得人心，也就能更容易取得成功。

司马延与上官语同在一家电话销售公司当销售。由于两人年纪相仿，而且是同一年进入公司的，所以两人成了好朋友。

在业务上，司马延可谓是驾轻就熟，总是能超额完成销售业绩。反观上官语，则是难入其门。为此，上官语便请求司马延能传授给自己一些销售的秘诀。

"在与客户聊天的时候，你不要总是猴急地直奔主题。事实上，聊些其他话题反而更有助于我们达成销售的目的。譬如，你可以赞美一下客户。"司马延好心地说道。

"说些肉麻的话，也太奴颜婢膝了吧！"上官语一脸不屑地说道。

"你怎么会有这种想法啊？难道赞美就一定是不堪的吗？这样吧，明天你看看我是怎么与客户聊天的。"司马延无奈地说道。

次日，上官语走到司马延的办公桌前，将一个文件夹递给了司马延，说道："这个客户是出了名的难缠，惜字如金，半天都撬不出一个字来。你若是能搞定他，我就彻底服了你！"

司马延没有理会上官语，将客户的信息仔细浏览了一遍后，径直拨通了客户的电话，非常礼貌地说道："张先生，您好，我是XXX公司的八号咨询员，想询问您几个小问题，可以吗？"

电话里一阵沉默。

司马延又问道："张先生，您能听到我说话吗？"旁边的上官语幸灾乐祸地笑着，一副看热闹不嫌事大的模样。

电话里还是没有回音。

司马延不死心地再次问道："张先生，您在听吗？"

客户极不耐烦地说道："听着呢！说吧！"上官语强忍着笑意，几乎要憋出内伤。

司马延说："谢谢您让我说话！张先生，恕我冒昧，我想对您说句真心话，不知您是否愿听？"

客户好奇地说道："真心话？我倒想听听。"

司马延很自然地说道："我觉得您是一个非常善于思考的人。"

客户追问道："善于思考？你怎么会有这种感觉？"

司马延回答道："这是与您通话所感受到的。此外，您还非常无私，因为您更愿意做一个好的倾听者。作为一个咨询员，对于您的无私，我深表感谢。"

客户哈哈大笑。

司马延立即说道："您的笑声真爽朗，一听就知道您是性情中人。"

客户由衷地说道："你这个人还挺会聊天的嘛！"

司马延说道："承蒙夸奖，那我们现在转到开头的话题，好吗？"

客户非常配合地回答："好，你问吧！我一定知无不言。"

最后，司马延从客户那儿取得了非常满意的答案。面对这一结果，上官语目瞪口呆。

可以看到，司马延能成功让客户配合自己，就是利用了赞美这一利器。

在人际交往中，若我们能擅使赞美这一利剑，我们便能有效地破析人心之防，从而与他人构建起和谐的人际关系。

小张是某银行分行的大堂经理，一天，他接待了这么一位客户。

那天，客户坐在柜台前询问小张道："现在还能买国债吗？我就相信这种安全有保障的理财方式！"

小张称赞客户道："先生，您的理财意识很强啊，而且还很有经济头脑。不过，我们银行的国债代理业务已经过期了。您可以看看我们银行代理的人寿太平保险，这个险种卖得可好了！"

客户问道："我想给我母亲买一份保险，不过她老人家已经60岁了，能买吗？"

小张立即说道："您这份孝心实属难得。鉴于您母亲的情况，我建议您购买太平盈利保险。这份保险的投保年龄是65周岁以下，年利率……非常适合您母亲。"

客户有些犹豫，这么说道："我先回去考虑考虑。时间不早了，还要赶回店里做饭哩！"

小张赶紧问道："您在哪家店做饭啊？"

客户回答道："XXX。"

小张故作惊讶地说道："哎呀，我就带孩子去那家店吃过饭。我儿子还一直吵着要再去吃呢，说那里做的饭菜真是太好吃了！今天可赶巧了，原来您就是那家店的厨师啊！"

客户听后，兴奋地说道："真的吗？哈哈哈！对了，你再给我介绍介绍那个险种吧，我现在也并不是那么着急走。"

小张又详细解释了一番，客户笑了："嗯，我总算明白了，买保险就好比买雨伞，平常不用，但一到下雨天就显得非常重要了。"

小张比着大拇指称赞客户道："您的这个比喻，贴切，真贴切！我以前怎么没想到这么去介绍啊，今天还多亏了您的启发！"

……

最后，客户给其母亲买了一份小张推荐的保险。

在整个谈话过程中，小张对客户的赞美不断。而且，小张的所有赞美都是有根有据的。这种真挚、具体、有针对性的赞美，客户怎会不喜欢听？可以看到，小张正是凭借着自己对客户恰当的赞美，才如愿打动了购买意愿本不是很强烈的客户。所以说，在人际交往中，我们要不吝赞美，要高唱赞歌。当然，赞美也是有技巧的。否则，不当的赞美只会让你与他人的关系变得更为尴尬。那么都有哪些高效而实用的赞美技巧呢？

1. 间接赞美

很多时候，直接赞美都得不到对方热烈的反应。这种情况下，不妨间接赞美对方所在意的人或事，进而恭维他本人。尽管赞美的不是对方，但往往更能让对方内心愉悦。实践也证明，这种间接赞美他人的方式远比直接赞美他人的方式更为有效。

春节期间，在外地漂泊多年的祝惜回了一趟老家。在逐一拜访完亲友之后，祝惜去见了自己少女时期的闺密霍甜。多年未见，霍甜已嫁作人妇，有了一个无比疼爱自己的丈夫及一个超级可爱的女儿。

或许是因为生活环境的不同，两人再也找寻不到以往那种亲密无间的感觉了。由于话不投机，时不时就会出现的冷场让彼此都感到分外尴尬。

祝惜真的不想与霍甜的这份少年情谊就此消散，于是苦心盘算着该以何种方式有效地再度连接起两颗早已生疏的心。祝惜本来是想夸赞霍甜身上现在洋溢着的别样气质，以及表达一下对霍甜美满婚姻生活的钦美之情，但是，祝惜没有把握，不确定这种恭维方式是否能让霍甜感受到自己的真心与诚意。

就在祝惜举棋不定时，孩子的吵闹声响起。一个念头突然闪现，祝惜意识到，作为一名母亲，总是会将自己全部的爱意毫无保留地倾注在子女身上。于是，祝惜抱起了霍甜的孩子，亲了亲孩子饱满而稚嫩的脸蛋，说道："哎呀，真是太可爱了，我的心都要暖化了！瞧瞧，这眼睛，水灵水灵的，长大以后一定是一个像她妈妈一样的大美人。"

听到祝惜赞美自己的孩子，霍甜甜甜地笑了。这笑意里，有着骄傲，也有着满满的幸福。接着，两人从孩子聊到生活，聊到婚姻，聊到过去……那种熟悉的感觉又回来了！

祝惜正是借助对霍甜孩子的赞美，成功地延续了她与霍甜断缺的情感。

可以看到，祝惜在恭维霍甜时，并没有直接表达对她的钦佩与喜欢，而是表达了对孩子的赞美，通过对孩子的赞美，进行了间接恭维，收到了更好的效果。赞美对方喜欢的，恭维对方心之所属，就能更好地将赞美话说到对方的心坎上。

2. 细节赞美

每个人都喜欢被人赞美，都渴望为人肯定，无论是生活上的小变化，还是工作中的小成就，都希望为人看到、被人欣赏。赞美他人，就是要注意到他人的这些变化，尤其是细微的变化，并告知对方你的欣赏。

高大爷是一家公司的库管，负责库房的日常安全检查。高大爷的职位很卑微，乃至从没有人在乎过他的存在。他每天填写的安全日志无人问津，甚至安全会议也没有他列席的资格。高大爷的职位虽低，作用却不可或缺。

一天，高大爷发现仓库里的一个灭火器坏了，于是在安全日志上写道"需更换灭火器一个"，然后将安全日志交了上去。次日，库房经理就派人安装了新的灭火器。

高大爷很诧异，问库房经理道："您怎么知道要换灭火器的?"

库房经理纳闷道："高大爷，您不是在安全日志上已经注明了吗?"

高大爷依然不解地问道："可是往常只有在安全检查时才看安全日志啊。"

库房经理解释道："公司会强化安全管理，所以，我今后每天都会看您填写的安全日志。安全无小事，高大爷，您的工作可谓意义重大啊！像灭火器这种事，您做得就非常好。今后，您还要多费费心啊！"

听了库房经理的话，高大爷心里不知道有多舒坦。他在公司待了数十年，还是头一回被领导如此称赞。从此之后，高大爷工作起来更加负责与有劲了！

库房经理看到了高大爷在细节上的尽职尽责，并适时给予了赞美，使得高大爷对工作更加负责。其实有时候，对细节的赞美更暖人心。我们在与人聊天时，要做一个有心人，抓住细节赞美对方，相信会有意想不到的结果。

3. 背后赞美

当面赞美别人难免有恭维之嫌，而且这种赞美方式有时候会产生反面的作用。而在背后赞美他人则不同。当我们在背后说别人好话时，别人会认为我们是真诚地赞美他，这样一来他就会接纳你甚至感激你。所以，我们不妨尝试着在背后赞美他人。

当然，你无须担心你背后对人的赞美话语无法传到你所赞美之人的耳中。因为，我们常能发现，一些背后的话好像更易传进别人的耳朵。或许，你对这一点深有感触。

卢铮在大学毕业后，顺利地进入了一家心仪的公司。为了有更好地成长与发展，卢铮希望对自己的领导多一些了解。于是，卢铮特意去向一名待自己很好的资深员工请教。

资深员工对卢铮说道："你有这份心思是好的，但我劝你还是谨慎一些做事的好！我们那位领导有些特别。当有人当面称赞他的时候，他会表现得非常高兴。然而，一段时间之后，他又会觉得那个当面称赞他的人是在溜须拍马、刻意逢迎。现在啊，我们都不知道该如何与他打交道了！"

听了这番话，卢铮有些失望，心想：在这么刻薄、不近人情的领导手下做事，那以后可得要如履薄冰了。沉郁良久，卢铮的心思突然活泛起来：或许，领导不是不喜欢听赞美的话，他只是拿捏不准别人对他的赞美有多高的真实性。念及此，卢铮想到了一个好办法。

一天中午在食堂吃饭的时候，卢铮在距离领导不远处的座位上坐了下来。在吃饭过程中，卢铮有意对身旁的同事说道："虽然我新进公司不久，但我看得出来，我们领导的工作能力确实强。我听说，他今天又为公司谈下了一个大单，真是不服不行。我们领导就是我的偶像，我要是哪天也能像我们领导那样，那该有多好啊！"卢铮在说话的时候，还故意装出一副无比憧憬的模样。

不远处的领导将卢铮这番话听得真真的，心里畅快极了。而且，领导打心底认为，卢铮所说的话一定是发自肺腑的。否则，他为何不当着自己的面说呢？

从此之后，领导开始留意起了卢铮。很快，卢铮就获得了领导的提拔。

在背后赞美他人，不仅显得真诚，而且容易让人信服。就如同卢铮那般，巧妙用背后赞美之法，博得了领导的好感与赏识。

将心比心，当我们听到有人在背后称赞我们，我们怕是也会不疑其伪，倍觉高兴。在人际交往中，若我们能玩转背后赞美他人的这一妙法，或许，我们的人际交往就会简单很多。

▍赞美有分寸，凡事过犹不及

再怎么鲜艳漂亮的气球，吹得小了，不会好看；吹得大了，就有爆炸的危险。赞美他人，就如同吹气球一般，适度为佳。亦即是说，赞美要有分寸。

领导带着汪园去赴一个非常重要的饭局。餐桌上，领导与客户聊得很是起兴。汪园及客户的妻子、孩子无意间就被冷落了。

此时，汪园心想：若是自己能与客户的妻子聊得来，说不定就能帮助领导达成与客户的合作。于是，汪园刻意与客户的妻子套近乎，一会儿夸客户妻子的头发柔滑顺直，一会儿夸客户妻子的衣着很有品位……夸得客户的妻子感觉怪难为情的。

然而，汪园还是不知收敛地继续倾吐着那些不着边际的溢美之词。甚而，当搜索枯肠再也找不到什么恰当的词汇来赞美客户妻子的时候，汪园转而赞美起了客户4岁大的女儿。说这孩子多么可爱，多么机灵，多么漂亮……连一个4岁的孩子听得都羞红了脸。

客户的妻子实在是受不了了，借口孩子太吵带孩子出去玩了。

可以看到，汪园这种毫无分寸感的赞美让客户的妻子生发出了厌恶的情绪。赞美本是一桩好事，而且往往能助人取得事半功倍的效果。但凡事过犹不及，逾越了一定的限度，出于善意的美言就有可能变成倒人胃口的恶语。

1. 赞美要适可而止

即使是自己最爱吃的东西，吃多了也会腻。美食如此，赞美亦是如此。虽然每个人都喜欢听好话，但是对他人的赞美并非就是多多益善。人与人之间，偶尔真诚地赞美一下对方，能让对方感到欢喜。但若老是阿谀奉承、溜须拍马，则会让人厌恶。所以，千万要把握好赞美的度，对他人予以恰到好处、恰如其分的赞美。

有一次，贾伟去一家公司推销保险，发现该公司的老板非常年轻。于是，贾伟一见到该公司的老板就称赞道："想不到您居然这么年轻，真是出乎人们的一般认知啊！由此可见，您的能力一定是非常强的。冒昧问一下，您是多大开始工作的呀？"

"17岁。"

"17岁！天哪，绝大部分的同龄人这时都还在父母跟前撒娇呢！那您是何时创办这家公司的呢？"

"也就刚刚成立。"

"哇！您展现出来的气度可真不像一个菜鸟老板，竟似一个久经商场的大企业家。对了，您为何年纪轻轻就着急出来工作呢？"

"呃！因为家里穷，供养不起我与妹妹两个人同时读书，所以我只能早早出来闯荡社会了。"

"您可太了不起了！那您妹妹如今怎么样了啊？"

"我妹妹目前正在国外留学，就快要回国了。"

"您妹妹也非常了不起啊！"

……

就这样一问一赞，越赞越远，越赞越偏。贾伟不加节制的赞美，使得老板刚开始对贾伟建立起来的好感渐而损失殆尽。最后，本来有意愿从贾伟手上购买保险的老板断然拒绝了贾伟。

有些人常会犯一些错误，就是无论见了什么都说好，如此一来，其轻率的赞美就变得非常廉价了。而且往往，不加节制地赞美只会适得其反。因此，赞美一定要适可而止。

2. 赞美要切合实际

赞美他人时适当地夸大一些确实能起到良好的作用，但若是过度夸张，脱离了实际情况，就难免给人阿谀奉承之感，而且，这种言不由衷的赞美甚至会招人厌恶。

肖晗是一位婚礼主持人。有一次，他去主持一对新人的结婚典礼。新郎相貌平平，有些跛脚；新娘满脸雀斑，有些口吃。肖晗觉得在新人大喜的日子，应该多说喜庆话。于是他在典礼上这样说道："各位在场的嘉宾大家好，欢迎你们来参加今天的婚礼。我们的新郎是××，新娘是××。这两位可谓郎才女貌、天作之合，你们看我们的新郎玉树临风，貌比潘安，我们的新娘落落大方，国色天香，简直就是现代版的赵飞燕……"听了这话，现场顿时沸腾起来，新郎、新娘尴尬不已。

肖晗出于善意说的赞美之词，让人听来却是那么不自然，尤其对新郎、新娘来说，或许还有些刺耳。由此可见，赞美一旦脱离了实际就会失去本来的味道，让人觉得虚伪甚至厌烦。

　　戚舜是一名刚踏入销售行业的新人，他总是有心观察那些资深销售的言行，期盼从中学到一些实用的销售技巧。

　　有一次，戚舜跟随一个销售前辈去见一个客户，只见前辈一见客户的面就笑着说道："大慈善家，听说您最近做了不少好事啊！您可真是我们这些穷苦人士的活菩萨，哈哈！"客户也是笑着回答道："哪里哪里，也就做了一些力所能及的事而已。"就这样，聊天氛围甚是融洽，合作也顺利达成了。事后，戚舜认识到前辈开场的那句赞美话起了至关重要的作用，于是将这一点默默记在了心里。

　　一段时间后，戚舜获准独立开展工作。戚舜的第一个目标客户是一个地产商。在做了充分的准备工作后，戚舜敲响了地产商的门。

　　见地产商神色严峻，戚舜决定借用那名前辈的套路缓和一下气氛。于是，戚舜强装从容地说道："大慈善家，听说您最近做了不少好事啊！您可真是我们这些穷苦人士的活菩萨，哈哈！"

　　听了这话，地产商一头雾水，心想："我最近哪有做什么善事，这家伙怕是脑袋进水了吧！"于是，地产商说道："先生，你肯定认错人了。对不起，我现在很忙，恕不接待了！"

　　就这样，戚舜还没开始进行推销，就被地产商下了逐客令。

　　由此可见，赞美不是随便的阿谀奉承，而是要建立在事实的基础之上的。虽然每个人都希望被赞美，但若赞美的话与被赞美者的实际情况不相符，被赞美的人往往就会在心里打鼓："他说的是我吗？"当其得到否定的答案时，他对你的信任就会消失殆尽，因为他已经将你认定为一个虚伪的人。

3. 赞美要出于真诚

只有建立在真实情感基础之上的赞美才能够被人信服与接受。真实与否是区分真心赞美与阿谀奉承的关键，要想使你的赞美收到良好的效果，不流于庸俗，就要谨记：真实的，才是人们喜欢的。

卫雨是一家外贸公司的职员，不仅人长得美，嘴巴也很甜。她的上司王经理爱漂亮，又擅长搭配衣服，总是隔一天就换一套衣服。卫雨每次见到王经理，嘴里都像抹了蜜似的夸个不停："哇！经理，您又买了套新衣服啊，颜色真美！您穿着就是比别人有气质。""瞧！又是套新衣裳，经理您的品位真是高哇！""这衣服的搭配让人看着就舒服，好像受过专门训练一样。"……除了当面赞美王经理，卫雨还在客户的面前"恭维"自己的上司："我能取得今天的成绩，全靠我们经理的提携和照顾……"

总是被溜须拍马，王经理终于不耐烦了，气愤地跟卫雨说道："别有事没事就扯这些虚的，你只需要做好自己的本职工作就行了！"后来，王经理无意间听到经常恭维自己的卫雨当着客户的面中伤自己，但却丝毫不觉得奇怪，因为她一早就看透了对方"过度赞美"的背后那颗并不真诚的心。

卫雨的赞美之所以未赢得王经理的认可和好感，就是因为她的赞美充满虚情假意，掺杂了太多讨好的成分，无法打动对方的心。这也告诫我们，只有发自内心地赞美，才能为我们打造良好的人际关系。

4. 赞美要具体详尽

抽象的赞美，如"你很好""你很优秀"等，这些话初听起来还不错，但细想起来，总让人感觉不太受用，甚至有敷衍之嫌。若是能将赞美具体化，赞美对方的某一方面，其效果会马上大不一样。具体化的赞美，简而言之，就是言之有物。

毛辉与洪亮是好朋友，两人同时爱上了一位美丽的女士。两人性格迥异，所以采取的追求方式也不尽相同。

毛辉心思细腻，每每都能就女士身上某个具体的点进行针对性的赞美，譬如，"你今天的穿搭好有气质啊""看你读的书，原来你也喜欢沈从文啊"……女士每次与毛辉聊天，都感觉非常快乐。

洪亮呢，性情比较粗犷，行为处事也比较直接，虽也会说些甜言蜜语，但往往是"你好美啊""你的气色真不错啊"等空泛老套的说辞。每当洪亮对女士说这些的时候，美女只是报以礼貌的微笑。

结果可想而知，自然是更懂女人心、更懂赞美的毛辉赢得了美女的芳心，成功抱得了美人归。

可以看到，毛辉给予女士的都是具体化的赞美，而洪亮的赞美就有些泛泛而论了。将两人放一起对比，毛辉的赞美就好比每次都找准一个点用力，洪亮则是把劲使在一个面上，自然是没有毛辉的赞美显得更有力度，更深入人心。由此可见，赞美是越具体越好。越具体，就显得你对对方越了解，你的赞美之言也更加可信。因此当我们赞美他人时，要尽量使赞美之言言之有物、具体翔实，能让对方有迹可循，这样才能使赞美完全发挥其功效，为我们营造良好的人际关系。

赞美有创意，让人无比满足

一些人想不出别致的赞美，便只能去模仿他人的赞美、附和他人的赞美。殊不知，别人嚼过的肉不香。这样做不仅达不到赞美的效果，还可能引起反感。

很久以前，有这么一个权臣，其门下聚集了很多溜须拍马的宾客。

有一次，这位权臣与众宾客在一株大柳树下小憩。突然，权臣莫名地感叹了一句："好大的一株柳树啊！"

听到权臣的这声感叹，宾客们不明所以，但为了讨好权臣，纷纷附和道："是啊，真是一株好大的柳树！"

权臣听了众人的附和之语，心中好笑，随即故意说道："这么大的柳树就应该用来造车。"

稍有常识的人都知道，柳树是造不了车的。但还是有那么几个人相互赞叹道："确实，这么大的一株柳树，不用来造车就太可惜了！"

听到这番瞎话，权臣勃然大怒，厉声呵斥道："我听说在秦朝时有指鹿为马这等怪事，原本我是不信的，但今天我算真切体会到了。"

后来，权臣便驱逐了那些只知溜须拍马的人。

陈词滥调的赞美激荡不起被赞美者内心半分的涟漪。反过来说，只有富有创意的赞美才能更好地打动人心。

靳波是一个很会聊天的人，因此也赢得了很多朋友。尤为特殊的是，靳波与其一个朋友的妻子的友谊甚至要胜过与该朋友的友谊，而且靳波与朋友妻子的友谊绝不会让人误会，并为朋友乐见其成。

为什么靳波与朋友的妻子也能建立起比较好的关系呢？那还得归功于靳波与朋友妻子初次见面时随口说出的一句话。

有一次聚会，朋友将自己的妻子介绍给靳波。由于初次见面，靳波与朋友之妻不知该以什么话题开场。为了消解无话可说的尴尬，靳波随口就赞美了朋友的妻子一句："您戴的耳坠好特别啊，真美！"事实上，作为一个大男人，靳波哪里懂得女性的装饰物。但巧妙的是，这个耳坠的确有独到之处，而且可谓朋友妻子的得意之物。靳波随口的一句赞美，勾动起了朋友妻子有关这一耳坠无限美好的回忆。正是因为这样，朋友妻子与靳波就耳坠这一话题热情地聊了起来。以耳坠作为引子，靳波与朋友之妻还聊了很多，彼此都觉得颇为投机。后来，两人便顺理成章地成了有着无穷话题可聊的好朋友。

可以看到，靳波对朋友之妻赞美的点别出心裁，是故更有效地笼络了朋友之妻的心。

赞美的目的是愉悦对方，若你不是自以为是地嘲弄他人的智力的话，赞美的话必须有创意才行。那么，如何才能让我们在与他人聊天时进行有创意的赞美呢？

1. 别致的赞美方式

在某档综艺节目上，一群技艺精湛的舞者为现场观众奉献了一段极具视觉冲击力的表演，博得了经久不息的掌声。激动的主持人已难以用更多美好的词汇来表达自己对那群舞者及那段舞蹈的赞美之情，于是机智地将话筒交给了现场的观众，希望借更多人的口，从更多方面，更好地赞美那群拥有高超舞蹈技艺的舞者展现出的无可挑剔的舞蹈表演。

一连采访了现场的数位观众，得到的都是诸如"太美了""太精彩了""太高超了"此类的评语。这些评语虽很贴切，但总感觉缺了点儿力度。于是，主持人不甘心地继续采访现场的观众，期望得到一个为常人所想不到的又极度贴合人们心理感受的完美评价。

出乎所有人意料的是，一个被采访的观众"语出惊人"，他如此说道："我想建议你们每天跳出一个不太完美的动作。"

此话一出，全场哗然，人们纷纷谴责这名发言者哗众取宠，要求他立即收回那些浅薄无知的言论，并向舞者们道歉。主持人冷汗连连，心想道：嘀，这位老兄倒是很谙熟综艺节目的套路嘛，但是这节目气氛营造得也太热烈了吧！

然而，这个观众淡定地继续说道："因为你们这段舞跳得太过完美了，我怕你们会惹来上帝的忌妒！"

话音一落，全场观众先是一愣，而后爆发出了雷鸣般的掌声。

可以看到，这个观众的本意是赞美舞者们的精湛舞技，但在具体表达中，先是用了否定的意思造成人们的疑惑，再用肯定的话语揭示自己真正的意思。可以说，正话反说是一种极强的语言技巧，既幽默风趣，又让人印象深刻。因此，赞美他人时，不妨依据实际情况正确使用正话反说这一语言技巧。

2. 新颖的赞美语言

并不是所有的赞美都能给予人内心的欢愉与美的享受，只有那些新颖的赞美话语才能成为流进别人心头的蜜意。

卫烟和梁毅是一对新婚夫妇，刚开始过两个人的生活。卫烟拿出全部的本领掌勺做饭，虽然厨艺平平，让人不敢恭维，但梁毅为了表示对妻子的鼓励，从来不去外面的饭馆吃饭。有一次周末，卫烟为丈夫做了几个拿手好菜。菜刚端上桌，梁毅的脸上就流露出陶醉的神情，随即对妻子耳语道："菜做得真香，我看再这样下去，附近的饭馆就要关门大吉了！"卫烟听了丈夫的这番夸奖，甜甜地笑了。

梁毅的这番话幽默诙谐，很自然地把对妻子的喜爱和赞赏表现了出来，虽然也是一种恭维，但却说得十分巧妙、新颖。

新颖的赞美语更有魅力，也更有吸引力。我们应该在聊天中多使用新颖的赞美话语。

3. 独特的赞美角度

若你赞美别人时想得到很好的效果，你可以从一个别人未曾想到的角度出发，说别人没说过的话，让对方觉得你的赞美很有新意，听起来更加中听。

罗斌是一名在校大学生，有着一副天生的好嗓子。每当学校举办什么活动或晚会的时候，罗斌都会登台献唱。在舞台上，罗斌是那样的光芒四射，总是能惊艳全场。

在一次迎新晚会上，罗斌演唱了一首完全由自己填词作曲的新歌。悠扬轻快的词曲，扣人心弦的歌喉，让底下的师弟师妹们听得如痴如醉。曲罢词倦，台下响起了如瀑布宣泄般的掌声，久久未息。

在后台，一位小学弟找到了罗斌，激动地说道："学长，你的歌唱得好好听，你的舞也跳得超级棒，简直帅呆了！"

听到别人称赞自己唱歌唱得好，罗斌并不以为意，因为这样的赞美听得也是够多了。然而，这个不知道从哪里冒出来的学弟竟然还懂得欣赏自己的舞姿，罗斌就非常有兴趣了。于是，罗斌笑道："哈哈，我的舞姿呀，也就只能凑合着看吧，只求不污人之眼就心满意足了！我的歌嘛，倒还是能勉强听一听的！"

学弟立即接话道："哎呀，学长您唱的歌，那还有什么话说吗，一个字，就是棒！学长，冒昧地请求您，可否教教我怎么唱歌呀？"

罗斌欣然应允道："没问题！没问题！哈哈！"

可以看到，这位师弟在赞美罗斌歌唱得好时，还赞美了罗斌舞跳得好。歌唱得好是人们公认的，舞跳得好却还没有人说过。师弟这种另类角度的赞美，一下就吸引了罗斌听的兴趣，也很好地打动了罗斌的心。

妙趣小测试

测试内容

1. 你有一个朋友中了大奖，你会（　　）

A. 觉得这是运气使然，没什么大不了的

B. 装作不知情，但心底里非常不服气

C. 真诚地向他表示祝贺

2. 你过生日时，有朋友送了一件你已经拥有的礼物给你。此时，你会（　　）

A. 告诉他你已经有一件了，请他留着自己用

B. 当面表示感谢，事后转送给别人

C. 由衷感谢，并留下来自用

3. 朋友家新装修，但你觉得装修设计并不是那么好，你会（　　）

A. 取笑朋友的审美品位

B. 不置可否

C. 称赞朋友将房子布置得很漂亮

4. 你原本是老师最喜欢的学生，但你发现新转进来的一个学生似乎更得老师的喜爱。此时，你会（　　）

A. 有意疏远他

B. 装作不在意，但暗自与他较劲

C. 与他交朋友，并表示要向他学习

5. 一位朋友原本想自告奋勇帮你做件好事，却不料给你带来了意外的麻烦。于是你（　）

A. 责怪他只会碍手碍脚

B. 云淡风轻地表示没关系

C. 先感激他的好意，后提点他做事要当心

6. 一位朋友让你看她亲手织的一件毛衣，你觉得非常难看。于是你（　）

A. 直言不讳地说难看，并调侃朋友的拙劣手艺

B. 说没什么了不起的，我也会

C. 赞扬她心灵手巧，鼓励她可以多织一些衣物

7. 一个平日里并不起眼的朋友在参加马拉松比赛时获奖了。于是你（　）

A. 讽刺他头脑简单，四肢发达

B. 觉得在这种低级别的赛事中获奖，根本不值一提

C. 称赞他是跑步能手，鼓励他再接再厉

8. 你与朋友同台表演，结束后，朋友受到了追捧，你却受到了冷落，你会（　）

A. 与朋友争论，责怪他抢了自己的风头

B. 很不高兴地躲到一边去，不理他

C. 与众人一起赞扬他确实表演得不错

9. 你把心爱的玩具借给了朋友，朋友却将其捐给了希望小学。于是你（　）

A. 狠狠地对他发了一通脾气

B. 肯定他的行为，但责备他没有与自己打招呼

C. 高度赞扬他的善行，然后再送他一个

10. 你与朋友一起去看电影，朋友捡到一串钥匙，并坚持要在那里等失主。此时你会（　　）

　　A. 觉得他没事找事

　　B. 觉得他一下子进步了

　　C. 与他一起等

11. 你去一个刚结交不久的朋友家里玩，发现他家面积虽小，但很干净。于是你会说（　　）

　　A. 你的房子太小了，还好方便打扫，不然就麻烦了

　　B. 你的房子好干净呀，是因为我要来才打扫的吗

　　C. 你的房子真干净啊，比我的房间好多了

12. 新年到了，你最要好的朋友送了一张自制的贺卡给你。于是你（　　）

　　A. 责怪他小气，送这么不上档次的礼物

　　B. 认为他若能将贺卡制作得再精致点儿就好了

　　C. 夸他有心，说这是你收到的最特别的礼物

13. 你的长辈为你买了一件新衣服，你并不喜欢。于是你（　　）

　　A. 请长辈去退掉

　　B. 将就着穿

　　C. 由衷地感激长辈的心意，表示非常喜欢

14. 一位同事长得很精神，但是办事效率很低，偶然一次竟然做得很出色，还受到了表扬。于是你（　　）

　　A. 怀疑他是不是找了枪手

　　B. 调侃他道："看来，你也可以出色地完成任务嘛!"

　　C. 真诚地恭贺他，并希望他再创佳绩

15. **你与一位棋艺并不好的朋友下棋，你输了。你会说 （　　）**

A. 我平时很少下棋，生疏了，生疏了

B. 我不服，咱们接着下，三局两胜

C. 棋艺真不赖，你可以做我的师父了

测试结果

（A. 1分；B. 2分；C. 3分）

分数区段		赞美能力
36~45分	大方型	非常愿意认可别人的长处。
26~35分	吝啬型	不希望别人取得成功，更不会慷慨地赞美别人。
15~25分	自大型	能看到别人的优点，但不愿意给予赞美，甚至会鸡蛋里挑骨头。

第四章

规避冲突，聊天才不会聊进死胡同

拒绝有方，照拂他人情感

当别人请求你帮忙而你又无力帮忙时，若你因为不好意思而应承了对方，那么，你只会将你带入到巨大的麻烦中去；若你残忍地直接拒绝，又极有可能得罪对方，伤了对方的心，给自己的人际关系留下一道无可弥合的裂痕。最好的解决方式是两者都不要。当你不得不拒绝他人时，你大可以将话说得艺术些，这样对双方都有好处。

有一次，林肯的一位朋友向他推荐一个人做阁员，但这个人的品行太差，所以林肯一直没有答应朋友的请求。

后来，朋友气愤地质问林肯："很早以前就跟你说了这事，你怎么一直不答应呢？"

林肯回答说："他那副'长相'让我看着不舒服。"

朋友惊讶地说："什么！你也太严厉了吧。长相来自于他的父母，与他有什么关系呢！"

林肯说："你说错了，一个人但凡年纪超过了40岁，就需要为他自己的'长相'负责了。"

朋友顿时了然，从此之后就没再提这件事。

显而易见，林肯所说的"长相"并不是指容貌，而是指一个人后天的成长状态。林肯巧妙地运用词语的歧义性，委婉地拒绝了自己的朋友，又不伤朋友的面子，可谓一举两得。

　　任眉与耿秀是从小玩到大的好朋友，情同姐妹。

　　一天，在两人闲聊过程中，任眉突然问耿秀道："秀儿，你工作有几年了，肯定攒了一些钱吧，能对我说说吗？"

　　面对任眉的发问，耿秀还真有点儿不知所措。毕竟，有些个人隐私是不方便为外人道的，哪怕发问探知的人与你的关系再怎么密切。但是，任眉既已开口问了，不回应一下也说不过去。于是，耿秀只得含糊地回答道："哎呀呀，就凭我们这形影不离的亲昵劲，我身上还有什么是你不知晓的啊！微薄的薪水养着一张贪吃的嘴，能活下来已经是一个人间奇迹了。攒钱？我可是想都不敢想啊！"

　　任眉也是一个心思极为灵巧的姑娘，见耿秀打哈哈，任眉意识到自己的问题确实有些唐突与冒昧了。于是，任眉难为情地说道："你工作的这几年，或多或少，总该是有点儿积蓄的吧？你要是能借点儿钱给我，我可以按照银行的利率给你利息。"

　　事实上，两人之间你来我往地借钱应急也不是一两次了，甚至可以说是司空见惯了。但这次，任眉说到了给利息，耿秀敏锐地意识到任眉要借的钱数目肯定小不了。于是，耿秀巧妙地回应道："说真心话，我一个守着工资过活的打工妹，面对生活的压力已是穷于应付了，哪还有什么闲钱。我们关系匪浅，你该知道我所言非虚。对了，你为什么借钱啊？"

　　任眉回答道："我打算买套房子，所以……"

　　得知任眉开口借钱是为了买房后，耿秀心里暗自盘算："现在房价那么高，任眉需要借的钱肯定不是个小数目。就我目前的经济能力，着实是心有余而力不足。看来这次，我必须得拒绝她了。"于是，耿秀宽慰任眉道："买房子是件好事，也是件大事，你可考虑清楚了？你们小俩口目前租房子住不是挺好的吗，为什么动了买房子的心思啊？像我这种飘忽不定的打工妹，都不敢做这种奢侈的梦啊！"

听了耿秀的话，任眉叹气道："这不也是没办法嘛！成家了，需要考虑的现实问题简直多如牛毛！着眼于日后的生活规划，买一套属于自己的房子实为形势使然。无奈的是，现在房价高企，我们竟连个首付都拿不出来。实在是没有办法了，冒昧地向你开口也是碰碰运气！"

任眉的这番剖白让耿秀原本紧绷的心如释重负。耿秀意识到，朋友并未因为自己的拒绝而尴尬或懊恼，事实上，朋友也能理解自己的状况，所以只是抱了试一试的心态。基于此认知，耿秀笑道："原来你只是来我这儿碰碰运气啊！目前，我还没有足够的能力帮到你。为此，我感到万分抱歉。同时，对于你能在需要帮助的时候想到我，我感到非常荣幸与高兴。我保证，日后但凡我力所能及的事情，我一定义不容辞！"

听了耿秀的话，任眉甜甜地笑了。

对于任眉借钱的要求，耿秀的话说得很巧妙，既没有伤害彼此之间的友谊，又达到了拒绝的目的。

当然，具体到拒绝的策略，每个人都有自己的一套办法：可以让对方明白自己有不得不拒绝的苦衷，也可以为自己的拒绝寻找足以让人信服的托词，或者在拒绝了一个要求的同时给他另一方面的帮助，或暂时答应试一下，过了一段时间后再推辞说事情没办成。总之要保证在拒绝他人时不能过于直接，更不要给对方造成伤害。

1. 借故推辞

人生于世，难免会遇到周围的人请求你帮忙的时候，力所能及的当然是能帮就帮，力有不逮的就应该予以拒绝。说到这里，很多人又有苦恼了：如何有效地拒绝那些超出自己能力范畴的要求，而又不伤了人与人之间的情感？或许最有效的办法就是设法给对方一个台阶下，以免伤了彼此的情面。

胡洋进入公司两年了，对各项业务都十分精熟，也越来越得领导的青睐与倚重。然而，胡洋发现了这样一个问题：自己累死累活，不知干了比别人多多少倍的工作量，但是自己的工资却没见比其他人高出多少。胡洋开始还安慰自己：只要自己勤勤恳恳地干，等哪天升职了，工资自然也就跟着涨了。

但是，升职加薪的机会总是与胡洋无缘。后来，胡洋了解到，自己升职的事其实已经在主管会议上被讨论很多次了，但每次都被直属领导否决，理由是"胡洋这样的下属用起来比较顺手，而且胡洋还缺乏管理能力，可以在自己手底下再多历练历练"。

胡洋觉得，自己必须要适度地拒绝领导了，但是，该如何拒绝呢？

有一天到了下班点，领导突然对胡洋吩咐道："胡洋，这里有个着急的案子，先别下班，你处理一下吧。"胡洋脱口而出："领导，真是抱歉啊，恰巧我妈今天过来，我得去接站，不然我不放心。"领导表示理解地点了点头，然后说道："嗯，你去忙你的事吧，我将这个案子交给别人来处理就行了。"

胡洋找的"接人"这个理由，虽有些老套，但也不失为一个好的"台阶"。至少在领导看来，这种拒绝是可以接受的。

在很多情况下，当我们想要拒绝对方的某一要求却又不便明说时，不妨也找一个漂亮的借口，用恰当的、不至于引起对方不快的理由来谢绝对方的要求。

2. 幽默拒绝

可以说，拒绝本来就是一件得罪人的苦差事。可以想见，在别人提出请求后满怀期待地等待着你肯定的答复，而你却回应了一个"不"，这是多么伤人的一件事啊！不过，若我们能在拒绝的话语中添加一些幽默的口才，就能让对方在欢乐中接受你的拒绝。

一个年轻貌美的女演员非常倾慕大剧作家萧伯纳的才华，并渴望与其成就百年之好。

有一次，女演员趁与萧伯纳聊天之际勇敢地剖白了自己的心迹。女演员如此说道："我有漂亮的容颜、完美的身材，而您有着为人惊叹的才华，才子佳人，可谓珠联璧合。可以想见，我们俩孕育的、兼具了您的智慧与我的美貌的孩子该是有多么完美！"

面对一个美丽姑娘的主动追求，怕是甚少有男子不欣然动情。然而，萧伯纳很难在这位美女身上感受到爱的冲动。为了不因直白的拒绝而伤了女士炽热而勇敢的心，萧伯纳委婉而幽默地说道："确实，若真如你所说，也算得上一桩人生美事。然而，若天不遂人愿呢？譬如，我们的孩子继承的是我的容貌与你的才华，那岂非不妙！所以，我请你还是好好思量一番！"

女演员顿时明白了萧伯纳的拒绝之意，于是失望地离开了。

可以看出，萧伯纳正是通过艺术的方式拒绝了女演员的求婚。他在女演员一厢情愿、满怀热情的求婚下，虽然心里反感，但并未直接拒绝，而是跟随女演员的思路，在她的话语中找到拒绝的机会，最后他在遗传的各种可能性中，找到一种最糟糕的情况来推翻女演员的观点。萧伯纳就这么轻松、幽默地成功拒绝了女演员的求爱，体现了他高超的拒绝能力。

有一天，在办公室吃下午茶的时候，季英一不留神将桌上的一杯果汁碰倒在了地上。要命的是，办公室内铺满了地毯，而且甜食最容易招惹蟑螂。季英当时就想彻底地清洗地毯。但显然，清洗地毯并不是件容易的事情，而且季英一个人也着实应付不来。

就在这时候，同事邢琳琳恰好经过。于是，季英极不好意思地开口对邢琳琳说道："琳琳，你能帮我一下吗？我不小心把果汁撞倒在了地上，为了避免引来蟑螂，我必须得将地毯清洗一下。我怕我应付不来，所以请你帮下忙！"

事实上，邢琳琳现在正有件急事需要处理，很难分身帮助季英。但是面对季英的请求，邢琳琳也不忍拒绝。于是，机智的邢琳琳如此对季英说道："不用担心，蟑螂才不喝鲜榨的果汁呢！你先简单清理下，我办完手上的急事后就立马来协助你。"

一听这话，本来还有些焦急的季英一下就被逗笑了。

邢琳琳一句幽默的话语逗得季英忍俊不禁，季英又怎会芥蒂邢琳琳的拒绝。试想一下，若邢琳琳当时如此回应季英："不好意思，我有急事需要处理，你还是找别人来帮助你吧！"季英的心里可能就会打鼓道："哼，什么狗屁同事，这点儿小忙都不愿意帮！"不用说，两人日后的交往会变得分外艰难。

可以这么说，幽默是智慧的一种外化表现。当你充分发挥幽默感，于谈笑间让别人愉快地接受你的拒绝，不仅能活跃气氛，而且能顺利地达到拒绝的目的。对双方而言，这都是最理想的结果。

3. 先退后进

林妙是一位知名的钢琴家，而且其演奏会的门票往往是一票难求。

有一次，林妙的一位朋友想去听她的演奏会，但没有抢到票。为此，朋友将林妙约了出来。在聊天过程中，朋友向林妙坦承了自己的想法："我非常想听你这场钢琴演奏会，但可惜没有抢到票，你能不能帮我弄一张票啊？"

林妙手上并没有多余的赠票，而且演出在即，林妙也着实没有精力再去处理这样的琐事。然而，朋友既出口相求，林妙也难以当面直言拒绝。于是，林妙如此说道："你要是早些对我说就好了！马上就要演出了，票怕是已经售罄了。现在，我也只有一个座位，若你愿意……"

朋友急忙回答道："我愿意，愿意！那个座位在哪里？"

林妙不急不慢地回答道："那个座位嘛，就在钢琴的后面。"

可以看到，林妙巧妙地婉拒了好友的请求。当我们无法当面拒绝他人时，不妨就像林妙一样，先答应下来，不让对方感到难堪，再告诉对方一个可以接受的借口，如此一来，对方也会认为你是真诚、认真地在对待他的请求。因此，即使为你所拒绝，对方也能在很大程度上谅解你。

4. 沉默以对

小黄是某市高铁站的售票员。有一年春节将临，火车票格外紧缺，小黄的朋友小李来找他帮忙，希望他能够利用职权给自己"挤"出一张车票来。小黄不好直接拒绝，就朝小李微微一笑，随即两手一摊，做了个无可奈何的姿势。小李顿时明白了小黄的意思，点点头，然后离开了。

小黄采用以笑代答的方式，并配以一定的态势语，从而不失礼貌地拒绝了小李的请求。

沉默是一种比较常见的有效的拒绝方法。当你面对别人的请求，而又不便明言回绝时，不妨就三缄其口，保持沉默，让对方自觉而退。

5. 转移话题

转移话题也是一种行之有效的拒绝手段。它的主要特征是顾左右而言他，通过岔开话题达至拒绝的目的。

柳芸和张蜜是一对好朋友。柳芸长得娇小玲珑，张蜜则身材微胖。一次，柳芸去张蜜家做客，张蜜兴冲冲地拿出刚买的连衣裙穿在身上，问柳芸漂亮不漂亮。其实，张蜜穿这条裙子一点儿都不好看。柳芸深知这一点，但她不想违心地称赞张蜜，也不能不回答，更不能直接说出事实。她灵机一动，这样说道："啊，今年夏天好多女孩子都穿连衣裙呢。你看 XXX 杂志了吗？那上边介绍了好多裙子的款式呢，既时尚又漂亮……"

可以看到，柳芸通过巧妙地转移话题，从而实现了拒绝回答的目的。转移话题确实是一种高超而实用的拒绝方法，不过在实际运用的过程中应当注意的是，新的话题必须同旧话题存在一定的联系，并且能够引起对方的兴趣。不然，突然转移话题很容易引起对方的反感。

‖ 批评用巧，避免恶语伤人

常言道："良言一句三冬暖，恶语伤人六月寒。"而且，我们要谨记一点，即我们批评的初衷是帮助犯错的人认识到自己的错误并加以改正。所以，我们批评他人时，千万不要远离了批评的要旨，而逞口舌之快，否则不但无谓地损害了自己的人际关系，还会遭致他人的愤恨。

曾几何时，人们就淘宝网上假货充斥的状况给予了淘宝网广泛而犀利的批评。面对外界汹涌的质疑声浪，马云不仅婉转地表达了自己的无奈，而且巧妙地表达了自己的委屈："淘宝只是一个销售与购物平台，并不涉及任何商品的生产与制造。事实上，淘宝网也是一些不良商家制假售假恶劣行径的受害者。确实，淘宝网能依据交易记录与交易数据轻而易举地查出是哪些人在制假售假，但我们只是一家公司，并不是执法机构，又能做什么呢？难道，我们可以将那些坏家伙抓起来进行审判？可惜，我们并没有这样的权力。"

在挞伐的声音纷至沓来或者说汹涌而至的时候，马云并未心急火燎、用词犀利地予以反驳，而是恰到好处地表达了自己对于那些无良商家的愤怒，同时也表明自己的无奈。虽然马云的回应中并未出现严厉的批评，但是一番令人信服的解释足以表明自己的态度。

很多时候，批评的话语之所以令人感到厌恶，就是因为批评者忽略了当时的处境或者对被批评者采用了权威压服方式，从而让被批评者感到委屈的同时还产生了反感的情绪。

迈克尔是一位称职的职业经理人，工作能力无可挑剔，就是有个不太招人喜欢的毛病：对属下比较严苛，动不动就喜欢发脾气。

有一次，迈克尔在一份报告上发现了一个非常低级的错误，有人将 Believe 写错成了 Beleive。为此，怒火中烧的迈克尔将犯错的员工叫到办公室大骂了一通。

"你怎么会犯这么幼稚的错误啊？我真怀疑你是如何取得学位的！你给我记住了，I 永远在 E 的前面。"迈克尔的咆哮声穿透办公室，响彻整个部门。

几天之后，迈克尔又检查出了同样的拼写错误，而且更可气的是，这个错误又是上次那个犯了同样错误的员工的手笔。迈克尔怒不可遏，径直走到那个员工的工位处，用手指着员工的脑袋咆哮道："你这个猪脑袋是进水了吗？同样的错误竟然犯了两遍，你究竟记没记住我上次怎么对你说的啊？"

员工神色平和，淡淡地说道："记得，你说 I 永远在 E 之前！"

迈克尔扯着嗓门脱口而出："是。"

听到迈克尔如此肯定的答复，员工也不再言语，随手拿起桌案上的一份文件，将上面的 Boeing 涂改成了 Boieng。

　　这个不愉快的结局是由于这位经理缺乏批评技巧造成的，若他当时能按捺住自己的脾气，采用一种温和的态度，上下级的关系也不会出现如此尖锐的对立。所以说，粗暴的责备并不能实现有效教育的目的，而要想达到批评的目的，就必须得用点儿巧劲，如此才能避免伤人之心。而且，我们常能发现，技巧性的批评往往能取得事半功倍的效果。

　　1. 暗示批评，照顾他人的自尊

　　试问一下，又有谁愿意接受批评呢？受到批评毕竟是一件令人难堪、不爽的事情。当你有必要对人提出批评的时候，用点儿批评的技巧，或许批评的话语也并不是那么让人难以接受。

　　春秋时期，吴王意欲攻楚。吴王清楚，他这个计划必会遭致群臣的反对与谏阻，于是，吴王声色俱厉地昭告群臣："孤伐楚之心已决，敢阻挠孤之意志、动摇军心者，孤便以其项上头颅祭旗。"很多对伐楚计划持反对意见的大臣就此噤口不言。出兵攻楚，这样疯狂的军事冒险所带来的失败后果是吴国所承担不起的，即便胜，怕也是得不偿失。近侍少孺子为了有效地向吴王谏言，想了一个绝妙的办法。

　　一天清晨，吴王在后花园散步的时候发现少孺子身上的衣裳湿漉漉的，便不解地询问少孺子是怎么回事。少孺子回答道："我原本只是想用弹弓在后花园打些飞鸟，没承想竟目睹了一件神奇的事，一时间看得呆了，衣裳被露水打湿了也浑然不觉。"

吴王好奇地问道:"究竟是何等神奇的事让爱卿看得如此痴迷呀?"

少孺子回答道:"微臣看到,一只蝉正卧在树干上酣甜地喝着露水,颇为自得,却不知下面有一只螳螂正悄悄地在接近它。螳螂必是胸有成竹,甚至有点儿喜不自胜了吧!然而,不远的一根树枝上,一只黄雀正目不转睛地盯着那只肥硕的螳螂。或许,黄雀已经憧憬起了即将大快朵颐的场景。那只可怜的黄雀啊,微臣的弹弓早已瞄准它许久了,它还毫无察觉呢!大王您说,这样的场面是不是很有意思?"

听了少孺子的这番话,吴王幡然醒悟,明白了少孺子的用心与孤行伐楚的利害关系,便打消了出兵攻楚的想法。

可以看到,少孺子采用了迂回的办法,以三种动物为例来暗谏吴王应该通盘考虑、提高眼界,在巧妙回避吴王禁令的同时,有效地劝止了吴王进行军事上的冒险。

太过直接的批评通常会伤人自尊、拂人脸面,而委婉的批评方式则能让对方平和地接受你的意见与建议。所以,在批评过程中,要拿捏好语言的敏感度,最好是能将话说得委婉一些,如此既能达至批评的目的,又不用担心引起他人情绪上的反弹。委婉批评的有效方式之一就是暗示批评,只需些许暗示,对方就能心知肚明。藉由暗示批评,在不挑破对方错误的同时让对方清楚地认识到自己的错误。如此一来,对方就能怡然接受你的劝诫,自觉地改正己身的错误。

2. 幽默批评，让人心服口服

如果你在批评他人时，能够在话语里添加些幽默的成分，那么本来严肃的批评就会变为甜蜜的激励，对方也会心甘情愿地接受你的批评。

美国总统柯立芝是一个深谙幽默艺术的人。他曾有过一位粗心大意的女秘书，这位女秘书工作时总是犯一些错误。柯立芝发现女秘书的失误后并未立刻斥责对方，而是采取了非常幽默的做法。

一天，他看见女秘书穿着一件好看的衣服来上班，就微笑着说道："你今天穿的这件衣服真好看，与你这样年轻貌美的姑娘很是般配。"女秘书听了这话十分惊诧。就在她得意之时，又听到柯立芝说："不过你千万别骄傲，我相信，你的公文也能处理得跟你一样漂亮。"后来，女秘书在工作上的失误减少了许多。

可以看到，正是柯立芝幽默的批评，才让女秘书在今后的工作上变得谨慎而少有失误。试想一下，如果柯立芝大发雷霆，劈头盖脸地斥责女秘书一顿，虽然女秘书也会意识到自己的错误，但绝不会这样心服口服，而且柯立芝极有可能再也看不到女秘书靓丽的身影和美丽的笑脸了。

幽默批评是一种爱的艺术，它往往能温柔地击中对方的心灵，给其震撼和思考。我们在批评他人时，不妨也借用一下这种批评方式，相信会有奇妙的效果。

3. 建议批评，制造和谐的氛围

建议批评指的是，以建议的方式向对方提出正确的做法，从而否定对方的错误行为。相较于意见一词的否定性意味，建议则是建设性的。这也就是为什么人们往往乐于接受建议而非意见。建设性的批评能够弱化批评中的否定性因素，创造出好的解决问题、改正错误的氛围，并在这种良好的氛围中自然地让被批评者改正其所犯的错误。

某工厂非常重视安全问题，"禁止吸烟"的醒目标语在厂区内随处可见。

一天，青年工人顾伟犯了烟瘾，实在扛不住了，便迫不及待、不择场所地吞云吐雾了起来。不巧的是，这一幕恰好被巡视的厂长给看到了。顾伟内心忐忑，觉得厂长一定会狠狠地批评自己。但出乎顾伟意料的是，厂长慢悠悠地走到顾伟面前，并未声色俱厉地展开批评教育，而是拍了拍顾伟的肩膀，温和地说道："小伙子，我建议你到吸烟区去抽烟。如此，我们厂的安全管理就更加落实了。"

顾伟带着感激的眼神连连对着厂长说道："是是是，我记住了，以后绝对谨记！"

可以看到，厂长运用建议式的批评方式温和地指出了青年工人顾伟所犯的错误，让他在深刻认识到错误的同时，对自己充满了感激。建议批评的精髓就在于，不是直言指出对方的错误，而是提供另外可供选择的、更好的行为方式，让对方意识到自己行为的不妥，使对方在和谐的氛围中愉快地接受你的批评，更准确来说是建议。

4. 激励批评，调动他人积极性

激励批评指的是，在批评中指出对方身上潜在的优势与长处，表明他完全有能力、有条件做好事情或改正错误。

一个人犯了错误受到批评，对其而言，可谓一段非常难堪且痛苦的经历。这种难堪与痛苦难免让其芥蒂久远，或让其愤恨不休，或让其自暴自弃。应当谨记，我们给予他人批评的目的是让对方改正错误，在不断完善中变得更好。若是我们的批评挫伤了对方的自信心与积极性，那就适得其反了。有鉴于此，在批评他人时，我们若能恰到好处地指出对方的潜在优势，以此调动其自信心与积极性，使其以积极的心态修正错误、继续前进，那么，我们的批评才是富有成效的、温暖人心的。

在一个绘画培训班上，一个零基础的学员经常犯一些非常低级的错误，惹来同学们的无尽嘲弄。为此，他常有自惭形秽之感。

培训班老师知道这一情况后，并未批评他学得不够用心，而是对他如此说道："在我看来，你是很有天赋的，艺术感觉非常不错，只是缺乏一些绘画常识的积累与绘画技法的练习罢了！只要你勤学勤练，我相信你终会学有所成的。"

听了培训老师温暖的话语，学员不仅明白了自己所欠缺的东西，而且张扬起了内心继续学习及笃定学好的激情与壮志。后来，这一届培训班结业的时候，该名学员的成绩名列前茅。

谁都不愿犯错，可是在处理各式各样的现实问题时，因为能力、经验、阅历等诸方面的不足，犯错总是难免的。对于这类错误，我们应当像培训班老师那般，采用激励批评的方式，指出犯错者身上的潜在优势，打消其自我怀疑的心理，使他相信自己能修正错误、做好事情。

‖ 求同存异，按捺好胜之心

在现实生活中，我们常能看到这样的人，他们固执己见、争强好胜，以至于将周遭的友人开罪个精光，自己沦落至孤寡的境遇。或许，当他们回想起自己曾经的言行作为，他们就能得到一个深刻的教训，即何苦争强好胜徒伤人心，不若求同存异精诚合作。

在聊天中，交谈者应该虚心地、不带偏见地针对某一问题进行讨论，并规避一切无谓的冲突。特别是朋友间的聊天，切不可为一些微不足道的事争执不休，甚至引经据典，这是很不值得的。

瞿盈盈是一名刚毕业的大学生，长得清秀可人，而且还有一副难能可贵的热心肠，故而深得同事们的欢心。然而一段时间之后，瞿盈盈发现同事们对她的态度变得冷漠起来了，甚至能明显感受到一些同事对她的敌意。身处这种不和谐的氛围中，瞿盈盈很是苦恼，不知道自己究竟做错了什么，竟使自己陷入到了这种孤寡的境地。

瞿盈盈向自己的闺密倾诉了自己的苦恼，以求身处局外的闺密为自己剖解及破除自身不顺境遇的症结。

闺密对瞿盈盈可谓知之甚深，清楚地明白必是瞿盈盈那好与人争执的习惯给她惹上了如今的麻烦。在瞿盈盈喋喋不休的抱怨与辩白中，闺密不耐地插嘴道："盈盈，你能听我说吗？我想，你今天来找我，不是为了与我争辩一番的吧！"

瞿盈盈还想说些什么，但嗫嚅的嘴唇终究还是老老实实地没了动静。

见瞿盈盈这副模样，闺密继续说道："你这个人呀！什么都好，就是有一点不太好，太自以为是，太喜欢与人争个高低长短。与同事的相处，是妥协、合作，而不是处处彰显自己的能耐有多大、本领有多强、道理有多真。设身处地来想，你也不愿意与这种爱来事、较劲的人相处吧！所以说嘛，你要想扭转同事们对你的观感，你就必须得克服掉反驳、争辩的冲动与欲望。"

谨记闺密的劝告，瞿盈盈在日后与同事的相处中变得平和了许多，不再因小事而与同事发生争执了。渐渐地，瞿盈盈又重新得到了同事们的接纳与喜欢。

那些争强好胜，喜欢在口舌上与人一较高下的人，自以为压倒对方，就能给自己带来很多利益。其实好与人争弊多而利少，首先这种做法会伤害别人的自尊心，引起对方的反感乃至厌恶，其次好与人争容易滋长一个人的傲慢情绪，最后好与人争会让一个人在社交场上受到孤立。

所以，在与人交际时，你要记住，即使彼此的意见相去甚远、冲突十分激烈，你也不能摆出一副不可商量的态度，在口舌上不依不饶。正相反，你要亮明万事好商量的态度，并且相信无论多艰难，双方的看法都能调和一致。相信只要你们求大同存小异，面红耳赤的争辩就不会出现在你们身上。

1. 学会谦虚，警醒已身不足

谦虚是一种美德，也是人际交往中赢得他人好感的根本。与含蓄谦虚的人交往，是轻松自如的，是耐人寻味的。谁是含蓄谦逊的人，谁就越易得到别人欢迎与接受，也就越易取得成功。

富兰克林年轻的时候，自恃博学，言行举止非常高傲，在人们面前总是摆出一副"真理在我手"的模样。一位热心的长辈见富兰克林如此，便将他叫到跟前，用温和的话语好好地规劝了他一番。正是长辈的这番规劝，助益富兰克林在今后的人生道路上结交了很多的良友，并基于丰富的人脉资源与广博的学识涵养取得了巨大的成功。

那位长辈是如此规劝富兰克林的："富兰克林，你好好地想想看，你那自以为是的高傲性格对你会有什么帮助呢？人们将不再愿意听你说话，你的朋友也将一一远离你。试问，又有谁会自找气受呢？正所谓，三人行，必有我师焉！陷入孤寡的你又如何能汲取别人身上的长处而逐渐完善你自己呢？知识，是需要交流的；真理，是需要讨论的。基于此可以说，不懂谦虚的自以为是，实则是一种近乎愚蠢的故步自封。平心而论，你目前所掌握到的知识还很有限，没有一点儿用处。"

听了这番话，富兰克林感觉醍醐灌顶，猛然醒悟到过去的自己是多么愚蠢。从此以后，富兰克林在为人处世上变得非常温和、谦卑、有礼。很快，富兰克林就从一个为人讨厌的自负鬼变成了人人称赞的成功者。

试想一下，若富兰克林当时没有接受长辈的劝勉，仍旧坐井观天、自以为是，那历史上或许就少了一位伟大的人物。

谦虚，可以让周围的人喜欢你，为你赢得更多的人脉；谦虚，可以让你看到自己的不足，不断前进。骄傲自大，满足现状，故步自封，主观武断……这一切谦虚的对立面都能使人轻易地失去别人的信任与肯定，让自己的事业乃至人生蒙受深重的损失。含蓄谦逊是一种情趣、一种修养。含蓄谦逊，是一种艺术、一种巧妙的沟通方式。所以，我们在与人交往时，要懂得谦虚，知道含蓄。

2. 适当沉默，避免无谓争论

在人际交往中，因为生活阅历、知识水平以及社会地位的差异，人们看待问题的角度大不相同，见解也是大相径庭。由此，在一些问题上产生分歧也在所难免。

当有纠纷时，如果一味地坚持己见，互不相让，结果只能两败俱伤，使双方都陷入不愉快的境地。但若是能采取积极忍让的态度，保持适当的沉默，那么就能够有效地缓和和化解矛盾，避免事态激化。

刘帆和周霖在一家事业单位供职，一个是正处长，一个是副处长。刘帆性格沉稳，办事低调，周霖则心浮气躁，争强好胜，总是在一些无关紧要的小事上跟刘帆较劲。因为是领导，如果在办公室里吵吵闹闹，争执不休，不仅有失体面，影响也不好，所以每次面对周霖的"挑衅"，与周霖有所分歧时，刘帆都不与周霖直接交锋，而是采取一种偃旗息鼓、洗耳恭听的策略，任凭周霖费尽口舌，也不与他争辩一句。见此情景，周霖也不好意思再争论下去，便渐渐恢复镇定，而后心平气和地与刘帆讨论意见。

因此，两人虽然性格迥异，时常闹矛盾，在工作上却配合得极为默契，关系也很不错。

可以看到，面对分歧和冲突，刘帆并没有固执己见，争论到底，而是采取忍让的态度，将一场可能爆发的矛盾化解于无形，同时赢得了良好的人际关系。

适度的沉默是一种积极的忍让，也是化解纠纷的有效方法，不仅能表现出自己的宽广胸襟，也能促使对方冷静下来。

3. 己所不欲，勿施于人

有句古语叫作："己所不欲，勿施于人。"告诫世人要站在他人的立场行事，尊重他人的意愿或想法。然而，现实生活中又有多少人能够做到这一点呢？大多数人在与他人产生分歧时，都倾向于据理力争，试图让对方屈服于自己的意志之下。其实这种做法，不但不能让对方心服口服，心甘情愿地接受自己的见解，还会使自己成为一个不受欢迎的人。

1961 年，英国元帅蒙哥马利第二次访华。在洛阳参观期间，蒙哥马利走进了一家剧院，当时剧院正在演豫剧《穆桂英挂帅》。当蒙哥马利了解了大概剧情之后，说道："这出戏不好，女人怎么可以做元帅呢？"一名陪同的中方外交人员解释道："这是中国的民间传奇，群众很爱看。"蒙哥马利立刻回复说："爱看女人做元帅的男人不是真男人，爱看女人做元帅的女人不是真女人。"中方外交人员愤愤不平地说："我们主张男女平等，男同志能办到的事，女同志也能办到。中国红军里就有很多女战士，现在解放军里还有位女少将呢！"蒙哥马利不妥协地说："我一直都很敬佩红军和解放军，但却从不知道解放军里还有位女少将。果真这样的话，是有损解放军声誉的。"中方外交人员辩驳道："英国女王也是女的。按照英国的政治体制，女王是英国国家元首和全国武装部队总司令，这会不会有损英国军队的声誉呢?"蒙哥马利顿时哑口无言了。

　　事后，周恩来总理得知了此事，严格批评了这名外交人员，说："他有他的看法，何必去反驳他?""弄得人家无话可说，你就胜利了吗?"

　　案例中的外交人员显然忽视了这样一条重要的人际交往法则——尊重别人的意见，结果损害了来宾的面子，弄得双方尴尬不已。

　　这也告诉我们，当与聊天对象意见有别时，不要争强好胜，把自己的观点强加给对方，要给对方留有充分的余地。如此才能营造一个和谐、愉快的聊天环境，构建起良好的人际关系。

‖ 聊天有度，分寸感很重要

小托马斯·约翰·沃森是引领IBM（国际商用机器公司）进入计算机时代的开拓者。他对聊天的分寸感有着超强的把控能力。

一天，IBM 未来需求部的负责人伯肯斯托克走进了小托马斯·约翰·沃森的办公室。伯肯斯托克瞟了小托马斯·约翰·沃森一眼后，便肆无忌惮地抱怨了起来："现在干的都是一些可有可无的闲差，看来我留在公司也发挥不了什么作用了……"

面对公司的决策者，伯肯斯托克怎敢如此放肆呢？原来，伯肯斯托克与已故的 IBM 二把手柯克关系密切，而柯克与小托马斯·约翰·沃森又是诸事不谐的老对手。当柯克去世后，伯肯斯托克便主观地认为小托马斯·约翰·沃森一定会对自己下手，既如此，那还不如主动地离开。伯肯斯托克对小托马斯·约翰·沃森知之甚深，知晓其性情暴躁、极重面子，若有人胆敢在他面前撒野，结果自是不言而喻。

听完伯肯斯托克的抱怨，小托马斯·约翰·沃森淡然地说道："若你真的能力出众，那么，你不管在谁的手下做事，都能有一番作为。若你认为我行为做事有欠公正，你大可选择离开IBM；若你觉得我对你并未存什么偏见，你就应该留下来，毕竟，你在IBM 会得到更多施展才华的机会。我是你的的话，我就一定会选择留下来。"

　　小托马斯·约翰·沃森的话语及说话的态度让伯肯斯托克感到非常诡异与纳闷，可以说是始料不及。伯肯斯托克心想，这还是我认识的那个小托马斯·约翰·沃森吗？于是，伯肯斯托克疑惑地问道："刚才我说的话，你听清楚了没？"

　　小托马斯·约翰·沃森并未回答，只是再次重申了希望伯肯斯托克能留下来的愿望。最后，经过慎重考虑，伯肯斯托克还是选择了留在IBM。

　　事实上，在伯肯斯托克当面向小托马斯·约翰·沃森发牢骚的时候，小托马斯·约翰·沃森已是怒火中烧了。那么，为什么小托马斯·约翰·沃森还表现得那么平静与淡定呢？那是因为，小托马斯·约翰·沃森意识到，伯肯斯托克是有利于IBM发展的关键性人才，在促进IBM向计算机领域转型的过程中起着举足轻重的作用。基于此，小托马斯·约翰·沃森在关键时刻把握住了说话的分寸，并最终成功地留下了伯肯斯托克。

　　后来的事实也证明，小托马斯·约翰·沃森在这次对话过程中所表现出来的克制给其自身及IBM带来了多大的回报，以至于小托马斯·约翰·沃森在回忆录中如此写道："对伯肯斯托克的挽留，是我一生中所采取的众多出色行动之一。"

　　小托马斯·约翰·沃森用有分寸的话语，为IBM留住了一位决定公司未来走向及命运的关键性人才。由此可以看到，分寸在聊天中的重要意义。

　　一句话能将人说笑，也能将人说跳。聪明人懂得说话要得体，要谨言慎行，更要注意说话的分寸。古语有云："良言一句三冬暖，恶语伤人六月寒。"所以，说话的时候一定要注意分寸，不可随口乱说，不能逞口舌之快，三思而后说，保持慎重的说话风格，才能显示君子风范，远离祸害。

1. 别随意指责别人

有这么一对婆媳，关系非常恶劣，彼此看不顺眼。婆婆看不惯媳妇懒散的模样及对自己随意的态度，媳妇则嫌弃婆婆唠唠叨叨，而且感觉婆婆处处在针对。婆媳间的相互指责、对抗，搞得家无宁日，徒惹外人笑话。

后来，婆婆生了一场大病，媳妇是衣不解带地照顾。见到媳妇尽心侍奉的情形，婆婆大为感动，这才领悟到，媳妇是个好媳妇，之前的种种，是因为媳妇早已将自己视作母亲才没有刻意地讨好与巴结。婆婆动情地向媳妇剖白了自己的心迹，并诚挚地表达了对媳妇的谢意，婆媳二人掏心窝地聊了很久。这时，婆媳二人才发现，先前彼此的不对付，正是因为双方对于一家人紧密情感的认同——在母亲面前，女儿何曾假装贤淑；在女儿面前，哪个母亲又会端着架子。

此后的日子里，婆媳二人逐步地了解彼此、欣赏彼此，家庭也变得和和睦睦的。

在现实生活中，你是否觉得他人对你存在偏见，甚至亏欠了你什么？你是否会为了一点儿小事而对人横加指责？当你指责别人的时候，你是否又反省过自身？难道所有争执与矛盾的源头都在于他人？

事实上，指责他人不能给你带来任何的好处，反而会无端地败坏了你的情绪，影响了你的人际关系。可以说，绝大部分负面情绪源自对他人的指责及对事情的不满。若我们深受生活中不快的牵扯，那我们又怎能轻快前行。

很多时候，我们可以脱口而出抱怨或指责之词，却很少有反思之意。若我们凡事都能做到自省在先，并以欣赏的角度看待我们周遭的人、事、物，或许就能更为清楚地洞悉别人身上之前为你所忽视的长处与优点。如此，轻率的指责话语就不会那么轻易从你嘴里蹦出来了吧！

在一个小区里，一位老太太与一名女子毗邻而居。常言道，远亲不如近邻，两人应该相处得比较和谐才是。但是，老太太似乎对自己的邻居颇有微词。不知怎的，老太太总是逢人就指责邻居家的女子懒惰。

老太太常如此对人说道："我邻居家的那个懒女人真是邋遢，穿的衣服脏得要死，简直像一块沾满油污的抹布！真是难以想象，世上怎么还有如此懒惰的人，还是一个女人！"

有一天，老太太的一位老友来拜访她。老太太又习惯性地指责起了自己的邻居，而且絮絮叨叨个没完。老太太的朋友耐着性子听了一会儿后，终于忍耐不住了，也没有出言批驳，而是径直地去往厨房拿了一块抹布擦拭其阳台上的玻璃。老太太不解地问道："你这是干什么？"朋友回答道："透过沾满污渍的窗户去审视别人，难怪会觉得别人的衣服肮脏！"

指摘他人仿佛已经成了某些人的癖好，他们总将导致自己不如意的原因归咎于他人，觉得自己是世界上最不幸的人，为什么所有的人都要来戕害自己。于是，他们不快、忧郁、愤恨，并将满腔的负面情绪一股脑儿地宣泄在他人身上。殊不知，将他们推人痛苦深渊的就是他们自己！因此，当你想抱怨或指摘他人时，先让自己冷静几分钟，好好地想一想："别人身上有让我抱怨的地方吗？我身上有让别人抱怨的地方吗？"多一点儿设身处地的思考，或许，我们的人际关系就会变得和谐很多。

2. 揭人短处要不得

在现实生活中，没有完美无缺的人，即是说谁都会有缺点。在与人聊天时，我们要谨记千万不能踩人伤口、揭人短处。故意提及别人缺点的行为，既是对他人的无礼，也是对自我的轻贱。

明朝开国皇帝朱元璋少时贫苦，迫于生计，当过和尚，也曾沦落为乞丐。当朱元璋开国称帝后，曾经的那些患难之交便想着去投靠朱元璋。他们美滋滋地盘算着，就凭往日的交情，朱元璋没有理由不给他们封个一官半职吧，也好让这些难兄难弟共享荣华呀！

殊不知，底层逆袭的成功人士最怕见的就是旧人。所以，这样的人来访几乎都会为朱元璋所拒见。但凡事总有例外，就有这么一位朱元璋的儿时挚友获得了朱元璋的破例召见。一见面，这位实诚的哥儿们就信口说道："哎呀，朱老四，你现在可真威风啊！你还记得我吗？我们小时候在一起可没少干坏事呢，想必你肯定是不会忘记的……"

这位穷哥们儿本以为攀扯儿时的交情可以打动朱元璋，却未曾料及，自己一番笨拙的话语给自己招来了杀身之祸。正襟危坐于金銮殿上的朱元璋听着这个不知死活的家伙在满朝文武大臣面前胡说八道，龙颜大怒，喝道："来呀！将这个癫狂痴傻的刁民给我拖下去砍了。"

本想求得一场荣华，却枉送了一条性命，由此可见揭人短处的弊端。在与人聊天时，若涉足了别人的"禁区"，触碰了别人的短处，不仅有伤对方的自尊与颜面，而且让自己也落不到好果子吃。故而必须注意，无论身处怎样的场合，都不要做揭人短处、伤人自尊这等损人亦损己的事。同时，需要强调的是，相对于揭人短处，发现及赞美他人身上的优点可谓一条屡试不爽的成功处世定律，也是应当予以学习的聊天智慧。

3. 玩笑不能开过火

开玩笑，是人际交往中一种常见的说话取乐方式。适当的玩笑能够活跃聊天的气氛，使谈话变得轻松、和谐。而一旦玩笑超过某种尺度，则会变成伤人的利器。

史萍是一家国有企业的员工。大概是因为生活殷实、爱情甜蜜，结婚不久后她便身体发福，比之前胖了许多。

一天，史萍和几位前同事聚会。大家久别重逢，分外激动。寒暄过后，依次落座。正其乐融融时，突然一位前同事对史萍说："哟，你怎么吃成一个胖子了，胖得眼睛都快眯成一条缝了，再这么下去可不堪设想了！"

大家听了都哈哈大笑起来，史萍心头火起，脸色顿时沉了下来，之后再也没说一句话。后来，史萍就与这位前同事断了来往。

史萍的前同事开玩笑不注意措辞，结果既伤害了对方的自尊心，又失去了一段友谊。由此可见，即便是朋友之间，开玩笑也要注意分寸、把握尺度，防止玩笑过火，伤人伤己。

4. 不触及对方隐私

与人聊天，切忌触碰对方的隐私，尤其是跟陌生人谈话，更要注意这一点，否则就会引起不悦，伤了彼此的和气，让聊天走向终结。

张芸是一个非常热情的女孩，毕业以后在一家大型旅行社上班。一天，她接待了一位来华旅游的美国姑娘。出于礼貌，张芸与对方热情地寒暄了几句。

张芸操着一口流利的英语问美国姑娘："你今年多大了?"美国姑娘听了，脸上顿时流露出不悦的神情，冷冷地说道："你看我多大?"张芸隐隐察觉出一些不妥，马上转移了话题："我看你的年纪，应该已经结婚了吧!"美国姑娘扫了张芸一眼，然后走出了旅行社。

张芸与美国姑娘之所以话不投机，就是因为张芸触及了对方的个人隐私。在国外，随意打听别人的年龄和婚姻状况都是无礼的行为，但显然张芸没有注意到这一点，最后双方只能不欢而散。

与人聊天，一定要把握好尺度，避免触及对方的敏感区，这样才能营造良好的谈话氛围，建立深厚的友谊。

妙趣小测试

测试内容……

1. 你是喜欢聊天的人吗？

A. 是的，接 Q2

B. 不是，接 Q4

C. 看情况，接 Q3

2. 你觉得聊天是一件快乐的事吗？

A. 是的，接 Q4

B. 不是，接 Q3

C. 看情况，接 Q6

3. 你觉得聊天是在浪费时间吗？

A. 是的，接 Q4

B. 不是，接 Q7

C. 看情况，接 Q5

4. 你喜欢谈论一些八卦话题吗？

A. 是的，接 Q6

B. 不是，接 Q7

C. 看情况，接 Q8

5. 你认为聊天就是八卦吗？

A. 是的，接 Q7

B. 不是，接 Q8

C. 看情况，接 Q6

6. 聊天时，你表现得很兴奋吗？

A. 是的，接 Q9

B. 不是，接 Q7

C. 看情况，接 Q10

7. 你的心情会受聊天内容及效果的影响吗？

A. 会，接 Q8

B. 不会，接 Q10

C. 看情况，接 Q9

8. 你是不是觉得聊天很烦呢？

A. 是的，接 Q9

B. 不是，属 Ⅱ

C. 看情况，接 Q10

9. 你周遭的朋友是不是抗拒与你聊天呢？

A. 是的，属 Ⅲ

B. 不是，属 Ⅰ

C. 看情况，接 Q10

10. 你喜欢对别人说教吗？

A. 是的，属 Ⅲ

B. 不是，属 Ⅳ

C. 看情况，属 Ⅱ

测试结果

类型		说话风格
I	说话直接	你说话时往往不会顾及别人的感受，于是很有可能无意间刺痛别人的心。
II	喜欢争辩	你经常将愉快的聊天搞成一场争辩，而且无论有理与否，你都要辩上三分。正因为这样，别人可能没办法与你聊下去。
III	不爱说话	你喜欢听人说而不愿自己开口讲，很多时候，你的沉默阻断了别人与你聊下去的热情。
IV	只顾自己	你极度以自我为中心，只喜欢聊自己感兴趣的话题。与自说自话的你聊天，别人会觉得索然无味、没有意思。

所谓情商高，
就是会说话

九耳猫 / 编著

北方妇女儿童出版社

·长 春·

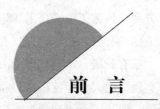

前　言

　　如果智商是一个人的骨架，那情商就是他的皮囊。智商高的人在学习和工作中不是第一就是第二，但是人际关系却令人担忧，虽然能出色地完成任务，但是却得不到晋升。而情商高的人往往人际关系非常好，对人对事处理起来如鱼得水，说话滴水不漏，让每个人都如沐春风，所有人都愿意和他聊天，升职加薪都很顺利。这是因为情商高的人知道什么该说，什么不该说，知道如何说才能让对方感觉舒适。当然说话谁都会，但是将话说得艺术，说得得体，通过说话与他人建立良好的人际关系，却并不是每个人都能做好的。

　　会说话的人和不会说话的人，过的是不一样的人生。情商高的人，生活总会有贵人相助；情商低的人，路途总是坎坷的。

　　在生活中，我们总会遇到各种困惑，在面试新工作的时候，想要将工资谈高一些，但是却不知道如何开口；当公司无休止地要求加班或是朋友一而再，再而三地借钱时，不知道怎么拒绝；自以为帮助了他人，换来的却是不理解。

　　有些人性格直爽，或是仗着彼此的关系亲密，说起话来没有分寸，伤害了他人还不知道。他们将尖酸刻薄当作幽默风趣，将说话没有分寸当作随性，看似口若悬河，其实是夸夸其谈。

有时候，不会说话的人比不会做事的人更让人觉得不受欢迎。会说话的人，即使事情做得不顺利，但也有办法让人觉得心里舒服。但是不会说话的人，即使他好心帮助别人，也往往会吃力不讨好。

有一句话说得好，"你所说的话，实际上就是别人眼中的你。"说好话，好好说话，是一种素养，更是一种习惯。卡尔基曾经说过："沟通蕴含着巨大的力量，是其他知识所不能相比的，沟通是成就一个人的顺风船。"

情商高的人，说话懂得礼貌，尊重他人，懂得用幽默化解尴尬，不会用语言去伤害他人，能够做到心中有尺，口中有度。对于陌生人，懂得分寸，知道进退，不随意吐槽；对于熟悉的人，也要始终记得不轻易地对他人的生活指手画脚。情商高的人说话不会强行尬聊，不会说得颠三倒四，不会不懂装懂，会坦率地承认自己的错误，不会以自我为中心而从来不考虑他人的感受。

做一个情商高的人，控制好自己的情绪，做事认真，说话真诚，这样，我们想要的一切就会朝着我们走来。

‖ 目　录 ‖

第一章

以高情商助力，跟任何人都聊得来

‖ 对不起，你聊的话题我不感兴趣

　　你可能会发现，在你与人交谈时，对方常常精力不集中，或是很少给你反馈性的语言，那很可能是因为你聊的话题没有引起对方的兴趣，于是也就无法取得良好的沟通效果。因此当我们与人交谈时，尤其是试图说服别人或是请求他人帮忙的时候，最好从对方感兴趣的话题聊起，这样就会激起对方聊天的欲望，从而加深双方之间的了解，使对方在不自觉中认同我们的观点。寻找合适的话题，不仅能够消除彼此之间的紧张感，还能够给你带来更多意想不到的收获。

　　郑微是小美的好朋友，她在一家美容机构做销售。一开始的时候，她的业绩很不理想。一天，郑微向小美寻求帮助，说："为什么每次我话还没有讲完，对方就说'不需要，不感兴趣'呢？"

　　小美听了她的话后说："或许你的方法用错了。在与陌生的客户聊天前，不妨先了解一下对方感兴趣的东西，以此作为双方交流的突破口，然后再有技巧地将话题转移到你的产品上来，这样她同意购买的可能性会大很多。"

　　有一次，郑微负责跟进一位来店里做过一次美容的女客户，她从多方面打听到了那位女客户的信息。她得知，这位女客户对咖啡文化颇感兴趣，且每周末都会去咖啡店坐上一个小时。

　　为了接近这位潜在客户，郑微阅读了大量有关咖啡文化的书籍。

一次周末，郑微在咖啡馆和客户"偶遇"。郑微有意将话题往咖啡文化上引，结果两人聊得越来越投机，颇有一种相见恨晚之感。

郑微见时机成熟，就预备将话题引到自己的美容产品上去，她装作不经意地感慨道："以前我只是将咖啡当作自己熬夜的必备品，现在是真的喜欢上咖啡了。"

女客户听后便说："熬夜不是一个好习惯，消耗的都是自己的青春，怎么保养都换不回来的。"

郑微说："是啊，之前我的皮肤状态真的很差，但是自从用了一款美容产品后，整个皮肤状态得到了很大改善。"

女客户见郑微的皮肤确实嫩白光洁，再加上两个人谈话颇为投机，便询问了有关这款产品的信息，郑微向女客户做了详细介绍，女客户听完真的很心动，便决定购买这款美容产品。

郑微能顺利地拿下订单，要归功于她在寻找话题时懂得投其所好。

所以，在与人交流的时候，尤其是面对陌生的客户时，不妨多了解一下对方的兴趣和爱好，在寻找话题时多投其所好，谈论让他们感兴趣的事情，如此一来，你和别人的交流将会变得更简单，你也更容易达成自己的目的。具体说来，有以下几种做法。

1. 主动询问对方

在与他人交谈时，因不了解对方喜好，不知道聊什么话题的时候，不妨主动询问对方以找到对方的兴趣所在。询问的时候，不要让对方空泛地去谈，最好给对方一些选择。例如，可询问对方喜欢足球还是篮球，喜欢看书还是看电影，喜欢西洋乐还是民族乐。如果对方喜欢足球，就可以和对方谈论世界杯球赛，谈论C罗和梅西；如果对方喜欢电影，可以和对方谈论中外电影史，谈论戛纳电影节；如果对方喜欢交响乐，可以和对方谈论贝多芬和莫扎特，谈论维也纳；等等。

2. 在倾听中搜索有利信息

要想深入了解对方，就要耐心地听他人说的话，从他人的话中仔细摘取对方言语中传达的有用信息，准确找到切入点并深入地与对方沟通。

3. 就地取材

如果没有进行准备，也没有问出对方的喜好，也别慌张，不妨就地取材，即兴引入，巧妙地借用此时、此地、此人的某些材料为题，引发交谈。例如，借助当时的天气和周围的环境引出话题；根据对方的年龄、籍贯、穿着等引出话题等。就地取材的优点是灵活自如，关键要做到观察入微、思维敏捷，且能够由此及彼，引发联想。

4. 投石问路

与他人交谈时，可以先提出一些投石式的问题，在略有了解后再有目的地交谈。如在聚会时，便可这样问："您是某某的同学吧！我听她说你们……"如若有中间人牵线搭桥的话，便可利用中间人的话得知对方的身份、工作单位、兴趣爱好等，再借由这些信息寻找话题。

与他人交谈，最令人尴尬的是不知说什么好，话题找对了，事半功倍，话题没选好，则影响后续的交往。尤其是当我们需要对方的帮助，需要说服对方时，如何让对方对你说的话感兴趣就显得更为重要。

说服他人并不是强行征服他人，人和人之间产生共鸣并没有那么难，情商高的人自然能将话说到他人的心坎上。投其所好，避其所忌，找到对方感兴趣的话题，你就已经成功了一半。

见人说人话，见鬼说鬼话

在我们固有的观念里，"见人说人话，见鬼说鬼话"是含有贬义的一句话，我们觉得这样的人都是没有原则、见风使舵的。

但如果我们换一个角度看，为了与人相处能和谐融洽，还真得掌握"见人说人话，见鬼说鬼话"的说话技巧。每个人的性格、年龄、地位、背景，以及文化水平、思想境界等都不同，因此谈话的时候不能想说什么就说什么，要综合考虑对方的情况，揣测对方的心理，投其所好，主动迎合。

与男人说话时要顾及他的面子；与女人说话时要顾及她的情绪；与老人说话时要顾及他的尊严；与孩子说话时要顾及他的天真；与领导说话时要顾及他的地位；与性情急躁的人说话时要简明扼要；等等。只有综合考虑对方的情况，对症下药，才能取得良好的沟通效果。

朱元璋做了皇帝以后，他过去的一个朋友来到京城找他。这位朋友进宫见到朱元璋就立刻跪下并说："吾皇万岁！当年微臣随驾扫荡芦花府，打破罐州城，汤元帅在逃，拿住豆将军，红孩儿当关，多亏了菜将军。"朋友委婉地描述了当时他们相处的情形，朱元璋听后也依稀记起了当年自己与朋友相处的时光，立刻龙颜大悦，封他为官。

朱元璋另外一个朋友知道此事后想到那时候大家都是一块儿玩的，自己应该也能讨个一官半职，因此也去见了朱元璋。一见面他便说："吾皇万岁！还记得当年我们一起替人家看牛。一天，我们在芦花荡里将偷来的豆子煮着吃。还没等熟，大家就一哄而上抢了起来，连装豆子的瓦罐都打破了，豆子撒了一地，汤也洒在了地上。你只顾着在地上抓豆子吃，却不小心将红草叶子也吞进了嘴里，卡在了喉咙上。还是我想出的办法，让你把青菜叶子一起吃下去，这才让红草叶子也一起进了肚子里……"

他的话实在太直白了，朱元璋听后觉得很没面子，没等他说完，便大叫道："将他拖出去斩了！"

都是朱元璋的朋友，为什么一个被封官，享受高官俸禄，另外一个却身首异处呢？因为被封官的人意识到当了皇帝的朱元璋和以前的朱元璋完全不一样了，因此他谨言慎行、委婉表达，话说得让朱元璋很舒服，而被斩首的人却丝毫不懂得说话的技巧，让朱元璋丢了面子。

俗话说，"弹琴要看听众，说话要看对象"。在与不同类型的人聊天时，要注意哪些事项呢？

1. 和不同状态的人说话

失意之人说起自己的伤心事难免会情绪激动或是言辞激烈，这个时候我们千万别抢白，要懂得聆听，再及时地送上自己的安慰之语。同时，失意之人往往比较脆弱，所以我们说话更要加谨慎，避免说错话、得罪人。类似"我早就告诉过你，你不听，你看，现在吃亏了吧"这种马后炮的话尽量别说，这只会让对方觉得受到了批评和讽刺，情绪会更差。而类似"我随时都会在你身边""我一定会在背后支持你的"这样的话则能够温暖对方的心灵。

当某人因为某事正得意时，千万不要因为这件事中些许的小瑕疵而泼他的冷水，也许你本是好意提醒他不要得意忘形，但这种行为只会让他的心情一下子由明转暗，这样他可能就会对你抱有怨言，逐渐疏远你。

2. 和不同身份的人说话

与地位较高的人交谈时一定要保持尊敬。对方说话时要集中注意力去听，在对方希望你讲话前不要随意插话；回答对方的提问时，要在保证表达清楚自己想法的前提下使语言简明扼要，尽量不谈题外话；说话要自然，不要过于紧张。另外，你还要展现出你自己的思考与想法，不要只做一个"应声虫"。如果你只知道说"是"，那么对方可能会丧失对你的兴趣。

与地位低于你的人交谈时要庄重一些。有些人在和一个地位低于自己的人交谈时，会显示出漫不经心的样子，因为他觉得和这些人交谈不用多费脑筋进行深入思考，因此便给人随意敷衍的感觉。所以，在这种情况下，你应该庄重、有礼、和蔼，避免那种高高在上的态度，让对方感到你对他的尊重与重视，这样才能更融洽地相处。

3. 和不同性别的人说话

男女性别差异对交谈话题的选择有着不小的影响。通常来讲，男士更关注时事、政治、法律、体育、社会问题、经济动向等，与其交谈时便要从这些方面入手；而女士相对而言更关注孩子、丈夫、生活、消费心得、时尚美妆、风流艳闻等，从这些方面入手更能吸引女性的交谈兴趣。我们应当依据性别选择说话的主题，使沟通更有效。

4. 和不同年龄的人说话

年龄不同，那么思想、文化基础等就定然有所不同，我们在与不同年龄段的人交谈时必须加以区分。

在与老年人交谈时要保持谦虚、恭谨的态度。尊老是我国的传统美德，许多老人的地位也相对较高，他们已经习惯于别人对他们的尊重，因此如果你不能以一种谦虚、恭谨的态度面对他们，他们可能就会产生落差感，对你不会留下好印象。而且老年人接受的学校教育可能远不及你，但他的经验比你丰富得多，保持恭敬的态度，虚心学习，对你而言也是一件好事。

与年轻人交谈时需要更加严谨。年轻人已经能对各种事物进行独立、清晰的判断了，但他们可能还欠缺一些经验，因此当他们向你询问你对于某些事物的看法，而你对这些事物并没有特别独到的见解时，那么你就得小心应付了。不要莽撞地破坏他们的思想，也不要让话超出你的知识范围，让你的论点产生漏洞，否则他们可能会想方设法反驳你，让你下不来台。

5. 和不同性格的人说话

每个人都有自己独特的脾气秉性，因此说话时迎合听话者的脾气、性格，才可能达到"同声相应，同气相求"的效果。

性格外向的人通常脾气变化更快，且会将自己的喜怒展现在脸上，而性格内向的人大多很少产生剧烈的情绪波动，且喜怒不形于色。因此，与性格外向的人交谈时，要更加包容，且不要因为对方看上去大大咧咧就不注意说话方式；与性格内向的人交谈时，要更有耐心，注意循循善诱。

很多人认为说话没什么难的，无论是谁，几乎每时每刻都在和不同的人说不同的话，这说话的"难"究竟从何谈起呢？

俗话说"一样米养百样人"，每个人都是不同的，心理特点、社会地位、语言习惯、生活阅历等有巨大差异，每个人都有着属于自己的独特的沟通方式和风格。情商高的人，到任何场合都能游刃有余，他们会做到知己知彼，把最合适的话说给最合适的人听。

总之，要想成为会说话的人就要针对不同的谈话对象采取不同的谈话方式，真正做到"见什么人说什么话，到什么山头唱什么歌"。

‖ 时刻观察，进退有度

拥有高情商的人在与人交谈时会不断观察对方，以对方细微的反应来决定接下来的话题走向或是适时离去。

业务员王雅经常四处拜访顾客，进行上门推销。一次，她与一位客户约定好了拜访时间，想要通过这次拜访拿下这笔生意。不过，事情没有她想象的那样顺利。她在与客户聊天时，发现对方并没有集中精力跟她聊天，还隔三岔五地看看手表，一副心事重重的模样。

王雅不禁想道：客户是不是着急要去做什么事？略微犹豫了一下后，王雅便对客户说："您肯定很忙，我就先不耽误您的宝贵时间了，等您闲暇时再与我联系好吗？请您这几天也仔细斟酌一下这件事。"

客户知道王雅是因为看出自己有事才主动离去的，自己失约是不对的，但是手里的这件事情确实十分着急，便领了王雅的好意，赶紧处理事情去了。在将事情妥善解决后，客户主动联系上了王雅，心情愉悦地和王雅谈论起了业务，最终也签订了合同。

客户虽然在和王雅交谈，但他三番五次看手表的行为很明显地透露出他有事要处理，只不过是不好意思推掉这次谈话而已。此时，如果王雅继续说下去，其实无可厚非，但这样不免会让对方感到烦躁，最后也很难推销出去，而适时结束谈话反而会给对方留下好印象，增加推销成功的概率。

　　许多人意识到了观察在沟通中的重要性，可却不知道要观察哪些方面，那么以下几点应该对你有所帮助。

　　1. 从谈论的话题来揣摩对方的基本情况

　　双方谈论的话题中往往会不知不觉地透露出人的情绪。话题有许多不同的种类，倘若你想知道对方是否有兴趣与你进行深入的交谈，或者想由此对对方的气质等有一个最基本的了解，那么从对方所提起的话题中获取信息就是最直接的方法。

　　例如，一位经常将话题引向自己家庭的女性，很有可能是一位标准的家庭主妇。在与她交谈时，倘若你总是说起你的工作、你目前的经济状况、你最近迷上了哪本书籍等，很可能会引起对方的反感，对方也就不愿意继续与你进行深入交谈了。而在对方说得兴致勃勃时，你表现出一副倾心静听的模样，却能够轻易取得对方的好感。

　　2. 从语言习惯来剖析对方的性格特征

　　语言习惯往往是一个人性格特征的具体体现，措辞上的变化则是人的深层心理变化的外在表现。倘若你在观察和倾听上多下功夫，就能借由对方的话语对对方的性格特征有相对深入的认识，明确对方对哪些话题更感兴趣、更有共鸣。

　　例如，经常自问自答的人大多更加固执，这类人自信十足，对别人的意见与建议有一定的抵触情绪。在与这样的人交谈时，如果你过多地对他说起自己的观点，对方可能就会不太想继续与你交谈下去。

　　再如，经常使用肯定句式说话的人大多能力出众，这类人逻辑清晰，处理事务迅速、果断，而且勇于表达自己的看法。与这类人沟通时，倘若你表现得过于怯懦、没有主见，那么对方可能就会认为你不是一个合适的交流对象。

3. 从说话方式来推测对方的真实想法

说话方式通常会或多或少地展现出一个人的感情或意见，只要多加揣度对方的说话方式，即使是十分隐晦的含义也能发现端倪。

例如，语速的快慢是一个人的心态平稳与否的体现。当对某人抱有敌意时，很多人的语速会不自觉地比平时迟缓一些；当心中怀有愧疚之情或是说谎时，语速自然就会比平时快一些。

有鉴于此，我们在和他人交谈时，倘若双方的意见发生了分歧，那么就要注意观察对方的反应。如果对方明显提高了音量或音调，这就意味着他对压倒你势在必得。此时，如果你想要与他继续交谈下去的话，不妨先绕过这个问题或暂时顺着他的意见往下说。否则，你们的交谈很可能不欢而散。

4. 从面部表情来感知对方的情绪

人的心理活动是十分微妙的，但它并不是不可察觉的，面部表情便是窥见心理活动的窗口之一。如果心情愉悦，脸颊的肌肉会相对松弛；相反，倘若心情悲伤或沮丧，自然就会眉头紧锁。

例如，如果对方此时紧锁眉头，看起来十分严肃，那么你将自己身上发生的好事分享给对方，可能无法引起对方的共鸣，因为此时他的心情正糟糕，根本不想与你东拉西扯。相反，如果对方面带喜色、表情轻松，那么此时你与对方聊起发生在自己身上的好事，对方往往会愿意分享你的喜悦。

不同的人有不同的兴趣点，同一个人在不同状态下对同类事物会有不同的反应，我们应该注意观察对方的反应，做到进退有度，展现自己的高情商。

不会跟领导说话的人，十年也不会涨工资

在工作中，有人刚刚工作两个月就涨了工资，有人工作三年了，工资依然一动不动。这并不只与个人能力有关，也与同领导沟通的技巧有关。有的人面对领导不知道怎么开口，又担心自己说错话，故而不敢发表自己的见解，以致常常被领导忽略。也有人在面对领导的时候不知分寸，说一些过于随意、任性的话，导致在公司里越来越待不下去。

刘林毕业于某知名大学的投资管理专业，之后顺利地成为一家投资咨询公司的销售副经理。由于其扎实的专业知识及十足的干劲儿，刘林在某段时间里发展的客户，竟占了公司新增客户总量的一半还多，帮助公司迈上了一个新的台阶。

见此情形，老板感到十分高兴，每次经过刘林身边的时候都会拍拍他的肩膀，而且还经常叫刘林一起去喝酒，有一些外出活动，也会带上刘林。

刘林认为自己与老板已经十分亲近了，而且自己的业绩早已甩了其他人一大截，因此说起话来逐渐变得没大没小、肆无忌惮了。

有一次，由于马虎大意，刘林的业务产生了一些问题。为此，老板特意抽时间跟他谈心道："你是咱们公司的顶梁柱，得为其他人树立起标杆，工作可不能总是这样粗心大意的。"可刘林却说：

"我给你带来的利润都能顶好几百个这样的订单了，只不过是一点儿小问题，至于这么小题大做吗！况且，我的工作能力这么强，不管到哪里别人都会抢着要，其他老板应该不会跟你似的这么小气吧。"

听了这话，老板也没有再说什么，草草结束了和刘林的对话。

过了一阵子，市场部经理由于个人原因离开了公司，这个职位也空了出来。按能力和业绩来看，刘林被提升为市场部经理本该是顺理成章的事情，可没想到老板却没有这样安排，而是高薪从其他公司挖来了另一个人担任此职。刘林得知后十分不满，他在老板宣布人事调动时当场质问老板道："你是挟私报复，我跟那个家伙比差在哪里了，为什么不让我出任市场部经理？"老板没有多解释什么，直接将一张解聘书递给了他。

刘林自以为跟老板的关系已经十分亲近，便总是没大没小，失了分寸，这样一来，老板虽然嘴上不说什么，但心中一定会对刘林产生不满，而当这份不满积累到一定程度时，就必然会爆发出来，刘林尝到了自己埋下的苦果。

我们在与上司说话时要把握好分寸，对于哪些话可以说，那些话不能提应当做到心中有数。那么具体有哪些不能触碰的"雷区"呢？

1. 不要询问领导的经济收入及财产总额

"女人不问年龄，男人不问钱财。"这是古人为我们留下的处事方法，其中的道理也很容易理解，因为，这种问题往往会引起不必要的嫌疑和猜忌。事实上，正如越美丽的女人越不喜欢别人问起她的年龄一样，越是身家颇丰的领导，越不希望员工询问自己的收入状况和财产总额。

通常情况下，只要收入来源合理合法，那么无论领导身家多少，也都是他们的血汗钱，没有任何不能见光之处。但是，毕竟许多人都认为"财不可外漏"，隐藏自己的财富也是人之常情。更何况，领导，尤其是公司顶层领导，所拥有资产的多寡和经济收入，往往与公司整体的经济实力和商业竞争能力密切相关。因此，在商战中，严守经济实力不外露是关乎企业生存状态的关键要素之一。

但是，有些员工在与领导交谈时，经常会有意无意地问及领导的收入问题和财产总额。虽然这并不是什么商业机密，但这毕竟属于领导的个人隐私，如果员工，尤其是那些与领导还不是很熟识的新员工，过多问及就会产生有刺探虚实之嫌，势必会引起对方的反感，触动领导敏感的神经。如此一来，员工想要在事业上有长足的发展就变得很不容易了。

所以，员工千万不要过多地询问和议论领导的经济收入及财产总额，甚至为显示自我而故意信口胡编、大肆宣传。倘若你有意无意地触犯了这些禁忌，那么一旦被领导发现，对方很可能会因怕你包藏祸心而炒了你的鱿鱼。

2. 不要议论领导的体貌特征

通常来说，人的样貌与身材等都取决于先天条件，也不可能毫无缺陷。而人们对于这些缺陷通常会十分在意。

因此，员工在和领导交谈时，不要对领导的体貌特征说三道四，尤其是不要大肆议论领导的身体缺陷。

例如，谈论的话题不要涉及领导及其配偶的相貌情况、高矮胖瘦等。对此，最恰当的应对之法是：视若无睹，当作什么也没看见。因为一个不慎你就可能被怀疑是居心叵测。而倘若你对其不够完美的地方或是身体缺陷大加议论，很可能会被认为是在故意诋毁对方。

所以，在与领导打交道时，不议论领导及其配偶的体貌特征，往往是躲避无妄之灾的最佳选择。

3. 不要询问领导的婚姻状况

有位法官曾经感慨地说："婚姻案件是最难以道明个中原委的案件之一。"许多人的婚姻状况从外表上看不出任何问题，但实际上却早已是一团乱麻。所有的婚姻都免不了争吵，都存在不完美的一面。但是，绝大部分人又会隐藏起婚姻中"不幸福"的那一面，这也就是人们经常挂在嘴边的"家丑不可外扬"。如果领导确实家庭幸福，那么略微提起也没什么。但如果他将不幸隐藏在幸福的假象背后，那么贸然提起必然会伤害对方。而我们通常难以切实地了解对方的婚姻状况，因此不要询问、不要提及才是最稳妥的选择。

与领导交谈时的禁忌还有许多，这里就不再一一列举。与领导的相处之道是一门十分精妙的学问，平常多加留心，自己多揣摩，才是更快掌握这门学问的法门。

每个人都会有些忌讳谈及的事情，一旦你犯了忌讳，就会让对方产生不良的情绪。如果对方是你的朋友或是无足轻重的人倒也还好，但如果对方是你的领导就有些棘手了，一个处理不当，你今后也许只能一直原地踏步。

跟陌生人聊天要学会没话找话

与初次相见的人聊天，大多数人往往不知从何聊起。如果双方都闭口不言，便会使气氛变得十分尴尬。所以当身处这种情境时，你应该如何做呢？答案就是：没话找话。

"找话"，顾名思义就是找话题。只要找到让对方产生共鸣的话题，就可以轻而易举地打开"话匣子"，使谈话在轻松愉悦的氛围中持续进行下去。

潇潇是一个事业心非常强的女孩，只是她性格腼腆，不善交际，马上三十了还没谈过恋爱。后来，她的一位同事给她安排了一次相亲，对方是一名警察，名叫李航。因为是初次见面，两个人互相简单介绍了一下后，便陷入了安静而尴尬的气氛当中。

潇潇察觉到场面有些不妙，便情急生智，目光诚恳地对李航说："警察这个职业在我心里很崇高，你们即使受尽酸甜苦辣，也依然心甘情愿地为国家无私奉献着自己的青春，真的很令人敬佩。"李航一听，脸上便露出了自豪之情，马上接起了潇潇的话题，感觉像是找到了知音一般。李航从事业与追求、人生与抱负、奉献与收获等几个方面阐述了自己对这份职业的理解。

有了第一个话题的铺垫，接下来两个人都畅所欲言起来，彼此之间也有了更深的了解。于是两个小时的约会不知不觉地就过去了。

潇潇在与李航初次约会的"危机时刻"，及时抓住了对方从事高尚的职业这一闪光点展开话题，从而引起了他的共鸣。这样一来，不仅轻松地解除了初次见面的尴尬，还顺便考察了他对事业与人生的追求，达到了加深彼此了解，拉近双方关系的目的。

性格内向的小聪应邀参加了一个聚会，她本来是和朋友一起来的，结果刚到场，朋友突然有急事便匆匆离开了，于是只剩下小聪一个人身处陌生的人群中。她心里非常紧张，也不知道如何向陌生人搭讪。为了缓解紧张与尴尬，小聪打算去拿一杯饮料喝。"你手里的饮料是含酒精的，小心会喝醉呦。"刚拿起一杯饮料的小聪就听到背后有人这么说。小聪回过头，便看到那位善意提醒自己的女孩正端着一杯果汁对她微笑着。"给你喝这个吧！喝果汁对皮肤好。""谢……谢，你……很懂嘛。""没有啦，我之前参加过几次这样的活动，所以稍微了解些。"就这样，小聪和这个叫菲菲的女孩聊了起来，菲菲的热情让她们迅速成了好朋友。从那以后，小聪明白了与陌生人交流时打破僵局最好的办法就是主动寻找话题，渐渐学会了如何与陌生人交往。

话题没有优劣之分，是因人、因时、因地而异的。

比如，倘若你对面坐着一位青年男子，电子游戏就不失为一个好的话题。但如果你的聊天对象是一位文质彬彬的女士，大概这个话题就无法引起她的兴趣。如果对方是一位老教师，你可以和他聊聊对学生时代的回忆，或许能使他回想起自己教过的学生们。但如果对方是个实实在在的农民，你就得和他谈论一下今年庄稼的收成了。

因此，要找到一个恰当的话题，首先要对对方的性格、职业、兴趣等方面有一定的了解。

一般好的话题都符合以下几点：至少有一方特别懂；双方都有兴趣；能使交流的空间无限延伸。

大体上，与陌生人初次话题，你可以从以下话题中考虑。

1. 从天气入手

在初次聊天时，为了避免太冒失，你可以找一个日常的过渡性话题，比如评价一下最近的天气：

"今天阳光不错，真适合出去走走。"

"近几天气温骤降，你加衣服了吗？"

这样的话题，不会太唐突，又可以引起对方的注意，拉近双方的距离。

2. 新闻热点或重大事件

世界各地每天都在发生着五花八门的事件。现如今，微博、微信等新媒体的迅速崛起，使得各种新闻事件高速传播着。因此你就以大家都很关注的新闻热点或者重大事件作为讨论的话题，从而获得对方的注意力，使对方乐于说说自己的见解。

3. 生活中发生的趣事或倒霉事

不妨和对方聊聊你在生活中遇到的趣事或倒霉事，比如孩子学会了一句英文，出门逛街却忘了带钥匙，钱包丢在了出租车上，等等。这些生活中的点滴可能会发生在每个人的身上，因此，在交流的时候很容易引起对方的共鸣，使对方深有感触。

4. 了解对方的兴趣，投其所好

关注对方的兴趣爱好，然后找些与对方兴趣有关的话题，从而促使对方想与你继续攀谈。

比如，如果对方热衷于电影，你就可以和他聊聊最近上映的电影；如果对方爱好看书，你就以他所喜欢的书为话题，交流一下从书中得到的体会或启发。

这种话题就如同"抽线头"，会引出对方的话茬儿，使交谈连续不断地进行下去。

5. 以媒介物展开话题

比如，你注意到对方手里拿着或者戴着特别的物品，或者换了一种别具一格的穿着打扮，就可以问他："这是从哪里买的呢？……看来你在时尚方面是个专家，我不知道自己适合哪种穿衣风格，你能给我提点儿建议吗？"

对别人显示出兴趣，通过媒介物来引入话题，也可以使双方顺利地交谈下去。

世上无难事，只怕有心人，先花心思找个可以持续交谈的话题聊着，你会发现越聊越有话，其实和陌生人聊天一点儿都不难。

将陌生人变成无话不谈的朋友，最好的方法就是主动沟通。打破你的恐惧，消除你的顾虑，然后拿出十足的热情，主动找个话题去关心一下对方。一来二去，双方自然就会熟络起来。

"说话"大课堂

明确"WWH"，让你的聊天更有效。

What：聊些什么

聊天不要漫无目的地说，在开始交谈前，你一定要明确想要表达什么，否则会让对方摸不着头脑，自然也达不到好的效果。即使是闲聊，也要本着增进彼此感情的目的去开展你的话题。

When：什么时候聊

和别人聊天时，不能只顾自己的情绪，还要考虑对方是否有时间、有心情和你交流。把握好聊天的时机是关键，尽量选择对方闲暇以及心情平和的时候，这样的聊天才会产生好的结果。

How：怎么聊

聊天内容是多种多样的，我们一定要选择对促进双方关系有利的内容。而有些聊天内容就会给对方带来伤害，比如一味地打击、斥责对方，抓住人家的小辫子一直说个不停等。

第二章

饭不能乱吃，话不能乱讲

‖ 别哪壶不开提哪壶

管好自己的嘴巴，不该说的话不说，听起来很容易，但真正能够做到的人却不多。

古人曾经说："十语九中，未必称奇，一语不中，则愆尤骈集……君子所以宁默勿躁，宁拙毋巧。"所以为人处世，务必慎言，因为言多必失。

高情商的人会管好自己的嘴巴，不会乱说、多说，更不会"哪壶不开提哪壶"。

公司的小夏和沫沫关系非常好，但是小夏总是喜欢揭沫沫的短。

沫沫是一个胖胖的女孩，脸上还有雀斑。

小夏时不时地就会拿沫沫的身材和雀斑开玩笑，比如有一次，小夏当着公司所有人的面说："沫沫，今天你是不是没有洗脸呀？脸看起来好脏。"

小夏的话音刚落，沫沫的脸就红了，但小夏愣是看不出来，还笑嘻嘻地继续开玩笑。

沫沫的男朋友是小夏的发小，他们两个人恋爱关系的确立是小夏牵的线。

为了对小夏表示感谢，沫沫同男朋友一起请小夏吃饭。

到了自助餐厅，小夏开玩笑地说："你们也太抠门了，就请我吃自助餐呀！我可是你们的媒人呢！"

听了小夏的话，沫沫和男朋友都感到很尴尬。

沫沫的男朋友笑着对小夏说："呵呵，这也是我们的一番心意啊，我们现在不是正准备买房付首付吗，要养家糊口啊，你理解一下吧！"

谁知道，小夏听了他的话后，不但不见好就收，反而牙尖嘴利地说："得了吧，你当年什么样我还不知道？你前女友小新，你还记得吧。你给她过生日的时候，请我们吃的可是日料呢！上学的时候就是那样，只要是请女孩儿吃饭，花多少钱你都愿意"。

小夏的话刚刚说完，沫沫的脸色马上就变了，拿起包包夺门而出，还为此跟男朋友大吵了一架。此后，沫沫和小夏便疏远了。

由此可见，哪壶不开提哪壶的危害有多大。

真正聪明的人，从来不揭别人的短，更不会戳别人的痛处，或者拽着别人不想提起的话题说个没完。总是这样做的人，总有一天会搬起石头砸自己的脚。

我们在与人交谈时应该尽量避开别人的缺陷、隐私以及别人不想提及的话题，这不仅是尊重他人的表现，更是为人处世的基本原则。

但是，在日常生活中，很多人为了获取存在感，故意将别人做过的蠢事或是丑闻大肆宣扬，当作打发时光的闲聊话题，公之于众；也有些人可能会有意无意地当面提及对方的伤心事，让对方本就不明朗的心情更蒙上了阴影。

无论是哪种情况，都会对人际关系产生负面的影响。

一位姑娘恋情不顺，最终双方和平分手了。

这是她第一次恋爱，因此，尽管是和平分手，心中多少也有些不是滋味。

这位姑娘性格腼腆，这种私密的事情当然也不会向其他人诉说，只告诉了一个极要好的同事。

这位同事看到她总是精神不振，就在办公室里当着众人的面安慰道："他有什么好，以咱们这样的条件，什么样的找不着!"原本这位姑娘已经渐渐淡忘了这件事，但此刻同事又提起来，而且还是当着大家的面提起的，她心里一下子就难过了起来，于是转身跑出了办公室。

姑娘离开后同事才感到在这样的地方这样来安慰姑娘有些不妥，可话一出口，无法收回，几句安慰话倒造成了彼此的尴尬。

哪壶不开提哪壶非常令人反感，真正情商高的人会时刻注意，绝对不会提起对方不想提起的事情，也不会透露朋友内心的秘密，更不会故意挖苦对方，伤害他的自尊心。

千万不要只顾一时嘴上痛快，而让你的人际关系陷入危机。

‖ 对别人的生活指手画脚，
   你有资格吗

在生活中，总有一些人以自己的嘴为武器，对别人的生活指指点点、说三道四。他们打着"为你好"的旗号，满口仁义道德地诋毁着别人的生活。他们读不懂别人的情绪，一次又一次地在别人的伤口上撒盐。

从一个人的谈吐中，我们可以推测出这个人的性格、素质。总是口无遮拦，妄自评论别人人生的人情商偏低，缺乏对他人的理解，想到什么就说什么，往往是聊天的终结者，不讨他人喜欢。

莉莉的二姨就是这样一个人。

在一次家庭聚会中，莉莉一家人很高兴地吃饭、聊天。

期间，莉莉的二姨打趣说："莉莉该找个对象了，整天看别人成双成对的，你心里不酸啊？"

莉莉笑笑回答道："还没有遇到合适的人。"

听到莉莉的回答后，二姨一脸不认同地说："什么叫没遇见合适的？不过是你眼光太高了，都什么年纪了还挑三拣四的？当心挑到最后没人要你了。"

听到二姨这样说，莉莉心里感觉很不舒服，心想：我想要和适合自己的人共度一生，这有什么错？自己的人生为什么要被别人指手画脚？

表妹看气氛有些尴尬，赶忙说道："结婚毕竟是人生大事嘛，仔细一点儿总没错的，相信最好的一定在后面。不像我，恋爱谈得马马虎虎，就说我男朋友吧，每年过生日不是送包就是送香水，一点儿创意也没有。"

莉莉对她说："行啦，别撒狗粮了。是谁上次说自己想要那瓶香水好久了，人家都记在心里呢，我看你都舍不得用呢！"

身边的亲戚们也纷纷打趣说表妹的狗粮撒得他们猝不及防。

在这其乐融融的气氛下，二姨又出来唱反调。她说："什么牌子的香水啊？特别贵吧。你们这些年轻人花钱就是大手大脚的，有这个钱做什么不好，打扮得花枝招展的有什么用？"

这句话一出，饭桌上的气氛再一次陷入了尴尬，表妹一家人的脸色也变得很难看。

就像这样，二姨总是习惯性地对他人的生活指手画脚，将自己的想法强加在他人身上。她这样做在不经意间得罪了很多人，使得大家都不喜欢和她聊天。

也许二姨内心的出发点是好的，可是她说话太直，常常让人面子上挂不住，如此一来，好心反而办了坏事。更重要的是，二姨又不是全知全能的智者，凭什么认为自己一定是对的呢？

生活中不乏这样的人，他们明明置身事外，却喜欢指手画脚；他们不顾事实地偏袒自己的认知，以近乎病态的标准要求别人。

俗话说得好，"说出去的话，泼出去的水"，话一旦说出口就再也收不回来。有的时候不经意的一句话就可能给一个人的心灵带来巨大的伤害。所以，我们务必谨慎发言，特别是涉及他人人生的时候，更该如此。具体说来，我们应怎么做呢？

1. 尊重他人的生活方式和思维模式

每个人都有自己的生活方式，很多事情在你眼中是不妥，但在别人眼里可能就是一种幸福。对于别人的幸福，不要鸡蛋里挑骨头，应大方地送上自己的祝福。对于别人的不幸，不要嘲讽，应更多地给予别人关心和理解。

2. 换位思考

想想如果这样的事情发生在自己身上，自己会怎么做，从而设身处地地理解他人的困境，感受他人的艰难。在某些情况下，可以用"如果我是你的话，估计也会这样做吧""你这样做，我也是能够理解的"之类的话来给别人温暖。

3. 注意对方的情绪

在人际交往的过程中，要时刻注意对方的情绪。例如，当对方失落、后悔的时候，千万不要这样说："我早就这样告诉你了，谁让你不听我的呢?"我们可以委婉地说："既然事情已经发生了，不妨我们一起想想怎么解决吧!"或者说："放心，还有我呢，我会给你出主意的。"

人生在世，并不是每个人都能顺心顺意，越是优秀的人，兼顾别人舒适度的能力就会越强。每个人都有自己的生活方式，只要他不伤害别人，不危害社会，不触犯法律，谁又有资格去指手画脚呢?一个人最好的修养就是善于理解他人，给别人以尊重。干涉他人生活之前，先想想自己是否有这个资格，切莫再用自己的尺度与准则去衡量别人的生活。

‖ 你宣扬朋友隐私的样子，真难看

　　每个人都有自己的隐私，谁都不希望自己的隐私被公之于众。有时候，人们内心太痛苦了，会选择将自己的秘密倾诉给自己的好朋友，并叮嘱好朋友保守秘密。然而，有些人没有尽到这个义务，将秘密传给了自己亲近的人，结果，传来传去，所谓的秘密变得人尽皆知了。

　　在与朋友交往的过程中要时刻记住"尊重"二字，不仅仅是尊重朋友之间的情谊，更重要的是尊重其隐私。将对方说的话看作两个人之间的秘密，不能告诉第三者，以防伤害到对方，影响两个人之间的关系。

　　柚子是一个活泼开朗的女孩，但她有个很不好的习惯，就是喜欢到处宣扬别人的隐私。

　　上中学期间，柚子有个同桌叫小牧，她出自单亲家庭，父母在她很小的时候便离婚了，原因是小牧的父亲有暴力倾向，经常打骂小牧和她的母亲。小牧的童年过得非常悲惨，所幸后来她的父母离婚了，她跟着母亲生活，日子才渐渐好转起来。小牧是一个内心非常敏感的人，她不想让别人知道她悲惨的过去，也从来不向别人提及她的童年。

　　自从柚子和小牧做了同桌之后，她们经常一起上课，一起吃饭，一起逛街。随着两个人关系越来越近，小牧将自己的童年生活告诉了柚子，她天真地以为柚子会替自己保守这个秘密。

柚子知道小牧的家庭情况后，感到一阵唏嘘，可转头就在宿舍宣扬开了。你告诉我，我告诉他，结果小牧的家庭情况被很多人知道了。

有一次，小牧听见别人在讨论她的童年，她感到非常愤怒，她只告诉了柚子一个人，现在大家却都知道了。小牧去找柚子理论，没想到柚子却说："我没想到你这么在乎这件事，而且你也没有叮嘱我不要告诉别人呀!"

小牧听到后气得无话可说，她明白了这种人不能深交，从此以后就和柚子疏远了。

身边的人慢慢也发现柚子是一个喜欢四处说长道短的人，因此也都不再信任她。

如果你的嘴上没有个"把门儿"的，那么你也会像柚子那样不知不觉地被朋友疏远。你千万不要以为这只是小事，时间长了你就会自食恶果。高情商的人都懂得：有所言，有所不言。

那么，在与朋友相处时，怎样做才能把握好这个尺度呢？

1. 尊重朋友的隐私

朋友之间最重要的就是互相尊重，对方将自己的隐私告诉你表明他相信你。如果你将对方的隐私大肆宣扬，就会伤害到对方，影响两个人的感情。当别人向你打探他人的隐私的时候，你可以这样说："你能确保不告诉第三个人吗?"如果他同意了，你就可以说："正好，我也是这样保证的，坚决不告诉第三个人。"

2. 保持与朋友之间的距离美

在和他人交往的过程中，要保持一定的距离，正所谓"距离产生美"，不要凡事都干涉对方，不要什么事都刨根问底。有些人仗着自己与朋友的关系亲密，觉得自己说什么对方都不会计较，殊不知并不是每个人都那么愿意分享自己的秘密，如果对方有难言之隐，你便应明白适可而止的道理。

3. 正视与朋友的关系

真正的友谊既不是施舍，也不是同情，而是你将自己的委屈与心事告诉对方，对方会替你保守，并安慰你、关心你。正视与朋友的关系，做到相互之间信任且有礼。

隐私，是一种相对私密和严肃的事情。不管在人前还是在人后，张口闭口拿隐私说事，只会让对方觉得受到侵犯，失去尊严。没有人喜欢自己的隐私被他人知道的感觉，也没有人喜欢自己的隐私被追问。能够将自己的隐私说给你听的人，对你有着绝对的信任，而这份信任值得你好好珍惜。

情商高的人对待他人的隐私会做到"勿问、勿听、勿看、勿传"。懂得尊重别人的人，才能赢得别人的尊重。

‖ 开玩笑，你把握好分寸了吗

生活中总有很多人说话不过脑子，只图嘴上痛快。这些人打着朋友的旗号肆无忌惮地开玩笑，想说什么就说什么，从来不会顾及朋友的脸面。

开玩笑的过程，是双方交流感情的过程，是一种善意的表现。得体的玩笑能够松弛神经，活跃气氛，使交际氛围更加融洽，因而诙谐幽默的人常常会受到他人的喜爱。但是，如果以开玩笑为借口来对别人冷嘲热讽，以取笑他人来寻开心，就会适得其反，不仅会伤害他人感情，甚至会造成很不好的影响。

因此，一定要控制好开玩笑的"度"，让开玩笑真正起到活跃气氛、增进友谊、促进关系的作用。

姜文性格豪爽，爱笑爱闹，但是却有很多人不喜欢她，因为她说话总是不经大脑，还喜欢调侃别人，也不管和对方熟悉不熟悉，有时候甚至不分时间、场合，玩笑话张嘴就来，让很多人下不来台。

一天，在午休的时候，大家正欢快地聊着天，同事小 A 突然神神秘秘地说："你们快来看啊！这儿有一张照片，你们快来看看这是谁的啊。"

同事们听了都很好奇，纷纷挤到前面去看，结果却发现某同事桌子上放着一张小乌龟的照片。同事们看了都大笑，说小 A 真是太无聊了。

这个时候，姜文突然拿起那张照片大呼小叫道："哎，你们看啊！这不是小 C 吗？"

小 C 是公司新来的一位男生，身材矮小，还有点儿驼背，说话细声细语的，很是腼腆。

姜文指着那个乌龟说："这不是我们新来的小 C 吗。小 C 快和大家打个招呼，我知道你喜欢吃小昆虫，等会儿我捉几只小虫给你吃呀。"

姜文的话音落下后，办公室内的其他同事都没有接她的话茬儿。这时，只见小 C 气得脸都涨红了，他反驳道："我不是乌龟，我也不爱吃虫子，你玩笑开得太过分了！"

姜文不在意地说道："开个玩笑而已啦！干吗这么认真。一个男生怎么气量这么小啊！"

小 C 张了张嘴，却不知道怎么反驳她，便沉默地走回自己的座位。

这之后，小 C 每次看见姜文都会立刻躲开。

喜欢开玩笑不是姜文的错，但不知把握玩笑的尺度就是她的错了。每个人在意的东西不一样，小 C 性格过于内向，本就不是开玩笑的合适对象，偏偏姜文还如此没有分寸，用乌龟取笑他，完全不在乎他的感受，这自然会引起他的反感。更何况她和小 C 的关系一点儿也不熟，最终导致这个结果也是情理之中的。

因为随意开玩笑，姜文得罪了不少人，很多和她要好的朋友也渐渐地远离了她，聚会的时候常常会故意"忘记"叫上她。其实，将朋友们推离自己肯定不是姜文的本意，但她的行为确确实实导致了这样的结果。

因此，在双方关系不熟，又不了解对方脾气、秉性的情况下，尽量少开玩笑，因为你无法把握他的底线。每个人的接受程度都不同，对于不喜欢开玩笑的人来说，你随随便便的一句玩笑话都有可能会让对方觉得受到侮辱。

那么，平时我们该如何把握玩笑的尺度呢？

1. 玩笑因人而异

每个人的性格、年龄、身份、职业都不同，接受能力也不同，对玩笑的承受能力也有所差异。因此开玩笑的时候注意因人而异。

首先，要记住男女有别。有些玩笑只适合男性，一旦开在女性身上就会显得不合适。且男性对玩笑的承受能力较强，女性则比较敏感，一旦触及对方的情绪点，则可能会失控。

其次，要记住长幼有别。长辈在开玩笑的时候应注意自己长辈的身份，切不可为老不尊。小辈在和长辈开玩笑的时候更要注意，要维护长辈的尊严，切记不能让长辈失了体面。

最后，要注意对方的性格特点。性格活泼开朗的人和性格内向敏感的人对玩笑的承受能力自然不同，在开玩笑的时候要格外留意。

2. 开玩笑要选择恰当的时机

开玩笑要选对时机，如果对方正心情忧郁，你开玩笑，效果就会适得其反，甚至会引起不必要的误会。即使是性格开朗的人，在不同的时间也会有不同的情绪，因此要懂得察言观色，在他人心情好或是正处于闲暇的时候适度地调侃一下。

另外，不是任何场合都适合开玩笑。正式、严肃的场合不宜开玩笑，如参加庄重的会议或吊唁会等。

3. 避开"七寸"

人们常说，"蛇打七寸，必死无疑"，开玩笑的时候也要注意避开对方的"七寸"。如果某个人身材矮小，你却偏偏拿他的身高开玩笑，对方心里肯定会有所不满；如果某个人学习成绩不好，你却偏要拿他的成绩说事，他必定会远离你。这样并不是开玩笑，而是恶意捉弄，轻者会伤害两个人之间的感情，重者会引起不可挽回的后果。因此在开玩笑的时候要合理地避开对方的"雷区"，谨记"群居守口"，让聊天更加愉悦。

好的玩笑里，藏着趣味；坏的玩笑里，却藏着毒药。情商高的人不会随便开玩笑，开玩笑也能把握好尺度，他们知道如何开玩笑才能让人心里舒服，才不会引起反感。高情商的人即使是开玩笑也会尊重他人，会考虑他人的感受。只有以尊重和善意为前提的玩笑，才能称得上调剂品。

‖ 得理不饶人＝没风度

　　得理本是好事，但是不饶人，就会失去风度。

　　有些人在餐厅吃饭的时候，服务员稍有疏忽，他们便会大喊大叫；点了外卖，外卖小哥稍微迟到一点儿，他们就会出言不逊；出门坐公交车时被别人不小心踩了一脚，他们就会恶语相向。

　　有一句话说得好，越是层次低的人越是得理不饶人。得理不饶人的人往往不懂得宽容和大度。在一个无伤大雅的小问题上不饶人，死死地抓住对方的过失不放，除了将一个小问题演变成一场闹剧以外，没有任何意义。

　　李晓燕是一家编辑公司的主任。有一次，公司接到任务，要求编一套青春励志的书籍。李晓燕带着几名编辑加班加点地完成了，但是拿给客户之后，客户看了一眼就提出了质疑。原来，客户想要的书籍是言语犀利的风格，而李晓燕所做的是温馨治愈的风格。

　　李晓燕听到客户的话后非常耐心地给客户解释："之前没有说明文风，所以我们做的是当下最受欢迎的温馨治愈风，这类风格的书籍是很有卖点的。"客户一脸不爽，理直气壮地理论道："我不管现在流行什么风格，我只知道你们现在做的不符合我的心意。"李晓燕见客户态度强硬，虽然不情愿，但还是道歉道："不好意思，是我们没有事先沟通好便自作主张，但这套书是我们呕心沥血一个月反复修改做出来的，请您至少看完一本再决定要不要换，好吗？"客户毫不让步，得理不饶人地说道："这本来就是你们的错，我为什么要看，必须换文风，我要在这周末见到成稿，质量必须要保证。"

李晓燕见客户如此得理不饶人，也是非常火大，她说："您事先也没有告诉我们文风，这件事双方都有责任。"客户一听更火了："这么说你们是想推卸责任啊。"

两个人你一言我一语地吵起来了，最后，李晓燕实在受不了客户的纠缠，便丢下一句话："我们把钱退给您，您另请高明吧。"说完便转身离开了。

看到这种情况客户也傻了眼，后续工作早已经安排好了，此时李晓燕撂了挑子完全打乱了他后面的计划，让他陷入了一团乱麻。

客户的得理不饶人导致了两败俱伤，李晓燕做了白工，客户则要付出更多的时间、精力和金钱才能完成既定工作，而且对自己的个人形象造成了负面影响。由此可见，得理不饶人实在不是一个好的选择。

当然，饶人也需要讲究方法和技巧。如何能够在不伤害两个人之间的感情的前提下达成双方之间的协议呢？

1. 利用幽默来化解矛盾

如果对方真的有不足，也并不是只有大吵大闹这一种解决方式，可以在适当的时候来点儿小幽默，在幽默的话语中点醒对方，这样既让对方认识到自己的问题，又能够维护对方的脸面，甚至会让对方心生愧疚，这样矛盾自然不会产生。

2. 适当示弱，给对方一点儿台阶下

有些人其实可能已经认识到了自己的错误，只是碍于脸面不愿意承认。对于这样的人，我们不妨给对方一个台阶下，顺着对方的意思说，让对方听着心里舒服。你保全了对方的面子，对方自然也会感激你。

3. 委婉地指出对方的错误

在指出他人的缺点和不足的时候要注意场合，要顾及对方的面子，特别是在大庭广众之下，更要委婉含蓄。如果对方情绪不好，还可以暂且不提，避免纠缠不清，可以借第三人之口让对方知道自己的错误。

生活中有不少人习惯得理不饶人，在非原则性的问题或鸡毛蒜皮的小事上争得不亦乐乎，一定要一争雌雄才肯罢休，结果往往闹得不欢而散。

人非圣贤，孰能无过，抓住别人犯的一点儿小错误死死不放，实在是太有失风度了。得饶人处且饶人，体现的是一种胸怀，是一种宽容，是一种不拘小节的潇洒。给对方一条路，为对方留点儿面子，宽恕别人的错误，也是给自己留一条后路。

"说话" 大课堂

话不能随意说，有许多禁忌值得我们注意：

1. 注意说话场合，别让祸从口出

拥有好口才确实会对我们的人际交往有很大帮助，但是，如果不注意说话场合，无论什么场合下都卖弄自己的口才，只会惹人厌烦。例如：在婚礼这样喜庆的场合，你却偏要拉着新郎、新娘忙碌的家人谈工作；在一场关乎公司生死存亡的严肃会议上，你却讲了一个不恰当的笑话……这样怎么可能赢得他人的喜爱？

2. 懂得什么该说什么不该说，该跟什么人说不该跟什么人说

赞美、幽默的话要多说，批评、指责的话要少说，涉及隐私的话不要说。在人际交往中，我们应当清楚有些话能说，有些话不能说，哪些话该跟什么样的人说，哪些话不该跟什么样的人说，这样才能最大限度地减少出错。

3. 遇人不言其过，说话不揭其短

过错、短处都是别人不想提起的东西，如果你总是当他的面提起，那么无疑是在戳他的伤疤，让他感到不舒服，进而会影响你们的关系；如果你总是在背后对别人提起，那么一旦传到他的耳朵里，你们的关系想必就会急转直下。

4. 会说话的人，不会咄咄逼人

说话态度也是话语的组成部分，态度出了问题，话说得再好也徒劳无功。咄咄逼人的态度会让你的"得理"变成"无理"，让你失去众人的支持。因此，咄咄逼人的态度不可有。

第三章

尊重，你最美的名片

情商高，就是会说话

‖ 没有人喜欢命令式的语言

在当今社会下，人文情怀里的礼貌用语体现在生活中的方方面面。在人际交往中，不难发现这样一种现象，当一个人用相对强硬甚至命令式的话语对别人表达某种诉求的时候，往往会容易激发对方内心里一种近乎本能的逆反情绪和心理。而同等的诉求，假如前面加上"拜托""请您"这样的礼貌前缀，那么对方心理自然不会抵触，并且会很愿意为你鞍前马后。前后两种不同的态度可以对结果产生这么大的影响，由此可见，尊重他人的重要性。

几天前，郑玉不小心遗失了自己的身份证，她知道同事顾柔的丈夫是在证件管理部门上班的，所以她就想请求顾柔帮忙。按理说，这个请求并不是什么难办的事情，不过，两周多的时间过去了，身份证的事情一直没有解决。期间，郑玉问过顾柔几次，顾柔都含糊其词，没个准信儿。郑玉很是纳闷，就跟一个同事发起了牢骚。同事问："你当时是怎么请顾柔帮忙的呢？"

郑玉没多想说："我们不是同事吗，这还用什么请啊。那会就是下班的时候我坐电梯的时候正好碰上了，就跟她说：'我身份证不小心弄丢了，你老公不是正好负责这个吗，你帮我说一下，给我补办一下哈。'"

同事了然说："难怪顾柔不愿意帮你了。你也不想想顾柔平时性格那么犟，做事情那么要强，你回想一下，你那口气就像下达命令一样，人家又不欠你的，平白无故的，干吗给你办事啊？即便你们是同事，人家也没义务帮你办事，何况是你那样的口气，顾柔肯帮你办才奇怪呢。"

郑玉听完同事的话，恍然大悟。她赶紧又找到顾柔，改变了自己的态度和口气，身份证的事情也很快就解决了。

在日常的交谈中，对于语言的运用，我们应格外注意。说出的话，要尽量让别人听起来舒服，能够接受，尤其是在对别人有所求的时候。不然，不仅达不到想要的效果，还会适得其反。命令式的语言便是其中不受欢迎的语言之一。如果改变这样的说话方式，对日常交际中的双方都有好处。

老关头儿是一个普通的农民，春耕秋收，靠卖了粮食，存了一些钱，把儿子送到了城里的重点高中读书。一次，儿子托人捎来一封信，可是老关头儿大字不识一个，只得请邻居屠夫帮他看信。不过屠夫识字不多，反复看了几遍之后才知晓其中大意，便对老关头儿说："你儿子在信上说，上次寄的钱已花光了，再给他寄五百块钱。"老关头儿听后又生气又失望，心想："我那么辛苦地劳作，腰都直不起来。什么都舍不得用，什么都舍不得花。好不容易用存下的一点儿钱送他去最好的高中读书，没想到他一点儿都不知道感恩，一点儿也不体谅我，连一句问候的话都没有，直接命令我寄钱，真是个白眼狼啊！不寄，我就偏不给他寄！看他能怎样！"正在生闷气时，一位老师到家里来取明年的种子，听说这件事后，向老关头儿要了信，看完一遍后若有所思地对他说："大爷，您儿子的信上其实是这么写的：'爸爸，您近来身体怎么样呢？您那么辛苦，省吃俭用，好不容易攒下的钱自己不舍得花，大部分给我寄了过来，我心里特别不好过，只能好好用功读书，等我学有所成，一定好好报答您的恩情，好好孝敬您。我最近又选修了一门功课，不过需要买几本必需的参考书。另外，下个月的生活费也快没有了，所以不得已给您写信，想要您寄些钱给我，如果寄两百块钱，我很感谢；如果是五百块钱，就更感激不尽了。'"老关头儿听后，心里暖洋洋的，立即出门去给儿子汇款。

明明屠夫和老师看的信是一样的，却得到了老关头儿两种截然不同的反应。前者愤怒失望地拒绝寄钱，而后者却安慰暖心地欣然汇款。其实不难看出，屠夫和老师的话，都没有错，都是信中所写。不过，屠夫却因为不能完全理解信中内容，便直接选择忽略儿子对父亲的爱意。老师不同，他将信中内容极尽深情地转达给老关头儿，将人情味十足的字字句句告知老关头，不仅让他心里安慰，也达到了儿子想要父亲汇款的目的。由此可见，选择一种适宜的说话方式尤为重要。不过，怎样才能避免这种命令式的语言呢？

1. 调整说话的语气

没有人喜欢被他人训斥、命令，不带任何感情的命令和粗暴的训斥只会让对方感到反感，难以将谈话继续下去。因此，要想和对方好好地说话，需要注意自身的语气，语气一定要温和、诚恳，避免命令式的语气。千万不要用"你怎么还没有做完这件事？""今天你必须将这件事做完才能下班！"等责问或命令句，可以换为"是不是遇到了什么困难，有不明白的地方吗？""这项工作比较着急，催得紧，辛苦你赶一下进度，好吗？"

2. 多用一些听起来让人觉得舒服的词语

对于领导来说，要想获得员工的尊重，靠的并不是强制和独断，尊敬地说一声"谢谢！""麻烦你了！""拜托！"能够让员工觉得自己是被尊重和信赖的。"请你……""辛苦了！""做得不错！"这样的话要多说。

3. 谨言慎行，在说出口之前仔细想想

很多伤害人的话是在一时气愤之下说出的，在说话之前最好仔细想一想："我这样说，她会不会误会？""会得罪她吗？会给她带来困扰吗？"不能自己想怎么说就怎么说，完全不考虑对方的感受。

同样的一件事，用不同的口吻说出来就有可能得到不同的结果，命令式的语言无疑是最不恰当的方式之一。我们应当尊重对方，避免命令式的语言，让双方的交流更加平和。

‖ 称呼不得体，谈话未始已先终

何谓称呼？称呼指的就是人们在日常交往之中，所采用的彼此之间的称谓语。人与人之间的交往中，称呼必不可少。恰宜得当的称呼可以说是交际场合中的名片，最能直观地反映出自身的教养和对别人的尊重程度。称呼其实是很需要技巧的，可是如何称呼？这里面可有着很大的学问。为什么这么说呢？因为它看似简单实则复杂，看似无所谓实则有所谓，看似波澜不惊实则暗潮汹涌。因此，在交际场合中一定要注意称呼的正确得体，不可错用，更不可乱用。

郭敏已经三十有余，自己经营着一家不大不小的服装店。因为平时自己一个人在打理，几乎一整天都窝在店里照顾生意，没有什么闲暇时间打扮和保养自己，所以，从外表上看郭敏，会觉得她面色苍老，显得比实际年纪还要大一些。不认识郭敏的人总是会觉得郭敏已经是四十好几的人了，因此郭敏最介意别人说自己年纪大。

有一次，郭敏照例去批发市场批发最新的服装。郭敏经过一家店面，就被里面挂出来的几个式样吸引了，刚想走进去仔细查看，一个20岁出头的小姑娘就凑过来，很是殷勤地说道："阿姨，您是来拿货的吧，真有眼光，这可都是今年的最新款，特别受年轻人的欢迎，您进来瞧一瞧吧。"

谁知，郭敏白了那位姑娘一眼，连一句话都没说，直接径直往前走。

走了一会儿之后，在另一家批发商那里，一位同样很是年轻的姑娘热情地迎了出来道："姐姐，您又来批发新的样式吧？看了半天也累了吧，在我们店歇会儿，进来看看。姐姐，不瞒您说，我们这回可新进了不少最流行的样式呢。"郭敏听完，心情很是舒畅，便进去看了看，一边挑一边跟小姑娘聊天，最后满载而归。

前一个姑娘，如果只从郭敏的长相看的话，叫声"阿姨"或许不为过，但是站在对方的角度，这声"阿姨"不见得愿意受用。女人嘛，没有一个愿意被别人说老的。一句"阿姨"赔了一笔买卖。而后面的姑娘就不一样了，同样面对郭敏，"姐姐"倒是显得很亲切，更重要的是郭敏很受用，让接下来的交往也更加顺畅。

要想称呼得体需要根据现实情况进行特殊处理，没有一个可以进行统一、固定的称呼。没必要死板地按照年龄、身份、职位做判断。这些不是短时间能做到的事情，需要自己留心和长期的经验积累。

陈凡就是一个例子。

陈凡是一家公司的普通职员，在职场上，他很是注意与同事和领导之间的称呼。陈凡是一个很细心的人。记得他刚到公司的时候，谁都不认识，为了尽快熟悉公司的同事，他总是会把一个小本放在口袋里，用来专门记录同事和领导的名字和职位，也会把每个人喜欢的别人称呼自己的方式记下来。于是，在很短的时间内，陈凡便和公司的同事们打成了一片。

亲切、恰当地称呼别人，能够在短时间内拉近与对方的距离。如果你也能像陈凡那样准确叫出相识不久的人最喜欢的称呼，相信你们一定很快就会亲近起来。

与人交往，若想有个好人缘，和别人相处融洽，就必须掌握正确的称呼方法，以下几点或许在你与他人沟通的过程中能给你很大的帮助。

1. 看清楚对象，情景结合

生活中，面对熟人，称呼不必太正式，否则会显得刻板、生疏。我们对熟人的称呼可以随意一些，比如可以叫他的小名、外号等，这样会给对方一种亲昵的感觉。至于恋人、夫妻之间私下里还可用爱称，这样不仅很有情趣，也可以增进彼此之间的感情。不过在公众场合，尤其是在很正式的场合，叫别人的小名、外号，甚至爱称等则会显得很不严肃，很是胡闹，应当以"某某同志"或"某某同学"代称。对于不熟的人，尤其是前辈、师长，不可使用上述的称呼，这样会给别人一种不尊重、没教养的感受。因此在各种称呼的运用上，须得看清楚对象和场合，灵活运用，切忌随意滥用。

2. 入乡随俗，尊重避让

一方水土一方人，各地人们的文化修养和宗教习俗各有不同，在称呼对方时，须得考虑对方的生活环境，不可按照自己既定的方式随意称呼，例如对一个南方人，不能随意使用"师父"，不然他们会觉得你把他们当作出家人。在南方人的观念里，"师父"特指出家人。

3. 称呼也有先后顺序之分

无规矩不成方圆，凡事都有先后之分。通常来说，称呼以先长后幼、先上后下、先女后男、先疏后亲为宜。这种称呼顺序，在日常生活中或许运用得不是很明显，不过在外交、宴请外宾等重大的场合里，这种称呼顺序尤为重要。

4. 称呼应该严忌粗鄙低俗

在长者面前直呼其"老头""老太婆"这样的粗俗称呼，是不尊的体现，"大爷""大妈""先生"等称呼，更加适宜；在幼者面前使用"小东西""小家伙"这样的称呼，是不妥的体现，应该使用"小朋友""小同学"之类的称呼。以上不当称呼对于相对熟识的亲朋好友来说还算适宜，不过并不亲近的朋友之间，这些不恰当的称呼，万万不能脱口而出。

中国是一个礼仪之邦，古人提倡："亲疏有分，则施行而不悖；长幼有序，则事业捷成而有所休。"一切的交流都从称呼开始，如何称呼对方，是一个人物给予大众的第一信息。你会直观地交代出双方的身份、社会地位和亲疏程度。并且，通过不同的称呼，能直接传达你对他人的态度：是热情的还是冷漠的；是尊敬的还是轻慢的；是友善的还是敌对的……得体的称呼，会给你今后的处世提供很大的便利。

‖ 认真倾听，给别人一个说话的机会

说话是两个人的事情，并不是一个人的独角戏。情商高的人懂得倾听他人的想法，给对方一个说话的机会，尊重对方的情绪。

辛迪是一家购物商店的导购，这天，有一个女顾客，拿着一条已经穿过的裙子，说是缩水的问题，要求退货退款。

辛迪跟顾客解释了很多关于衣服质量的问题，衣服里面是什么材质的，缩水的情况是不会出现的。女顾客架势很凶，不依不饶，一点儿都不听辛迪的解释，只嚷嚷着要退货退款。辛迪看着女顾客无所顾忌地大喊大叫，一方面她怕影响其他的顾客消费，一方面自己又实在拿女顾客没辙。

好在这个时候，商店经理听到消息，赶来救场。商店经理来了之后，表明了自己的身份，将女顾客领到一旁的沙发上坐下。他先是微笑而诚恳地静静听完顾客的抱怨和发泄，之后慢条斯理地说："真的很不好意思，女士，这件连衣裙会缩水，这个我真的是不知道呢。不过您放心，这件事情怎么处理本店完全听从您的意见，我作为商店经理可以向您负责任地保证。"

"我其实挺喜欢这件衣服的设计的，但就是洗一次就缩水了，有点儿可惜，你有什么办法让它不缩水吗？"

商店经理说："感谢您对衣服设计的认可，据我所知这件衣服的质量属于上乘，女士，您介意继续试穿一周吗？一周之后，如

果产品还是出现类似或者其他质量问题，没有让您满意的话，那么我们可以给您无条件退款，您看如何？”

女顾客不再纠缠，选择离开。一周之后，衣服也没再出现缩水的情况。

辛迪用半个多小时都没有解决问题，而商店经理却用不到五分钟的时间就解决了所有的问题。两个人在面对顾客的不满的时候，辛迪选择用同样激烈的方式，一遍遍地讲顾客并不感兴趣的质量问题，最终只能是引起顾客更大的不耐。而商店经理却像微风化雨一样，先是倾听了对方所有的抱怨和不满，让对方发泄出心中的怨气，最后慢慢地开始进行平静的对话，让事情迎刃而解。

倾听是一种道德修养的体现，学会倾听，在日常的交际之中尤为重要。倾听是一种礼貌，因为对话就相当于两个人的舞台，如果你一直喋喋不休地霸占着主动权，这样的你，显得很是无理。倾听就是互相尊重，因为尊重才会信任，信任才会有倾听。记住：你认真聆听别人的谈话，意味着你对别人的尊重，尊重别人，别人自然也会尊重你。

一次，张北受邀去参加好友的生日 Party。张北的这个朋友说是功成名就一点也不为过，前来参加宴会的人也都是非常有名气的。张北去时见朋友正在忙着应酬，就随便找了一个角落，坐了下来。张北发现有位年轻人就坐在离他不远的位置，看上去有些落寞、不爱言谈的样子。于是，张北就走过去跟他交谈起来。在交谈的过程中，张北知道他是美国的一所大学里的在读研究生，目前正在攻读物理学。

一开始，年轻人也只不过是在浅浅而谈，后来发现张北一直都在很认真地倾听，便觉得遇到了知己，越说越深，就连他现在的研究生论文打算写的方向都说了出来。在张北的角度上，他不懂物理学，对于物理，他还停留在牛顿与苹果的那一页。虽然不懂，但张北依然很礼貌地不露一丝不耐烦的神色。偶尔会在年轻人讲累了，喝口水的时候稍微转移一下话题，张北饶有兴趣地问了那位年轻人一个问题：从广义相对论的角度看黑洞的话，会不会有什么新的发现？

年轻人听后，很有耐心地向张北解释起来，两人相谈甚欢，一直到宴会结束。不久之后，张北又碰到了好友，好友一见他便说："我表弟一直在我面前说起你呢，一直夸赞你。"

张北有些愕然："你表弟？是谁啊？"

好友说："你俩不是在我生日那天聊得特别开心吗？表弟一直说你懂物理，懂天文，学识渊博。"

事实上，什么物理学和天文学，张北压根不懂，正是因为不懂所以压根什么话都没有说。所谓的相谈甚欢，不过就是倾听罢了，但却给那个年轻人留下了很深刻的印象。

善于交际的人都是善于倾听的，其实倾听不仅是尊重他人的表现，也是另一种表达自己的方法。它是一种心与心的对话，是人与人之间的心灵之约。倾听是诉者的诚心，是听者的虚心。倾听，不仅仅是对别人的尊重，也是对别人的一种赞美。说话是一件痛快的事，不要只把这种痛快留给自己，要学会将说话的快乐分享给其他人。

那我们如何学会倾听，倾听又有什么样的技巧呢？

1. 集中注意力

一个不用心倾听别人讲话的人，是一个无法让对方坦言相对的人。即使身边比较嘈杂，也应该静下心来注意倾听对方的话。

此时，可以通过看着对方的眼睛来集中注意力。只有这样，才能够把握住对方所谈的内容。当他征求你的意见时，你才不会因为走神而不能回答对方，造成双方的尴尬。

2. 表现出热情

在倾听对方讲话的时候，不要总是以一副漠然的表情面对对方。既然愿意分享对方的故事，就应该表现出热情。否则，对方会明显地感到你的漠然，认为没有必要把自己的故事讲给你听。当你表示出自己很感兴趣时，结果就不一样了。对方会认为你是一个贴心的人，从而将自己的心里话告诉你。此时的你，虽然没有开口说话，只是耐心地倾听，但是你已经得到了一个朋友。

3. 保持安静

倾听的过程中，不要随便打断对方的话。一个急于倾诉的人，此时只想把自己心中的话通通讲出来，让自己放松、安静下来。此时，做一个好听众便是你的本分，没有必要去打断对方。不过，当他问你的时候，你可以说一些适当的话来回答他。

4. 进行互动，提出一些问题

倾听并不意味着只是听，也需要慢慢回应。在倾听的过程中，你可以试着提出一些自己感兴趣的问题，告知对方你在听，并且在认真听，例如：

"抱歉，我有些不理解，你能说具体一点儿吗？"

"嗯嗯，那另外的，还有什么需要考虑的？"

"您能再说一遍刚刚的观点吗？我还是有些不理解。"

倾听不是被动地去听，而是在为探听虚实后的主动做准备。如果在还没有了解他人的情况下就随意交谈，很有可能使谈话陷入僵局。与其如此，不如仔细倾听，在充分了解对方的情况后再发表自己的意见。

人都有表达自己的欲望，如果你收起倾诉的欲望，改为倾听对方谈话，让对方痛痛快快说个尽兴，对方的心里一定会得到极大的满足。做一个会倾听的人，这是你对别人最大的尊重。

‖ 主动道歉并不会"丢面子"

在我们平时和别人相处的过程中，不可能时刻保持完美，总会有一不小心说错话的时候，难免会给别人带去困扰和不愉快。如果出现这种情况，一旦你意识到自己的问题所在，应当立刻向对方道歉，请求对方的谅解，这样才是解决问题的最好办法，也维护了双方之间的关系。

道歉并不是示弱，很多时候，真诚致歉不仅可以修复人与人之间破裂的关系，还能加深彼此的感情。很多人认为，向别人道歉就是对自我的否定，是示弱，是低头。经常因为放不下自己的脸面而选择僵持，放纵自己错下去，可能会导致情况进一步的恶化，造成不可挽回的后果。因此，一旦认识到自己有什么事情做错了，不要害怕尴尬，勇敢地找出问题，承认错误，对症解决问题才是最好的办法。

赵楠和辛梦是同事，经过几年的相处，两个人已经变成了亲密无间的好闺蜜，可是最近在别人看来，两个人的关系渐渐疏远，仿佛已经到了"老死不相往来"的地步。大家都纷纷猜测两个人之间到底产生了什么天大的矛盾，让这之前天天黏在一块的两个人变得形同陌路。

事情是这样的，两周之前，辛梦找在法国的朋友帮她代购了一些奢侈品，包括一些化妆品还有一个爱马仕的手提包。辛梦对她新买的包爱不释手，第二天就背着它开开心心地去上班了。赵楠看到了辛梦新买的包，眼前一亮，刚想开口夸赞一番，不料她却发现这个包和她曾经在官网看到的五金细节不同，原来是个高仿。赵楠哈哈大笑，在办公室里大声嚷嚷着："小梦，你怎么背了个高仿包来了啊，不仔细看还真看不出来！"辛梦被赵楠如此嘲笑了一番，没有作声，回到了自己的座位上，赵楠不仅没有看出辛梦的心情变化，还把辛梦背高仿包的事情当成笑料在茶余饭后讲给公司的人听。辛梦听说后，觉得赵楠让她脸面扫地，于是不再理睬赵楠。赵楠意识到辛梦对自己的疏远，才知道自己做错了，本来以为是开玩笑，没想到让赵楠在同事们的面前丢了面子。赵楠想要道歉，但每次看到辛梦冷漠的样子就欲言又止了。下班的时候，赵楠还是没能开口叫住辛梦跟她道歉。第二天上班的时候，公司还在把辛梦背高仿包的事情当作笑料传播，辛梦听到以后，再看看一旁无动于衷，显然没有想帮她辩解的赵楠，一气之下，当着办公室的所有人，把赵楠平常的"糗事"一股脑儿的全说了出来。可以想象接下来是什么样的画面。

仔细想一下，这本来是一件很小的事情。如果赵楠没有把口无遮拦当作是开玩笑，如果赵楠在辛梦生气之后及时主动地向她道歉，那么事情就不会演变成无法挽回的地步了。虽然是赵楠一句无心的话，却深深地伤害了辛梦的自尊心，让她在公司里丢失了脸面，于是两个人之间的嫌隙越变越大，最终导致昔日的闺蜜翻脸。

每个人都不是独立的个体，想要在社会上生存，就要维护好人际关系，如果每个人都只关心自己的面子和利益，那么这个人就不会拥有真正的朋友。认识到自己的错误并且主动向朋友道歉，不但不会丢掉自己的脸面，反而展现出自己良好的素养。当你在面子和友情面前犹豫不决的时候，就会错失把握一段友情的机会，所以要趁着事情没有发酵，抓住机会，诚恳地向朋友道歉，挽回属于自己的朋友和友谊。人和人之间，难免有磕磕绊绊的时候，懂得主动向别人道歉的人，会收获更加真挚的友谊，也会生活得更好。那么我们都有哪些好的道歉的方式可以运用呢？

1. 直言求和

如果两个人之间只是小吵小闹，并没有大的矛盾，这时候不要选择冷战，要主动站出来去和对方打招呼，打破两个人的尴尬处境。比如"对不起，是我的错，以后我会注意的"，再比如"真的不好意思，希望你不要生气了，过去的事情就让它过去吧"，如果对方的反映是积极且正面的，那么就可以重归于好。

作为过错方，就要成为先打破沉默的一方，主动向对方示弱低头，如果对方领情，就可以顺水推舟地重修旧好了。

2. 用轻松愉快的话语来委婉道歉

过年的时候，小程外出去亲戚家拜年。春节的公交车很少，小程在路边等了很久，才等来了一辆公交车，车门一开，乘客们就手忙脚乱地往前挤，把车门堵个水泄不通。小程好不容易从后门挤上去，车便发动了，于是小程一个向后趔趄，不小心踩到了一个乘客的脚，只听见那人"哎哟"一声，脸上带着怒气看着小程。小程连忙说："对不起，对不起！"那人还是小声嘀咕，小程灵光一闪，赶紧说："朋友您今年一定会发大财！"乘客好奇地问他为什么，小程回答："中彩（中踩）中彩嘛！到时候您可别忘了请客！"乘客一听，倒是反怒为笑了，车上的人也跟着起哄，小程也不好意思地笑了起来。

3. 幽默示弱

如果你不想气氛严肃地道歉，那么用开玩笑的方式打破冷战是最好的方法。小圆和丈夫两个人吵架，谁也不跟谁说话，就这样冷战了好几天。小圆也不做饭不做家务，小圆的丈夫是个粗人，干活没有那么细致，家里的工作应付不来，于是腆着笑脸对妻子说："老婆，我们结婚七八年了，冷战也都结束这么久了，我们家的冷战是不是也要向国际学习，该解除了？"小圆看到丈夫嬉皮笑脸的样子，脸色马上就阴转晴，露出了阳光。

主动道歉，是真诚的表现，也是成熟的标志。是对别人的尊重，也是给自己面子，更是一种难能可贵的品德。因此，道歉不需要心理负担，没有人会拿你主动认错当作笑柄来讥讽你。俗话说"知错能改，善莫大焉"。知道如何放下自己的姿态和面子，学会和他人沟通交往，你的生活才会处处充满善意。

‖ 多说"你"，少说"我"

曾经在《福布斯》杂志上看到过这样一篇文章"保持良好人际关系的一剂良方"，其中有几点非常值得我们借鉴和学习：

与人交流最重要的六个字是："我以你为骄傲！"

与人交流重要的五个字是："您怎么认为？"

与人交流重要的三个字是："麻烦您！"

与人交流重要的两个字是："谢谢！"

与人交流重要的一个字是："您！"

那么，在与人交流的过程中最无关紧要的一个字是什么呢？是"我"。

有人做过一项调查，研究结果表明，人们一天中使用次数最多的一个字，就是"我"字。为什么"我"字的使用频率这么高呢？是由于我们大部分人都乐意听到别人夸赞自己，乐意被夸奖。人的潜意识中，都是以自我为中心的，所以通常会忽略他人的感觉，会给别人产生一种你不懂得尊重和体谅别人的感觉。所以你要做的就是学会换位思考，站在别人的立场去考虑，照顾对方的感受，维护对方的自尊和颜面。

在与人交流的过程中，人们最常用的字是"我"，这个结果引发了人们的深思：我们真的有必要经常强调"我"吗？

"不要总是说'我想'，应该要多征求对方的意见：'你觉得怎么样？'"这是古希腊的大哲学家苏格拉底说过的一句名言。

　　其实我们不妨仔细地观察一下，在和别人交流的时候，频繁的提到"我怎样怎样"，观察一下对方的脸色和情绪，你就会发现，这会引起对方的不耐烦和厌恶。交流的秘诀，其实是和驾驶一个道理，在行驶的时候，要时刻注意红绿灯等各种交通指示。与人交流的过程，要时刻注意对方何种反应和态度。如果对方已经表现出了反感，这时候你还不断强调自我，必然会导致双方的不愉快。

　　人天生就是自私、自我的，这种个性在小孩子的身上表现得尤为明显，比如小孩子们在做游戏的过程中，经常会有"我想""我要"等的主观词语，这是人自我意识的一种天性。成年人之所以是成年人，是不能像小孩一样放纵自己的天性，所以当一个成年人总是强调自我的时候，会给周围的人留下一个没有教养的印象。

　　有一天，小 A 和小 B 在逛街，走着走着看到路上有一部手机，于是小 A 上去捡起来，发现是一部比较新的苹果手机，于是对小 B 说："这手机还这么新，不如就留着当备用手机用吧！"小 B 说："这样不好吧，失主一定很着急，我们把手机送到失物招领处吧！"

　　小 A 没有答应，小 B 也不好再说什么。两个人一边拿着手机，一边聊着天往前走，过了一会儿，丢失手机的主人找过来了，失主看到他们两个拿着他的手机，于是就赶忙追上去，想把手机要过来。小 A 和小 B 眼看失主就要追到跟前，也不自觉得加快了脚步，小 A 紧张地对小 B 说："他快要追上来了怎么办，我们完蛋了！"

　　小 B 听小 A 这么说，知道他是想把责任平均到两个人的身上，于是小 B 严肃地对小 A 说："手机是你捡的，也是你一个人想要占为己有的，如果真出什么事儿，也应该是'我完蛋了'，而不是＇我们完蛋了＇。"

在人和人的交往过程中，过多地强调"我"字，会给别人一种只顾自己、不顾别人的印象。这种负面形象就像是隔在人与人之间的屏障，严重阻碍了人际关系的发展。

在和人交谈时，说"我"和说"你"，二者给别人的感受是截然不同的，因此，在和别人交流的过程中，开口之前，要先想一下是应该说"我"还是"你"，人的心理就是这样奇妙。

在英语中，我就是 I，是最短的一个单词，所以不要把它的分量看得太重。"我"的运用，也不是每个人都能够把握得好的。

在一次公司的庆功晚会上，一个部门总经理在上台发言的时候，有人发现，他短短的五分钟里，居然出现了二十次"我"字。"我加班、我领导、我自愿……"这时候他的上级领导走到他的跟前，在他耳边悄悄地说："抱歉打断你，请问你们部门只有你一个员工吗？"这一句话竟让总经理哑口无言。

亨利·福特曾经说过他最讨厌的一种行为：就是一个人整天张口闭口地把"我"挂在嘴边，一个霸占"我"字，随时随地、无时无刻不在说"我"的人，是不会受人欢迎的。

所以，一个会说话的人，不管走到哪里都是受人欢迎的。有几点建议，可以减少说"我"字，不妨来学习一下：

1. 用"我们"代替"我"

虽然"我"和"我们"仅仅只有一字之差，二者的使用带来的效果和给人的感受却是大不相同。因此，在和人交流的过程中，尽量做到多用"我们"来代替"我"。比如："我提议，周六的时候……"，不妨换成："周六的时候，我们一起……怎么样呢？"

2. 多说"您"字

在和别人的交往中，想要获得对方更多的好感，可以多加一个"您"字，这样不仅对你没有任何的损害，而且还能达到意想不到的效果。比如："您怎么看?""您有什么计划呢?""可以说一下您的建议吗?""请说一说您的想法吧!"

3. 必须用"我"时要注意语气

虽然我们强调大部分时候要避免用"我"，但也有不得不用的情况，这个时候，你就要做到语气温和，不能加重"我"字的语气，也不能把"我"字的语调拉长。说话的时候，要注意表情管理，目光要做到柔和不犀利，表情要收敛不要张扬，神态得体不要得意。要向别人陈述事实，而不要突出主观的自我，否则会难以让人信服。

一个自私、自我，以自己为中心的人，认为别人都是围绕着自己转，是不懂得如何尊重他人的。这样的人，别人都避之不及，通常会被孤立。因此，我们在和他人相处的时候，多说"你"，少说"我"，尽量不要把"我"放在嘴边上。

"说话"大课堂

除了用语言和别人交谈，大部分时候，用肢体语言也能有效表达你对别人的尊重，下面介绍几种生活中常用的肢体语言。

点头——多用于别人向你打招呼时回应对方。这是表示没有忽略对方的礼貌举止。一般在迎送场合应用较多，表示与对方见面或者分别的喜悦或难过。或者是在和别人交谈的时候，用点头来回应对方所讲的内容，以表示认同。

举手——也是礼貌的肢体语言之一，多用于和对方仓促擦身或者在远处遇见对方的情况。举手示意可以表示已经认出了对方，但没有过多的时间停下来和对方聊天，又怕匆匆离开而造成对方的误会。举手向对方示意，不仅可以和对方打招呼，还能消除对方的误解。

握手——用于长时间不见的朋友相逢，或者和朋友分别的时候来表达问候、不舍或歉意。还有一种情况，是在讲台上颁发奖品或者赠送对方礼物的时候，这时候的握手就代表着鼓励、感谢和祝贺的意思。

鼓掌——一般用于倾听别人在台上发言讲话或演讲的场景。在对方停顿或者表演、演说完以后，想要表达对对方的赞许、认可或佩服，就可以拍手鼓掌。通常鼓掌会发出声音，但在一些场合下可以只做出鼓掌的样子而不出声，但应该确保能让对方看到。

弯腰——在向别人表达敬意或者歉意，以及向别人表示自谦的时候，可以用弯腰或者欠身的方式。这个动作和鞠躬不同，它只是身体微微向前倾，两眼可以目视对方，不用低头，也不用眼神向下。

　　起立——一种向对方表达尊敬的礼仪举止，一般表达主人对嘉宾光临的感谢，男士对站立女士的谦让，年轻人对年长者的尊敬，位低者对位高者的敬重。还有一种情况，是在送客人或者嘉宾离场的时候，可以短时间地起身来表达自己对对方的尊重。

第四章 ————————

你有多幽默，就有多讨人
喜欢

用幽默给爱情加点儿 "糖"

如果说恋爱是一首优美的乐曲，那么幽默风趣则是这首美妙的乐曲中动人的音符。

恋爱是美好的，是享受的，是轻松自在、充满情感的。谈恋爱时板着面孔郑重其事只会让人觉得无趣，精心构思的一些既能表达情意又充满幽默的话语能够使纯真的爱情得到升华。

有一对情侣看完电影，从电影院走出来。女生对着男生说："今天的电影真是感人至极！"男生笑道："我只看到了银幕的右半面，没有看到左半面，因此不知道演得怎样。"女生听了后，疑惑道："你怎么用这种方式看电影呀？"谁料，男生温柔地对着她说："因为你坐在左边，我左边的眼睛一直在注视着你嘛！"女生听了，情不自禁地发出甜蜜的笑声。

在回家的路上，天色渐渐暗了起来，好像要下雨的样子。女生望望天空说道："啊，好像要下雨了。"男生说道："有我在呢，这种小雨不会降低我们爱情的热度。我们一起坐公交车回去吧！"当坐上公交车，由于下雨，车内的人非常多，女生小声抱怨道："车子里好挤呀。"男生别出心裁地说："不管多挤，总有人可以悠闲地坐在里面。"女生惊奇地问："谁呀？"男生莞尔一笑："司机呀！"

像这样，男生总是能将女生逗得满脸笑容，他们的爱情充满了欢声笑语，充满了幽默风趣。

夫妻间时常来点儿幽默，能够使双方心情保持在愉快的状态，生活美满幸福。

有一位青年学者酷爱读书，他有读书到深夜的习惯，经常留妻子一个人在床上辗转反侧。

有一天，妻子委屈地对他说："如果我是一本书就好了。"青年感到不解，问道："为什么呢?"

妻子立刻说："这样你就能每天晚上把我捧在手心了。"

青年听完妻子的话觉得妻子很可爱，打趣道："那我每看完一本书就要换新的，那可怎么办?"

妻子急中生智道："那我就变成你每天晚上都看的那本大辞典!"

很多女人都喜欢有幽默感的人，即使他长相普通，但只要拥有幽默感便能加不少分。和幽默的人相处，时时刻刻充满着欢声笑语，心情也会情不自禁地好起来。和性情古板、整天不苟言笑的人相处，自己的心情就会变得低落起来。有情感心理学研究者认为，由于男人平时说的话比较少，所以，女人格外关注男人说话的内容。聪明的男人就会善于利用幽默，发挥自己的魅力，弥补自己平时话少的缺憾。

有一位妻子出差，临走前将家里的家务活儿分条列在纸上，并提醒丈夫做完一条就在后面标记一个对勾。

妻子走后，丈夫拿来纸条，只看上面写着:

第一条:整理冰箱，过期的食物及时扔掉。

第二条:打扫卧室和卫生间。

第三条:洗衣机内的衣服清洗并晾干。

第四条:多想想你的妻子。

看到纸条的内容后，丈夫为妻子的小心思感到好笑。几天之后，妻子回家，丈夫主动将纸条交给妻子。只见纸条上的前三条已经标记上了对勾，而第四条没有任何标记，表示没有完成。

妻子看到后很不高兴，说："这几天你都没有想我啊?"

丈夫回答说："第四条我也做了，但还没有做完，且永远也不会做完。"

妻子顿时满脸笑容，热情地和丈夫拥吻起来。

幽默的目的是使人发笑，使人获得愉悦感，忘记忧愁和烦恼。人只有在心情愉悦的时候才会发出笑声，才会消除隔阂，才会加深彼此之间的感情。所以，无论是夫妻还是恋人，不妨善用幽默，给爱情加点儿"糖"。

有些人已经意识到幽默的好处，却在想幽默时不知所措，下面几种幽默的方式可能会对你有所启发。

1. 运用反语

善用反语，正话反说，营造诙谐幽默的氛围。或利用语调的抑扬顿挫，字面上表达贬义，实际上表达褒义。

2. 以牙还牙

即以其人之道还治其人之身，针锋相对地进行回应。

3. 借题发挥

根据某件事或某句话，有意将事情扩大化，以完全不同的或完全相反的解释让别人会错意，使之产生有趣的联想。

4. 语意别解

根据说话的内容，另辟蹊径，不按常规的逻辑去理解，也不按说话人的意思解释，而是独出心裁。

5. 怪诞夸张

有意将事情夸大，夸大到怪诞的地步。过于夸张的话会使其本意变形，如同一面哈哈镜，总能引起别人哈哈大笑。

6. 旁敲侧击

旁敲侧击的特点是：说话人想表达的意思并不是很明显，需要听者有个回味的时间，过后才能体会到说话人的意思。

爱情给人带来甜蜜，在爱情中增添幽默就能给爱情保鲜。运用幽默的方式委婉地表达自己的情感，把话说到恋人的心坎儿上。

‖ 巧学名家，玩转幽默

打开电视，幽默的综艺节目往往更能吸引人的注意力；谈恋爱时，幽默风趣的人更容易俘获对方的心；人际交往中，幽默的人更受欢迎。人们都想要让自己保持一个轻松愉快的心情，因此，带有幽默元素的事物就会更加吸引人，如果我们也能玩转幽默，肯定就会更加受欢迎。但是，幽默说难不难，说简单也不简单，想要玩转幽默必须具备一定的知识、机智和修养。许多名人名家就是这方面的佼佼者。如果我们能够学习到其中的精髓，必然可以将幽默应用自如。

著名的综艺节目主持人何炅，一直被认为是高情商的典范。经常收看湖南卫视的人肯定对何炅印象深刻，他不仅童颜不老，而且才华横溢，屹立在主持界二十多年，几乎没有任何污点。在俊男美女扎堆的娱乐圈，他的外表不算特别出众，但是他却凭借自己独特的幽默方式赢得了观众的认可与好评。

有一次，偶像组合"5566"参加快乐大本营节目。这个组合原本有 5 个人，但其中一个人因档期冲突这次没能参加。在现场自我介绍时，何炅脱口而出："让我们欢迎这五位大男生……"话还没有说完就被谢娜打断了，纠正道：只有 4 个。

这个时候何炅马上反应过来，装作一脸无辜的样子，委屈地说道："难道你们不知道我也加入'5566'这个组合了吗？"

听了何炅的话后台下爆发出一阵阵笑声。何炅运用自己的智慧成功地将这次尴尬化解掉了。

世界著名小说大师马克·吐温，他能巧妙地运用幽默，将生活中的矛盾与纠纷以幽默的方式提出来并巧妙地解决。

有一次马克·吐温乘坐火车去一所大学讲课，但火车行驶得格外慢，因此没有在正常的时间内到达终点。眼看距离与学校约好上课的时间越来越近，马克·吐温不由得开始着急起来。他非常生气，但又不能直接对列车上的人发脾气，只能坐着干着急。正在这时，列车员前来检查车票，他灵机一动，想出了一个绝妙的发泄怨气的办法。列车员走过来请他出示车票，马克·吐温在自己的包里找到一张儿童票递给他。列车员看到车票微微惊讶了一秒，随即打量马克·吐温，微笑着说："原来你还是一个孩子呀!"马克·吐温不慌不忙地说："购买火车票时我的确还是孩子，但火车开得实在是太慢了，现在我已经长大了，希望火车到达终点的时候我没有变成一个白发苍苍的老人。"马克·吐温的回答让列车员和全车厢的人都笑了起来，车厢内抱怨不平的气氛顿时缓解了，列车员也向车厢内的人表示了歉意。马克·吐温如此幽默的回答向列车员表示了自己的不满，虽然不能改变火车太慢的现实，但是却能缓解自己糟糕的心情。

幽默的方式多种多样，如何巧妙地玩转幽默呢？下面的几点希望能够对大家有所帮助。

1. 甜美的幽默

1942 年，作家周而复在上海举行婚礼，新娘是一位护士。周而复邀请钱钟书先生来主持婚礼。在婚礼上，钱钟书致辞："新郎是一名文学工作者，文学讲究美。新娘是一名医学工作者，医学讲究真。美和真的结合，产生的自然就是善了。"钱钟书的这番讲话赢得了在场所有人的掌声，他的风趣，给人们留下永久的记忆。

2. 辛辣的幽默

辜鸿铭先生早年给北京外商五国银行团当过翻译。尽管那时候他的工资很高，但他始终对外国银行抱有反感的情绪。他每次领了工资后，都会在回家的途中散发给乞丐，并带着嘲讽的语气说："晴天，银行把雨伞借给你；雨天，银行就会把伞无情地收回去。"他的这句话在当时引起了强烈的反响，被收入《英国谚语》一书中。

3. 酸涩的幽默

法国著名哲学家蒙丹，在讲学中曾经说过这样一句话："良心是世界上分配得最公正的东西了。"有人问他，这样说的根据是什么，他回答道："因为，从来没有人抱怨自己缺少良心。"他的这句话幽默中带有着酸涩，发人深省，耐人寻味。

4. 咸渍的幽默

马寅初是我国"计划生育"的倡导者，他所作的《新人口论》受到很多争议。有不满他主张的人公开批评他，说尽了难听的话。有人为他感到不平，说："先生的忠言逆耳，他们居然泼冷水。"马寅初听了后非但没有同意那个人的说法，并笑着说："冷水又算什么，五十年来，我每天用冷水洗两次澡，不管是夏天还是冬天。"他的回答一语双关，表现了他坚忍不拔的意志与毅力！

幽默是生活的调味料，有着多种多样的表现形式，就像平时生活中的甜、酸、辣、苦、咸五味一样，在聊天中恰到好处地加一点儿幽默就能够使语言变得有滋有味。幽默在一定程度上体现了人的情商和智商，有幽默伴随，生活会变得更加惬意轻松，成功之路也会越来越平坦。

用幽默反击,让对手无路可走

在现实生活中,总会有一些蛮横无理的苛责刺痛我们的内心,假若盲目回击,往往是我们自己受到更多损失,而不是伤害我们的人。如果无礼地以牙还牙,也会贬低我们在其他高尚之人眼中的地位。那么这时候,你就可以用幽默的方式,以彼之道,还施彼身。

周恩来总理是一位能言善辩的外交家,在处理国际关系事务时,他总能巧妙地应对。

有一次美国代表团来华访问,其中一名官员对周总理说:"我们美国人总是抬着头走路,而中国人很喜欢低着头走路。"这句话一出,在场的中国人都十分气愤,但是在外交场合又不能发作,而忍气吞声又会有损国威。

这个时候周总理面带微笑地说:"这并不奇怪。因为我们中国人喜欢走上坡路,而你们美国人却喜欢走下坡路。"

又有一次,一位外国记者不怀好意地问周总理:"为什么在中国明明是人走的路却叫'马路'呢?"这位记者明显嘲笑中国人,把中国人比作牛马。

这个时候周总理不慌不忙地说:"之所以叫马路,是因为我们中国人走的是马克思主义道路,简称马路。"

还有一次,周总理举行记者招待会,在会议上详细地介绍了中国目前的建设成就。在记者提问环节,一位外国记者问周总理:

"现在中国人民银行有多少资金？"这位记者明显想借此问题嘲笑中国人穷，银行没有资金。

这个时候周总理一脸认真地说："中国人民银行的资金一共有18元8角8分。"记者不解地说道："中国人民银行就这些资金了吗？"周总理解释道："中国人民银行发行的面额有10元、5元、2元、1元、5角、2角、1角、5分、2分、1分，十种人民币面额，合计为18元8角8分。"

周总理在外交场合总是能凭借自己的机智化解各种尴尬，幽默地反击对手，让人佩服万分。面对外国记者咄咄逼人的提问，我们敬爱的周总理没有不顾场合严厉地指责，而是以大度、谦逊而富有趣味的语言加以回击，及时地维护了国家的尊严。

幽默是人际交往中的润滑剂，幽默能让产生的摩擦与冲突得到有效的缓解，从而避免了尴尬与难堪，缓和了双方的矛盾，使问题迎刃而解。

在日常生活中，幽默诙谐的语言常常出现在善于驾驭语言者的辩驳中。这种语言风格仅从辩驳的角度来看，就是紧扣对方言语中的词性、色彩、使用对象以及当时所处的环境等要素，来一个与之截然相反的言语妙用，从而有力地传达自己的观点，达到既让对手拥有一种全新的认识，又能驳斥对方不当言论的目的。下面几种运用幽默辩驳法的常规形式可供借鉴。

1. 按照常规的类比推理

类比推理是人们惯用的辩驳手段之一，其特点是类比的类比体与本体之间有某种类似之处。然而，如果我们在辩驳别人的本体之时，故意使类比体与本体语义或感情色彩等截然相反或者毫无关联，相悖于常情常理，从而形成巨大反差，那么，辩驳中就会产生某种诙谐趣味或幽默感。

英国前首相麦克米伦以善辩著称，在一次关于救济失业者的辩论中，针对某些人将自身义务推给各级地方政府的言论，他辩驳说："财政大臣不惜错失大显身手的时机，宁愿承担照管失业人员95%的义务，却对余下的5%犹豫不决……那么，他凭什么要求地方当局的资助呢？这原本是一个显示自身慷慨大方的契机，却白白放过了，这位令人万分敬佩的先生如同一位怯懦的情人，他在准备举行婚礼时，却对他的新娘说：'我把自己95%的财产都交给你了，那留下的5%得凭你自己去取了。'"

这里，麦克米伦使用的辩驳之法便是以人情来对事理。由于将本体"中央政府"以类比体"先生"进行类比，又将对方在辩论中对"地方政府"的观点嫁接到与之相对应的"新娘"中去，于是达到了诙谐幽默的反驳效果。

2. 违反常规的将心比心

让人与人之间和睦相处的方式之一就是将心比心。但是，在有着巨大差异的事或人之间，如果运用"将心比心"去辩驳，并发自内心地去"同情"对方，那么，在其感情色彩的巨大反差之中，便能达到幽默反击的效果。

比如，医生与水暖工这两种截然不同的职业，按理说，二者不仅是知识分子与工人的差别，还有着社会地位的巨大差距。但偏偏发生了这样一件事：有一位医生家里厨房的下水道被堵住了，于是请来了一个水暖工。花了不到一个钟头，医生家的下水道就给疏通了。然后水暖工把账单递给医生，上面写着："修理费用共计两百元整。"医生看到修理费用之后惊讶万分，不满地说：

"你们水暖工凭什么一小时就要收两百元？我当医生出一次诊才收一百元呢！"那水暖工坦然自若地辩解说："正因为如此悬殊的差异，我才从去年开始不做医生了，而换了这份差事。"这里，水暖工为自己较低级的劳动索要较高的酬劳，找到了一个无懈可击的理由便是：医生这样高尚的职业，水暖工也曾经干过，也就是我也和你一样高尚过。所以这样的身份与收入的反差不足为怪。于是，一番违反常规的将心比心，便轻松地将对方陷入无话可说的境地。

3. 进行虚与实的反比或反衬

常言道，事实胜于雄辩。因此，当我们以为对方论辩的事物有虚妄与荒诞的嫌疑时，可以趁机抓住实际生活中与之成对立面的实在之物，做一番反比或反衬式的辩驳。为使自身的辩驳既有道理又显风趣，最好以普通人常见的寻常事物为据，以增强其真实性，使之与对方所论碰撞出幽默的火花。

一次内阁会议上，英国前首相麦克唐纳和一名官员谈论当时和平的可能性。那位官员对首相的乐观心态与理想主义嗤之以鼻，便讥讽道："即使对和平的渴望再强烈，也无法达到和平。"麦克唐纳听罢，当即辩驳道："你说得一点儿也没错，即使对食物的渴望再强烈，也无法使你果腹。然而，它却可以促使你尽可能快地向餐馆走去。"

显而易见，麦克唐纳反驳时所说的"对食物的渴望"完全是从对方所言的"对和平的渴望"仿造而来，但是麦氏所言的"对食物的渴望"既具体形象又贴合实际，因此只需稍加引申，便不费吹灰之力抢占上风，同时还使自己的辩驳增添了些许幽默的味道。

4. 一语双关

一语双关指的是利用语音和语意上的联系，用一个词语将两件事情联系起来，使之具有双重意义。利用双关能够曲折地表达感情，使语意含蓄幽默。言在此而意在彼，明里说东，实则说西，明里指桑，实则骂槐，这是一种深层次的幽默，需要对方去领悟。使用双关语需简单明了，如果不简单明了就不能让人一听就懂，不能起到预想的效果。同时，使用双关要适度，不能为了双关而双关。

纪晓岚与和珅同时在朝为官。纪晓岚担任侍郎，和珅担任尚书。有一次，两人一同饮酒，和珅指着一只狗问："是狼是狗？"纪晓岚十分机智敏锐，心中立即料到和珅是在拐着弯骂自己，便给予回击。他淡定自若地回答道："垂尾是狼，上竖是狗。"

这"侍郎"与"是狼"为谐音，"尚书"与"上竖"为谐音，和珅巧用谐音讥讽纪晓岚，自以为胜券在握，聪慧过人，出乎意料的是纪晓岚巧妙地以彼之道，还施彼身，从而没有让小人占到半点儿便宜。

利用幽默反击对手，最主要的目的是在反驳的过程中委婉地告知对方的错误和荒谬之处。幽默地反击，不仅能使对方折服于你的睿智，更令其折服于你的宽广胸怀。

自嘲也是一种幽默

幽默是一种智慧，一种化解尴尬，以愉快的方式娱人的智慧；幽默是一种能力，一种懂得并会表达幽默的能力；幽默是一种艺术，一种促进你与他人之间的关系，并使你善于对自己做真诚评价的一种艺术。因此，幽默是我们每个人都应该具备的。

自嘲也是幽默的一种，它是对自我的幽默。是让你在人际交往过程中，转危为安、反败为胜的利器。适时、适度地自嘲，不失为一种高雅的、魅力四射的交往技巧。自嘲，能制造轻松愉快的社交氛围，能体现出自己的智慧，同时受到别人的尊重。

具体来说，自嘲的作用有以下几个方面。

1. 自嘲，能够显示宽容和大度

一次贵宾招待会上，服务员为宾客们倒酒时，不慎将啤酒溅到一位宾客那光秃秃的头顶上。服务员顿时大惊失色，紧接着不住地向这位宾客道歉。这时两人成功地吸引了全场人的目光，会场上瞬时安静了下来。众目睽睽之下，大家都以为这位客人会恼羞成怒而大发雷霆。万万没想到的是，这位客人却开玩笑似的说："小伙子，你难道觉得这种酒能治疗脱发吗？"此话一出引得哄堂大笑，尴尬的局面一下子就被打破了，这位宾客的一番自嘲，不仅向大家展示了自己的幽默与大度，又巧妙地为服务员脱离了困窘的境地，使得招待会能愉快地进行下去。

当你被别人不慎冒犯时，可以适时、适度地自嘲一下，从而化干戈为玉帛，这样既展现了你的涵养，又能显示你的大度。

2. 自嘲，能够赢得理解和尊重

班奇以幽默著称于美国，有一次，他在自己的演讲中说他发现自己没有写作的天分竟然花了十五年的时间，但是更为可惜的是，他并没有为此而放弃，因为此时自己已经成为著名的文学家了。

无论是在关系要好的朋友中，还是在陌生的群众中，能够讲述一些有关自己的笑料，能够适度地自嘲，反而能够赢得别人的尊敬与理解，这可比开别人的玩笑要好得多。

3. 自嘲，能够赢得好人缘

人人都向往愉快而舒心的生活，但生活中总有不如意的时候，而会自嘲的人便知道该如何调剂。即使面对自身的缺点他们也会通过自嘲以独有的幽默和调侃的语言给人们带来欢笑。他们乐观积极地看待问题，充满激情地面对生活，浑身上下传递着正能量。乐天、幽默就是他们的标签。自嘲还是一种情趣，如此富有情趣的人怎么会没有好人缘呢！

在事业单位上班的老杨是出了名的好人缘，单位上无论是有资历的领导，还是刚入职的新员工，只要提起老杨，大家都交口称赞。

老杨是个肥胖的中年男人，因为体形过于庞大，生活中总有很多不便之处，也闹过不少笑话，可是他从未因此而自惭形秽。一次，同事们在闲聊时提到了"胖"这个话题。性格爽朗的老杨立即接过话茬，对同事们说："说出来你们肯定不信，其实我非常有爱心，有礼貌。我经常在公交车上主动为有需要的人让座，而且我让出的座位完全可以让两位老杨或两个孕妇同时坐下。"老杨的一番自嘲惹得在座的同事们开怀大笑，老杨在轻松欢乐的自我调侃中表现了自己的自信和亲和力。老杨的自嘲让他在与身边人交谈时，更为和睦融洽，不仅展示了自身的人格魅力，还拉近了和他人之间的心理距离。

4. 自嘲，能够缓解尴尬

在人际交往中，遇到一些尴尬的事在所难免，但如果你懂得自嘲，巧妙地自我揭短，也就能化险为夷，从而不使自己的形象受损。

美国总统林肯的妻子十分泼辣，稍有不满就对人破口大骂。有一次，送报的小男孩延误了送报的时间便遭到了林肯太太的一番辱骂。男孩跑去向报社老板哭诉，说她太无礼、太过分，并要求以后再也不去她家送报了。后来，老板向林肯提起此事，林肯听了说："别提了！我都忍受她数十年了，这个小孩子才挨一两次骂，算得了什么呢？"

5. 自嘲，能够摆脱困窘

在婚姻生活中，免不了会对对方产生误会或者不信任。无论对方是有心试探还是随便说说，对双方而言都不是件愉快的事情。即便如此，我们也不能轻易发脾气、吵架甚至冷战，因为这些并非明智之举。此时我们不妨自嘲一番，或者它能救你于水火之中。

公司派王茹去外地进修。临行前，她的丈夫调侃她说："我不在身边，你指不定会看上哪个帅哥呢！"王茹笑着说："老公，您放一百个心吧，瞧瞧我这副模样！好不容易有张瓜子脸结果还是倒着长的，好不容易有两条大长腿却打着弯，恐怕也只有你愿意看上一眼呢！"这样一番自嘲立马把丈夫逗笑了，而他心中残留的担忧也彻底消失了。

每个人对自己外表的不足都有所隐晦，但这位妻子不但坦然接受自己的不完美，还用自我揭丑的方式给丈夫注入一针"强心剂"，通过自嘲的表达方式体现了一种潇洒情怀和人生智慧。比起信誓旦旦地向丈夫保证决不会看上帅哥，自嘲的效果不是更胜一筹吗？

　　自嘲不是自我讽刺，不是自我出丑，不是顾影自怜，而是为我们化解紧张气氛，建立起心理平衡的手段。在我们受到误解时，用自嘲的方式为自己辩白，不仅让自己脱离困窘的境地，还能获得他人的理解与信任，何乐而不为呢？

"说话" 大课堂

幽默虽好，但凡事过犹不及，还是需要注意以下几点：

1. 不要随意使用幽默

幽默应在某些特定的场合和条件下发挥，并不能适用于所有场合，例如：在一个庄重的会议上，当有人发言时，你忽然冒出一两句玩笑话，可能旁听者会被你的幽默逗开心了，但那个正在发言的人一定认为你不尊重他，对他的发言不重视、不在意。

2. 幽默的同时也要保持高尚雅致

在交往过程中，很多人在开玩笑时因为把握不好尺度，结果使对方陷入难堪，从而伤害了彼此的情谊。

3. 不适合幽默的时候，无须生搬硬套

如果所处的环境不具备使用幽默的条件，你却硬要表现出幽默，就会使对方很难配合你，或者只能礼貌而又不失尴尬地一笑，想必气氛非但没有得到缓解反而会更加冷寂。

幽默是一种高雅的气质，是一种魅力四射的交际技巧。能够恰到好处地使用幽默才能让你在复杂的人际交往中如鱼得水。

第五章

赞美，拓宽你的朋友圈

‖ 夸到点子上，对方心里才舒坦

每个人都想要获得他人的称赞。不管是天真烂漫的儿童，还是步履蹒跚的老人，都是如此，赞美可以让人们更加自信，获得满足。

虽然人人都喜欢听到赞美，但不是所有的赞美都能够打动对方，让对方心花怒放。因此，我们在赞美他人时，要讲究方式方法，例如，我们可以称赞那些你从未见过对方穿着或佩戴的"身外之物"，也可以称赞那些他鲜为人知却十分自得的事……而无论是哪种方法，其关键就在于要夸到点子上，这样对方才会发自内心地高兴起来。

小姚长着一张"明星脸"，每次他和别人初次见面时，对方总是会提到他长得特别像某个明星，朋友们一起出去玩时，也会经常拿这件事打趣。通常，大多数人听到别人说自己长得像某个明星，都不会生气，可是小姚听着就是觉得不高兴。原来这位电影明星总是演一些反面人物，这样一来就像是在说小姚很像反面人物似的。

其实，别人在说这些话时，是带着半奉承、半调侃的意味的，并没有贬低他的意思。但是，这些话小姚并不爱听，所以最终就只剩下调侃的意味了。

因此，当你在夸赞别人时，首先要知道对方更想要听到什么样的赞美，然后再量体裁衣，让你的称赞正中对方的心里，这样才能让对方获得满足。

但是想要夸到点子上并不是一件容易的事，有许多问题都需要注意。比如，要把握好夸人的时机，时机把握准确了，才能取得更好的效果。而且，夸赞前的思考通常都必须在极短的时间内完成，它既要求你足够机智灵敏，还要保证工艺足够精良，而这些都是需要在旷日持久的实战中不断磨炼才能修炼到位的。夸得准确有力，夸得恰如其分，才能塑造一次完满的赞美。

小蒋是一位普普通通的小职员，而且长得又黑又矮，形象不是很好。不过，他的女朋友却是样貌、身材、气质样样出众。于是，朋友们经常打趣他说："你说这么一朵美丽的鲜花，怎么就看中你这坨牛粪了……"有一次，小蒋跟朋友们一起去聚餐，小蒋问道："跟我的女友一比，我是不是又黑又矮，配不上她？"一时间几个朋友你看看我，我看看你，都不知道应该怎么回答。如果说实话吧，他现在的情绪本就有些不对劲，肯定会让他的自尊心更加受挫，自信心也肯定会受到打击；如果说假话吧，又不太合适，毕竟他肯定是已经认识到了这点才会问这个问题……正在他们游移不定的时候，一位年纪稍长的人开口了："照我看来，你的女友那么漂亮，肯定是因为你有足够的'男子汉'魅力才会选择你的，你们说是不是？""就是！就是！这话对极了！""没错，就是这样……"其他人都连声附和着。小蒋听得心花怒放，聚餐气氛也更加轻松、和谐了。

由于这份与众不同的赞美，聚餐的气氛发生了极大的转变，小蒋更是因此十分自得。而正是由于对方夸到了点子上，才得到了这么好的效果。试想一下，如果答话的人直接陈述事实："你们确实是有点儿不般配。"或者带着安慰或奉承的态度道："怎么会，你们很有夫妻相的。"第一种答法可能会导致聚餐气氛一直尴尬下去，甚至更加尴尬，或是引起双方的矛盾；而第二种答法明显带有安慰或奉承的意味，小蒋听了也不会相信，虽然多少会起一些作用，但是与故事中的回答方法比起来，明显稍逊一筹。由此可见，赞美的语言不在多，而在于"准"。夸到点子上，才是最重要的。

某位经理白手起家，经历了一段艰苦的创业时期，终于取得了成功。他的汽车是从创业时起就一直跟着他的，现在虽然已经又老又破了，可他怎么也舍不得换掉它。像他这样的人，是各个汽车公司最好的潜在客户，可是一直以来都没有人能劝服他。这是为什么呢？

原来，这些销售人员在向他推销时总是说"您这辆车子实在太破了，完全配不上您的身份……""您这破车肯定修理得特别频繁，浪费这些钱还不如直接买一辆新车……"这类的话。而这些话总是让经理觉得不舒服。后来，有一位销售人员这样对经理说道："您的车子保养得真好，应该还能再用几年，现在换掉它确实有点儿可惜了。不过，您能让这辆车行驶了20万公里，您真是太厉害了！"销售员的话一下子就说到经理的心里。虽然他的话里隐晦地说车子太旧了，但是，表面上完全不露痕迹，让经理很高兴。

这位销售人员揣摩到了这位经理的真实想法，夸赞到了他的心里，也规避了批评指责的话语，最终拿下了汽车订单。由此可见，夸到点子上，这份夸赞才是有效的，这就要看说话者的能力了。

俗话说："好钢要用在刀刃上。"掌握好赞美的火候，夸到点子上，才能取得双方都满意的结果。

‖ 别出新意的赞美，才是真的美

每个人都有被人欣赏、被人赞美的需求，而对他人的赞美往往有着神奇的力量，既能让得到赞美的人心生愉悦，也能让自己获得快乐甚至是意料之外的回报。但是，赞美必须是发自内心的，也必须是能够真正让对方感到愉悦的。因此，那些"千篇一律""老生常谈"的话语，有时候不仅起不到想要的效果，反而会引起对方的厌倦乃至反感。因此，我们在赞美别人时加上一些"新意"作为调料，选择能够打动对方的赞美方式，才能够起到最佳的效果，让你的人际关系变得和谐、稳固。

那么，怎么才算有新意的赞美呢？

1. 新意的表达方式

善于赞美，最好能够在表达方式上推陈出新。美国著名政治家、物理学家富兰克林，还是一位出色的社会活动家，他赞美人的方式值得我们借鉴。

30 岁时，富兰克林当选了宾夕法尼亚州议会的秘书。这对于家境不算很好的富兰克林来说，是一个比较大的人生转折。但是，他在这个职务上并不顺利，因为有一位新议员突然发表了一篇长长的演说，将年轻的富兰克林贬得一文不值。同时，这个议员也从来不跟富兰克林说话，让他在议会中的地位很尴尬。那么，富兰克林是怎样让这个敌视他的人改观的呢？富兰克林在日后回忆这段经历时讲述道：

"对于这位新议员的突然攻击，我一开始当然愤怒不已。但是我知道，他是个德高望重、学问渊博的绅士，在议会里很有影响，我跟他对抗肯定是以卵击石。当然，我是绝对不会靠阿谀奉承来换取他的好感的。所以，我在遭到攻击的几天之后，采取了一个适当的方法化解了这场危机。我早就听说他的藏书室里有几部名贵、稀有的书，于是就给他写了一封短信，告诉他我很喜欢这些书，希望能够读一读。他是个爱书如命的人，从前觉得我是个没读过几天书的粗人，没想到我竟然对书感兴趣，于是很快给我送来了。一周之后，我还了那些书，并送上了一封言辞热情的感谢信，信中写了我对书的理解，并不露痕迹地恭维了他对书籍的高尚品味。不久之后，这位固执的绅士见到我时竟然主动和我打招呼了。此后，我们就成了忘年之交，我们的友情一直持续到他去世为止。"

就这样，富兰克林用一种"润物细无声"般的赞美方式，将一位对手变成了终生的朋友。可见，表达赞美并非只有口头夸赞这一种方式，而是要既考虑新意，又预估到对方的感受，这样综合性思考之后才能找到最为恰当的方式。

2. 新颖的语言

赞美的语言往往是甜蜜的，带给对方的是一种如沐春风般的感受。但是如果这种赞扬过于单调、重复，就会变得平淡无味了。所以，赞美的语言也要追求新颖，这样才能有魅力和吸引力。

有一位非常漂亮的女子，她对于反复夸奖她长得漂亮之类的语言已经麻木了，但是有一个人说像她这样气质不凡的女人应该去演电影，让全世界的人都欣赏到她的美丽时，她笑了。

有一部国外的电视剧中有这样一段情节：女儿正在厨房做饭，父亲走进来说："多么丰盛的晚餐，如果我此时没有好胃口的话，真的会像天上没有星星一样遗憾。"女儿不由得露出发自内心的微笑。

3. 独特的角度

俗话说：别人嚼过的肉不香。有的人缺乏赞美人的艺术，在公开场合赞美别人时，只能人云亦云，附和别人的话，这样的赞美，无疑没有任何意义。

对一位成功的企业家来说，经营有方之类的赞美听得太多了，在他们眼里不过是毫无新意的客套话罢了；但是如果有人称赞他目光炯炯有神，气质儒雅大方，他反而会产生由衷的喜悦。

一个成绩出色的女运动员，有人称赞她："你真是个了不起的运动员。"她很可能无动于衷，因为她觉得这是对自己的成绩理所当然的评价。但是当有人指着她的头发说："你的头发真的浓密又顺滑。"她很有可能会露出欣然的笑容。

赞美的角度很重要，找到独特的角度很可能让赞美的效果事半功倍。不要害怕找不到这个角度，因为每个人都有他的独特之处，就看你有没有一双善于观察和发现的眼睛。要想发现别人的"闪光点"和"兴趣点"，不仅要独具慧眼，还要有一颗真诚的心。

赞美的尺度，你能把握好吗

戴尔·卡耐基说过这样一句话："在你每天的路途上都留下些友爱的赞赏火花，那么当你下次路过的时候，你会发现到处都有友谊之火温暖着你。"日常生活中离不开形形色色的人，赞美变成了交流过程中最能增进感情的方法之一。赞美可以说是一种披着漂亮外衣的手段，地点场合不限，于己于人都是如此。适当的赞美让人心情愉悦，让别人愿意跟你进一步地交流，彼此之间的交际也会更加顺畅。虽然嘴巴"甜"一点儿，时常给别人赞美很好，但是切忌贪多，随时把控分寸，因为过多、过度便会变成谄媚。不但达不到你想要的目的，还会适得其反。

在销售行业里面，全方面赞美购买者的情况屡见不鲜。赞美别人就像给一道甜品加糖，一直不停地加糖，完全忽视甜度比例，最后只能是一道失败的甜品。

欧阳年轻的时候曾到一位年轻的公司老板那里去推销自己的设计产品。到了老板的办公室后，欧阳赞美年轻老板："您好，非常感谢您百忙之中牺牲宝贵的时间见我一面呢，没想到您这么年轻，就已经这么成功了，像您这样的企业家在业内可不多见呢。能冒昧地问一下您是多大的时候开始创业的吗？"

"16岁。"

"16岁！真是了不起呢，很多人16岁那么大的时候，别说创业了，都还在跟爸妈撒娇呢。那您是什么时候决定自己开公司，做老板的呢?"

"大概三年前。"

"真的吗? 看您这气质可一点儿都不像是刚做三年的老板呢，运筹帷幄的架势特别帅。这么短的时间，您能有这样的气度，真的不是一般人能比的啊。"

"没有，过奖了，主要是小时候家境不好，弟弟妹妹还小。我做大哥的，为了能让家里轻松一点儿，就想着出来打工，贴补一下家里。"

"您又厉害又懂事，这要是别人肯定做不到您这么优秀。"

就这样，一来一回，一问一赞，俩人的话题进行了很长时间，最后连那位老板八竿子打不着的亲戚都夸赞了一遍。天色渐晚，两人道了别，欧阳走出公司大门之后，看着自己带去的设计产品，愣住了:自己赞美得忘乎所以，关于设计产品一个字都没提。

一个月后，欧阳在一次企业家见面会上偶然又碰到那位老板，老板向欧阳坦白:"其实一开始我对你的设计产品还是很感兴趣的，也有在考虑投资的问题。那天的见面，我说实话，一开始你的赞美的确很管用，我很开心也很舒服。不过后来，没完没了的赞美就让我有点儿不耐烦了，产品具体有没有投资的必要，我也就不那么关心了。"

的确，赞美别人是最廉价的投资，却能给你带来无限的好处。不要以为自己毫不吝啬赞美，你就可以得到最终满意的结果。不要忘记一道好吃的点心需要有完美的糖分比重，一道美味的菜肴也需要一定的火候烧制。不管对象是什么人，过度的赞美也会引起反感，更甚者会被曲解。故此，赞美的话不能滥用，要适可而止，不能把赞美变成使用过多华丽辞藻的恭维和奉承。很多事情都是过满则亏，赞美亦是如此。你要记得，赞美的初衷不是为了维系人际关系的最终目的，而是为了拉近双方距离，示好的一种手段。

美国的一位科学家曾经发表过一篇报道称：常常相互赞美的两个人，看彼此的时候眼睛里面是会有爱的，而且两个人的关系会比不善赞美的双方和谐。赞美需要真诚，赞美需要真心。赞美在人际交往中常常发挥着意想不到的作用，它像一种神奇的调味品，让彼此的相处都异常的顺畅。赞美就像是一个回力标，在夸赞别人的时候，自身也会觉得开心。

那么，赞美的分寸又怎么掌握呢？

1. 赞美要恰如其分

恰如其分就是告诉我们，其实赞美不一定是在特指对方的一件多么了不起的事情，可以是小的事情。但是注意，夸赞不要太泛泛而谈，一看就透着虚假。只有真心、恰如其分的赞美才能收效显著。

2. 赞美要毫不过分

所罗门曾说："每日早晨，大夸你的朋友，还不如诅咒他。"毫不过分就是说赞美要切合实际，不能自顾自地夸夸而谈，这样看上去容易给人在拍马屁的错觉。倘若你的赞美太过浮夸，赞美也就变了味，对方很容易就会怀疑赞扬者的真实目的，搞不好就会"拍到马腿上"。赞美的本质是真诚，有所保留的。

举个例子：如果你的一位好朋友的字写得很好看，你想赞美一番。你对他说："你写的字是全世界最漂亮的！"试想你的朋友听到后会觉得开心吗？没准会以为你是在讽刺他呢。而如果你说："你的字写得很漂亮！"或许你的好朋友会开心地蹦起来，再顺便给你一个拥抱呢。

3. 赞美频率不要太多

有些药要是吃得多了，那么身体里就会有抗体，下次再次服用的时候，效果就不会特别明显。同样的，赞美次数过多，本来应该有的效果也会被削弱。赞美要有尺度和限度，也要结合实际情况。赞美很珍贵，不要张口就来。

4. 赞美要因人而异

什么样的话，该给什么样的人说是有差异的。同样一句话，你跟 A 和跟 B 说，会收到两种不一样的结果。就比如，"生财有道，定发大财"这句话，如果你跟一位老板说，他会很开心的。可是这句话要是跟一位政府官员说，那么他可能会恨你一辈子。赞美也要看清楚对象，不要"乱弹琴"。

‖ 领导应学会赞美下属

　　被别人赞美和夸奖是人人都渴望的一件事，是每个人生来就有的本能欲望。因此，受到他人的赞美，以及获得赞美的程度，成了判断一个人社会价值的准则。每个人都希望自己的价值被肯定、被赞扬。

　　作为领导，肯定下属的表现，给予其一定的赞扬至关重要。下属在团体中获得了优良成绩，毋庸置疑，为公司带来了贡献，是一件值得被赞扬的事情。同时，赞扬其表现，能激励他更加奋发向上。

　　子申大学毕业后进入一家销售公司成为销售员。刚开始工作时，他的销售业绩很不理想。但是，渐渐地，他对公司业务越来越熟练，人际关系越来越广，他的销售额开始逐渐上升。等到第五年，一次偶然的机会他得知自己是全公司的销售冠军。但是，由于公司从来不公布每个人的销售额，因此子申的业绩从来没有受到公司的表扬。

　　子申认为自己对公司的贡献没有得到充分的重视，而最令他烦恼的是，公司从来不指出谁的业绩最差谁的业绩最好，公司内部的销售员工也渐渐地不在乎自己的销售额了。子申听说本市另外两家同类型的公司最近在搞销售竞赛和奖励活动。那些公司会对每个销售员的销售额进行分析与评价，并且会表扬每季和每年的最佳销售员。对比自己的公司，子申很是不满。

　　子申找到公司的总经理，将自己的想法和建议告诉了经理。谁料，经理说公司的规定就是这样，十几年来都没有变过，因此拒绝了他的建议。

子申对经理的说法感到恼火，又为公司的做法感到无奈。没几天，同是一家销售公司高额聘请子申，子申认为既然自己的贡献没有被给予充分的重视，也没有得到相应的回报，继续留下去的干劲也没有了，于是便递交了辞职信。

正是因为公司没有及时肯定子申的表现，缺乏有效、正规的考核机制，才导致一名优秀的员工弃之而去。

赞美下属是必要的，当然，赞美下属也需要技巧，并不是随意说几句恭维话就可以奏效的。

1. 赞美要及时

对于在团队中获得优良成绩的下属，领导者应及时夸奖，万万不能拖延数周，迟到的赞美就会变味，被赞扬者的心境也会发生不同，那赞美也就失去了意义。

2. 赞美要态度诚恳

赞美下属态度要诚恳。真心实意的赞美，会让人觉得受到了重视。有专门研究社会关系的学者曾经说过："真心诚意是人际沟通中最重要的尺度，多数人交友都是看对方的态度决定的。"与他人的交往不是真心诚意，而是掺杂虚假的话，那么很难与其建立良好的人际关系。赞美下属也是一样，首先确认下属确实有可值得赞扬的地方，其次要带着真心实意的态度去赞扬他，最后注意赞美的语言要避免空洞、刻板、公式化、机械化，这样的赞美之词只会令人感到言不由衷。

3. 赞美要注意具体内容

赞美的内容讲究具体、真实，单调的"你很棒！""你表现得很好！""你很努力！"之类的赞扬只会让人觉得敷衍，因此赞美需要有具体事实的评价。例如："你这个月的销售业绩领先于其他同事，非常不错。""你这次会上提出的建议，是一个能针对目前问题解决的好方法，你很有想法。""这次客户的投诉，你处理得非常好，挽回了公司的信誉，我看好你，加油！"表扬他人最好是根据某件明确的事情，就事论事，哪件事值得赞扬，哪里做得恰当，做到具体、准确，这样才能引起被赞扬者感情上的共鸣。

4. 赞美要注意场合

在众人面前赞美下属，对于下属而言，是莫大的鼓励，不失为赞美的一个好方式，但是值得注意的是，倘若被赞美的下属的表现没有得到大家的认可，其他下属难免心中不服。因此，公开赞美最好是在被赞美者的表现得到大家一致认可的前提下实行。

5. 赞美、批评分开

很多领导者喜欢先表扬下属，然后开始"但是、当然"一类的转折，怕下属过于骄傲自满。但这样的赞美是没有意义的，它会使原有的夸奖失去作用。合格的领导者应当将表扬、批评分开，表扬的时候只是表扬，有可批评的地方事后寻找恰当时机效果更佳。

因此，合格的领导者，不会吝惜自己对下属的赞美。当下属表现出色时，会及时、恰当、有效地给予赞美。这样，受到赞美的下属就会心存感激，不仅会在工作上更加努力，还会在感情上与领导更进一步，有利于沟通。

"良言三冬暖，恶语六月寒"。一句赞美的话能够增强彼此之间的好感，给平凡的生活带来温暖和欢乐，滋润心灵，给予鼓舞，使其积极向上。

赞美下属不需要任何投入，只需要几句真心实意的话。领导者万万不可吝啬自己的语言，带着诚恳去赞美，能够加强人们之间的正常交往，有利于工作更加顺利进行。

赞美下属，让你的下属知道他的价值得到了肯定，激励他更好地完成自己的工作，在赞美中实现自己的价值。赞美下属是一种策略，帮助职员提高执行能力，让工作和事业更上一层楼。

巧借第三者，捧人捧得不着痕迹

赞美是一种智慧，也是一门学问。赞美的方式有很多种，其中在别人的面前赞美对方是最有效果的办法。

人总是希望别人认可自己，赞美自己。设想一下，假如你在无意之中听到别人赞赏你，想必你一定会很开心。但是假如别人当着你的面夸你，你不仅会觉得尴尬，还会感觉对方只是阿谀奉承并不是发自内心，通过传达的赞美之声为什么会更加好听呢？这是由于赞美的话从别人的嘴里说出来，增加了它的可信程度。

古时候，一个地方的县令，非常喜欢别人拍自己的马屁，他的下属们了解他的为人，所以县令每一次颁布新的法令以后都对他赞不绝口。起初，县令听到下属们的夸赞，都能开心很长时间。渐渐地，别人谄媚的话说多了，而且总是那几个人翻来覆去的那几句话，县令开始变得膨胀起来，这些赞美的话并不能入他的耳。县令的一个下属非常聪明，他猜测到了县令的心思，他清楚现在的县令并不满足于一般的赞美了。所以为了让县令露出笑脸，他采取了新的办法。

一天，县令又颁布了一则新的法令。那个机灵的下属一反常态，没有面对着县令夸赞他，而是在其他下属的中间传播："只要是当官的人，大部分都喜欢别人的阿谀奉承，我们县令大人就不一样，他颁布政令为百姓做事，从来不把别人的称赞放在心上。"

这些话传到了县令的耳朵里，县令别提有多兴奋了。于是立刻传来了那位手下，激动不已地对他说："能真正明白我的人，只有你一个！真是太好了！"

从此以后，这位机灵的手下，就受到了他的提拔和重用。

这个下属巧借第三者，最终达到了讨好县令的目的。显而易见，在背后夸赞别人要比当面赞美的效果好得多。

苏琰是个善于交际的人，朋友非常多，公司的同事喜欢跟她相处，就连领导也十分看重她。原因是她办事从来不用自己直接说，而是通过别人的转述来完成事情。一次，公司新加入了一位同事田橙橙，很巧的是，她和苏琰上下班正好顺路，于是两个人熟络了以后就相约着一起上班下班。

两个人下班的路上有说有笑地聊着天，苏琰更是热情地介绍着公司的人和事，好让田橙橙尽快适应新的环境。这当中苏琰提得最多的就是她俩的直接上级艾拉姐。

"我们部门本来是领导最不满意的部门，但是自打艾拉姐做了我们部门的主管之后，我们的部门就开始逆袭了。艾拉姐是个非常有能力的人，并且非常能吃苦，所以她经手的每一件项目都是堪称完美的。我们部门的同事看到了艾拉姐的干劲，都受到了感染，所以才会转变这么大。还有别小看艾拉姐平常这么严肃，平常部门团建她可活泼了，简直就是判若两人！还是 KTV 里的麦霸！在我们眼里，她就是无所不能的。"

一次，艾拉组织他们部门团建，吃完饭去唱歌的时候，田橙橙看到艾拉姐非常开心的样子，就过去对她说："艾拉姐，原来你唱歌真的这么好听！"艾拉听到以后，不解地问："什么叫原来？"田橙橙回答说："是这样的，苏琰姐私底下经常跟我说您唱歌非常棒，说您不仅工作方面厉害，几乎还是全能呢，当时我还半信半疑，这下我可真的相信了，我和苏琰姐一样，非常崇拜您，都是您的粉丝!"

艾拉听完这番话，看向苏琰，两个人会心地笑了一下。从此之后，在工作中，艾拉更加照顾苏琰了。

有时候为了升职加薪，赞美领导，投其所好确实是很多人常用的方式，但到头来得到的却是"马屁精"的称号，不仅同事会嘲笑你讨好上司，就连领导他们也会觉得你不务实，只会投机取巧。因此，苏琰借别人之口去赞美领导的方法，非常值得我们学习。如此一来，这样既能讨上司的青睐，还不会落得个溜须拍马的下场。

巧借第三者的方法虽然好用，但还是有一些问题需要注意，下面我们来看一下：

1. 减少中间渠道

现实情况是这样的，假如我们正在和别人夸赞他人，这时候刚好有人经过听到，这样的话，我们所说的意思被别人误解的可能性就会很小。因此，我们可以尝试着去制造这种"巧合"。在对方经过我们身边的时候，就要和在场的其他人谈论这个人的优点，尽量地去赞美他。如果不能制造这样一个"巧合"，中间渠道就要尽可能地少，以免因为传来传去，内容被曲解。

2. 夸赞内容力求具体、真实

很多时候我们称赞别人说："XX 真的是特别有能力""XX 非常友善""XX 是一位好上司"，虽然听起来是在赞美对方，内容仔细推敲却比较空洞，好像是在敷衍。这种话即便通过第三人之口说出来，作用也不大。因此，我们在称赞别人的时候尽量要具体化，最好结合平常和他相处的具体事例，来体现这个人的脾气秉性。这样的话，不仅免于落了俗套，别人还能体会到你的真诚和用心。

3. 用词简单明了

想要避免信息的不完整性，就要使用简洁清晰的措辞去夸赞别人。想要我们的夸赞增加真实性，虽然把事实具体化是好办法，但是，他人在转述信息的时候一般会传达自己最容易记住的一部分。因此，我们在说的时候就要挑重点的内容去说，必须是最容易被对方记住的内容，务必简洁明了。

在我们的身边，能把这种方法派上用场的地方数不胜数，如果你有好好运用，一定会让你在社交活动中如鱼得水。

"说话"大课堂

想要更为巧妙地赞美他人，可参考以下几种方法：

1. 对比性的赞美

对比性的赞美就是把被赞美的事物与其他事物进行对比，以突显其所长。例如"比××更……""在××中最……"等句式。俗话说得好，有比较才有鉴别。对比性赞美给人一种很直观的感受，但也正因这一点，如果换一个角度再来看的话，它也会产生负面影响，以至于造成人际关系的矛盾。所以在比较时我们尽可能用赞美来代替贬低。

两个学生各持一幅自己所画的画向老师请教。如果老师对甲说："你画得比不上乙。"乙可能有些得意，但甲就会大受打击。所以不如对乙说："你画得比甲还要精巧。"乙势必会很开心，而甲也不至于太失望。

2. 断语性的赞美

断语性的赞美就是对被赞美者的一种称道，也就是一个概括性的好评。当然在赞美时，你的目光要真诚，语气要恳切。其实肯定别人的工作成果就是一种赞美。不过由于这种赞美是较为全面的、概括性的评价，所以显得较为抽象，与赞美的具体性成对立面。而且也会让赞美者给他人一种居高临下的感觉，因此它往往需要和其他的方法综合起来使用。

3. 感受性的赞美

感受性的赞美就是赞美者就赞美对象的某一闪光点表示出自

己的欣赏。它突显了赞美的具体性，因为它表达的是赞美者发自内心的欣赏，是一种感受，并不受制于其他条条框框，所以这种形式能完全施展赞美的优势。使用这种赞美方式要有两个步骤：一是找到被赞美者值得欣赏或肯定的优点；二是让被赞美者觉察到你对他的优点的欣赏或赞佩。这样，自然而然就完美发挥了赞美的作用，而且能让对方信服。

适度的赞美会使被赞美的人获得喜悦或者自信，而过度、不着边际的恭维或奉承，则会使对方反感、尴尬，结果事与愿违。

第六章

那些年，我们吃了多少
不懂拒绝的亏

别让不好意思拒绝害了你

"不"这个字写起来容易，读起来也不难，但想要在与人相处之时顺畅地告诉对方，却有些困难。有些人甚至由于不好意思或情势所迫等没有说出"不"字，而陷入了痛苦的深渊。

当一个几乎没有什么信誉度的熟人，声称自己有急事，让你一定要借给他一些钱，而你心里十分清楚，将钱借给他其实就是送给他，完全不能指望他会归还；一个很好的朋友推销保险推销到了你身上，而你明知道这一次答应了他，下一次他肯定还会来找你……

不好意思说出"不"字，往往就会让对方产生你很好说话的印象，而后得寸进尺，一次一次地来找你。更麻烦的是，一旦你答应了一次，那么"不"字就会离你越来越远，也越来越难以道出，而一旦说出了"不"字，往往就会深深地伤害双方的感情。

那么，你应该怎样处理呢？记住，你不是万能的神，不是所有事物都会顺着你的意志而改变，倘若只是一件小事，能轻松解决，你当然可以帮个忙。但是倘若有为难之处，不能处理，那么你就要将你的难处清清楚楚地告诉对方，如果轻易答应了自己不想、不应、不必、无法处理的事情，结果却没有处理好，这会让双方都更加难堪。有鉴于此，该说"不"时，我们就应当勇敢地说"不"，别让不好意思害了你。

万芳刚从大学毕业就来到了某重点中学工作，恰巧此时市教委要从这个学校抽调一名老师来实地考察其他中学，并撰写考察报告。学校考虑到当下各位老师都比较繁忙，只有万芳新入校还没有进行具体的安排，于是就要派她前往。得知此事后，万芳感到有些难，她觉得自己还没有正式步入工作，不仅对本市中学的基本教育情况缺乏认识，而且是对教育工作本身也不够了解。因此她完全不想接手此事，可是校长都亲自找自己谈了这件事，总不能还没正式上班就先拒绝领导，于是只好咬着牙去做了。

一个月的时间悄然流去，其他人都已经交上了自己所分到的学校的考察报告，只有万芳由于缺乏相关经验，连自己需要考察的三个中学的基本情况都没有掌握清楚，具体分析更是无从谈起了。市教委主任对此事十分生气，斥责校长不会选人。万芳听说后羞愧万分，再加上工作完不成着急上火，一下子就病倒了，一直修养了两个星期才有好转。

由于一开始时不好意思拒绝，万芳最终陷入了困境，弄得身心俱疲，也让人对她产生了不好的印象。这是一个值得牢记的教训。

如果领导委派你做某事，你觉得这是领导给你的任务而不好意思拒绝，或是害怕拒绝会导致领导对自己产生不满，因而答应下来，那么，你今后的处境可能会变得更加艰难。因此，承接事情要量力而行，如果觉得自己难以胜任某事，就要鼓起勇气如实道出自己的难处，拒绝对方，并争取对方的谅解。这样，你才能真正做好自己的事情。否则，将来你一定会因此而焦头烂额。

耀辉的舅舅在某家石油厂担任厂长。耀辉和朋友商讨合作开办加油站的事情时，想到了舅舅的职业，便打起了主意，想让舅舅以成本价卖给他们一些油，这样就能省下一部分资金了。于是，他赶紧找舅舅说了这件事。

听了耀辉的请求，舅父诚恳地说："耀辉啊，我是厂长这没错，我打个招呼你就能以成本价买到一些油这也没错。但我不能为你破这个例啊，这个厂子属于国家，属于集体，而不属于我自己。我只能负责经营，没有权利去走后门。想必你也不想看我走上了错误的道路吧？平时的生活中如果有什么你自己难以解决的难题，舅舅肯定会全力以赴地帮助你，但是你提的这个请求我不能同意，我不能以权谋私呀！"

听完舅舅恳切的话语，耀辉没有试图再说些什么。自那以后，他再也没有向舅舅提出过类似的请求了。

许多人可能是碍于面子，不好意思拒绝他人的请求，结果答应的事没做好，自己的事情也是一团乱麻，既导致了对方的难堪，也害了自己。这样的话，还不如当时拒绝对方。

当别人来寻求你的帮助时，倘若你发自内心地愿意帮助他，相信事后你也不会后悔你的决定；但倘若你从心底里抵触这件事，只是不好意思开口，那么就不要勉强自己，一旦你勉强了自己，就会感到烦躁，只能每天活在"当时为什么不拒绝"的悔恨当中。可能你自己其实没有什么实质上的损失，但由于它违背了你的意愿，这件事就成了你的负担。

我们一定要勇于说"不"，学会拒绝，如果你总是因为不好意思而答应别人，别人就会永无止境地向你提要求。你慢慢发现，你要处理的事情好像永远都没有尽头。为什么其他人谈恋爱都能享受对方的温暖，而你偏偏就得给人当妈？为什么其他人都能当甩手掌柜，而你偏偏要扛起所有的事情？道理就是这样，学会拒绝，就能轻松一些。不好意思拒绝，就只能当别人的保姆。

不要成全了别人，委屈了自己，懂得拒绝他人，也尊重他人的拒绝。勇于拒绝，别让不好意思害了你。

拒绝并不可怕，
可怕的是没有找对办法

　　人人都有参加社会交际的需求，但是人的精力是有限的，对于有些不感兴趣的交际活动，果断地拒绝才是正确的选择。但是，对于有些"拒绝恐惧症"的人来说却不那么简单。他们对别人几乎"有求必应"，即使再不情愿，也会硬着头皮去做客、参加活动……关键就是他们不懂拒绝的技巧。的确，不适当的拒绝很可能让我们失去朋友、丧失机会。正因为如此，拒绝才成为一门学问。

　　阿明刚到一家新公司，他的踏实和认真让同事们对他颇有好感。但是他的一个习惯让大家琢磨不透：不管大家提出什么要求，他几乎全部无条件答应，就算跟他毫无关系也是如此。最夸张的是，有一位同事开玩笑说请他在周末帮忙洗下衣服，结果他第二天竟然真的带着一个收纳箱来上班了，原来他觉得那位同事真的会将脏衣服带来给他洗。这件事很快传到他的直接领导那里，领导觉得很奇怪，于是将阿明叫到办公室，问他为什么要这样。阿明吞吞吐吐老半天才实话实说："我当然也想拒绝，可是我不敢……在上一家公司，有一位老员工向我提出了不合理的要求，我当然不愿意，可能是我当时拒绝的语气让那位'前辈'感到被冒犯，他竟然发动同事们集体孤立我……我有苦难言，最后实在待不下去了，只能自动辞职。我现在成了惊弓之鸟了，对于同事的要求，我会尽量不拒绝……"

领导好奇地问："你当时真的冒犯了那位老员工吗？"阿明如实地还原了当时的情境：那天，阿明正忙着制作一份非常重要的报表，那位老员工对他说："阿明，中午帮我带份饭！"阿明忙得焦头烂额，大声说道："没工夫！你没看见我正忙吗！"老员工没有说什么，到了中午自己下去吃饭了。阿明也没多想，他实在太忙了，中午他根本没时间去吃饭，一直饿到了下午。没想到第二天开始，这位老员工就开始不断找他的茬，他不得不选择离职。

有一类人就是这样：他们并不是天生就不懂拒绝，而是因为曾经不恰当的拒绝引发了出乎他们意料之外的恶果，从此开始畏首畏尾，变得再也不敢说"不"。他们不是没有拒绝的能力，而是失去了拒绝的勇气。民间有一句话形容这类人："一朝被蛇咬，十年怕井绳。"他们害怕拒绝会招致别人的敌意，从而给自己带来意想不到的麻烦。但事实上，这种"拒绝恐惧症"并不等同于自卑与怯懦，只要找到合适的方法，就会发现拒绝并不难！

拒绝别人，想要不被敌视，必须避免急躁，以免给对方留下非常不好的印象。如果不说明拒绝的原因，而且拒绝的口吻又显得较为严厉，在对方看来这就是对他发起了攻击，对方自然会予以还击。所以，人人都需要掌握一些拒绝的技巧，从而有效地说"不"。

1. 放下手中的工作，直视对方

拒绝别人，并不是说句话这么简单，你的身体语言和眼神也是同样重要的。如果你在对别人的要求一口回绝的同时，还在忙着自己的事情，会让对方觉得你完全不尊重他，从而产生敌意。此时，在拒绝时不仅要停下手头的事，眼睛还要直视着对方，让对方知道你的拒绝是经过思考的结果。如果眼神左顾右盼，也会让对方觉得你在敷衍，自尊心也会受到伤害。

2. 用肯定的方式说"不"

拒绝时，要用真诚的态度来传达你要表达的信息，一定要避免引起对方的误会。例如，朋友向你借钱时，你如果实在无法借给他，拒绝时需要先肯定对方的情况："我知道你最近确实急需用钱，否则也不会开这个口。"然后，你要简短地说出自己拒绝的原因："但是，你也知道，我最近的开销真的太大了，差不多是捉襟见肘的状况了，眼前我真的没办法帮你，请你体谅一下吧。"必要的时候，你还可以将手搭在对方的肩上，让朋友感受到你的真诚。

3. 拒绝引起误会后必须及时道歉

当我们拒绝对方之后，要注意对方的态度，如果引起了不满，绝对不能毫无表示，否则的话肯定会火上浇油。尤其是在拒绝时不小心出现态度生硬等问题后，必须第一时间与对方进行沟通，仔细地说明原因，让对方理解自己当时的心态。

4. 提高自己的修养，控制自己的情绪

很多人之所以在拒绝别人时态度不好，是因为他们日常生活中脾气就相对比较急躁。所以，为了避免得罪人，必须从源头上做起，那就是：提高个人修养。这样一来，无论什么情况下与人交流都不会用过于生硬的语气了，也就少了很多麻烦。提高修养的方法很多，可以多看书、多参加一些有意义的活动、注意学习其他人的交流方式等。此外，还要学会一定的控制情绪的方法。无论遇到什么事，首先保持内心的平静，即便面对一些不合理的要求，也要在心里默默地克制自己，比如先默数三个数再开口，到情绪稳定一些后再进行拒绝。

总之，为人处世之中，总有一些需要拒绝的事，所以学会一些拒绝的技巧是很重要的。

‖ 拒绝示爱，也可以不伤人

甜蜜的爱情是绝大部分人所向往的，身处于甜蜜爱情中的情侣也是沉迷在爱情的魅力中的。爱你的人恰巧是你爱的人，这当然是一件十分幸福的事情；但倘若爱你的人并不是你所期盼的那个"他"或"她"，或是你对对方完全没有感觉，甚至有些抵触，那么被爱就不是一种那么幸福的事情了，你可能会因此而反感对方，甚至感到痛苦，这份本不应该出现在你生活中的爱就成了压在你精神上的一座大山。

别人爱慕你，向你示爱，本无可非议；而你不接受，拒绝对方的示爱，更是没有任何问题。那么为什么很多人因此而造成了很大伤害？其中的关键就在于拒绝的方式是否恰当。如果你的拒绝方式恰如其分，那么既照顾了对方的面子，也为自己免去了许多后续的烦恼。如果你没有采用妥善的方式，没有将拒绝的话说得恰到好处，那么你不仅会伤害对方，甚至有可能会给自己招来无尽的烦恼。

芊芊对文睿一见倾心，于是开始疯狂地追求对方。由于芊芊的追求过于紧迫逼人，再加上她也并不是文睿喜欢的那种女孩儿。于是，他便找机会约芊芊一起吃饭，想要拒绝对方。他是这样对芊芊说的："芊芊，我知道你很喜欢我，但是我要向你坦白，我其实早已有想要共度一生的人。你是个很好的女孩，个性开朗，落落大方，喜欢你的男生也有很多，相信你以后肯定会遇到你的真命天子的。"

"落花有意，流水无情"。当你无意接受对方的爱时，应当以认真、诚恳、友善的态度拒绝对方，让对方既感受到你坚定的拒绝之意，又不会破坏双方原本良好的关系。故事中的文睿先真诚地赞扬了对方，再以诚恳、善意的态度明确地回绝了对方，在没有破坏双方关系的基础上，解决了问题。

美丽可爱的欣雨迫于妈妈的"威胁"而去与小伙子张鑫相亲了。见过一次面后，欣雨觉得张鑫不符合自己对未来爱人的基本要求，便产生了拒绝后续发展的想法，但还没有告诉对方。不过，出乎意料的是，这个小伙子第二天竟然特意跑到欣雨的公司去找她，俨然一副男朋友接女朋友下班的样子。

欣雨只好对他说："不好意思，公司现在事情比较多，我还要加班，确实没有时间和你聊天，你还是先回去吧！"可是，等欣雨忙完了工作，打算回家时，却发现张鑫还在公司门口徘徊，没有离开。于是欣雨突然想到了一个主意，她转身去买了一小瓶泡泡水，交给了他，然后又略微客套了几句便离开了。张鑫起初一头雾水，不知道欣雨为什么给了自己一瓶泡泡水，后来，他明白过来了。原来欣雨是借物喻人，借着吹出来的泡泡很快就会消散这个的特点，拒绝了这种镜花水月般的爱情。

在拒绝别人的示爱时，应当注意态度，谨慎用词，尤其要维护好对方的尊严。例如，赵女士说起自己拒绝对方的示爱时，称她是这样告诉对方的："对不起，我们不合适，你今后肯定能遇到更好的女生。"另外，她反复强调，千万不要以"你没车没房，长得还难看"这类带有贬义的语言来拒绝。虽然无法答应对方的追求，但是也不能肆无忌惮地伤害对方，因为追求真爱本身并没有问题。

　　拒绝异性的追求是一件需要勇气与智慧的事情，如果太过直白、强硬，不在意拒绝的方式方法，通常会导致对方难以下台，甚至可能会使对方恼羞成怒，因爱生恨，这是最不值得的事情。拒绝对方的示爱本身就是一件伤人的事，怎样才能让这份伤害降到最低，在达到拒绝这一目的的同时而不会使对方因爱生恨呢？

　　1. 送上真诚的谢意

　　不管对方是直截了当地向你告白，还是含蓄地邀请一起看电影等，只要你并不打算接受对方，就一定不要忘了先送上真诚的谢意。因为真诚的感谢，可以让对方紧绷的神经得到一定的放松，不至于过于挫伤对方的自尊心，这样一来，即使被拒绝，大部分人也不会继续纠缠或者因此生恨。用以下这些话语来善意地拒绝是一个不错的选择："非常感谢你的邀请，可是……"或者"谢谢你能欣赏我，可我……"

　　2. 借故推托以示拒绝

　　当某人采取较为委婉的方式来追求你，比如邀请你一起看电影、喝咖啡等，其实，这只是对方对你的试探，如果你直接接受了，那么对方便会认为能够对你进行进一步的追求了。面对这种情况，如果直接拒绝未免太过于不近人情，也会令对方感到难堪。此时，你可以想办法推托，如："这阵子公司的事情实在太多了，我每天都要加班"或者"我也想去看电影，但是明天有一份非常重要的工作，我必须提前准备准备。"

　　3. 通过某些行为暗示对方

　　拒绝追求者送的所有礼物、尽量减少与他的碰面，相信大部分人都能理解你的暗示所表达的想法，也不会产生怨恨，甚至可能会因你的委婉而心生感激。

4. "对症下药"

有些人对某些拒绝方式有"抗药性"，想要让对方死心，就要"对症下药"，用对方认可的方式拒绝。例如，对于那种总是自作多情，喜欢死缠烂打的人，最适合的拒绝方式是不要留给对方半分机会，哪怕是帮你拿个东西之类的小事也要果断拒绝；对于对你格外关照却不善将感情说出口的"好男人"，最适合的方式是让他帮你看看你的新男友。

5. 拒绝对方的话不要到处说

在拒绝对方之后，千万不能到处炫耀。有些人由于虚荣心作祟，总是会向周围人炫耀："你说他（她）傻不傻，我早就告诉他（她）我们不可能了，可他（她）还是总纠缠我。""你不知道有多好笑，昨天某某向我告白的时候……"这些炫耀的话语通常会让对方既难过于被拒绝又失了面子，可能因而怀恨在心，而其他异性可能也会因而不敢向你示爱。

6. 止于拒绝，不要攻击

对方的弱点或缺陷可能是你拒绝对方的原因，但是你在拒绝时，千万不要攻击对方，以此来满足自己的优越感。特别是那些条件优越的人，要是直接说出"癫蛤蟆想吃天鹅肉"之类的话来一推了之，或是以不屑一顾等嘲弄、生硬的态度来拒绝，让人格外不舒服。

在爱情的道路上，你可能会遇到你认为不对的人时，这时你应该巧妙拒绝，这样才能在不伤害他人的同时成全自己，这样你今后的人生之路才能更加平坦。

‖ 怎样对借钱的朋友说"不"

"借钱"是人际交往中的一个极其敏感的话题，特别是开口借钱的是你十分要好的朋友，而当下你又不方便或是不想借给他，那么，怎样拒绝就是一个难题了。

怎样拒绝才能赢得对方的理解，不会影响双方的情谊呢？这是一个考验语言智慧的问题。

1. 运用暗示，转移话题

大学毕业后，小刘和一位校友进了同一家公司。虽然他们分属不同的部门，但是私下里保持着良好的关系。

某天，这位校友邀请小刘到咖啡店小坐，而后支支吾吾地开口说要向他借三万块钱。

如果凑一凑其实是可以凑够的，但是借给他之后自己就没钱了，而且他也不想和校友在金钱上有所关联。怎么办？

于是，小刘采取了迂回的战术，开始说起其他事情来，而后又吐槽房租、物价太贵。校友明白小刘是委婉地拒绝了他，也就没有再提起这一话题。

直接、严肃的拒绝可能会伤害双方的感情，此时运用暗示、转移话题便是种良好的拒绝方法。不过要记得，即使是暗示也要温和而坚持地表明拒绝的含义，否则对方有可能会继续纠缠。

2. 陈述不便，说理拒绝

这天，冬冬高中的室友找上了冬冬。他极力渲染他们过去的情谊，希望冬冬能看在过去的感情上借给五千块钱做个小生意，并承诺只要一挣了钱马上就会还给冬冬。

冬冬知道他早已掉进了赌博的深渊，而且越陷越深，现在向自己借钱只是想筹集一笔赌资而已。于是，冬冬对他说："之前为了装修我就欠了一万多块钱的债了。这两年为了给我母亲看病又花了一大笔钱，实在不是我不帮你，确实是心有余而力不足啊。"

听了冬冬的这番话，那个借钱的人知道冬冬确实拿不出钱来，也就不再继续纠缠了。

你可能会遇到一些别有用心的人，他们以曾经的友谊等为理由，竭力渲染过去的感情，想要让你心甘情愿地掏出钱来。对这种人，你可以直接陈述你的不便，而后予以拒绝。

3. 以攻为守，反将一军

占据主动总是强于被动挨打。在有些情况下，对方可能还没有向你提出具体的要求，你便察觉到了对方想要借钱，这时，你不妨主动出击，采取"以攻为守"的方法，不给对方开口的机会。这样的拒绝可以做到丝毫不露痕迹。

沈先生人缘很好，处理人际关系很有一套。这天，沈先生的朋友来找沈先生聊天，话里话外总是说着最近手头有点儿紧，想要做点儿小买卖的事。沈先生知道，这钱一借出去基本上就要不回来了，但是直接拒绝又容易弄僵关系，怎么办呢？这时，他突然想到了一个好主意，对朋友说："那真是太巧了！我最近正看上了一个不错的项目，价钱也合适，但对方非得让我一下子付全款。我怎么也没凑齐，正发愁呢，正好，你跟我合作吧，咱们一人出十几万，能拿下这个买卖。回头转手就能挣个五六万。你要是觉得不靠谱，就直接借我点儿，回头我再还你。"

对方一听到这话，自然就不会再说借钱的事了，可能还会懊恼自己走错门了呢！

4. 索债转移，吓退对方

这天，杨先生的朋友突然来拜访他，说是想做些生意，可是就差了一万块钱，杨先生不想借给他，就说：

"你来得还真巧，我之前干活的那家公司到现在还欠着我好几个月的工资呢！我这两天正琢磨着去要回来，你跟我一块儿去吧，要回来之后你直接拿走就行了。"

这位朋友一听脸色都变了，主动找了个理由离开了。

如果某人向你开口借钱，你又觉得直接回绝不太好的话，不妨尝试一下这种方法，不是你不借钱，只是给对方设置了一个前提条件，对方自然就会知难而退。这样，不仅让对方保全了面子，也让自己保住了口袋里的钱。

5. 拒绝对方，动之以情

借钱这件事是很常见的。要是一个平时和你的关系很一般，口碑也不太好的人向你借时，你该怎样拒绝呢？

直接生硬地回绝"没有""找别人吧！"之类的话，可能让你从此多了一个敌人。

这时，声情并茂地哭穷是一个不错的办法。"老兄，你可真看得起我，我倒是想借给你，可是我也没钱啊。咱们这么好的关系，我就实话告诉你吧。我的工资每回还没等焐热乎，就全被我家那口子没收了，只留给我一点儿生活费。你看！"这时你要掏掏口袋，表示你说的是事实。不过要小心别翻到面额大的钞票，否则会让双方陷入尴尬境地。

看到你这副可怜兮兮的样子，对方便会产生一种平衡感。说不定他还会在心里默默地同情你："唉，这小子看着光鲜亮丽的，没想到比我还穷，而且还是个'妻管严'！"

不过，需要注意的是，以下三类话不宜在你拒绝对方借钱时说：

（1）模糊不清的话。

如，"过几天看看吧""等我有钱了我马上借给你""我再帮你想想其他办法"等，要记住，在借钱一类问题上，如果你决定拒绝对方，就一定要干脆、果断，拖泥带水只会伤害双方的关系。

（2）伤害他人的话。

对方可能真的遇到了极大的难处才向你开口的，你即使不借给对方，也不要恶语中伤，恶语相向真的非常伤人。

（3）转嫁给别人的话。

面对他人借钱的请求，如果你说出诸如"我是没有，不过我猜某某那里肯定有，他还挺有钱的"一类的话，虽然会让自己得到解脱，但把烫手山芋扔给了别人。而且你这样说了之后，别人就不好拒绝了。这样一来，他会怎么看你呢？

因此，当朋友向你借钱而你又不想或是无法借给对方时，你一定要小心处理，力求双方不会因此而葬送珍贵的友谊。当然，那种因为你拿不出钱来而怨恨你，甚至想要报复的朋友，肚量太小而且心胸狭窄，这样的朋友不要反倒是一件好事。

朋友有难自当慷慨解囊，但是有时自己实在无法借钱给对方时，说好拒绝的话来争取对方的谅解，维护双方的友情，就需要一定的技巧了。

这样下"逐客令"才更具人情味

子曰："有朋自远方来，不亦乐乎。"的确，能够有知己促膝长谈是十分美好的事情，也会可能对我们的人生之路有所帮助。宋代词人张孝祥在跟友人秉烛夜谈后，不禁感叹道："谁知对床语，胜读十年书。"但是，朋友的到来也并不都是令人愉悦的，甚至可能会产生完全不同的感觉：下班后，吃完了晚饭，你本打算安安静静地读读书或做些事，可那些不速之客却突然找上门来，让你烦不胜烦。你想下"逐客令"，可又怕伤双方的感情，不知如何是好。这时，运用巧妙的语言技巧，委婉地下"逐客令"就是最好的选择。

最近，阿海因为失恋心情很糟糕，便想去借酒消愁。于是他找到了发小阿常，想让他陪自己去。他独自来到了阿常家。阿常看到阿海来找自己，感到很惊讶，便问："你怎么跑来了？"

阿海说："我刚失恋，走，陪我去喝酒。"

阿常犹豫了犹豫，站在原地没有动。因为今晚他得赶出一个重要的方案，否则明天早上领导要的时候自己没法交代，所以完全没有时间出去。可是，他又不想让好朋友失望，更不放心让他独自去喝酒，一时间不知所措，所以只能停留在原地。

看到阿常的表现，阿海问道："怎么还不动啊？"阿常咬了咬牙，硬着头皮说："阿海，我现在有点儿事，咱们改天再去吧。"

阿海现在的状态本就特别敏感，听了阿常的话他一下子就生起了气来："我还以为能跟你好好说说话呢！你赶紧忙吧，我不干扰你了！"说完，他转身就气呼呼地离开了。

看到阿海的样子，阿常连忙焦急地喊了喊阿海，但是阿海已经不见了踪影。这天晚上，阿常完全没有办法安下心来工作，心里总是惦记着刚才的事情。结果，得罪了朋友，也没有处理好工作。

我们可能也遇到过类似的情况。当好朋友突然造访，而我们无暇顾及对方时，我们弄得手忙脚乱，忙中出错，以一种生硬的语气给朋友下了驱逐令，让朋友误会了自己，影响了原本稳固的友谊。

那么，怎样下"逐客令"才能既不会让对方觉得丢了面子，也不会让自己陷入尴尬呢？运用高明的语言技巧，讲究方式方法，将"逐客令"说得委婉动听，是最好的选择。

1. 主动出击，拒之门外

当一个很喜欢谈天说地的朋友只是因为想来找你聊聊而突然造访，且你也无暇或是不想接待他时，你不妨这样说："今天家人要在家里工作，得保持绝对的安静，不太方便招待你，要不咱们去你家聊吧。"这样一来，对方会得知今天你家里不是很方便，大部分人都会理解你然后选择离开。

当然，这种方法只能偶尔为之，因为将朋友堵在门口与对方交谈，或多或少是有些不礼貌的。另外，这种方法也并不适用于特别要好的朋友，如果你对他们经常使用这种方法，那么对方就会认为你不重视他，心里会很不舒服。

2. 话外有音，意在言外

带有弦外之音、意外之旨的话是常用的委婉拒绝手法。

例如："今天晚上我没什么事，咱们说到明天天亮都没问题。

不过，我从明天开始就要集中精力写我的论文了，成败就在此一举了。"这话就是在暗暗地告诉对方：从明天起你就暂时别打扰我了。再比如："最近我妻子病了，得早点儿休息。咱们说话的时候是不是要小点儿声？"这句话虽然用的是商量的口吻，却将你的想法非常明确地告诉给了对方：你的声音太大了，妨碍了女主人的休息，最近你还是少来为妙吧。

3. 寻找合理的理由

如果此时你的朋友已经在你家待了一阵子，而你又急于处理某些事情，此时你不妨用诚恳的态度和合理的理由，暗暗劝朋友离开："我现在得赶紧去做工作计划表了，要不咱们今天就先到这儿？唉，真希望这个计划表能一次性通过，你可不知道我们老板有多苛刻，要是一次没通过，以后的麻烦事儿就多了。唉，不知道今天晚上得熬到什么时候才能做完。回头通过了，咱们一定再好好聚聚!"

这样的话看上去像是在吐槽老板、抱怨工作，但其实你今天得加班的重点信息也已经传达给了对方。相信绝大部分人听完你的话，都会离开。

4. 以攻代守，寻求主动

对待每天定时定点到你家来找你闲聊的人还有一个好办法是：了解对方大约什么时候要来你家，然后在他来访前不久先到他家去拜访他。这时，你的身份就从主人变成了客人，你的立场也会转守为攻，什么时候离开也是你说了算了。等到这样的次数一多，他就不得不被你牢牢地粘在他家里，之前每晚一定到你家拜访的习惯想必用不了多久就会改变。

5. 巧用热情，劝退对方

如果拜访你家的是一位识大体的人，那么在下"逐客令"时不妨巧妙利用热情。例如，你可以以极为热情的态度招待他，端茶递水，送上水果，甚至留他在家吃饭。这种情况下，识大体的人大多都会觉得这样有些过于热情，进而觉得很不好意思，也就会坚定地拒绝邀请，而后主动离开。

当然，这种方法只适用于知进退、识大体的朋友，而对于那些大大咧咧、喜欢热闹的朋友来说，这样的方法不仅不能让对方主动离开，反而会导致他们顺着你的话赖在你家。

面对别人的骚扰，如果你选择奉陪到底，那么你就会让你最宝贵的时间，白白地被别人占据着，结果弄得自己的生活一团糟。鲁迅先生说："无端的空耗别人的时间，无异于谋财害命。"相信每个珍惜时间的人都不会甘愿任由他人"谋财害命"。因此，能够以妥善的方法下"逐客令"，是拯救他人，也是拯救自己。

"说话"大课堂

一些人在拒绝别人时，往往会走进这样那样的误区，让一件小事弄僵你和被拒绝者的关系。而这些误区，又往往是因为你没有掌握一定的技巧所致，却可能让双方的关系越来越远，变成难以逾越的鸿沟。

1. 拒绝时的态度不坚决

对方向你提出请求之后，如果你深思熟虑之后认为自己真的帮不上忙，必须果断地、坚决地告诉对方："对不起，这件事我真的无能为力。"如果你因为磨不开情面、拉不下脸或者单纯的不善于表达，而采取了一种似是而非的态度，就会让对方以为还有回旋的余地，对你产生期待。到了最后，这种态度往往是对己对人都不负责任，还有可能耽误对方的事，你们产生不愉快甚至更严重的裂痕的种子就这样埋下了。同时，拿"让我考虑考虑"这种话当托词也是不可取的，这样拖延时间并不会让对方知难而退，反而会对你的诚信产生怀疑。但是必须注意，拒绝的话绝不能在听到对方的请求之后就脱口而出，那样会让对方觉得你不重视他的事，而是要认真思考之后，才给出坚决的答复。

2. 拒绝的理由不充分或者闪烁其词

会说话的人，拒绝别人时总是能够讲出充足的理由，降低拒绝带来的负面效果。要知道，拒绝一件事可不是断绝与对方日后的往来，只要拒绝时处理得当、理由充分，取得对方的谅解之后双方仍然可以保持良好的关系。但是有的人在拒绝别人的时候，总是想不到合适的理由，或者理由虽然充分但是却不能很好地表达出来，从而采用闪烁其词的方式，这样会造成很多不必要的误会，让对方怀疑你在说谎。但是请注意，拒绝别人时切勿胡乱编造理由。俗话说："一个谎言需要无数个谎言来掩盖。"谎言说不定何时就会被揭穿，那时候你们的关系恐怕就真的到头了。

3. 拒绝时机不恰当

拒绝别人，必须要趁早，这样才不会影响到对方下一步的计划。同时，要注重拒绝时的场合，尽量选择人少的地方，这样照顾到对方的面子和感受，对方更容易接受，也能体会到你的用心。

4. 拒绝的态度不好

拒绝别人时，态度不够庄重会让对方觉得遭到轻视，但是最好也不要满脸愁容，以免让对方产生歉意，不利于双方接下来的沟通。拒绝的理由切忌引起对方的反感，还必须让对方明白：我们今后仍然是朋友，虽然这次我由于爱莫能助无法帮你，但是下一次如果有能帮上忙的地方你尽可以开口，我肯定会帮你的忙。

5. 通过第三方加以拒绝

这是拒绝人的一个大忌，因为通过第三方转达拒绝，既容易让对方在第三方面前失去面子，又会让对方觉得你缺乏诚意。所以，除非在一些极端的情况下，你哪怕一个电话都没法打，否则请务必亲自表达自己拒绝的意愿，而不要通过第三方来转达。

拒绝别人是生活中的较为常见的事，也不是你们双方关系的"世界末日"。对方有求于你，在开口之前也或多或少地有了一定的思想准备。所以，只要处理得当，拒绝并不会伤害双方的关系。

青春魅力好口才

别输在
不会表达上

闫秀文　马丽婷 / 编著

北方妇女儿童出版社
·长春·

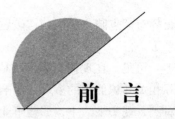

前　言

　　美国著名学者卡耐基说："一个人的成功，有 15% 来自他的专业技术，85% 则要靠人际关系和为人处世的能力。"而良好的人际关系和处世能力最重要的就反映在我们的口才之中。所以，口才是社交场合上立足制胜最有力的法宝。

　　今天，人际沟通已经成为一个人生活是否愉快、事业是否成功的重要因素之一。无论在什么场合，口才好、善于沟通的人往往更受欢迎。良好的沟通能力，能使许多原来不相识的人携手，也能使陌生人彼此了解，还能为人排解纠纷、清除隔阂。

　　在职场上，口才好、善于说话的人，才干可以通过语言充分地展露出来，从而使领导、同事更深一层了解和赞赏他，进一步信任他，并将更重要的任务托付给他，帮助他在事业上获得成功。在闲暇时，与家人和亲朋相处，如果你是个口齿伶俐、谈话风趣的人，更容易使生活充满欢乐。

　　现代社会是一个竞争与合作的社会，有的人在竞争中失败，有的人在合作中成功，这其中奥妙何在？生意场上有"金口玉言"，"利言攸先"之说；政治场上有"一言定升迁"之说；文化界有"点睛之笔"，"破题之语"；生活中常有"生死荣辱，系于一言"。

可见，在现代交际中，是否能说，是否会说，以及与言谈交际相关知识能力的多寡，影响着一个人的成功和失败。我们可以看到，现实生活中，那些事业有成的人，绝大多数都有较好的沟通能力，而且沟通能力越强，活动的天地就越大，成就也就越突出。

言语就如水一般，"可以载舟，亦能覆舟"，在社会上，人们的能力有高有低，快速了解他们，不妨看看他们的口才、口语能力的高低，其主要表现是说话的艺术。

西方世界把"舌头（口才）、美元、电脑"视为人类生存的三大武器，而把"舌头（口才）"放在首位，可见其作用和价值非同小可，口才和交际能力是我们提高素质、开发潜能的重要途径，也是我们驾驭人生、追求事业成功的无价之宝。

翻看古今中外的历史，结合现代社会的实际，口才的重要性无与伦比。正所谓："一人之辨，重于九鼎之宝；三寸之舌，强于百万之师。"

既然了解了语言的力量，那么从现在开始就让我们对语言重视起来，对口才重视起来。心中纵有山河千万，也终需语言表达于外。

千万别输在不会表达上。

‖ 目 录 ‖

第一章

好口才是受用一生的资本

　　我们天天都在说话，但是却不一定能把话说得好。怎么叫说得好，说得好就是要把话说得活，说得精，说得巧。并且要明白什么时候该说什么话，要把话说到对方心坎上。会说话是一种高深的智慧，需要我们不断地学习和积累。

▌口才关系到成败得失

成功学学者们常说："事业的成功与失败，往往取决于某一次谈话。"这话一点也不夸张。美国人类行为科学研究者汤姆士指出："说话的能力是成名的快捷方式，它能使人显赫，鹤立鸡群。能言善辩的人，往往使人尊敬、受人爱戴、得人拥护。它使一个人的才学充分拓展、熠熠生辉、事半功倍、业绩卓著。"

1940年是美、英、苏等国家联合抗击纳粹德国的关键时刻，由于英国处在欧洲反法西斯的最前线，人力、物力都消耗巨大，此时国内的黄金储备已经濒临枯竭，根本没有经济能力按照"现购自运"的原则从美国获取必需的军事装备。而作为美国总统的罗斯福深知唇齿相依的道理，在反法西斯战争旷日持久的情况下，自己的重要盟友英国一旦被纳粹击溃，希特勒便会一朝得势，这势必严重威胁到美国的切身利益。因此，美国必须全力支持英国，为他们提供必要帮助。

但是，在美国国内，有一些目光短浅的国会议员，他们只盯着眼前利益，丝毫不去关心反法西斯盟友和欧洲糟糕的战局，他们只想在英国人身上赚取一笔军火钱。罗斯福深知，应该先说服他们，使《租借法》得以顺利通过，只有这样才能全力支持英国。为此，他在1940年12月17日特别举行了一个意义重大的记者招待会，目的是为《租借法》拉"选票"，以赢得大众的支持。

开始，罗斯福简要介绍了《租借法》，紧接着他用浅显的比喻来陈述了自己的设想："假如我的邻居家不幸失火，而恰巧在不远处的我家有一根浇花的水管，此时要是赶紧借给邻居拿去接上水龙头，就可以帮他灭火，也可以避免火势蔓延到我家，造成我家的重大损失。但问题是，在借出水管前，要不要跟这位邻居商讨一下水管的价格呢？'喂，朋友，这根管子是花20美元买的，你得先照价付钱才能使用。'而此时十万火急，邻居去哪里找钱？我想可以这样，只要他灭火之后原物奉还，还是不要他的20美元为好。如果灭火后水管还好好的，并没有损坏，他会连声道谢；如果他把东西弄坏了，他得照价赔偿，我也不会吃亏。你们认为呢？"

这个比喻可谓是举一反三，浅显易懂，大家都纷纷赞成罗斯福的设想。后来经新闻媒体报道，罗斯福的主张很快传遍全球。此番妙语不仅成功说服了议员们无条件支持《租借法》的顺利通过，而且还赢得了丘吉尔和斯大林等反法西斯国家首脑的高度评价，并被后人传为佳话。

从罗斯福的故事中我们可以领悟出这样一个道理：决定一项事业或一个计划成败的主要因素，真的可能只取决于一次谈话。如果我们出言不逊，无理与人争吵，那么，我们将不可能获得别人的同情、理解、合作与帮助。无数成功者的事实证明，善于说话是事业成功的催化剂，它直接影响着我们事业的成败。

口才是一个人智慧的反映，它影响着我们人生中的每一个关键方面，如事业成功、人际关系和睦、生活幸福等。口才也是一种可以随身携带且永远丢不了的能力。

会说话胜过说好话

　　每一天，我们都不可避免地要说话或听别人说话。我们会发现，和有的人聊天时，总是觉得非常愉悦，原本忧郁的心情会变得豁然开朗；而和有的人说话时，则会让人神经紧张，听到的每一句话都让人如坐针毡；同时，也有一些人，他们刚刚开口说第一句话，就会有人离席，不愿意再听下去了。

　　把话说好不是一件容易的事。虽然我们天天都在说话，但并不见得个个都会说话。话说得好，小则可以欢乐，大则可以兴业；话说得不好，小则可以招怨，大则可以丧身。所以，话既要说好，也要说巧。

　　清朝大太监李莲英，是慈禧太后的总管太监，被人们称为"九千岁"，是清末最有权势的宦官。李莲英便是一个深谙语言艺术的人，他才思敏捷，不管应对什么样的场合和人物，都表现得轻松自如。甚至很多时候，连慈禧太后都需要他出面帮助摆脱尴尬局面。也正因为如此，他深得慈禧的赏识。

　　慈禧有一个爱好，那就是爱看京戏，所以她经常召唤一些戏班子进宫演出。可是她喜怒无常的个性却令被召进宫演戏的戏子们提心吊胆，丝毫没有进皇宫唱戏的兴奋。这戏唱得让慈禧开心，固然是好事，也能得到一些赏赐。可如果哪天慈禧不高兴了，他们可就是提着脑袋唱了。

这一天，当时的京戏名角杨小楼接到了诏书，命他带领戏班进宫给慈禧演出。杨小楼的戏班精心准备，又恰逢慈禧心情不错，整场戏唱得还算顺利。等结束的时候，慈禧将杨小楼叫过来，意欲赏赐一些东西给他。只见她随手一指桌上的糕点说："这些赏赐给你！"

杨小楼一看慈禧的赏赐，心里不由暗暗发愁，只因慈禧吃饭的排场太大，虽然是看戏吃的糕点，却也有好几百样，让杨小楼带回去他都没法拿。杨小楼看慈禧心情不错，便大着胆子叩头说："老佛爷享用的东西，奴才不敢领，请老佛爷另外恩赐吧！"

此言一出，四周的人都倒吸了一口冷气。只因这些侍奉慈禧的人太知道她的脾气了，但凡赏赐的东西，无论好坏都要谢恩领取她才高兴。而杨小楼胆敢拒绝，无异于抗旨，这可是杀头之罪。可是令大家感到意外的是，慈禧的心情居然没有因为杨小楼的拒领而变坏，反而问杨小楼："那你想要什么？"杨小楼想了想，便说："老佛爷能否赐一个字给奴才？"

这个要求并不过分，慈禧听了也很高兴，便让人准备笔墨，当场写了一个"福"字。可是，当她刚刚写完，一个多嘴的宫女便在旁边说："老佛爷，福字旁边是'示'字，不是'衣'字呀！"大家一看，原来慈禧居然多写了一点，将字写错了。被人当众指出错字令慈禧大为难堪，脸色顿时沉了下来。

原本喜乐的气氛因为这一个错字陷入了僵局。慈禧发现自己写错，也不想将错字给别人，但她已经答应要赐给杨小楼，不给又是失信。而杨小楼也不敢领字，因为怕将错字领回去无异于抓住了慈禧的把柄，万一慈禧被人嘲笑，自己肯定脱不了干系。而如果他又一次拒领赏赐，也一定会让慈禧没面子，势必引来她的怒火。进退两难的局面让杨小楼直冒冷汗，不知道该怎么办。

正当大家为难之际，一旁的李莲英走上前说："老佛爷洪福齐天，她老人家的'福'自然要比世人的多一'点'了。要不怎么显示出她老人家的高贵呢？"

慈禧一听，脸上露出了笑容，众人这才长舒了一口气。杨小楼也立刻说："老佛爷的福小人不敢领。"慈禧也便顺水推舟，另行赏赐，一场危机瞬间消散于无形。

不过是一句话，就令众人进退两难；同样也是一句话，却让大家皆大欢喜。李莲英的睿智令慈禧的尴尬顿解，这也正是他深得宠信的原因。利用语言化解危机的例子，在近现代也同样层出不穷。

在联合国的某一次峰会上，菲律宾前外长罗慕洛和苏联代表团团长维辛斯基发生了激烈的争论。只因罗慕洛不赞成维辛斯基的提议，便遭到了维辛斯基无情的嘲讽，他出言不逊地说："我们大国怎么会和你们这些小国一般见识！"

此言一出，原本嘈杂的会场顿时安静下来，大家都看着受到挑衅的罗慕洛。只见他彬彬有礼地站起来，对其他参加联合国大会的代表说："维辛斯基先生说得没错，我只是一个小国家的小人物。但无论何时何地，将真理之石投向狂妄巨人的眉心，从而使他们的言行有些检点和收敛，正是我们这些矮子的责任。"

罗慕洛这番话立刻博得了代表们的热烈掌声，也得到了广泛的支持。而维辛斯基只好在一旁干瞪眼，脸上一阵红一阵白，什么话也说不出来。

如果你不想让自己做一个井底之蛙，就应静下心来努力学习，拓展自己的视野。若想说话不空洞无物，就应下决心积累大批的、雄厚的、扎实的资本，武装自己的头脑，丰富说话的内容，因为好口才本身就是一种资本。

‖ 说不出是因为没话题

我们在和朋友、家人一起聊天的时候，话题总是源源不断。但是，为什么有的人一遇到陌生人，就变得头脑空白，说不出话来呢？

在交际中，我们对每一次交谈的话题都应该精心选择，不要想到什么就说什么，凡事必须三思而行。不应随心所欲地张口就来，否则，在还未进入交谈内容时，就已经危机四伏了。但在具体选择这些话题时，要顾及谈话对象。一个话题，只有让对方感兴趣，谈话才有维持和继续的可能。比如，自己是球迷，就切莫以为别人都是球迷。逢人就谈球赛，很可能会让对方感到索然无味。

美国知名记者芭芭拉·华特小姐在刚刚参加工作时，曾经被授命去采访航空业巨头亚里士多德·欧纳西斯先生，这是她做记者以来接到的最大任务。可是当她怀着激动而忐忑的心情见到欧纳西斯时，他却正在与专家们紧张地探讨业界面临的重大问题。

对于欧纳西斯所谈论的货运价格、航线以及对未来的设想等问题，由于太过专业导致芭芭拉根本插不上嘴。眼看时间一分一秒地过去，欧纳西斯已经到了该离开的时候，芭芭拉就要错过采访空手而回了，她心想：我必须找到一个可以引发他兴趣的话题，让他与我交谈。趁着欧纳西斯喝水的间隙，芭芭拉立刻提问："先生，我想请问您一个问题，您在海运和空运方面都取得了举世瞩目的成就，这非常令人钦佩和震惊。请问您最初的职业是什么？是怎样开始发展这项事业的？"

这个话题成功地吸引了欧纳西斯的注意力，他很愿意与别人分享自己的经历，而整个谈话也立刻朝着芭芭拉所希望的方向开始发展，她以一个精妙的问题作为开始，获得了一次成功的采访。

在与人交谈的时候，需要特别关注对方的特点，避开谈话双方的禁忌，避免进入"谈话雷区"。善于说话的人总是能找到"安全值"最大的话题，引起大家的谈论兴趣。与遭逢不幸的人聊天，应避免聊起不幸的往事；与失恋的人聊天，应该避免聊起爱情与婚姻等问题；而如果对方身体有残疾，则应该尽量避免过分关注他身体的问题。因为这都是谈话的雷区。而与专业人士交谈的时候，在工作之外的时间要少谈工作，在工作时间则应少谈家务；与具备一定社会地位的人聊天时，应该尽量少谈宗教、政治和性等敏感话题，以免引起对方不悦，让谈话陷入僵局。

有一位编辑想邀请一名脾气古怪的作家为自己撰稿，在见面之前，他就听说这位作家让很多编辑都吃了闭门羹，因此心里非常忐忑。当他与作家会面时，发现他果然是一个很难捉摸的人，两个人连话都说不到一起，而编辑因为紧张更加语无伦次。最后自然被作家拒绝，空手而回。

无奈的编辑被深深的挫败感所困扰，回到办公室后他思前想后，寻找着自己做得不对的地方。通过深切的自省之后，编辑认为自己对作家的了解不够，所以才导致了此次会面时遭遇尴尬。于是，他用心收集了报纸和刊物中关于这位作家的所有资讯，仔细研读了他的所有作品，在自己对作家有了进一步的了解之后，又预约了第二次见面。第二次的会面气氛开始时与前一次一样沉闷，但是编辑很快就热情地说："最近您的作品要被翻译成英文在美国出版了，恭喜您！不过您觉得自己作品的风格能否用英文表达出来呢？"这个话题立刻引起了作家的兴趣，因为这是他最近正在做的一件大事，并深深为这个问题所困扰。于是他马上回答说："我也很担心啊，所以一直在寻找好办法，你有什么建议吗？"

在和谐融洽的气氛中，编辑和作家进行了愉快的谈话，编辑获得了作家的认可，作家答应为他写稿；而作家也认为编辑给自己提供了一些有用的建议，与他成了朋友。

从上面这个故事中我们可以看出，在交谈中，地位处于劣势的一方有义务寻找话题，引起另一方的谈话兴趣。求人办事时，有所求的人要寻找可以让对方愉悦的话题；在谈生意的时候，乙方要选择有利于合作的话题。

要寻找话题并不是一件很困难的事。因为在你的生活环境中，凡是能看得到的东西，都可以拿来当作话题。

‖ 打造自己从谈吐开始

一个人的能力要获得别人的认可，必须通过一定的途径进行展示。一个表达能力不足的人在展示自己的过程中，必然会遭遇困难。就算是他拥有着卓越的想法，并且付出了十足的努力，可是没有了语言的相助，这些才华和努力也不能被别人所了解。谈话，和作文一样，有主题，有腹稿，有层次，有头尾，不可语无伦次。良好的语言能力不仅可以帮助我们展示自己，更能够为我们辩护，从而获得比别人更多的成功机会，更快地达成自己的目标。

美国前总统里根在访问加拿大的时候，曾经遭遇过一次突如其来的混乱。当时，里根正在讲台上演讲，忽然看到下面一阵骚动，有人还举出了反美的标语。这种行为很快就被维持秩序的警察制止了。但是作为主人的加拿大总理皮埃尔·特鲁多还是感到非常尴尬。

看到皮埃尔·特鲁多脸上挂着不安的笑容，里根总统在讲台上笑着说："这样的情况在美国是时常发生的，我的演讲总是可以遇到这些老朋友。我想今天的这些人或许是特意从美国赶来，为我的演讲助兴的。"

这一番幽默的自嘲让现场本来紧张的气氛顿时变得轻松起来，皮埃尔·特鲁多的尴尬也立刻被化解。在大家雷鸣般的掌声中，里根的演讲得以继续下去。

可见，拥有良好的语言能力能够帮助我们跳出困境，轻松化解难题。但是在我们的日常生活中，当人们遭遇类似的尴尬，却不能做到这般游刃有余。我们看到更多的是期期艾艾和欲言又止。如何让自己的语言表达变得隽永动听，让每一名听众都可以愉悦地接受，并有效地帮助我们取得成功，这就是语言艺术的奥秘所在。

周总理是一个非常精通外交辞令的人，他总是能用轻松的语言化解难言的尴尬，达到举重若轻的效果。在国际外交界中，至今还流传着一个他与美国前国务卿基辛格之间的对话。在联合国的一次会晤中，基辛格对周总理说："中国人走路总是喜欢低着头，而美国人走路却总是昂着头。"

这句话猛一听好像是一种随意的调侃，并不带有任何意味，或许它带着一丝不友善，却没有明显的恶意，因此也让听者无法找出基辛格的失误。如果针锋相对地回答，则会显得有失风度，而如果闭口不言，又会让自己白白令人嘲笑。

周总理听基辛格说完，便也笑着用调侃的语气说："因为中国人在走上坡路，自然要低着头走；而美国人在走下坡路，所以昂着头也不奇怪。"听了总理这一番巧妙的回答，连基辛格在内的各国代表都哈哈大笑起来。

这个回答之中不仅有敏捷的思维，更有恰当的分寸，虽然带着开玩笑的情趣，仔细回味却也能体会到反唇相讥的意味。整个谈话的气氛并没有受到任何影响，但周总理已经很好地维护了国家的尊严。

要想在谈话中有得体的表现，就必须要对自己所说的话有提前的认知和考虑。针对自己的谈话对象以及要讲的内容，每一个谈话者都应该在说话前打好腹稿，在脑海中构想好自己要怎么讲，同时观察周围的环境，掌握对自己的谈话有所影响的各种因素，这正是所谓的"凡事预则立"。

刘罗锅是一个家喻户晓的人物，他本名刘墉，深得乾隆皇帝的信任，乾隆帝不管大事小情都非常乐于与他商议。闲来无事，乾隆帝还喜欢和刘墉聊天，只因刘墉才思敏捷，对答得体，总是能说出让乾隆帝会心一笑的话。

有一回，在议完政事之后，乾隆帝又和刘墉闲聊起来。他感慨地说："我们转眼之间都要变成老人家了！"

看到乾隆帝一脸的伤感，情绪低落，刘墉便笑着说："皇上，您还很年轻呢，正是做大事的时候。"乾隆帝听他这么安慰自己，只是摇摇头说："我属马，已经五十了，怎么还年轻呢？你既然这么说，你今年多大了？"刘墉毕恭毕敬地回答说："皇上，我今年五十，是属驴的！"

听到这个奇怪的答案，乾隆帝立刻来了兴趣，问他："你我都是五十，我属马，你怎么属驴呢？"

刘墉看到乾隆帝一脸疑惑，便笑着说："皇上是天子，您属了马，为臣怎么还敢属马呢？所以就只好属驴了。"

这一番对答不仅出乎意料，而且还表达出刘墉对乾隆帝的无限恭敬，不禁让乾隆帝笑逐颜开，刚才伤感的情绪早就一扫而光了。

能够获得乾隆帝的认同，刘墉凭借的不仅是自己的才智，更发挥了语言的无穷魅力。从他的身上，我们可以看到：要想在谈话中获得别人的认同，就要学会使用对方熟悉的语言，谈论对方关心的话题，还要根据谈话的环境进行灵活的变通，只有这样才能契合对方的心情，从而达成目的。

第二章

表达，当今最重要的社交能力

　　人在江湖，是否拥有一张巧嘴十分重要。在关键时刻，话说得是否到位，能不能说到点子上，都会产生无法预计的影响。不论在工作上，还是在生活中，我们都能看到铁齿铜牙之人，凭借一张嘴，使许多事情有了转机。在别人训练嘴皮子上的功夫时，我们也不禁跃跃欲试。其实，想练就一张厉害的嘴巴，不是不可能的事情。

与对方同步，交谈者之间要有共鸣

在合唱时，如果都是高音，听起来会比较和谐；如果这时突然乱入一个低音，听起来则会让人感觉怪怪的。与别人谈话也是这样。只有找到了对方喜好的话题，融入其中，才会令对方对你及你的说话内容产生兴趣，一旦产生共鸣，沟通和交流自然会变得流畅。

要想言谈和对方在一个声调上，首要一点是要和对方保持"同步"，找到和对方的共同点或者相通处。让对方意识到你的话语和他存在着某种利害联系，或是让对方也能畅所欲言。这样的谈话才能使对方乐意听，愿意交流，引起"共鸣"。否则，你的言语就无法起到预想的作用。

老王是公司里的销售骨干，多年来碰到过各种各样难缠的客户。这次，公司又遇上了一个棘手的甲方，在很多同行都在为拿下甲方订单而发愁不已的时候，老王却用自己的三寸不烂之舌轻轻松松解决了问题。

老王像其他拜访者一样来到了某公司销售经理的办公室，他早就听同行说了这个销售经理是如何廉洁、古板、不好搞定。许多来找他的人都不知道如何开口，碰了一鼻子灰。于是，老王赤手上阵，打算换个策略。

刚走进经理办公室，眼尖的老王便发现，在办公室最显眼的位置上悬挂着一张巨大的照片。照片上是销售经理和著名导演××的合影，经理一脸笑容。显然，这张照片对销售经理而言意义非凡。于是，老王便试探性地对销售经理说："经理，我是学编剧出身的，一直都很崇拜××导演。没想到您跟他有这么好的交情。"一听这话，销售经理仿佛找到了知音，脸上立刻绽开了笑容，也打开了话匣子："我特别喜欢他拍的电影，××还没有出名的时候，我们就已经是朋友了……"

接着，二人就影视作品愉快地聊了起来。几个小时之后，老王离开公司时，单子已经轻松在手了。之后，两人便成了相见恨晚的老朋友，经常在一起饮茶聊天，看看话剧，业务交往更是不在话下。

说出别人关心在意的事情，话家常拉客套，从而博取对方的好感，让对方认为你是"同盟"，进而让对方拿你当作自己人，这就是口才的作用。

‖ 手势很重要

手势，顾名思义就是在交往中表达自己想法时用手所做的各种各样的姿势，也被称为"体态语言"。

手势的运用场合有很多，日常生活中的挥手、鼓掌等都属于手势的范围，我们在运用时应根据不同地域场合和目的恰当运用，不然就有可能会引起误会，甚至影响个人的形象，导致工作、交友的失败。

　　一位美国企业家到法国去做红酒生意，在法国人热情而又浪漫的欢迎会上，他兴高采烈地品尝了法国香槟，这种名酒的醇美香甜也使他称赞连连，两名企业家交谈甚欢。但就在这个时候，他做了一个"OK"的手势，本来是想夸这个酒好喝，但没想到主人立刻显得不高兴起来。原来，在美国本土这个手势是"good"的意思，而在法国的部分地区，这个手势表示了商品的劣质，含有不满意的意思。幸好，机灵的助手及时提醒了他，经过解释和表示歉意后双方才消除了误会。

　　在这里需要强调一下，"OK"的手势不仅在法国的部分地区代表的意思不好，在墨西哥也是代表性的特殊手势，就像美国人伸出中指一样。所以，如果身在异乡，不了解当地手势的含义，可不要胡乱模仿，或者按照自己的习惯做手势，否则很容易引起误会。

　　无独有偶，一位巴西商人到俄罗斯去做生意，在经历了千辛万苦的谈判后，双方终于达成了共识。然而就在即将签合同的时候，这位巴西商人做了一个交好运的手势——他把右手攥成拳头，并将大拇指放在食指和中指中间。俄罗斯人的脸色立马就从晴转阴。在一旁的翻译赶快告诉那位巴西商人，这个手势虽然在巴西表示交好运，但在俄罗斯却是侮辱人的动作。巴西人听后连忙道歉，才不至于使这一笔本应愉快双赢的生意因一个不起眼的手势而告吹。

　　由此可见，不同的手势代表不同的意义，同一手势在不同地区意思也很有可能大大相反，所以我们在运用时一定要加倍小心。但如果我们能合适地运用手势来表达情意，就能起到很好的沟通作用，事半功倍。

此外，我们也可以创造自己的招牌手势，让自己更有个性，让别人对你的印象更加深刻。但是需要注意的一点是，不要轻易模仿别人的手势语言，这样做很容易适得其反，东施效颦。在使用手势语言的时候，也应该大方得体，不要扭扭捏捏，或者过于夸张，否则容易给人留下不好的印象。

▌ 称呼不容小觑

称呼语中蕴藏着很深的学问，每个称呼语都有特定的运用语境和范围。特别是在一些初次交往者之间和等级观念比较严苛的企业中，称呼合适与否可能直接决定着彼此的交涉能否顺利进行。正确、得体的称呼是掌握说话艺术的第一要点，在日常工作和生活中，常常会因为称呼上的不得体而造成尴尬的局面，而我们却在事后才认识到。

秘书小蔡新到公司不久，她的直接领导是单位的副总郑建。小蔡每天都要去向郑建汇报请示，小蔡很自然地称呼他为"郑总"，郑总自然乐不可支。但是，很快，小蔡就因为称呼吃了亏。

一天，正牌领导王总到公司视察工作，在向两位老总汇报工作中，小蔡依旧称呼郑建为"郑总"。王总的脸色立刻变得很难看，他讽刺郑建说："郑总，这个称谓挺好的嘛！"

一听出王总的言外之意，郑建也是一脸通红，小蔡这才意识到自己说错了话。

一个称呼，却让自己在正牌老总心里的印象大打折扣。所以，称呼的得体、正确，在一些场合里，至关重要。

你可以选用比听话人真实身份高的称呼语，让听话人觉得更有身份，更受尊敬，更喜欢自己的称呼。可是一定要分清场合，以免搬起石头砸自己的脚。即使是再尊重，也要有个限度，不张冠李戴。我们事先要有充分的准备，比如在开始互相介绍之前，先对会见对象的姓名、单位、职务进行初次摸底，最好做到心中有数。对方没有谈及的问题，可以进行礼貌的询问。有所了解是必要的，因为是根据对方的自我介绍来称呼他，所以不至于会犯下太大的错误。

要使自己的语言得当，给别人留下亲切友好的印象，就要先掌握好称呼的方式方法，避免产生不必要的误会和麻烦。

第三章

语言是一门艺术，表达是一种技术

　　与人交往难免会说错话，做错事，得罪人。严重情况下，我们还有可能因为自己的过失给别人造成沉重的精神痛苦和巨大的经济损失。一句"对不起。"或许并不会起到实质的作用，但是却能先稳住人心，再慢慢解决问题。因此，我们需要及时认识到自己的错误，并放下身段，诚恳道歉，通常情况下，总能得到别人的原谅。

拒绝时要给对方留脸面

在生活中我们经常会遇到别人提出不合理要求的情况，这时我们要学会"拒绝"，并且要合理地拒绝，既不会伤和气，也不会破坏你留给别人的印象。

拒绝是一门学问，因为在拒绝别人的时候，还要体现出个人品德和修养，让别人在你的拒绝中，同样能感觉到你是真诚的、善意的、可信的。在拒绝的过程中，要想不伤和气，依然与对方保持良好的人际关系，那么就要设身处地地站在他人的角度进行换位思考，在不能提供帮助的情况下用同情的语调来婉言回绝。

20世纪三四十年代的美国总统富兰克林·罗斯福就任总统之前，曾经在海军担任部长助理这一要职。有一次，他的好友向他打听美国海军在加勒比海某岛建潜艇基地的计划。

当时来讲，这是不能公开的军事秘密。面对好友的提问，罗斯福如何拒绝才比较好呢？罗斯福想了想，故意靠近好友，神秘地朝周围看了看，压低嗓音问道："你能对不宜外传的事情保密吗？"

好友以为罗斯福准备"泄密"了，马上点头保证说："当然能。"

罗斯福坐正了身子笑道："我也一样！"

好友这才发现自己上了罗斯福的"当"，但他随即也明白了罗斯福的用意，开怀大笑起来，不再打听了。

罗斯福之所以能忠于自己的职责，严守国家机密——因为他知道，人都有一个共性，喜欢打听隐秘的事情；打听到了之后，又不能守口如瓶，总是想方设法地告诉别人，以展示自己的能耐。罗斯福深谙其中之奥妙，所以，他对任何人都保密。罗斯福使用的是委婉含蓄的拒绝方法，其语言也具有轻松幽默的情趣，表现了罗斯福的高超语言艺术：在朋友面前既坚持了不能泄露秘密的原则立场，又没有令朋友陷入难堪，取得了非常好的语言交际效果。

下面是一个发生在身边的例子。

两个打工的老乡，找到在某市工作的李某，倾诉了一番打工的艰辛，一再说住不起客店，想租房又没有找到合适的，言外之意就是要借宿。

李某听后马上暗示说："是啊，城里比不了咱们乡下，住房太紧张了。就拿我来说吧，这么两间耳朵眼大的房子，住着三代人。我那上高中的儿子，没办法晚上只能睡沙发上。你们大老远地来看我，应该留你们在家里好好地住上几天，可惜做不到啊！"

两位老乡听后，应和几句，知趣地离开了。

两个老乡没有直接向李某提出借宿请求，而只是一味地埋怨在城里找房子住如何困难；李某也假装没听出来弦外之音，立刻附和他们的观点，并说自己家住房如何紧张，为不能留他们住宿而表示遗憾。老乡听了这番话，既明白了李某的难处，又知道他在拒绝自己，只好离开了。

习惯于中庸之道的中国人，在拒绝别人时容易产生一些心理障碍，这是受传统观念的影响，同时，也与当今社会某些从众的心理有关。其实，做到"在拒绝的同时，为双方留下脸面和余地"

并不太难，可以尝试下面这些说法（做法）：

"哦，是这样，可是我还没有想好，考虑一下再说吧。"

"哦，我明白了，可是你最好找对这件事更感兴趣的人吧，好吗？"

"啊！对不起，今天我还有事，只好当逃兵了。"

可以使用摆手、摇头、耸肩、皱眉、转身等身体语言和否定的表情来表示自己的拒绝态度。

"哦，我再和朋友商量一下——你也再想想，过几天再决定好吗？"

"今天咱们先不谈这个，还是说说你关心的另一件事吧……"

"真对不起，这件事我实在是爱莫能助了——不过，我可以帮你做另一件事！"

"你问问他，他可以作证，我从来不干这种事！"

"你为我想想，我怎么能去做没把握的事？你想让我出洋相啊。"

‖ 将"上谕"暂时放到一边

人们在和地位较高的人交往时，难免会有紧张小心的心态。由于地位的悬殊，心理上会产生两难的局面，有时即使你夹着尾巴做人，也有可能出现闪失。要清楚，领导较之于你，地位比你高，有决定你饭碗和命运的权力。下面的一则寓言就生动地说明了这一点。

狮王想吃掉他的三个大臣，于是想出了个骗局。它张开大口，叫熊来闻闻它的嘴里有什么味道。

"大王，您嘴里的气味很难闻，又腥又臭的。"熊是老实巴交的，自然实话实说。

狮王大怒，说熊侮辱了身为百兽之王的它，罪该万死！于是就猛地扑了过去，把熊给吃掉了。

接着，狮王又叫狐狸来闻。

狐狸看到熊的下场，便极力讨好狮子，它说："啊！大王，您嘴里的气味非常好闻——既像甘醇的酒香，又似高级的香水。"

狮王又是大怒，它说狐狸太不厚道，是个马屁精，肯定是国家的祸害。于是又扑上去，把狐狸也吃了。

最后，狮子问兔子闻到了什么味。

兔子答道："大王，非常抱歉！我最近伤风，鼻子不通气——现在什么味道也闻不到了；大王您如果能让我回家休息几天，等我的伤风好了，一定会为您效劳。"

狮子找不到理由，只好放兔子回家了；兔子趁机逃之夭夭，保住了性命。

这则寓言的寓意是：上司地位较高，又有权力，往往自以为是，一直习惯了高高在上、指手画脚；有时候会反复无常，即使下属完全按其想法做事，也会导致他的不满——因为他顾虑的东西，是下属难以想象的。

在与领导相处时，如果接到领导不冷静、不理智的命令，下属不能一味地听从，必要时，可以"顾左右而言他"，不理会领导的无理要求。即便是下属在工作关系上隶属于领导，但下属也有独立的人格，不可能什么事都不分善恶是非地绝对服从。

齐景公有一次大宴群臣。酒酣之际，齐景公便有些忘形，他对大臣们说："各位今天可以痛快地饮酒，不必受君臣之礼的拘束！"

群臣纷纷谢恩，可偏偏晏子却"不知好歹"，他严肃地对齐景公说："大王的话不妥！禽兽都是以雄健有力者为首，弱肉强食，所以每天都在更换首领。大臣们若抛弃礼节，就可能有更换国君的危险，敢问您将怎么处理呢？"

齐景公听了很不高兴，背过身子，不理会晏子。

过了一会儿，齐景公出去方便。回来后，晏子就坐着不动，也不起身；君臣碰杯，晏子也不谦让，只自顾自地先饮。

齐景公怒容满面，瞪着晏子说："刚才你不是还教训我不能没有君臣礼节吗？你讲的礼节都哪儿去了？"

晏子当即离开座席，向齐景公拜了再拜，恭敬地说："我哪里敢这样做呢？之所以这么做，是想让国君了解没有礼节的实际情景啊。"

齐景公听了恍然大悟："原来是我的错啊！先生请入座，我按你说的办就是了。"

此后，齐景公完善礼法，整顿制度，从此官员守礼，百姓肃然。

以子之矛，攻子之盾。当下属暂时没有能力改变上司的错误观点时，最好的办法就是以上司的观点说话行事，借此给他本人以"响亮的耳光"。

唐太宗时，大将尉迟恭就能够巧妙地处理好与唐太宗的关系。有一次，唐太宗与吏部尚书唐俭下棋。不料，这吏部尚书唐俭不懂奉迎，又爱逞强，使尽解数，将唐太宗逼得步步弃子、落花流水。唐太宗一时觉得很没面子，又因为平日唐俭言语直露，甚是不恭，就想治罪于他。于是派尉迟恭去搜罗唐俭的罪状。尉迟恭没有直接反抗，而是采取"和"的办法。回来后劝谏唐太宗三思而后行，闭口不提唐俭的短处。唐太宗火气消后，冷静下来，自知无理，便作罢了。

假使尉迟恭一味地附和唐太宗，真正地将唐俭所谓的"罪名"搜罗出来，导致唐俭被杀；等以后唐太宗冷静下来，又肯定会治罪于尉迟恭，那可真是害人害己，自讨苦吃。尉迟恭巧妙地不去搜查唐俭的"罪过"，使得唐太宗不至于情急出错，同时也保全了自己，并落得好名声，可谓是一石三鸟。

‖ 学会说话拐个弯

在日常生活中，直接辱骂别人，听者当然很容易就能听出来，如果说话人使用的是隐含的侮辱人的话，听话人就更应该注意了。听话人不仅要善于听出对方的恶意，而且必要时还可以"以其人之道还治其人之身"，给对方一个含蓄的回击。

据说，有一位商人看到诗人海涅（海涅是犹太人），就对他说："我最近去了塔希提岛，你知道在岛上最能引起我注意的是什么吗？"海涅说："你说吧，是什么？"商人说："在那个岛上呀，既没有犹太人，也没有驴子！"海涅却回答说："那好办，要是我们一起去塔希提岛，就可以弥补这个缺陷。"这里商人把"犹太人"与"驴子"相提并论，很明显是在暗地里骂"犹太人与驴子一样，无法到达那个岛"，而海涅却听出了对方的侮辱和嘲笑，回答时话里有话，暗示这个商人就是头驴子，使商人自讨无趣。

直言直语有两种情况，要么是一针见血，要么是胡言乱语。一针见血地说出别人的毛病，即使出发点是好的，但其杀伤力极强，很容易使别人下不来台。如果能用婉转一点的方式提示别人，其效果要远远好于直言直语。

从前，英国有个倒卖香烟的商人去法国做生意。一天，他在巴黎的一个集市的台上滔滔不绝地大谈吸烟的好处。突然，从听众中走出来一位老人，连个招呼也不打，就走到台上非要讲一讲不可。那位商人毫无精神准备，不禁吃了一惊。

于是老人在台上站定后，就大声说道："女士们，先生们，对于抽烟的好处，除了这位先生讲的以外，还有三大好处哩！不妨让我来讲给大家听听。"

英国商人一听老人说的话，转惊为喜，连忙向老人道谢说："谢谢您了，老先生。我看您的相貌不凡，说话动听，肯定是位学识渊博的老人，请您把抽烟的三大好处当众讲讲吧！"

老人微微一笑，马上讲起来："第一，狗见到抽烟的人就害怕，就逃跑。"台下的人都感到很莫名其妙，商人则暗自高兴。"第二，小偷不敢到抽烟人的家里去偷东西。"台下的人连连称怪，而商人则喜形于色。"第三，抽烟者永远年轻。"台下一片轰动，商人顿时满面春风，得意扬扬。

接着老人把手一握，说："女士们，先生们，请安静，我还没说清楚为啥会有这样三大好处呢！"商人分外高兴地说："老先生，请您快讲呀！""第一，在抽烟的人中驼背的多，狗一看到他们以为要拾石头打它哩，它能不害怕吗？"台下的人发出了笑声，商人却吓了一跳。"第二，抽烟的人夜里总爱咳嗽，小偷以为他没有睡着，所以不敢去偷东西。"台下的人一阵大笑，商人在那里大汗直冒。"第三，抽烟的人很少有长寿的，所以永远都年轻。"台下的人一片哗然。

此时，大家一看不知什么时候倒卖香烟的商人已经偷偷溜走了。

随着这样的步步深入，几个"迂回"，那个商人能不溜走吗？

曾经有这样一个故事，触龙劝说赵太后同意让小儿子到齐国做人质，就是运用了这种"迂回"的手法。他在众大臣劝说无果的情况下，上前劝说，先是关心太后的身体健康，然后又向太后请求为自己的小儿子安排工作，在一步一步打消了太后的思想顾虑之后，又用"激将法"说她是爱自己的女儿胜于爱小儿子，再接下去道出了"为之计深远"的大计，最后终于说服太后让小儿子去齐国做人质。

可以想象，假如触龙直接劝说，是不可能取得好的效果的。其实，也就是在说话时，在步入正题前先做一个"铺垫"，说话"迂回"一些，然后再一步一步导入重心，这样就会收到良好的效果，就像游览古典园林，"曲径通幽，渐入佳境"。

‖ 批评是万不得已的下策

　　批评是危险的。因为它常常伤害一个人宝贵的自尊，伤害他的自重感，并激起他的反抗。英国有句民谚：要记住，批评是用来解决问题而不是侮辱人的。

　　Z 先生是纽约市的一个年轻律师，有一次，他在联邦最高法院审理一宗涉及巨款和违法的重大案件时出庭辩护。当时一名法官对他讲："根据军舰制造厂限制条款，你的当事人应判 6 年刑，难道量刑不当吗？"Z 先生看了法官一眼，尔后开门见山地说："尊敬的法官，这种条款是不存在的。"

　　事后 Z 先生说："法庭鸦雀无声，室内温度好似突然降到了零下。我是对的，法官是错误的。于是我就向法官直言陈述了自己的观点。可你想他能同意我的观点吗？不会的。但我仍然相信自己的观点是符合法律规定的。我觉得这次辩护发言比以往任何一次都成功，但就是没能说服法官。当我指出这名法官的说法不对时，我已经是在犯一个大错了。"

　　真正有智慧的人，决不会简单地批评对方，让对方接受自己的意见。

　　我们不要去责怪别人，而是要试着去了解他们，弄清他们为什么会那么做。这会比批评更加有效，而且这样做还能产生同情、容忍以及仁慈。了解了一切，就会宽容一切。

已经去世的"百货大王"约翰·华纳梅克曾经承认："我在30年前就已经明白，批评别人是愚蠢的行为。我并不埋怨上帝对智慧的分配不均，因为要克服自己的缺陷都已经非常困难了，当然更没有时间去埋怨上帝了。"

与人相处时，切记：与我们交往的不是纯粹按道理或逻辑生活的人，而是充满了感情的，带有偏见、傲慢和虚伪的人。批评是一根导火线，它足以使人的自尊爆炸，这种爆炸有时会具有极大的杀伤力。

中国有句老话说：树活一张皮，人为一张脸。有的时候，对方虽然做错了，你批评他，他心里会不太舒服，有的甚至会对你怀恨在心。他明明知道自己做错了，但是在听了你的严词批评后，他有时就不会主动认识到自己的错误而去改正；而如果他并没有犯错你却批评他了，没有胸襟没有气度的人便会勃然大怒，这样，下不了台的只能是你自己，所以，使用批评要特别地谨慎小心。

南北战争时，林肯总统一次又一次地任命新的将军带兵打仗。而每一个将军——麦巴里兰、波普、伯恩基、胡克尔、格兰特——相继惨败，使得林肯只能失望地踱步。全国有一半以上的人，都在痛骂那些差劲的将军们，但林肯信守"不对别人批评，只对大家祝福"，一声也不吭。他喜欢引用的语句之一是"不要评议别人，别人才不会评议你"。

当林肯太太和其他人对南方人士有所非议的时候，林肯回答说："不要批评他们，如果我们在同样情况之下，也会跟他们一样。"

因为林肯知道，这些批评不会起到任何作用，只会使事情向更坏的方向发展。

坦率给人提意见的人，即使不因此招人怨恨，至少也难以受到欢迎。这是因为人们都有强烈的自尊，都有面子的需要，都希望受到表扬而拒绝批评。明知道别人有过失而不及时批评纠正，无异于怂恿其继续犯错误，但在提意见的时候如果施行"无麻醉手术"，言辞激烈可能使对方坚持错误，产生抵抗心理。

我们在万不得已需要批评别人的时候，首先必须对被批评者寄予同情。这里的同情，当然不是指去同情他的错误，而是要谅解他犯错误的原因和体谅他已经犯了错误时的难过心情。只有这样，我们在批评他时，才不至于把话说得太难听。只有当被批评者认识到你是同他站在一起而不是同他敌对时，他才有可能接受你的批评。

第四章

谈吐是人的脸面，也代表了你的身价

为什么一些穿着体面、打扮时尚的人仍然没有自信？往往是因为他的内在修养无法与之匹配。当修养成谈吐肤浅时，我们很难给别人留下深刻的印象。你虽然贫穷、长相平庸、穿着普通，但是你可以说话掷地有声，用谈吐来提高你的身价，让你变得与众不同。

‖ 少一点啰唆，多一些干货

当我们面对那些说话唠唠叨叨、拖泥带水、言语空泛而没有重点的人，心里多多少少会有些厌烦。

关于啰唆，有这样一个笑话：

有一位"啰唆先生"在写给家人的信中说：

"……吾于下月即将返里。不在初一即在初二，不在初二即在初三，不在初三即在初四，不在初四即在初五，不在初五即在初六，不在初六即在初七，不在初七即在初八，不在初八即在初九……不在二十八即在二十九。其所以不写三十，因月小之故也……"

"啰唆先生"的这封信，主要就是一个意思："我下月将回家"，可是他却写了一大篇，说来说去都是一个意思。虽然这仅是一则笑话，但它证明了：说话要简洁明快，言简意赅，不要太啰唆，否则就会失去魅力。

语言简洁而明快，能够表现出人的高超的认识能力和思维能力，体现说话人的性格果敢决断，有自信，能够快速而深刻地分析问题。快节奏的现代社会，人们的时间观念越来越强，如果能够办事果敢，说话干脆果断，不拖泥带水，会留给人精明能干的良好印象。

怎样能使说话言简意赅，不啰唆呢？

其实，想要说话简洁明了，并不是很难。在叙述一件事情时，尽量用最简明的方式向他人说明。有人虽然说了很多，但还是没有说出真正的意思，白白占用别人的时间和精力。要避免啰唆的最好办法是，在说话之前，先在脑海里制定一个初步的计划，然后再简单讲出来。

有时为了吸引别人的注意，需要使用叠句或加强语。叠句不是不可以用，但不能滥用，否则就会显得拖沓。比如，小孩子为了要求得到满足，常会问父母："行不行？行不行？"一个劲儿地重复着，父母大多会不耐烦地回答："不行！"

语言博大精深，丰富多彩。我们尽量在允许的范围内使表达更加多样，因此要注意避免频繁地使用一个名词。即使是新词汇，如果被反复地说，也会失去新奇感，甚至会引起别人的厌倦。

▌原来言语也可以"瘦身"

为了自己的演讲能够获得掌声，深入人心，许多人常常把演讲稿写得烦冗不堪。其实，演讲并不是一个"大胖子"，多多益善。能够避免赘词，"玲珑有致"的演讲稿，才是一篇优秀的演讲稿。

一位主人在用餐之前，向所有客人致辞，他就犯了"啰唆"的毛病。下面来看他的致辞的具体内容：

各位来宾、女士们、先生们，首先让我说声大家好，平常我承蒙各位照顾，一直希望能有机会报答在座的各位，希望能表示我的一点谢意。今天特地邀请各位来参加这个宴会。各位能在百忙中大驾光临，真使我觉得三生有幸，蓬荜生辉，特地在此表示谢意。

其实，利用今天这个机会来讲公事是一件不礼貌的事情，但是我也是身不由己，请大家先接受我的道歉。公司数年来一直苦心研究的新产品终于研制成功了，并且在大量地投入生产，今后开辟市场和销售方面，还须仰仗各位，因此特地摆席设宴，聊表心意。

过去几年已经有不少新产品的销售都仰赖各位，并且接到不少订单，为公司带来不少效益。敝公司对于产品的销售能有十足的信心和把握，都是托大家的福，对于这一点，敝公司非常感激。现在再度重托各位，但愿各位能再为新产品推广销路。总之，请容我再度向各位表示感谢。

这次的新产品，和同类的产品相比，有诸多优点……说句发自肺腑的话，凭借着这些优点，新产品理所当然获得好评。今天麻烦各位专程来参加宴会，但因准备不周，未能尽心招待，草草备有酒菜，还请各位慢慢饮用，并且开怀畅谈。

不知不觉讲了这么一大堆话，深表歉意，请各位宽恕我的无礼。最后再一次谢谢各位给我们产品的关怀和照顾。现在谨以拙词聊表十二万分谢意，并且预祝各位事业如意，精神愉快。

本来几句就可以介绍完的事情，这位主人却洋洋洒洒说了一大篇。等他说完，酒菜恐怕早已经变冷。

莱特兄弟在成功发明飞机之后，声名远播。在庆祝大会上，他们的演说非常简短。他说："各位先生，各位女士，鸟类中最善于讲话的鹦鹉是不会飞的，而我则不善于讲话。谢谢各位！"几句话，却引来无数的掌声。

其实，讲话要取得成功，无须长篇大论，能做到用最少的字句，包含尽可能多的内容，并打动听众，就已经成功了一大半。所以我们讲话时，言语该"瘦"的地方要"瘦"，该"胖"的地方要"胖"，有重点，有曲线，饱满而有力。

‖ 说话要合情合景

当我们参加一些比较温馨的宴会时，一定要注意自己说出来的话是否符合当时的场合，要让自己的话语融入氛围之中，即便你心内悲伤，也不要在这样的场合中完全暴露，否则就会因为你一个人破坏了宴会的整体氛围，这样的你不会赢得别人更多的同情，反而会让人觉得你不懂事，故意捣乱而已。就像下面这个案例：

某高等院校中文系的两位老教师退休了，为此，该校为二人举行了一个欢送会。在会上领导自然会对他们的工作和为人进行一番热情洋溢而又得体的肯定和赞扬。人多了总是有比较的，所以对那位曾经获得过先进表彰的老同志的美誉自然会多一些。这就让没有获得过先进的老同志心里有点难过。所以当轮到两位退休老教师致答谢词的时候，他们自然会对大家的欢送表达深深的感谢。一时间，会场里充满了令人动情的温馨气氛。作为欢送会，答谢的话本应该点到为止；然而，有位老教师却并没有就此打住，而是将自己心里的悲伤说了出来，他在主席台上大发感慨，说自己很遗憾，从来也没有得过一次先进……

话还没说完，坐在他对面的那位青年教师就开了口，告诉他不用这样难过，他没有当上先进，不是因为他不配，而要怪大家没有给他提名。一时间大家都感觉到了青年教师话语中带着刺，老教师被这句话说得面红耳赤，眼角眉梢也被"刺"出了一股忧伤的表情，一时间会场中所有的人都处于一种尴尬的状态。

领导见势头不对，赶紧接过话茬，想缓和一下会场的气氛。照理说，他应避开"先进"这个敏感的话题，引导着众人谈论其他的事情。然而，他却反复就"先进"这件事情劝慰那位退休老教师。如此一来把本应该避而不谈的话题做了重复和引申，使会场本就尴尬的局面变得更为紧张而尴尬。

这个案例中没得过先进的老教师和他的领导都没有注意说话应该符合场合需要的特点，这就不可避免地引起了众人的尴尬。所以要想得到大家的认可和尊重，一定要懂得说话的艺术，在恰当的时机说出最得体的话语。

‖ 动嘴之前先动眼

有句俗话说："见人说人话，见鬼说鬼话。"这不仅说明一个人要善于说话，还强调要懂得见到不同的人时要说不同的谈话内容。但是，要说出漂亮的话，要人都喜欢听，能听进去，是比较困难的。谁知道别人爱听什么、不爱听什么呢？这就要"看"，要看清是对谁说话，还要一边观察一边说，一边说一边观察。

徐坤就是一个懂得察言观色的人，他一直是老板跟前的红人。他总结自己能在老板面前得宠的原因，很重要的一点是看领导的脸色、动作以及老板说话声音高低、腔调等的变化，在细细总结这些后，他才说出自己的看法。

如果老板满脸红光，时不时地哼着歌，说明此时老板的心情很好。如果在汇报工作时，老板表情严肃，半天都没有表态，就要做好心理准备，老板有可能会就工作发问，或是不太赞成，一定要弄清楚老板的想法，并按照老板的意思来施行。

他每次都仔细观察老板的脸，因为从老板的脸上也能看到阴晴。如果老板嘴里已经答应了自己，但是老板的眉头却紧皱着，抑或是他的嘴唇突然紧闭，嘴角向下，这表示他内心并不愉快。老板的话其实是言不由衷，或者是碍于面子，不得已才这样说。

　　的确，每一种体态、每一种动作都可以被认作是一种特殊语言，都在展现一个人的内心。问题是我们能不能看懂这些体态表情，领会体态语的内在含义。比如，你发现谈话的对象双脚并立，双臂交叉在胸前，这表明他对你怀有某种敌意，这是一种自我防卫；当他双臂交叉，双拳紧握时，说明他不只在自卫，还会攻击你。如果谈话的对象常常向你摊开双手，这表明他对你真诚坦率，他对你并没有防备心理。

　　与人交谈时不仅要看他说了什么话，而且还要注意对方说话声音的高低、强弱、快慢、腔调等变化，从而得知言外之意，听出弦外之音。说话声音有多种变化，能够表现一个人的性格。说话节奏快、声音响亮的人多是急性子，说话节奏缓慢、声音低沉多半是慢性子。而语速也能表明一个人的情绪与心境。例如，忧伤时，语速较慢、声音低沉、节奏比较平缓；而兴高采烈时则恰恰相反，语速很快，声音较高，节奏感强烈。

　　从这些表情变化中，我们便可随时猜度对方的心理态势，揣摩对方的心思。随时调整自己谈话的内容与方式，就会向对方的思想线索靠近。

第五章

语气轻松，用幽默化解尴尬

尴尬总会不经意地出现在谈话中。不会说话的人想要化解却无计可施，只有抓耳挠腮的份儿。其实，想要化解尴尬的话题，可以试试幽默这剂良药。在朗朗的笑声中，一切尴尬和不快都将抛到脑后，随声而逝。不要认为幽默深不可测，可望而不可及。其实，只要肯做些功课，幽默就不难掌握。

若幽默是水，那沟通是井

如果将沟通比喻成井，那么幽默就是井中的水。没有了幽默，沟通也变成了一口枯井。幽默风趣的言谈，使沟通变得更加畅通简单。无论是在日常生活中，还是在重大的社交场合，幽默的人总是能够吸引别人的目光，给人带去快乐。

美国著名作家马克·吐温有一次到一个小城里。在临行之前，别人好心地告诉他，那里的蚊子特别多，一定要小心。到了那个小城之后，他找到了一家旅店，就在登记房间时，一只蚊子大张旗鼓地在马克·吐温的面前盘旋。旅店的职员特别尴尬，赶紧驱赶蚊子。

马克·吐温温和地看着职员，满不在乎地说："贵地的蚊子真是聪明至极！它懂得预先看好我的房间号码，以便夜晚光顾，美餐一顿。"

旅店的职员和其他旅客都被马克·吐温的话逗得哈哈大笑。结果这一夜马克·吐温睡得十分安稳。原来，旅馆的职员知道这就是大名鼎鼎的马克·吐温，为了不让这位大作家被蚊子叮咬，全体职工一齐出动，守护了一夜。

人与人之间的沟通的确因为互联网等通信手段而更为便捷、多样化，但是也变得更加公式化、格式化，交流的手段多了，"味道"却变淡了。直白的、生硬的语言并不能起到良好的沟通作用。如果我们在谈吐中加入幽默，充分利用语言的优势，表现得诙谐而风趣，那沟通效果肯定会不一样。幽默的谈话可以吸引听者的注意力，拉近同听者的关系，进而变得更加亲密。如果你的话能使听者情不自禁地笑了起来，就表明他已全面地进入了与你的思想交流之中。你就成了交谈的主导。

沟通中如能幽默，就如同像是在做菜时放入了调味品，英国作家哈兹里特曾恰当地将幽默在沟通中的作用，这样生动地比喻。它形象地说明：沟通中绝不可缺少幽默。尽管你说的话里包含着许多实在的内容，但是假如没有幽默的话，就会毫无味道，也缺少魅力。

会沟通，善于幽默的人，常常能面面俱到。他们能将幽默变成源源不断的水，在沟通这口井中取之不尽，用之不竭，这便是一种智慧。

‖ 幽默的人往往也很聪明

幽默是一种智慧的表现。许多成功人士都用幽默展现他们独到的大智慧。幽默的人之所以能够妙语生花，不仅仅是因为才思敏捷，更因为他们的心中拥有着常人所不能及的智慧。

有一位漂亮而风流的女演员，大着胆子写信向英国的剧作家萧伯纳求婚，在信中，她表示自己不嫌萧伯纳年迈丑陋，还深情地写道："咱们的孩子如果像你一样具有智慧，像我这样漂亮，那该有多好！"

萧伯纳给她回了一封信，信中说："可是，假如我们生下来的孩子外貌像我这样丑陋，而头脑又像你这样愚蠢，那该有多糟糕啊！"

萧伯纳这位大师一语中的。他在极为简单的语言中融入了幽默、深邃的哲理，可以说是幽默的最高境界。幽默最高超的地方就是在说话中将人的智慧和语言技巧巧妙地结合起来，从而揭示出事物的深刻含义，含不尽之意于言外，使人在大笑中评判是非，领悟哲理，并且能够增长智慧。

德国著名的画家阿道夫·门采尔有许多仰慕者。一位年轻的画家慕名而来，他向门采尔诉苦说："我真是不明白，为什么我画一幅画只用一会儿的工夫，可是卖出去却要整整一年的时间。"

"请你倒过来试试吧，亲爱的。"门采尔很认真地说，"要是你花一年的工夫去画它，那么只用一天，就准能卖掉它。"

门采尔并不是在开玩笑，而是用幽默话语，告诉对方最朴实的道理：付出和得到是成正比例的，你付出的少，得到的收获便有限；若你肯花费时间和精力，付出了很多，那么你一定会有不能预知的获得。

在生活中，谁都不喜欢公式化的交谈方式，那种作报告式的谈话很难持续很久，因为太枯燥无味，人们大多都喜欢跟那些谈吐幽默、机智风趣的人交谈，这种交谈也是自己的一种提升，你的思维会因为幽默而被调动起来，你的口才也会因为幽默而有所锻炼、提高。所以，一次富含智慧的幽默的谈话，无疑会让人受益匪浅。

乐观者的印章

成功的人大多比较乐观。他们能够获得工作上的成就和事业上的成功固然需要很多条件，幽默有助于改善与他人的关系，促使成功，这是一个不争的事实。

美国福特汽车公司曾经一度陷入了低谷。当时，年轻有为的总裁亨利，通过一系列的变革和创新，使每月亏损900万美元的福特汽车公司成功扭转了不利的局面。有人针对他在改革过程中也做过一些错误的决定而问他："如果让你从头做起的话，你会避免那些错误吗？"亨利爽朗地答道："我依然会犯错。人们常常都是在错误和失败中逐渐学到成功的，如果要我从头再来的话，我想我只能犯一些不同的错误。"

亨利幽默地道出了他之所以能够获得事业成功、力挽狂澜的一个重要原因。幽默，让他能用乐观的心态，去面对最不利的事情，闯过大风大雨。

现代生活中，因为面对巨大的压力，每个人的生活都如同一根紧绷的弦。而幽默，则能帮助我们解除工作中的紧张状态，乐观的人甚至用幽默来解决生活中的难题。

一家规模较大的化工厂建在了一座大城市的市郊地区。因为这家工厂主要是生产一种化学产品，会排出大量的烟和灰尘，使附近的几家企业都深受烟雾和灰尘之苦。一次，化工厂正在加班生产的时候，隔壁一家工厂的厂长和化工厂的厂长不期而遇，他便半开玩笑地说出了心中积累已久的不满："你们生产这么忙，应该想个好办法处理掉这些烟和灰尘吧。"化工厂的厂长很认真地回答说："我们打算将烟筒加高，我还准备找包装厂定制一个特大的塑料袋，租直升机把袋子罩在烟囱上。"他的一些话立刻化解了对方的不快，两人都哈哈大笑起来，紧张的心情便渐渐地舒展开了。

人生不如意事十有八九，我们难免会有痛苦和烦恼。如果想不开，钻进了死胡同，就会痛上加痛。

有一个人得了盲肠炎。医生为他开刀，割去了盲肠。患者痊愈后，仍然会感觉小腹时时作痛，一检查，原来是粗心的医生把手术剪刀留在他的肚子里面了，于是重新开刀，把剪刀取了出来。事后，病人仍然感觉腹中气胀，不舒服，再去检查，原来是医生又将纱布遗忘在他的腹中了，遂又开刀。于是，这个病人对医生说："大夫，不如你在我的肚子上装个拉链吧，这样更方便一些！"

诚然，这只是个笑话。但是，乐观的人懂得如何将痛苦变成幽默，用幽默作为自己的印章。微笑是一个人的名片，而幽默则为别人带去了欢乐，不仅给人留下了深刻的印象，更为自己人际关系的圆融创造了良好的润滑剂。

变身为幽默者的十大技巧

想成为幽默的人其实并不难，有几个技巧可以供我们学习参考：

1.大词小用法

"大词小用"常能出其不意，因为这种方法将一些语义范围较大、程度更深的词语来表达某些细小的、次要的事情，词本来和所述事物的内涵之间相差甚远，放到一块却能引出令人发笑的幽默来。

2.嬉笑怒骂法

嬉笑怒骂是一种比较戏谑的幽默，表面上看似是攻击，实际上却没有攻击力。开的玩笑适度，并且机智，富含哲理，可以拉近同谈话者的距离。

3.歪曲解释法

歪曲、荒诞的解释也可以成为幽默。歪理也能成为笑话。这种幽默法就是用轻松而带有调侃性质的态度，对问题做出随意的解释，把本来两个并没有关联的东西放在一起，塑造出一种不和谐、不合情理、出人意料的效果，在这种因果关系的错位和情感与逻辑的矛盾之中，产生幽默的技巧。

4.借语作桥法

"借语作桥"是指在交谈中，从对方的话语中紧紧抓住一个对自己观点有利的词语，以此为桥，用它变成打击对方的关键词。作为过渡桥梁的话语要有一个特点，那就是两头既要相通，又契合得自然，一头接本来的话头，另一头要与引出的意思相通。想要掌握"借语作桥"的技巧，可以在接过话头以后，展开丰富的联想，天马行空，脱离现实，甚至是胡说八道都可以。

5. 推理幽默法

这种方法是借用片面的、偶然的因素，构成歪曲的推理。它主要是利用对方不成熟的前提或自己假定的前提，推理引申出某种似是而非的结论和判断。它不按常理出牌，会出现偶然的、意外的结果。

6. 反语幽默法

反语幽默就是用相反的词语来表达本意，故意说反语，或正话反说，或反话正说，能够形成含蓄和耐人寻味的幽默意境。

7. 指鹿为马法

"指鹿为马"是指在幽默中，将双方已经心知肚明的问题，说成相反的结果，从而产生反差，表示另外一层真正的意思，达到幽默交流的目的。

秦始皇死后，赵高独揽大权。为了验证群臣是否会听令于自己，赵高想出了一个计谋，他献给二世一头鹿，并说："这是一匹马。"二世笑着说："丞相，这明明是鹿。你怎么把鹿当作马呢？"赵高说："不信，您可以问问大臣们。"有的大臣为了讨好赵高，也说是马；有的大臣刚正不阿，直言是鹿。赵高就把说是鹿的大臣都暗暗记了下来，找个机会将他们治罪。从此，大臣们都畏惧赵高。

赵高的"指鹿为马"，是一种卑劣的手段，但若从交际的角度来说，"指鹿为马"能把白的说成黑的，颠三倒四，是一种高明的幽默艺术。

8. 位移真义法

正所谓"醉翁之意不在酒"，有时候，人们说的话，字面是一个意义，而心里真正想的也许还有别的意思，我们暂且称它们为表义和真义。位移真义是指抛却说话人语言的真义，只取其表义，是一种巧妙的钻空子的幽默技巧。人们总希望自己能言善辩，能够妙语连珠、幽默诙谐地和周围的同事、朋友们交谈，却又不知如何开口，不妨利用这种方法，用对方的话来为自己所用。

9. 望文生义法

"望文生义"法的运用十分巧妙。运用它，一是"望文"，单从字面意思来解释；二是"生义"，这个"义"虽从"望文"而来，但与"文"通常的意义已经大相径庭，造成一种强烈的不协调，从而形成幽默感。

10. 灵活套用法

灵活套用是指熟练运用工作和生活中的幽默范例，将它们灵活套用，根据自己所处的环境特点即兴加以发挥的幽默技巧。

在得到一些幽默的语言、轶事、故事之后，要将它们作为素材，灵活自由地套用它来说明自己的观点，解决自己面临的困境。这时，不妨大加发挥，切忌拘谨。发挥时可以不再是套用，而是创造幽默了。

幽默其实并不难，下点功夫，用心积累，生活当中便可以处处幽默。十分幽默的你，也会慢慢发现领导、家人、师长等，变得和以前不一样了，相处和顺活络，幽默有着惠己悦人的神奇功效。

第六章

酒席宴会，话要说得到位

比起在严肃的会议室里进行紧张激烈的交涉，在餐桌上交流更胜一筹。在比较放松的环境下，让口腹都得到满足，防备之心大大减少，同样是谈生意，两种场合交流产生的效果会有很大的不同。

让你的话题成为主角

　　在饭局上，总有一些这样的人，他们总是把自己想说的意思一遍又一遍地强调，详尽得让人厌烦。当出现这种情况的时候，你是任由对方继续无休无止地说呢，还是立刻打断他的话？显然这两种方式都不太合适，而是应当诱导他进入你的话题。

　　我们来看一下下面的事例。

　　业务员："请问你需要的卡车大概是多大吨位的？"

　　顾客："这个不好说，大概两吨吧！"

　　业务员："依据情况来的，对吗？"

　　顾客："嗯，对，是这样。"

　　业务员："究竟要买哪种型号的卡车，一方面要看你运货量的多少，一方面要看行驶的路况怎么样，你说对吗？"

　　顾客："是的，不过……"

　　业务员："如果你是在丘陵地区行驶，而且那里冬季比较长，这时候汽车所承受压力肯定比正常情况下要大些，是吧？"

　　顾客："没错。"

　　业务员："你们冬天出车比夏天多？"

　　顾客："那可多了，夏天生意是淡季。"

　　业务员："有时候货装得太多，又是冬天，又是丘陵地区，汽车是不是经常超负荷呢？"

顾客："对的。"

业务员："从长远的眼光看，买什么样的车型是取决于什么原因呢？"

顾客："你的意思是什么……"

业务员："买一辆车值不值得是取决于什么呢？"

顾客："当然得看车的使用寿命了。"

业务员："一辆车总是超负荷，另一辆车从来不超载，你觉得寿命更长的是哪辆啊？"

顾客："肯定是马力大，装货较多的啊。"

业务员："所以，我认为你买一辆吨位为4吨的卡车可能更好。"顾客表示同意。

这位业务员就是在很平淡的语言中，想尽办法来诱导顾客的思维跟着他的思维走，从而成功推销出自己的产品。

可以说，诱导是一种意识层面的交谈，如果会话双方意见背离，肯定没有办法达到心意的相互交流。所以，当其他的说话者过于啰唆的时候，你就要积极地参与交谈，诱导说话者的思维进入自己的思维，从而主导谈话的过程。

‖ 激将法帮你成事

激将法是用语言来刺激对方，激起对方按照自己的意向来说话做事。"请将不如激将。"在饭局上，与对方交谈的时候，可适当运用这种方法来刺激对方，从而让对方做出有利于自己的反应。

激将法主要有反语式激将、及彼式激将、贬低式激将三种方法。

1. 反语式激将

它主要是运用正话反讲，故意扭曲词意来阐述自己的观点，以激发对方发言表态，达到自己预想的效果。

一家中外合资企业的总裁与某乡镇企业厂长在饭局上进行谈判。

厂长："总裁先生的魄力，和我们这些乡下佬相比，简直是一个正在天上，一个在地上啊，这么大的魄力，尽管我们都很敬佩，但我们却并不敢沾这个光啊，只能收回我们的土地，并停止合作。"

总裁："既然这样，我再让利一成。"

厂长："不行，按照投资的比例，应当是两成。"

总裁："好吧，原则上可以……"

上面的例子中，厂长不说对方"贪图利益"，而说反语"魄力大"，又以"不敢沾光"的"哀兵"战术以退为进，激发对方并达到自己的目的。

2. 及彼式激将

及彼式激将法是以一种将心比心的手法，激发对方做换位思考，并且设身处地为自己着想。

一位总裁想要摆宴设席来款待合作公司的部门女经理。在会议结束之后，总裁就开始询问那位女经理："小张经理，您饿吗？"

女经理很客气地摇摇头。总裁知道对方是出于不好意思，于是他就换一种方式：

"小张经理，早上出门没来得及吃早餐，就急急忙忙赶来见您了。现在我饿急了，不知您是否能赏脸和我一起吃个饭，一个人吃饭太无聊了啊。"

女经理听了，满意地点了点头……

3.贬低式激将

这是贬低别人从而达到对方发话的目的的方法。

联谊舞会上，一位女嘉宾邀请一中年男经理来与她跳舞，对方用"我不会跳"或"跳不好"来婉拒。于是女嘉宾就说："哪里是不会跳，您肯定是'妻管严'吧？怕被太太知道后要您跪搓衣板吧？"对方受到激将，于是仰头大笑，最后迈出舞步。

总之，在宴会中，适当的激将，能让对方进入到自己的思维导向，从而顺利地达到预期的目的。

‖ 话得绕三圈

在饭局上，很多人都有个不好的习惯，就是爱说别人的是非。我们每个人都应该了解的是，不能议论关于公司领导和公司的坏话，因为很有可能最后会传到领导的耳中。

其实，在职场上，我们每个人想问题和做事的风格都会有所不同，有时，我们也难免会对领导的某些事不满，满腹牢骚，但是，千万不要对别人宣泄你的不满。

同时，一旦涉及公司商业秘密，更不能对别人说。万一被别人传出去，同样会给自己带来很多麻烦。所以，我们就要管好我们自己的嘴巴。

小尹和小高一同进了一家公司，在工作上业绩不相上下。后来，公司因经济危机就决定裁掉一些员工，为此，公司上下人心惶惶。

小尹和小高感情要好，在一次吃饭中，小尹对小高说："唉，我现在没有工作的积极性了，因此，我只好靠打游戏来打发工作时间。"

后来，出人意料的是，小高为了保住自己的工作，向领导告发了小尹，一天，小尹正在边工作边玩游戏，被领导抓了个正着。最后小尹不久就被开除了。

而小林在一家外资企业上班，领导很信任他，总是将一些难度较大的事交于他。对此小林感到骄傲和欣慰，同时同事们也喜欢向他问这问那。

后来，小林慢慢发现，同事们都只是想知道关于公司的秘密。为了能与同事们很好地相处，小林就把公司的事告诉了他们一些。然而，小林这样的"牺牲"并没有得到他想要的结果。

一次，小林竟然听到同事在议论自己："哼，一个连领导都背叛的人，以后我们谁还敢接近他呢！"小林听了以后，欲哭无泪。

　　更糟糕的是，竟然有人将小林外传秘密的事告诉了领导。领导知道后十分生气，立即开除了小林。

　　因此，真是"祸从口出"。在职场中，一定得学会管好自己的嘴，不向别人说不该说的话。

　　从诸多实例中，我们都能从中有所领悟，尤其是在饭局上，对于那些已经到了嘴边的话，一定得让它再绕上"三圈"，不然一旦说错了话，就可能会导致不好的结果。

‖ 成为饭局上的开心果

　　不知道你会不会想起在餐桌上的那些趣事，它们给我们带来快乐，同时也为餐桌饭局添了趣味。毕竟幽默是沟通的一大法宝。

　　一位绅士在餐馆吃饭，却看到菜汤里有苍蝇。他喊来侍者，讥讽道："请问，它要在我的汤里干吗？"侍者看了半天，答道："先生，它在游泳！"绅士被逗得哈哈大笑。出现这种情况不管侍者怎样解释，都要受到批评，甚至会使顾客很生气。但是，幽默帮了他，让他脱离困境，缓和了气氛。

　　一次，一个顾客走进一家远近闻名的餐厅，点了一只油焖龙虾。他注意到龙虾一只虾螯没有了。他便叫来侍者，侍者叫来老板。老板说："不好意思，龙虾是残忍的动物。你的龙虾有可能是在打架的时候打输了，那个螯被打掉了。"顾客也巧妙地说："那请换一下，将那只打赢的给我。"老板遂答应给顾客再赠送一只龙虾。

餐厅老板用轻松的话语，维护了餐馆的名誉，同时也保障了顾客的利益。

酒桌上的仪态可以充分地显示出交际风度，诙谐的语言，会让人对你顿生好感。

韩露有一次参加公司的招待工作，一进餐厅，发现餐桌旁的大家都是初次见面，表现得有些拘谨。这时一位工程师开始说起自己刚参加工作时的趣事。那时他被分配到坑口生产班当班长，做井下作业，上来时往往就全身湿透了，换套工作服就吃保健餐。工友们很有礼貌，见面都会打招呼"辛苦了！"一天，休息室门口不知被谁挂了个鸟笼，里面是只鹦鹉，他刚好下井上到地面，听见的声音就是："辛苦了！保健餐已打好，吃吧！"他也没注意是谁，就应了一声："好，我就去！"话还没说完，他发现工友们都捂着嘴咯咯地笑。事后，他才知道，其实那句话是鹦鹉发出来的。这事经常让工友们当作茶前饭后的笑话，并且在生产一线养只鸟是不合法的，所以那鹦鹉后来就不知被谁领回去了。

工程师讲得高兴，大家听得开心，于是饭局气氛也变得融洽起来了。

第七章

面试不难，要说到考官心坎儿里

面试这一关，大多数人迟早都要面对。要想在面试当中脱颖而出，你可以依靠很多办法，而最能打动面试官的，就是你的口才、你的表现。想打一场漂亮的胜仗，就不能不做准备。多花些心思，多想些应对方法，你会发现，想征服面试官并不是难事。

▌ 自我介绍至关重要

几乎所有的求职者走进职场之前都必须经历一个重要环节，那就是面试。面试的开始，基本上都是开场白，这决定了主考人对你的初步印象。面试的基调就取决于开场白说得好不好。

首先，进门应该面带微笑，不需要噼里啪啦讲一堆话，但是一定要有礼貌地打招呼，问候一声"您好"就足够了，要有底气，声音洪亮，不需要察言观色，见风使舵，但是要尽可能显得笃定从容，落落大方，不要过分随意，侃侃而谈，也不要有紧张情绪，拘谨不自然。

接下来就是自我介绍的时间了，千万不要小瞧个人的自我介绍，这是面试中很关键的一步，它将在很大程度上影响你在各位考官心里的印象。一次得体的自我介绍，将使你在接下来的面试中如顺水推舟般无往不利，从而赢得工作机会。

例如，在一次激烈的求职竞争中，李芳以一段精彩的自我介绍为开场白，最终赢得职位。当面试官"请介绍一下你自己！"刚说出口，李芳便娓娓道来：

"尊敬的各位考官，你们好，很荣幸能够通过选拔参加贵公司的面试。我叫李芳，今年24岁。于2017年6月毕业于××大学。

本着对写作的爱好和梦想的驱动，我深深地被这座充满了文化气息的城市所吸引，正巧看到了贵公司正在招聘记者，便满怀希望地投递了简历，希望可以得到这份梦寐以求的工作。

"我自幼爱好文学，文笔也相当不错。自中学开始，就曾经在一些期刊上发表了一些散文。大学时，出版了第一本长篇小说，并且得到了读者们的认可。今天，我带来了部分作品，各位领导可以直观地了解我的写作能力。

"在经验方面，我和竞争对手们比，可能不占优势，但是我相信，当一个人能够将自己的职业当成一种爱好时，才能够全力以赴满怀激情地努力工作。而我正是怀着这样的希望来应聘贵公司的记者职位的。假如我有幸和大家成为同事，我将更加努力地提高自己的水平，决不辜负领导的信任。"

结果，李芳顺理成章地成了该公司的员工。

由于之前彼此之间并不熟悉，求职者是第一次与面试官见面，因此，自我介绍便成了最好的表现自己和展示才能的机会。

‖ 勇敢把话说出口

在卡耐基的成人演讲训练班里，经调查发现80%~90%的学员在上课之初会对上台感到恐惧。许多职业演讲者承认，他们从来没有完全消除登台的紧张情绪，害怕的心理会从演讲开始发言之前一直持续着。

谁能想到，古今中外有许多政治家和演说家，都曾有过怯场的经历。就拿英国首相丘吉尔来说，他就曾在演讲台上紧张不已，甚至连一句话都说不出来，直到被台下的人轰下去。但是他并没有因为这次不愉快的经历就变得消沉，而是勇敢地面对现实，力求克服恐惧心理，他勤学多练，每一次讲话机会都不放过，演讲的水平日益提高。后来，他的就职演讲被誉为最精彩的英国首相就职演讲之一。

生活中，每个人都会误认为说话怯场只有在自己身上才有可能发生，他们会想，如果我能像别人一样口若悬河该多好。其实，怯场是一件很普遍的事，任何人都有可能发生。我们需要做的只是清醒一下自己的头脑，使自己镇定下来，正确看待自己胆怯的心理。

当我们怯场的时候，不妨仔细想想，自己的语言是真的值得被人取笑，还是因为自己缺乏自信？你甚至可以想，当你的一句话被一个人取笑时，并不代表你的所有话被所有人取笑，即使是被人取笑了，那也只是一件小事，任何人身上都有可能发生，纵观古今中外，多少政治家、演说家讲话时都有过紧张的情况，何况是自己呢？

如果你真正地把这些问题梳理清楚了，那么你就不会为担心丢脸而怯场。

敏感问题中隐藏着大智慧

企业在招聘时，为了找到更适合招聘职位的人，有时会提出一些敏感刁钻的问题，以考验面试者如何处理突发问题。遇到这样的情况，面试者多少会感到紧张或担忧，其实大可不必如此，只要你学会了回答这些问题的方法，那么这些问题就会不攻而破了。

很多用人单位在招聘时都希望录用有经验的人才，这非常不利于打算转行或者刚刚走出校门的人。如何解决没有工作经验的问题，就成了最常见的"敏感问题"。

小蔡大学学的专业是计算机，然而，活泼开朗的小蔡，一想到以后一直要和计算机打交道，就觉得很无聊。比起计算机，她更喜欢跟人打交道，大学时就是班里各种文体活动的积极分子。于是，毕业后，她决心要找一份其他行业的工作。

在一次招聘会上，小蔡看到有家公司在招市场部人员，主要负责公关事务，虽然招聘启事上写明要"至少一年以上的相关经验"，但她还是决定去试试。

招聘人员看过小蔡的简历后觉得奇怪，直接回绝她说："不好意思，蔡小姐，你的专业与我们招聘的岗位不是很相符，而且你一点经验都没有，并不符合我们招聘的要求。"

"虽然我没有工作经验，但是，我相信自己在这个职位上有独特的优势。"小蔡急忙替自己争取机会。

"那你说说自己的优势在哪里吧？也许我们可以考虑考虑。"招聘人员好奇地问道。

小蔡想了一下回答说："老实说，我之前对这个职业并没有深入的了解。但是我对这个工作很有兴趣，我认为自己的个性也很适合，并且很喜欢唱歌、跳舞以及与人打交道。还有，最重要的是我愿意学习，有愿意踏实地从头学起的心态。我觉得这一点对于干好一份工作来讲很重要，只要给我机会，我相信自己会做好。"

最后，招聘人员留下了她的简历，并让她进入了为期三个月的试用期。在试用期期间，小蔡把全部心思都用在提升业务技能上，向同事请教，利用休息时间看有关工作的书籍，抓紧时间充电。三个月后，她成了公司的正式员工。

和大多数应届毕业生一样，小蔡也没有工作经验，但她却最终说服招聘者，成功赢得职位。可以说，正是应聘时的坦诚、勇气以及适当的自我评价帮了她的忙。

巧妙应对面试官的迷惑性问题

当你在面试时，面试官常会向你提出很多模棱两可的问题，往往让人不知道该如何作答。事实上，很多时候面试官提出的问题并非出自他们的本意，只是想试探你在面对突发情况时会做出什么样的反应，所以假如你遇到了这样的问题，一定不要掉以轻心。

张雷到一家很不错的公司面试，他凭借着自己的实力通过了笔试和第一次面试，今天是最后一次面试。

他与面试官礼貌地打了招呼，坐在了面试官的对面，等待着面试官的提问。没想到面试官突然问道："经过了这两次的面试，我们认为你并不适合在我们单位工作，所以决定不录用你。你认为自己的哪些不足让你失去了这个工作机会呢？"

张雷听完了虽然也有点吃惊，但表现得很镇定，他回答道：

"我认为面试向来都是五分靠实力，五分靠运气。我们不能仅仅凭借一次或者两次的会面和谈话就对一个人的才能、品格做到充分了解和认识。所以失去了这次的工作机会我并不会悲伤或者难过，因为我通过这次的面试，学到了很多东西，同时还让我发现了自己更多的不足之处，比如临场经验的不足，当然知识储备也有欠缺。希望以后我还能有机会向各位面试官讨教。我一定好好地总结经验和教训，加强学习，弥补自身的不足，避免在今后的工作中出现类似的问题。另外，即便我失去了这次工作机会，也非常感谢各位考官对我的不足做出指正，让我能够有机会重新认识自己，我一定会更加努力，提升自己能力，让自己尽量适应岗位的要求。"

最终面试官对张雷的回答很满意，通过了张雷的工作申请。

其实，面试官在问这个问题的时候并不是真的对你不满意，而是想对你的应急反应能力做出考察。如果他们真的认为你不合适的话，早就通知你不用来了，根本不可能继续问你问题。因此，当你遇到这种情况的时候，一定不要惊慌，要沉着应付，不要中了对方的圈套而暴露自己的弱点。

回答面试官的问题时，我们要注意将重点放在弥补自己的弱点上，这样就会让对方感觉到你的积极进取。另外，如果你能够诚恳地向考官进行讨教，或许更能博得他们的好感。

让自己退出两难境地

面试官总会问出一些让你答是也不是，答不是也不是的问题，这就让你陷入了两难的境地。假如你只是强调一方面的话，很难保证自己能够顺利通过面试，这时如果你能想到一种折中的回答方式最好，在两者兼顾的基础上强调偏重的一方，这样就避免了自己的片面性。

在一次公司招聘面试中，一名面试官对面前的应聘者提出了一个奇怪的问题："请问，假如公司需要你做一些琐碎的工作，那你是喜欢还是讨厌呢？为什么会有这样的感觉呢？"这就是个两难的问题，假如你回答喜欢，面试官就会认为你虚假做作，因为每一个知识青年，都向往着有机会成就一番事业，不喜欢做这些琐碎的工作。所以你要是回答是的话，自然说出的就是假话。没有哪一个老板喜欢虚伪的人作为自己的员工，所以很显然，回答喜欢是一个不明智的选择。若说讨厌，似乎每份工作都有琐碎之处。因此，这就足以说明你缺乏耐心，一个没有耐心的人，怎么可能把工作做好呢。所以，讨厌更是一个禁忌答案。

面试者小梁也没有想到面试官会提出这种让人进退两难的问题，于是他在思考过后回答说："绝大多数岗位的工作都有琐碎的地方，所以无论做什么工作，都要具备足够的耐心。假如我的工作中需要我去做一些琐碎的事情，那么我会认真、耐心、细致地把它做好。而且，我刚到一个新单位，对单位的情况还不十分了解，通过做这些琐碎的小事，可以尽快熟悉工作环境和工作流程，帮助我尽快进入角色。这样才能得到领导的信任，才有机会做大事啊。"

其实，面试者小梁的回答就很得体，他并没有正面回答是或者否，而是从大的方向综合考虑，既表现了自己耐心、细致的工作态度，又讲明了自己想要做大事的愿望，这样的员工有哪一个老板不喜欢呢。所以当我们面对这样的问题时，也要学会避实就虚的方法，从多角度分析回答。

第八章

谈判中主动就是先机，
快人一步胜券在握

　　在谈判中，想不落入被动挨打的局面，就要取得先机，争取主动权。俗话说："先下手为强，后下手遭殃。"如果你能先开口，狠狠咬住对方的弱点，那对方很快就会被你制服，再多的反抗也是无谓的。只要你掌握了先机，快人一步抢得话语权，还怕对方不肯乖乖就范吗？

▌ 退的目的就是进

生活中，我们难以避免地会因为一些小事而与别人闹得意见不合，在这种时候，在好胜心的驱使下，我们往往会头脑发热，不顾一切地想要对方与自己达成一致。

相传，清朝宰相张英老家的邻居在盖房子时，占了张英家三尺地基。张家人当然不干，自家的老爷可是在京城里当大官的人，怎么能平白无故吃这个亏呢？便马上修书一封到京城，请求宰相张英来主持公道。张英看完书信后，只回了一封诗：千里家书只为墙，让他三尺又何妨；万里长城今犹在，不见当年秦始皇。家人收到书信后，本来还想去找邻居算账，结果全都羞愧不已，他们按照张英的意思，主动退让了三尺，邻居见张英家人都有这样宽广的胸怀，也退让了三尺。此事不仅有了圆满结局，也被传为佳话。

张英早已经作古，但是他的做法，真可谓是一箭双雕，彰显了自己能够容人的大度，又使自己因此而得名。如果他非要计较个高低，和邻居一较高下，恐怕也不会有这样的佳话了。

喜欢在口舌上争上风者，多数是以自我为中心的人。在人际交往中，自我为中心的人最大的特点是：我是太阳，世间万物都要以我为焦点。这类人典型表现为：我的意志高于一切，别人都要听从于我。他们总是自以为是，自高自大，为所欲为，对别人却不管不顾，强人所难，忽视了他人的内心感受。

而聪明的人不会和别人硬碰硬，不玩无益的争辩游戏，而是善于用理智的说服代替。假如在任何场合中，都只感觉到自己的存在，忽略别人，或者对别人根本就视而不见，那就不可能与他人建立一种良好的社会关系。

不争，是一种处世哲学。要学会发表别人无从驳斥的见解。在闲谈中，难免会有人问你："你如何看待？"每个人都会各抒己见，没有必要非要讨论个脸红脖子粗。有时谁与你争辩，你就让他赢吧。特别是对于一些无关利益的小事，何必让自己为了口舌之利而得不偿失呢？对此，有三种回答适用于任何话题，而且不会引起异议："那完全要看情况而定。""不能一概而论。""在某些地方，情况会受环境因素影响。"

为了逞一时的口舌之快，说话不委婉，甚至出言相逼会带来很糟糕的后果。林语堂先生曾把中国人性格的最高境界归结为圆熟，换句话说，在社会中，圆熟的人往往才能活得如鱼得水、左右逢源。

拒绝不是简单的 NO

生意进行到一定阶段时，往往需要谈判。这个阶段，可以说是一个谈判双方斗智斗勇的过程，这个过程充满了拒绝和让步。此时，一定要顾全大局，拒绝的话要说得巧妙，不然可能会使谈判陷入无法挽回的僵局。

高明的谈判者懂得审时度势，采用委婉的拒绝方法，给谈判双方都留有退路。

小苏被公司外派，同一家知名的大公司谈判合作的相关事宜。对方以小苏公司的产品知名度不够为由，而要求降低价格。小苏说："正如您说的，我们的品牌不是很知名，这是因为我们将大部分经费都用在产品的研发上，而不是打广告上。所以，我们能够生产出式样新颖时尚、优质的产品，面市以来产品一直销售得很好，有些地方还出现了脱销的现象，对于市场前景如此理想的产品，您还怕销售有问题吗？"

鉴于对方担心小苏公司产品的质量，小苏幽默地说："曾经有个笑话，讲的是为了保证美国军方所购买的降落伞不出现质量问题，降落伞厂家让生产者以身试伞，最终伞再也没有出现过质量问题。如果我们公司的产品质量不过硬，到头来损失得最严重的也必将是我们。"小苏用一个幽默的方式转移了对方的注意力，又表明了自己的诚意。

小苏所说的内容，表面上看都是围绕产品的质量，实际上却在暗示对方："我们的产品是以质量取胜，不可能再降低价格了。"他这样一说，对方的谈判代表松了口，表示再考虑考虑。如果小苏坚决地回答对方说："不行，我们绝对不可能降价。你们看着办。"估计对方肯定不会有任何表示。

在谈判中，对方提出无理的要求时，自身很难满足对方要求，可以说："我们将尽快给你们答复。""我们再考虑一下。"这样的语言极具灵活性，可使自己避免盲目做出反应而陷入被动局面，也给了对方一个心理的缓冲，让接下来的拒绝显得不那么突兀。

要明白，谈判的目的，是获得利益，拒绝只是一种手段，拒绝的语言千万不可太过生硬，以免陷入僵局。

‖ 有的放矢的谈判技巧

有的放矢是谈判语言中表达针对性原则的一种实际应用。但需要注意的是面对不同的谈判对象，谈判者要学会变通，灵活地运用这一谈判技巧，这样才不会给人纸上谈兵的感觉。要知道谈判语言的表达方法与技巧更需要我们在谈判实践中进一步去总结、思考、提高。

就像话剧《陈毅市长》中陈毅与原国民党的上海代理市长、化学家齐仰之的谈判片段一样。在剧中齐仰之因被国民党搞得心灰意冷，闭门谢客，同时还对外规定了"闲谈不得超过三分钟"的禁令。但我们都知道，齐仰之在化学方面颇有见解，是一个不可多得的人才，所以陈毅为了动员他参加新中国建设，亲自登门拜访，这就产生了他们谈判的片段。

陈毅说道："齐仰之先生虽是海内外闻名的化学家，可是有一门化学，齐先生也许一窍不通！"这一句话就引起了齐仰之的兴趣，对于他来说，化学再熟悉不过，因此自己首先解除了"禁令"，要对陈毅所说的"化学"一探究竟。

当陈毅向他说明了共产党的"化学"之后，齐仰之则表现出了无所谓的态度。陈毅并没有灰心，而是以民族大义动之以情晓之以理，陈毅知道齐仰之先生的爱国热情绝不比任何一个人少，造成如今局面只不过是不满国民党的政策而已。于是陈毅紧接着便从社会的腐败谈起，引起齐仰之的共鸣，再向其介绍共产党是从民族的利益出发，要振兴中国的医药工业。而这一事业每一个中国人都有义务参加，齐仰之也不例外。这一点正好符合了齐仰之的爱国热情，自然就能在心理上引起共鸣，最终齐仰之同意了陈毅的请求。

这场谈判之所以能够取得成功，一是在于陈毅针对齐仰之的职业特点，以"化学"的话题作为突破口，让齐仰之首先自行取消"禁令"；二是陈毅针对齐仰之作为传统文人的身份和一生中一再碰壁的经历，在谈论的用词上小心谨慎。这种有的放矢的语言表达技巧，终于使原本拒不见客、心灰意冷的老化学家重新燃起已冷却多年的事业心，投身到新中国建设事业的行列中来。陈毅的"谈判目的"通过运用有的放矢的语言技巧，最终顺利实现。

找机会打破僵局

谈判中当谈判双方各执己见，互不让步的时候，有时会出现尴尬的僵局。谈判者代表着一个公司，一个组织，甚至是一个国家，这决定了他们为了所代表的利益坚决不能动摇自己的立场，否则如果经常变化立场，改变态度，往往会给另一方以软弱、没有实力的感觉。所以，谈判者即使需要让步，也要在不失面子的前提下。

　　甲乙两家公司就合作进行了谈判，可是因为产品的进货费用等问题而僵持不下，谈判一下子陷入了僵局。

　　双方代表都声称，对方的报价已经超过了自己的底线。谁都不肯让步，可是又都明白，机会难得，如果谈判决裂，自己根本没办法向上级交差。

　　在这种情况下，甲公司的业务代表余辉果断请示上级领导，允许给予对方一些适当的补偿作为让步，向对方提供信息或质量保障等服务。他在晚上用完晚餐后，拉着乙公司的代表来到了一家环境优雅而安静的咖啡厅里。听着舒缓的音乐，他对乙公司的代表说道："兄弟，这几天咱们都弄得脸红脖子粗的，其实大家何必鱼死网破呢？我们的价位确实比同类的产品低很多，实在是不能再降了。不过我们可以将维修期延长半年，这样也是对产品质量的保障。你也再和你们老板谈谈吧。促成合作，对咱们都很有利。"对方说："其实这样真挺折磨人的。谁不希望签个大单子。可是你们要是不松口，我真就交不了差。"余辉想了想说："我们不是不能降价，换种材料我们就能把价格减低20%，你问问你们头，这样的话他还敢不敢要？肯定没戏，出了事，谁能负责？"对方想了想，说："好吧，我再请示一下。"

　　第二天，对方答应了余辉公司的报价。

　　如果谈判实在无法继续，不妨将正式谈判转换为非正式谈判，改变一下谈判的环境和气氛，如打打保龄球、打打高尔夫球，举行一下宴会、酒会，在这样的场合下再进行谈判，成功率也是很高的。

当双方在某一问题上僵持住时，可以将问题暂且放下，先解决其他容易谈成的问题。当一些方面得到解决后，双方在态度等方面得到了缓解，信心也有所增强，谈判也就变得简单多了。例如，双方在价格条款上僵持住了，可以把这个问题暂时放下，转而就双方易于沟通的其他问题交换意见。事情常常会这样，当另一些条款的谈判取得了进展以后，如对方在付款方式、技术等方面得到了优惠，再回到价格条款上来讨论时，双方已经从态度、方法上都发生了根本性的转变，谈判中商量的气氛也就浓厚起来，僵局自然化解。

第九章

交友语言要注意，让嘴有个把门儿的

　　俗话说："人心隔肚皮。"无话不谈的朋友确实可以交。值得信任的人大有人在，但还是要有所保留。多说可能无益，甚至还有可能在别人那里落下话柄。你说得对，皆大欢喜，没有毛病；但若说错，伤了和气，得罪了人，还会失去人心。

做绿叶是力气活儿

苏格拉底曾经再三地告诫他的门徒："你最应该知道的，就是你一无所知。"

出于好胜心，人人都希望自己优于别人。那么和朋友相处时，时常让朋友意识到他本人的优秀，这样既表达了自己的谦虚，又能发展良好的交际关系，两全其美的事情，何乐而不为呢？

法国哲学家罗西法古曾经说过："如果你想多一个仇人，那么你就要表现得比你的朋友优越；如果你要得到一个朋友，就要让你的朋友表现得比你优越。"

为什么这句话会成为真理？因为当我们的朋友表现得更优越时，他们就会觉得自己是一个重要人物；反之，他们则会觉得自卑，甚至会产生羡慕或嫉妒的情绪。

亨利是伦敦市中区人事局里工作表现最好的员工，但是在过去的几个月中，他在同事中一个朋友都没有，是什么使这一切发生了变化呢？他后来找到了原因，这个答案就在他与拿破仑·希尔的谈话中，他说："以前我曾经以我的工作为骄傲，每天的谈话中都在吹嘘着自己这方面那方面的成就，但是我的同事显然并不把这些当作骄傲，而且对此表现得很反感。我很希望和所有人都成为朋友，所以我开始少谈多听，认真地听他们讲述他们工作中的成就，这使我更加的兴奋。现在我们的聊天话题，大多数都是分享他们的欢乐，我的成就则变成了次要内容。"

没有人喜欢当绿叶，人人都想当红花，取得荣耀。可是，如果你太过耀眼，挡住了别人的光芒，就小心所有的绿叶都离开你，让你成为光杆司令。时时刻刻把"我"放在首位，这样的做法只会让人反感。

小红在单位里平时默默无闻，但是同事对她的印象都不错。平时谁要借办公用具，小红都会主动送上；谁要是发传真，但临时又有了别的事情，小红就主动帮忙；给老板擦擦桌子，刷刷杯子。这些举足轻重的小事儿，在小红眼里都变成了大事。她能急人之所需，她不是红花但胜似红花。因为在许多事上，她能保持中立，所以在公司也有不少知心朋友。

红花还需绿叶扶。因此，我们要习惯轻视自己的成就，始终保持谦虚，这样才会受到大家喜欢。要证明你比别人聪明，最好的办法就是告诉他，你其实比我优秀。十九世纪英国的政治家斐尔爵士也曾就这一方面进过一个道理："如果可能的话，要比别人聪明，却不要告诉人家你比他聪明。"

这种虚荣感存在于每一个人的心底，你的朋友自然不会例外。所以，无论和朋友谈论什么样的事情，都不要在你的言语中显示出优越感，否则就会伤害朋友或者得罪朋友。强者往往是温柔的，这种温柔大多时候都表现为与人谈话时的平等，也正是基于此才让强者显现地更加光辉，更加强大。才让你的朋友能够在你的身上感受到温暖和快乐，才能拉近你与朋友的距离。

做朋友说话要真诚

谚语说："真诚贵于珠宝，信实乃人民之珍。"说话真诚的人，更容易得到别人的信任，收获别人的真心，最终拥有纯真的友谊。

北宋著名词人晏殊就是一个说话真诚的人，这样的性格特点从小就已经养成。在他14岁的时候去参加殿试，宋真宗亲自为他出了一道题。晏殊恭敬地接过试题，看过之后不禁皱起了眉头，对宋真宗说道："皇上，这道题十天以前我就做过了，而且草稿还在我身上，皇上请看。"说完就拿出了自己的草稿。宋真宗接过来一看，果然是一样的题目，他不禁被晏殊的真诚打动，要知道一样的题目，做起来更是得心应手，但晏殊却毫不隐瞒，要求重新出题。宋真宗认为这样的人才能成为国家的人才，因为他拥有最可贵的品质，最终赐给他"同进士出身"。

从此之后，宋真宗对晏殊很是器重，甚至与他做了朋友，两个人经常在一起谈论时事政治，晏殊毫无保留地发表自己的看法和见解。有时候也会指出宋真宗的某些错误，但宋真宗几乎没有怪罪过晏殊，因为两个人都被对方的真诚打动，彼此之间更加信任。

由此可见，真诚对于朋友来说真的很重要。若不真诚相待，互相存在欺骗、愚弄，一定会让彼此的友谊蒙上杂质，最终很可能会破坏双方的感情。

乱开玩笑是社交大忌

幽默是灵感与智慧的表达，在人际交往过程中，有不容忽视的作用。幽默的话语，在各个场合中有不同的作用，如果开玩笑是对朋友，那么可以起到活跃气氛、增进友情的作用；如果是在职场上，可以加强人际关系；如果针对的是商业伙伴，那么就可以在笑声中争取客户，赢得利益……

但一定要注意，开玩笑虽然能拉近彼此距离，但是一定不能过头，要有度，否则反而会弄得局面尴尬，引起别人的反感，甚至会难以收场。

李丽是个活泼机灵的女孩，爱说爱笑，无论走到哪儿都是一片欢声笑语，所以同事们都很喜欢她，但也是因为爱开玩笑，她得罪了上司，导致一连几次，公司的升职名单都没有她。

事情要追溯到那天早晨，李丽带着一位重要客户来到老板办公室谈生意。结束时，客户看到老板刚劲有力的签名，赞不绝口道："您的这一手字可真气派！"李丽听了，快言快语道："那是一定的。我们老板请了专门的设计师设计，暗地里苦苦练了快一年了！况且平常他就是写自己的名字最多。"话刚一出，老板脸色顿时晴转多云了。

开玩笑可以使彼此之间感觉更亲近，加强人际交往，但是玩笑开得过分致使朋友反目的例子，也是比比皆是。所以，开玩笑必须掌握好分寸，如果玩笑开得过分，甚至带有人身攻击，就会极大地破坏人际关系。

人们都会对自己的弱点或缺陷、污点等十分在意，谁也不会微笑着任由你揭开自己的伤疤，任你随意取笑，这会严重地伤害对方。所以，不要因为一句小小的玩笑话而毁了两个人之间的友情，致使朋友反目，场面尴尬，那可真的是得不偿失了。

开玩笑时，出发点应纯属为了娱乐，千万不能刻意嘲笑、讥讽甚至贬低对方，更不能有指桑骂槐，借此提高自己的目的。

开玩笑还应因人、因时、因环境而异，分清对象和场合：对象不同，个人年龄、喜好、性格、对玩笑的接受程度也大不一样，同一个玩笑，不同的人可能会有不同的效果；场合不对，很可能会伤害对方，引起别人的反感。尤其是在严肃、安静的场合或者悲哀的气氛中，不能开玩笑。

没有幽默细胞的人和没有笑声的生活都是无味的。在交谈中，适度开个玩笑，可以发泄紧张的情绪，营造出一个轻松、欢快的氛围。但是，开玩笑一定要谨慎，掌握好尺度。

‖ 巧妙运用"如果我是你"

友情是世界上最纯真的感情，它虽没有亲情血浓于水的保证，但却往往比亲情还要让人感动。不过这份感动也是需要你用心去经营，否则就会出现裂痕。所以朋友之间也需要真诚相待，真正地关心。

与朋友相处，不要太过于自我，尽量站在朋友的角度去关心，尤其是在劝说朋友的时候，一定要注意说话的技巧，太直接的说话方式，即便是朋友也很难理解。

最为简单的方式就是一句"如果我是你"。你可不要小看这句话，它所发挥的效力却是不可限量的。尤其是在你与朋友聊天的过程中，如果无意中使用了一些不太得当的言辞，朋友已经有点情绪上的波动，有了生气的意思，不要惊慌，巧妙地运用这句"如果我是你"，就能很快弥补你言辞上的过失，平复朋友的心情。不仅如此，它还能让朋友及时地自我反省，感觉到你的话确实有道理，这时候他才会卸下心理的防备，听从你的劝告。

卡耐基曾经借用某家旅馆的大礼堂进行宣讲。有一天，他突然接到通知，这家礼堂的租金要提高三倍。卡耐基去与经理交涉，他没有直接进行质问，而是平静地说道："我接到通知时只是有点震惊而已，不过这不怪你。如果我是你的话应该也会这么做，因为作为经理，你的职责就是让旅馆尽可能赢利。"紧接着，卡耐基就给他出谋划策，告诉他该礼堂还能用于办舞会、晚会，这样你能收取更多的利润了。经理觉得有理，终于被说服，不再涨租金。

卡耐基的做法就是一个很好的说明，他跟经理虽不是朋友关系，但仅仅是一句简单的"如果我是你也会这么做"，就已经表明他的立场站在了经理的位置上，因此经理从心理上就将他当作了自己人。所以要想劝说自己的朋友，也要讲究说话的技巧，这样才能达到事半功倍的效果。

第十章

谈情说爱，会谈才有爱

恋爱要谈、要相处。没有沟通和交流，两个人的感情就会显得生硬艰涩。不管是疾风骤雨般的爱情，还是和风细雨般的爱情，都需要加一些如糖似蜜的情话。这样的恋爱才更有甜蜜的味道，令人回味无穷。

至关重要的第一次见面

人们相处的第一印象是至关重要的。别人对你的感觉和决定，要不要跟你交往，很多时候就在于初次见面的那一两秒钟的印象。男女初次约会时，第一印象就更要加倍重视。

首先，要注意自己的仪表。因为我们通常短时间对一个人产生好感是来自于他的外在美。

热爱美追求美是人类的天性。

年轻男女初次约会，双方都刻意装饰仪容。然而，许多人都不知道，就仪态美而言，男女是不一样的，装饰的重点也应各有不同。装饰得好，可以充分显示青春的魅力，否则就会给人以别别扭扭的印象。当你同你的异性朋友第一次约会的时候，对方的容貌、仪表、举止言谈、服饰打扮，在双方的心中都会留下深刻的印象。"这个人整洁清秀，举止大方"，你对他产生了好感；"这个人邋邋遢遢，蓬头垢面"，你对他印象不佳。也许你们彼此一言未发，可内心深处的好恶都在无声中和盘托出了。

据说有一位颇有才华的年轻作家与一位漂亮的姑娘初识，尽管作家的长相无可挑剔，但是，他不得体的着装、一头蓬乱不堪的头发以及不拘小节地跷二郎腿的"风度"，使他们的相会只持续了难堪的 5 分钟。姑娘对介绍人说："看他那邋邋遢遢的样子，很难想象他会对生活有什么信心。所以，我对他也没有信心。"

这话虽有点偏颇，但也不无道理。

有些女性尽管没有倾国倾城之姿色，也未必令人"一见钟情"，而她们的仪态美和人情味却能深深打动男子的心。女性在第一次约会时，仪态方面请注意以下各点：

（1）衣饰不宜过于豪华。男人虽然喜欢女人打扮得漂亮，但如果你打扮得像富翁的女儿，反而会把他们吓跑。他们会考虑能否负担得起衣饰如此讲究的妻子。

（2）不可多搽化妆品。唇膏的色泽要淡一些；不要打扮得过于妖艳；白天不宜浓妆，否则使人感到俗气。

（3）举止要端庄文雅。尤其在公共场所，不应有过于热情的举动。因为这不但显得你太随便、失去矜持，而且在别人看来也很不顺眼，觉得你不够庄重。

其次，要学会开口说话。

不少青年男女第一次约会时不知如何开口或说些什么话，由于紧张、畏惧或别的原因，原本健谈、幽默和风趣的人也会变得木讷、寡言，甚至手足无措。

其实你大可不必那么紧张，也不要封闭住自己的感情和心灵，如果初次见面你觉得对方还不错，就大胆地向他表示自己的真心和热情，就算你有什么具体的实际要求，也不妨诚恳地说出来；而不要遮遮掩掩，想问不敢问、想说不敢说，把约会变成一个别扭、难堪的聚会，那样就没什么意思了。遇到称心如意的人，就拿出真心和勇气，放开胆子，大方地追求吧！

在任何场合，男性主动同女性打招呼、问好都是一种礼貌；在恋爱时，男性更要主动开口，并尽量展开话题，不要出现冷场。

张明经人介绍与李晴姑娘认识，他们在一个星光灿烂的夜晚会面。

张明首先开口说："你好！我已经等了你很长时间了，真怕你突然改变主意不来了，那我可就惨了。你觉得我怎么样？首先外观上你能通过吗？我这个人最大的缺点是不会收拾装扮自己，所以迫切想找个贤内助帮我料理收拾。如果能那样子的话，你一定会发现，一经打扮，我还挺不错的呢！不要笑，我这个人就好开玩笑，虽然工资不高，但生性乐观、爱好广泛，如听音乐、打篮球、游泳、看书等，又好动又好静，你呢？"

如此这般，张明很自然地展开话题，并诱发姑娘说话，从中探测她的志趣爱好，可谓一举两得。

大多数女孩子表达感情的方式比较含蓄，内心爱情如潮涌，表面上却很平静，看不出丝毫痕迹，甚至还略显冷漠地来掩饰自己的真情实感。她们在第一次会见自己喜欢的人时，往往不大愿意多说话，但又不能不说，所以言语较为谨慎，带点探询、含糊其词等特征，或假装天真、糊涂，让对方多说，以便观察、了解他的为人。

女孩子的爱一般表现在行动上，而在语言上不大能表现出来。所以恋爱时，还是以男孩子主动开口说话为主，如果你能掌握她的心理、爱好，有针对性地开口说话，那样效果更佳。

要明白，女孩子喜欢大胆、直率和真诚的男孩子，只要你把握住夸奖、赞美的原则，让她听了感觉愉快、甜蜜，你们就能继续交往下去。但切忌说肉麻、太露骨的话语，那样反而会把她吓跑。

用语言攻势哄到对方心软

要想邀请自己的心上人出去游玩，在很多男孩子看来，不是一件很容易的事，因为女孩碍于矜持和体面，很多时候会拒绝邀请。然而，你在此处止步不前了，自然也会无果而终。其实女孩都需要男孩子"哄"，只要你哄得恰到好处，问题也不是那么难。

多数时候，你最好单刀直入，不给她说"不"的机会。

当你要去邀请她时，不要用商量的口气问她"愿不愿意……"之类的话，而最好武断地说："咱们一道去……"

虽然女人也有不愿意与你同行的时候，但是如果她想说"不"的话，则多少会给她造成心理负担，使她对你有一种歉疚感。

然而，你如果用"愿意不愿意……"这种问法，乍看起来好像非常"绅士"，但事实上却给了对方说"好"或"不"的两种机会。不用多说，责任上的分担都推给了对方，而女人又不习惯于承担任何责任，所以警戒心高的女人，为了不节外生枝，干脆就摇头对你说"不"了。

"愿意不愿意……""要不要……"这种尊重的言辞被接受的可能性有时实在太小了，你可能也有过这种体验吧。

相反地，如果你用单刀直入的问法"咱们去……吧"，那就大不一样了。

这是一位小伙子煞费苦心地劝说女朋友答应他的邀约的对话：

"你今天真漂亮。晚上 6 点钟我们出去吃顿饭、聊聊天，好吗？"

"不行。"

"我们应该彼此多了解一点。就在 6 点钟好了，到时我来接你。"

"不行。"

"说不定我们可以遇到一个我们喜欢的人，或是一件有趣的事呢！就今晚 6 点钟吧？"

"不行。"

"6 点钟见面以后，我们可以吃顿饭、看场电影，然后到咖啡厅去坐坐，我们会有一个非常美妙的夜晚的，还是去吧！"

"是吗？"

"我发觉我越来越喜欢你，今天晚上一定要见到你，就 6 点钟，我来接你。"

"那好吧，就 6 点钟见。"

这是一个聪明的男孩，他使出了浑身解数，终于让对方由说"不"到说"是"。他不断地给对方勾勒出一幅美好的预期的画面，最后女孩终于动心了。

还有一些男孩在邀请女孩的时候以情真意切为主打，让女孩感觉到温暖、真心，女孩被打动了。

两人的关系自然就近了。这是一封男孩写给他喜欢的女孩的邀请信，它包含着满怀的激情和热爱，执着与关怀：

在这之前我想先向你道谢，谢谢你借我一双手和我一起抗衡寂寞的冷，战胜寂寞，谢谢你为我剪短思念，照亮黑夜。

　　《哈利·波特》是一部很不错的电影，不是吗？主角们受到攻击时，我听见你细声低喊；舞会那一幕，我们都看得很入迷，我恨不得拉着你跳进去和他们一起共舞；主角与巨龙战斗那8分钟，你的呼吸被音乐操控了，我陪你一起紧张；年轻有为的角色死得如此可惜，你的叹息让我的心漏跳了一拍。

　　回程的时候，我的呼吸有点急促。能和你交谈的话题很少，因为我不健谈。我的CD播放了很多歌，张栋梁的、杜德伟的、李圣杰的、品冠的、光良的，你只哼过李圣杰的《痴心绝对》。唔，我会记起来，痴心绝对。

　　我双手握着方向盘，我知道回家的方向，却不知道自己的方向。你总是让我迷惘。空调散出的低温空气是绷紧的气氛，笼罩着车子里的两个人。跟着你哼唱的旋律。我把车子停在原地，才发觉车子里缺少的气体是勇气。我说再见，因为我想再见。

　　我想向你道歉，原谅我的不健谈。我决定再邀你看一场电影以示歉意。放心，我会预先选好位子，不会像这次坐在F15和F16的位子，坐在这位子会令我们的脖子很酸，这家戏院的冷气也特别的冷。唔，好的，下次我会记得带外套。

　　再次向你道歉，原谅我不够细心，忘了带外套为你御寒，忘了预先选好位子，忘了买好可乐和爆米花给你享用，一切一切，我都感到深深的歉意。

　　别担心我，得不到你的原谅，我只是会魂不守舍，上课没心听课导致成绩下降、走路撞到柱子搞得头昏脑涨、忘记吃饭令我虽生犹死、睡不了觉引起情绪不稳定、驾车不专心撞出一场世界性的创举而已。基本上，死不了，所以你有权利不原谅我。但是，基于基本的礼貌，我觉得我还是得等你原谅，等你给我一个赎罪的机会。

这样诚挚的话语，恐怕对方是很难拒绝了。这个男孩无疑又多了一次让对方了解他的机会。

内敛是东方女性特有的魅力与气质，因此，在邀请她们出游的时候要拿出你的勇气，让她们看到你的决心与诚意。女孩子其实都是需要耐心哄的，也是很容易心软的。

千万别"凶巴巴"对女人

爱情是甜蜜的，爱情之花需要用甜美的话语来滋润。男女双方开始恋爱时，双方在对方心中都转换成一个全新的角色，他们对对方的态度就会变得和以前不同，双方都把对方的赞美当作幸福的事。甜言蜜语能使爱情锦上添花。

小西和小东本来是一对人人羡慕的情侣，可谓是郎才女貌，天造地设的一对。可是，他们最后还是各奔东西了。大家都很纳闷："小西一直是非小东不嫁的，为什么最后选择放手了呢？"

小西回想着往昔的一幕一幕，叹着气说："小东很帅，对我也挺好。可是他脾气太暴躁了，平时对我说话总是凶巴巴的。我开始还能忍受，他的脾气却越来越糟。一有什么事，他就大声地训斥我'我告诉你小西，你要是敢不听我的，就等着吧'，要不就说'你怎么回事啊，跟你说的全都忘脑后勺了'。时间长了，我真的很害怕。我们吵架的次数越来越多。"

也许小东并不是一个坏男孩，可是他总是对女朋友发脾气，只会令女朋友疏远他。

凶巴巴的话语不如多去赞美对方，这样才能获得对方的好感。不论是两个人约会，还是在平时，只要细心留意，可以用来赞美的语言随处可见，例如：你今天穿的衣服，再适合不过了。

在约会时，要让对方感觉到你的尊重，多使用礼貌的语言和征询的语气，如：今天晚上我想和你一起吃晚饭，你有时间吗？

在称谓方面尽量用"你"和"我们"代替"我"，这样可以达到"两位一体"的效果，增进双方感情，用不了多久，便可做到珠联璧合了。

通常，谈恋爱的双方一般都有羞涩的心理，反映在具体情况中，就是情人之间要轻声细语，这样可以温柔地表达对对方的依恋等微妙的感情，使双方置身于温馨的环境中。

假想，如果男孩扯着嗓门对女友说："你今天要和我一起去看电影。"对方一定会认为这个男孩是个粗鲁的疯子，那谁还会喜欢他呢？

恋爱是两个人拥有的神秘的世界，在这种环境中，柔声细语往往比大声说话表达的效果更为强烈，即使是产生了误会和不合，若轻轻地附在对方耳边，说上几句甜言蜜语，那么还有什么事是解不开的呢？

帮你和异性成功交谈

当你刚刚接触到一个异性，并对他产生了一定的喜欢的感觉的时候，最需解决的问题就是如何加深你们的感情，发展你们的关系，最终得到美满的爱情。很简单，你应该不断地接近他（她），表达自己的感情。这时，怎样和对方交流就显得非常重要。尤其是第一次约会，双方都容易拘谨，导致出现不知道该聊什么话题的尴尬局面。

小凯有个外号："女性杀手"。不管是豆蔻年华的少女，还是风韵犹存的中年大姐，甚至是满头华发的老奶奶，他都能把对方哄得开开心心。

也许有人觉得小凯这样比较轻浮。但是，看到小凯把未来的岳母逗得哈哈大笑，把未来的媳妇哄得开开心心，许多人都想拜小凯为师，向他学习。

小凯觉得自己能迅速讨得异性喜欢，主要有三点原因：一是他的心理素质好，其实就是脸皮够厚；二是说话要拣好听的、有意思的话说，夸一夸，丈母娘的脸上就乐开了花；三是一定要突出异性的优势。

他觉得这三条屡试不爽。不管是在熟悉的异性前，还是陌生的异性前，他都能找到话题。

很多人都喜欢在异性面前表现自己，尤其是在陌生而又非常出色的女人面前，在这时你一定要明白言多必失的道理，话说多了很容易暴露出你的弱点。也没有哪个女性会喜欢上一个整天板着臭脸，话多得说不完的男人。女人还是喜欢那种成熟、稳重、老实中略带一点威信的男人。

当然，也并不是说沉默是金就是真理，你要以简练的语言加上亲切的微笑来打动她，那时你的话在她心中就称得上是重于泰山了。

在各种交往中，女性往往最厌烦两种男人：一种是不爱说话，无论你和他说什么，他都表现得毫无兴趣，很不合群的人；另一种则是话多得说不完，不顾及别人的感受，一味表现自己的人。真正受女性欢迎的还是那种顺其自然的交往方式，既不会让女性感到尴尬，也不会令人感到反感。采用这种顺其自然的交往方式可以消除女性对你的戒心和防备，从而为你们以后的交往打下了坚实的基础。

此外，在社交场合中，还要掌握一定的火候，说话时不要故意用粗俗的语言，或是装作和别人很熟，尤其是男性，言语更要谨慎、谦逊；女性也不要经常故作文雅，但与异性朋友交流时，有点恭敬还是必要的。

如何说出"我爱你"

泰戈尔曾经说过："在玫瑰花充裕的光阴里，爱情是酒；在花瓣凋谢的时候，爱情是饥饿时的粮食。人生不能没有爱情。"那么，当你爱上一个人的时候，应该如何对他／她说出"我爱你"呢？

　　著名作家老舍33岁了，饱经沧桑的他形成了一种内向含蓄的性格。一天，他童年的伙伴，语言学家罗常培邀他去吃饭。一个穿着中式短褂、黑色长裙，留着齐耳短发的姑娘同桌就餐。饭后，罗常培对老舍说："我看你岁数越大脾气越怪，不成家，我们不跟你交朋友了。""什么没有都行，就是不能没有朋友。没朋友我就活不了。"老舍急忙回答。罗常培笑了，答应为他介绍一位女朋友。第二次、第三次，老舍又被罗常培邀去吃饭，每次都会遇到那位姑娘。三顿饭吃过后，一封笔力道劲的信送到了姑娘手中："我们要想见面，不能靠着吃朋友，你有笔、我有笔，咱们互相来谈心吧！"这位有着独立自强精神的新女性，后来成了老舍的夫人。

　　新凤霞向吴祖光求爱，先是采取暗示，没有奏效，就直接表明了心迹。新中国成立后不久他们开始交往，感情日益深厚。新凤霞十分敬仰吴祖光的为人，希望能和他共同生活一辈子。有一次，他们在一起，新凤霞说："我演的《刘巧儿》这出戏，您看了吧？"吴祖光说："看过，真好。"新凤霞说："前门大街的买卖家，到处都在放巧儿唱的'因此我偷偷地就爱上了他……这一回我可要自己找婆家……'"但是吴祖光为人很单纯，一点儿也不懂她的意思，竟说："配合宣传婚姻法，这出戏最受欢迎。"新凤霞想：不能失掉这次谈话的机会，应当使他明白自己的意思。于是，鼓足勇气对吴祖光说："我想跟你……说句话……"吴祖光说："说吧！"新凤霞说："我想跟你结婚，你愿意不愿意？"吴祖光对此没有一点精神准备，他站了起来，停了一会儿说："我得考虑考虑。"这下子可伤了新凤霞的自尊心，她自言自语地说：

"我真没有想到，这像一盆冷水从心头上倒下来呀！"吴祖光说："我得对你一生负责呀！"后来，两人结为百年之好。

很多人求爱都采取投石问路探虚实的方式，因为每个人都害怕遭到拒绝。梁实秋求爱就是用了一个双关语对韩菁清进行了成功的试探。

梁实秋垂暮之年"梅开二度"，爱上了比他小几十岁的韩菁清。一天他们在台北梅园餐厅共餐。梁实秋点了"当归蒸鳗鱼"，韩小姐关切地说："当归味苦啊！"梁先生若有所思地说："我这是自讨苦吃。"韩小姐笑道："那我就是自投罗网！"两人相视哈哈大笑，心有灵犀一点通。

如果害怕被拒绝，但又心情躁动不安，急切盼望对方知道自己的心意，那就可以借助实话虚说、借机抒情的方法来进行。当然，也有那种开门见山、直抒胸臆的求爱方式，有时这样直接的方式能给对方留下坦率、真诚的印象，最终获得芳心。

第十一章

办公室 FBI，公司中的相处之道

在工作中，"多做少说"真的是完全的法则吗？答案是否定的。低头拉车的同时也要抬头看路。认真工作的同时也要能说会道，和领导好好沟通。只有上下协作进行得更加顺利，准确把握领导的意图，说出领导最想听、最爱听的话，才能成为领导身边的红人。

知道自己几斤几两

在领导面前说话，有许多应该注意的地方。因为说对了，领导眉开眼笑，自己会好过；说错了，会惹领导不高兴，虽然不至于说会因此而丢工作，但是后果却会很难设想。如何同自己的领导说话，是人际关系中极为重要的一个环节，如果你能把握好与领导说话的机会，拿捏好说话的分寸，你的事业就会少了很多阻力。

常言道，伴君如伴虎。领导毕竟和一般的同事不一样，况且，和一般同事说话时，还有一定的禁忌，也要注意分寸，所以，和领导说话绝不能太无所顾忌。

年轻干练、办事利落的陈伟，进公司不几年，便获得晋升，他很快成为单位里的骨干之一。可是几天前，换了个新领导，刚一上任，就把陈伟叫了过去："陈伟，你经验多，又有能力。现在有个新项目，你就多费点心吧。"

虽然还没摸清楚新领导的脾气，可是听新领导这样一说，陈伟以为自己真的被委以重任，不禁欣欣鼓舞。

恰好这天要去某个城市进行谈判，这个城市距离陈伟所在的城市并不是很远。陈伟算了一下，同去的有好几个人，如果坐长途汽车去，一是不太方便，二是车马劳顿，势必会影响谈判效果；如果打车，费用又可能会超出预算；最可行的就是包一辆车了，方便、经济又实惠。

于是，陈伟马上去请示领导。

"领导，您看，我们今天要去××市谈判……"陈伟把几个方案的利弊都跟领导汇报了一番，并说出了自己的看法。

汇报完，他发现领导的脸色很难看。领导态度生硬地说："你认为包车这个方案好，可是我觉得你们还是坐长途汽车去吧。"

陈伟很纳闷，自己的建议合情合理，居然被否定了。

职场经验丰富的陈伟确实有凡事多向领导汇报的意识，这难能可贵。可他没有注意自己的措辞。他对新领导说"我决定包一辆车"。这样并不明智，因为做决定的终归是领导。

如果陈伟能这样说："领导，我们可以选择3种方式到××市，我认为包车比较可行，但是这方面您经验更丰富，能帮我做个决定吗？"领导一听，也许就会顺水推舟，答应他的请求。在职场中，聪明人永远知道自己几斤几两，他不会代替领导做决定，而是让领导帮他做决定。

有的人知道自己的位置，但是却找不到自己应该说的话，频频对领导说错话。比如："无所谓，怎么样都行。"这句话会让领导认为你这个人很没有礼貌。"您怎么还不清楚啊？"这句话本身就带着埋怨和不满，领导听了自然会不悦。除此之外，还有"辛苦了！""太晚了！""这事不好办！"等，都不适合对领导说。这些话应该是领导对下级说的。和领导说话应该小心谨慎、把握好分寸、分清主次、顾全大体。真的在领导面前说错了话，一旦反应过来后，要立即就此打住，并马上道歉。千万不要因害怕而回避，或是一而再再而三地辩解，以免越描越黑。你应面对事实，尊重对方，必要时再进行说明。

让老板接受你的思想

其实任何一个单位，老板的思想和行为都会对企业的发展前途起着决定性作用，他就像企业的灵魂和头脑一样，只有一个好老板才能带领着企业一直前进，并且步步高升。但每个人都有缺点，老板也一样，不可能是一个完美的人。假如你的老板也在某方面有缺点，而你在这方面却比较擅长，那么从公司的利益来讲，自然是领导听从你的意见比较好。但怎样做才能让老板接受你的思想呢？总不能直接说老板不对，这样可能就面临着丢掉饭碗的危险。这时候就需要你具备一定的说话技巧了。

根据经验来说，要想把自己的思想推销给老板，最重要的一点就是将问题简单化，用最精简的语言让老板明白你的想法，并且在最短的时间内抓住老板的神经。因为他们每天的工作都很忙，时间也比较紧张，他们不会抽出更多的时间听你的长篇大论，那样反而会招致他们的反感。

作为公司的员工，向自己的老板陈述想法，切忌不要与老板进行争论。有人曾经这样比喻，与老板过招，就像古龙小说中描绘的剑客或侠士，输赢就在谈笑间。谈话高手从来不会选择和自己的老板争得面红耳赤，说得唾沫四溅，甚至打得你死我活，因为这样的方式都不明智。

世界著名的咨询顾问公司麦肯锡就存在一条规则，被人称为"电梯测验"。假设你作为销售人员，费了很大的劲才得到拜见客户的机会，没想到你刚走进客户的办公室，这个客户就接了一个电话，然后对你说："对不起，先生。我有很重要的事要去处理一下。"说完就要往外走，到了门口忽然转过身，对你说："你为什么不跟我一起走？你可以在电梯里给我介绍你的产品啊。"要知道坐电梯的时间最多也就是 30 秒。这时候就是对你的一种考验，你能不能在这么短的时间内让你的客户了解你的产品，从而对你的产品提起兴趣。这就需要你具备一种化繁就简的能力，用最精简的话语将最精华的部分表述出来，如果你能做到，就说明你离成功又进了一步。

这就跟与自己的老板说话是一样的道理，要想让老板认可自己的方案，同样要求你具备这种"电梯测验"的能力。

让鼓励成为下属的动力

当我们遇到瓶颈期时，当我们遭遇挫折时，都会希望家人、朋友、同事、同学能够认同自己，给自己一点安慰和鼓励。对待下属也是如此。不一定非用实质性的奖励，给予下属一定的鼓励也可以使下属更有干劲儿，更有动力。如果下属总是得不到上级的肯定，势必会打击他对工作的兴趣、对工作的主动性，还会对领导颇有微词。

陈女士是一家知名公司的总经理。为了提高业绩，不久前她刚给下属开完会，决定群策群力，下属方明和刘帅根据多年的营销经验，想出了一套新的方案。这套方案不仅受到了高层们的赞许，收效也超出了预计。陈女士喜上眉梢，但是她并没有和方明、刘帅说什么。

这天，她有事找方明和刘帅，刚步入大厅，便听到了他们两人的对话：

"方明，那个新营销方案，也不知道怎么样了？怎么一直都没听陈总说呢？"这是刘帅的声音。

"应该不会差，这个星期的销售量已经明显提高了。大家都看到了。"方明答道。

"可陈总只字不提，一点表示都没有。好不容易想出来的方案，如石沉大海一样。真搞不明白。"

"可能是人家要求高，觉得这个很平常吧。"

陈女士没能及时鼓励下属，结果使人心生怀疑和不满。通常，下属在做事时大多不会高调地跑到上司面前去邀功，但是上司认为他们也不需要表扬，那就错了。如果上司对下属的成果视而不见，会让下属倍感失落，工作质量逐渐下滑。

侯小姐在一家服装店里做导购，刚工作不久，就被经理表扬。原来，一次，侯小姐在整理货物时，发现货柜上摆放的衣服其中一件有点问题，虽然问题不大，但她还是把衣服移到了角落里，以免顾客对服装做出负面的评价。

经理恰巧看到了这一幕，她认为侯小姐能够适时维护服装店的声誉，很值得表扬。于是，总经理夸奖侯小姐能为公司着想，还决定给她奖励。

一件不起眼的小事就被经理大加表扬，是侯小姐无论如何都想不到的。她不仅对经理心存感激，工作也更加卖力了。

可见，鼓励和表扬的影响是深远的。即使是在给下属布置任务时，上司也可以多用鼓励的话语，如"我觉得你没问题""你能行"等。下属的努力工作一旦能够经常被赞赏，其心理必然会在很大程度上有所满足。上级的鼓励也会赢得下属的信任，上下级之间的关系也会更加亲密。

放下架子收获真心

人与人之间相处，最重要的就是能够真心相待，只有这样才能拉近彼此之间的距离，搞好关系。俗话说"设身处地，将心比心，人同此心，心同此理"，无论是陌生人也好，朋友也好，甚至是领导与下属之间，要想让彼此之间更加和谐，就要遵循这样的处事方法。

作为领导，不要总是认为自己高高在上，虽然你的职位要比员工高一些，但这仅限于工作关系，就人而言，你和所有的人都一样，只是普通人而已。如果不能认识到这一点，总是用自己的身份示人，那么你和下属之间一定会出现矛盾，即便没有人敢在你面前说"不"，并不代表他们心里就赞同你的做法。这样一定会影响到工作效率和经营问题。要想为公司创造一种和谐的办公氛围，作为领导就应该以身作则，处理问题时，学会换位思考，对待员工也要将心比心。

　　假如你是领导，想就某件事情说服自己的下属，很多时候并不是你没把道理讲清楚，而是你只站在了自己的立场考虑问题，并没有替对方着想，因此你不懂得为什么会遭到下属的拒绝。其实要想说服别人并不困难，只要你放下自己领导的身份，换个位置，作为员工去考虑，你就会明白自己哪里做得还不够。然后把自己考虑的事情，原原本本地告诉你的下属，可想而知，这样的谈话一定会收获不一样的效果。

　　有一位厅级干部在他还是个普通职员的时候，有一次他在路上遇到了自己的领导，他本来要下意识地躲开，避免与领导撞面，没想到这位领导竟然走过来亲切地和他打招呼，并且还拉着他攀谈起来。很快这位职员就放下了心里的紧张，感觉两个人的聊天很快乐也很亲切。这件事情在他的心里产生了很大震动，从此以后他努力工作，受到单位领导以及上级的一致赞扬，并且很快就得到了升职机会。

　　做了领导之后，他经常用前领导的做法监督自己，时刻告诫自己要和下属做朋友，因此也经常找下属谈心，这让职员们都受到很大的鼓舞，纷纷赞扬他丝毫没有架子，同时也加强了员工之间的凝聚力，保证了工作质量。

　　由此看来，作为领导也要学会与自己的职员相处，如果你整天端着架子，好像不这样做就没有人知道自己是领导一样，虽然员工们表面上对你很尊敬，事实上在他们的心里想法或许截然相反。只有真心对待员工的领导才能真正让员工感到舒心，他们自然愿意为这样的领导创造更大的利益。

第十二章

共同进步，将同事当作兄弟姐妹

除了家人，每天见面时间最久的，恐怕就是同事了。如何同这些不是亲人，胜似亲人的同事搞好关系呢？总是家长里短、搬弄是非可不行。说话的内容、姿态、腔调都有讲究。因为你一不留神，就可能迅速成为办公室里不受欢迎的人。

初来乍到的说话技巧

初到公司的新人，面对新环境，一张张还不熟悉的面孔，如何能打破僵局，和同事进行沟通呢？

大学毕业后，小兰到一家广告公司做推广工作。她每天早晨上班的时候，都精神饱满地问候同事，用一句简单的"早上好"来作为每天的开始。别看只是小小的一声问候，却给别人送去了一天的祝福。下班时，小兰和每个同事都道一句"再见"，代表了自己的友好。假使小兰在工作中遇到了难题，简单的一句寒暄加上一个笑脸就可能使她获得同事的帮助。

小兰就是用这些最简单的方式，逐渐获得同事们的好感的。

每天都要和同事在一起工作、战斗，不要小看了寒暄、招呼的作用。寒暄、招呼都是很微小的细节，看起来似乎很微不足道，打个招呼不过才几个字，脱口而出，完全不用打草稿，但实际上它却能体现同事之间是否互相尊重、礼貌而友好。

和同事相处时，一定不要随便吹牛，自吹自擂。

每个人都有闪光点，同样，每个人也必然有不足的地方。也许你很优秀，在某一方面很突出，而你的同事即使在你擅长的领域不如你，也有可能在其他方面优于你。如果你太自以为是，就会被人讨厌。有些人为了让同事高看自己一眼，对学历、经验等吹嘘不已，别人表面不说，心里却可能很反感。

要想在公司当中有人缘，为自己的发展创造一个良好的环境，就要学会和各种人打交道，取长补短，在同事面前，不要吹牛，拔高自己。

职场新人为了能够和同事搞好关系，经常要找到适合说话的机会。当同事被领导批评后，适时安慰对方是一个不错的机会，可是如果选择的时机不对，方法不对，不仅不会让同事得到安慰，反而会对自己不利。

试想，不论是谁，被老板训斥的时候，心情肯定会很糟糕，他满心的委屈和怒火正无处发泄，确实需要一个安慰的人出现。可是，挨训的人可能对批评自己的老板会有意见。如果你这时马上因为同情去安慰他，老板会怎么看待你？没准儿会觉得你对领导也有意见。所以，你最好先保持缄默。

事后，你再找机会劝慰同事。这样做效果会更好一些，老板不会觉得你对他心有不满，同事的气也消了大半，冷静了下来，更加信赖你。

如果你能够在同事需要帮助时，及时地伸出援手，成功帮他们解围，这不但能给他们留下良好的印象，还能有助于你的发展。一句简单的"我能帮上忙吗？"显得真诚而友好。即使你实在无能为力，别人也会谅解。

不要干涉同事的隐私

对于造谣和中伤，大多数人都深恶痛绝。而对于隐私，虽然有很多人也表示厌恶和排斥，却还是在不知不觉中成了流言蜚语的传播者。

小菲是个典型的"包打听"，又是个大嘴巴。别人有什么事，她都知道得一清二楚。进公司不久的小雪从小菲那儿知道了公司和同事的很多事情，包括老板是怎么白手起家的、公司的历史、同事的房子是花多少钱买的……这些信息对小雪而言，很有帮助。平时有什么好处，小雪都会想着小菲。

可是，小雪发现，除了她之外，公司的其他人都和小菲保持着距离。他们平时和小菲显得不怎么熟络，有什么活动也不经常找小菲参加。大家似乎有意孤立小菲。

像小菲这样的人能够提供别人的第一手资料，但是却并不受人欢迎。因为对于别人来说，这种人太危险，在她面前没有隐私，就仿佛是透明的。别人认为小菲接近自己的动机也不单纯，就是为了套别人的话。

其实，尊重别人的隐私，不仅是一种礼貌，也是一种个人修养。每个人都有些自己的小秘密，都有不想让大家知道的事情。与同事的相处中，要极力避免将别人的隐私作为谈话的对象，否则会有损你的人格，显得你缺乏修养。也许你并不是有心干涉同事的隐私，没有坏心，但是却可能因为这无心之举而破坏了你与他人的和睦关系。

现实生活中不乏一种人，专好推波助澜，把别人的隐私编得有声有色，夸大其词地逢人就说。你虽不是这种人，但偶然谈论别人的隐私，也许你无意中就为别人种下祸患的幼苗，其不良后果并非你所能预料到的。

如果同事能对你说出自己的隐私，那么证明你们之间的关系不错，他相信你。可如果同事一旦得知自己的秘密被大白于天下，八成会认为你出卖了他，生气是小，可能不会再同你推心置腹。因此，不随意泄露个人的隐私可以说是巩固职业友情的基本要求。

三思而后说

有句话叫"祸从口出"，不管是与家人、领导还是同事的相处过程中，嘴上一定要有个把门的，知道什么话该说，什么话不该说，所有的信息都要在脑子里过一遍，心里有个数。

在赵本山和宋丹丹合作表演的小品《钟点工》里，赵本山扮演的大爷为了逗宋丹丹扮演的钟点工开心，讲起了笑话。一只老虎，被蛇咬了一口，老虎急了，就想把这蛇踩死，追到一个小河边，这蛇钻水里去了，老虎在河岸上就这么等，还说"小样的我就不信你不出来"。不一会，从里面钻出来一只王八，老虎上去就把它按住了，"小样的你穿个马甲我就不认识你了？"

他没有注意到，钟点工的身上就穿着一个马甲。钟点工因为这个笑话而脱去了马甲，大爷也意识到自己说错话了，本想补救一下，改正说是一个王八钻水里去了，完事出来一条蛇，老虎说了，"你把马甲脱了我照样认识你！"这下彻底激怒了钟点工。

国外有句俗语说："言语给人的伤害往往胜于刀伤。"这并不夸张。其实有些人并不是想刻意揭别人的短，是因为直率惯了，说话欠考虑，才在无形中冒犯了他人。

"小张，你怎么这么多白头发啊？"

"老刘，你真是'聪明绝顶'，上面都要秃顶了！"

对年轻女同事说："小李呀，你最近可胖了不少！脸都圆了。"

这样的话虽然是事实，但是真的很难让听者接受。在职场中，直言直语是一个对个人发展很不利的缺点，因为喜欢直言直语的人常常只想着自己"不吐不快"，完全没有考虑别人。不论是对人还是对事，这样的话都会让人受不了的，于是，同事们宁可离你远一点，也不愿被你的直言直语灼伤。

所以，说话之前最好是三思而后说，话如果说不好，就会变成一把双刃剑，伤人的同时也伤己。

怎样处理与同事之间的矛盾

在工作中，一些比较烦琐的问题，容易诱使同事之间发生争执，有时会弄得不欢而散，甚至使双方结下"梁子"。人对于不愉快的记忆，尤其是在发生了冲突或争吵之后，很难在短时间内忘却，再怎么妥善地处理，也难免会在心里产生阴影，为了不影响日后的相处，最好的办法还是尽量避免与同事有矛盾。

新进公司的小唐被公司的周大姐训斥了一顿。因为小唐没有及时报账，害得周大姐被老板骂了一顿。周大姐在自己的办公室里气愤地说："应该自己做的事也不做，不懂也不知道问。我又没拿两份工资。"她办公室里的人都劝周大姐小点声，消消气。

可是小唐和外面的同事都已经听得清清楚楚。周大姐话中有话，明显是冲着小唐来的。小唐既没有围着周大姐给她赔不是，也没有和周大姐吵。她默不作声，依旧做着自己的事情。

隔了一天，小唐在吃完饭后，就主动到周大姐的办公室里，和周大姐聊起了天。小唐先是从这几天的工作聊起，道出了自己的苦水："老板派的任务不仅多，而且件件都是急事。自己经验也不足，没做到位还连累了周姐，真的挺不好意思的。有时真的是没办法。以后清楚了流程，一定会多注意的。"见小唐这么一说，周大姐也放低了姿态。毕竟老板也发话让周大姐带带新人，出了问题自然大家都不好交代。周大姐不仅消了气，在后来的工作中还经常帮助小唐。

人都是有情绪的。在争吵时，双方的情绪往往是过激的。一旦相互之间有了不同的看法，也别着急，最好以商量的、平缓的口气提出自己的意见和建议，选择得体的语言。应该尽量避免用"你老是弄错""你根本不懂"这类会伤害别人的措辞。这种带有否定、贬损意味的话，必然会引起对方的不悦和反感。

和同事有矛盾，有分歧，多会觉得是对方不肯合作，如果自己不能冷静，也成为一个难以合作的人，双方势必会留下心结。这时不妨先打个圆场，比如，"我们都再想想，是不是还有别的办法……""我知道你着急，可是别差这一会儿，要不错了咱们都不好交代"，用缓和平稳的语言，给彼此一个缓冲的时间。如果可以，最好能表示宽容和忍让，忍得一时之气，却能表现出你的个人修养，让别人觉得你大度，也能使对方冷静下来。如果能够和平相处，解决矛盾，说一些退让的话又何妨呢？

第十三章

从北京到南京，买的
没有卖的精

　　得罪谁也不能得罪客户。他们就是你的衣食父母，是你的金库。要让客户都围着自己转，就要把他们哄得团团转。嘘寒问暖、不住赞美、多多致谢，多说几句话，就能让客户记住你，为你带来收益和成就，何乐而不为？

说什么都是为了钱

做生意大多需要谈，因为生意并不完全是做出来的，而是需要同客户交流，谈判。沟通交流，最基本的就是从"说"开始，你如果说不到点子上，不会表达，纵然有大客户，也会失去他。

一条街上有两家鸭脖店，一家老板姓王，另一老板姓杨，两家店鸭脖的味道都差不多，可是杨家的生意要比王家的好得多。老王经常纳闷：这是为什么呢？

原来，奥秘就在于：同样是卖鸭脖，杨老板总是会和顾客多说一些话。"下班了啊。""上火吃点凉菜吧，我给你少放点辣。"街坊邻居都愿意和他聊聊天，所以经常来光顾。后来王家实在没有多少生意，只好不干了。

所以，做生意的人不仅要充分了解用户的需求，还要研究用户的心理，像杨老板那样热情、主动地同客户多说说话，多一些交流和沟通，让客户感觉你不是单纯地向他们出售商品，而是和客户站在统一立场，为客户着想，为他提供方便，客户自然会认可你的产品和服务。

语言就是有如此神奇的力量。当今社会，有时做得漂亮，不如说得漂亮。在竞争激烈的商场上，语言的作用就显得更为重要了，甚至能产生巨大的价值。

情人节之前，街上有好多卖玫瑰花的女孩子。一个女孩半天才卖出了几支玫瑰花，她问了好多独自行走的男士，也问了好多情侣，却收获甚少。而另一个女孩却在很短的时间里就卖出了好多。她专门向有女士同行的男子推销。每次她都热情地说："先生，您的女朋友真漂亮，今天过节，送一束玫瑰花吧。"情侣会很欣喜地买一束或几朵玫瑰，即使不是情侣，男子也会不好意思，多半会为了"漂亮"的女伴而买一朵玫瑰。

话要说得漂亮到位。同样是卖玫瑰，卖得好的女孩巧妙地抓住了人们的心理。一束玫瑰，不仅让漂亮的女朋友特别开心，也让男士赢得了美人心，自己更是赚了钱。一束或几朵玫瑰同一朵玫瑰相比，一下子多卖出了不少。

不论是小买卖，还是大生意，说话说到位可以画龙点睛，为自己争得更多的利益。在生意场上，语言已经不再是单纯意义上的沟通和交流，而是生金生财的助力。

你敢为顾客读赞美诗吗

为顾客读一首赞美诗，是每个营销人员都应该学会的一堂课。

有些营销人员觉得没必要赞赏顾客。太直白的赞美，抬高顾客，会显得自己很做作，身份很低。但你若是个有心人，肯随时准备赞美你的顾客，那你就已经具备了赞美最基本的条件。毕竟，大家都愿意听好话，不是吗？

一条街上并列着几家服装小店，甲店里冷冷清清，乙店却挤满了顾客。虽然小店的规模、经营品种都差不多，但是为什么会有如此大的反差呢？奥秘就在于服务员的语言上。

同样是服务员，甲店和乙店的服务员在说话上却十分不同。甲店是街上的第一家，从位置上很有优势，可是几个年轻的服务员总是一起说说笑笑，嗑瓜子，有顾客进店里，也不热情地招呼。乙店在街里边的位置，许多顾客都是看完了别家，才来到这家。然而，服务员却对任何一位顾客都施以问候，在客户挑选衣服时，都积极为其介绍。面对身材已经走样的妇女，服务员会帮她挑选比较肥大的衣服，并说："这件衣服比较成熟庄重，既适合您丰满的身材，又能衬托出您的气质。"对于在意年龄的女孩，服务员会说："这件帽衫会让您显得更加青春活泼，而且永远都不会过时。"除了介绍衣服的面料、做工之外，服务员都不忘赞美客户，华贵、有气质、身材好、青春……乙店服务员从来就不客啬赞美的词语，而顾客看着镜子中的自己，也觉得自己不一样了。

对乙店的服务员来说，顾客买的不仅仅是衣服，还是感觉。现如今，顾客购买衣服在一定程度上并不仅仅是出于保暖遮羞需要，而是一种满足，一件衣服能够带给顾客更多的魅力、自信，所以更要让顾客看到这一点，用赞美强化顾客的购买欲望。

比起西方人，东方人总是不习惯当面赞赏人，导致我们听到的赞美也很少。因此，当一个营销人员向顾客发出其从未听过的赞美时，会引起奇特的反应。当营销人员能熟练地为顾客大唱赞美诗时，赞美会换来意想不到的价值。

依然谢谢你

一些商店要求导购在顾客出门的时候，一定要说"谢谢惠顾，欢迎再次光临！"不管顾客有没有购物。这免费的话语会起到什么样的作用呢？

这一类的话语看似平淡无奇，却能给人形成一种心理暗示："我没买东西店家依然热情，那下次再来看看吧。"买了东西的顾客和没买东西的顾客，都可能就此产生再来购物的愿望。人对于感情，尤其是外来的，大多非常敏感，这不起眼的一句话，真的就会"打动顾客的心"，形成再次购物的契机。

马明是一位电脑销售员，他在和顾客打交道时，非常谦虚、诚恳，在热情的介绍之余，一直不忘感谢顾客。

当顾客在电脑前驻足流连时，他说："让我来为您介绍一下吧。"如果顾客后来表示没有兴趣，想要离开，他也会说："谢谢您听我的介绍。"

如果顾客既没有离开，也没有明确表态，他会非常诚恳地请顾客亲身体验，顾客若犹豫地回答"这个嘛，下次吧"或是直接拒绝的时候，他就会说："非常谢谢您，要不我们再看一看其他的机型吧。"

马明会积极引导顾客给出肯定的答案。而对于顾客否定的拒绝："我现在还不需要，等我有需要时再联系你。"他会说："没关系，如果您或您的朋友有需要，一定联系我。真的非常谢谢您。"

马明的感谢是极为有必要的。感谢给顾客留下了深刻的印象，这种不厌其烦，深深打动了顾客。有的人只是随便看看，但是听完他的介绍后，又有买新电脑的冲动；有的人家里已经买了电脑，可是想到儿子就要到外地读书，买个电脑比较方便，就会多留意新的电脑。电脑普及的今天，顾客的选择更多了，交易的失败原因更是数不胜数，但是一定不能在最后给顾客留下不好的印象。顾客"不买"的打算被一点一点否定后，决定购买的意愿就会相应提高。而且这样说出的感谢，每一次其实都是在驳回顾客的拒绝。

买卖不成仁义在。一句诚恳的"没关系，还是谢谢您"，不仅让顾客心里感到好受，也可能会有意外的收获。要促进交易，就要多利用顾客的心理，让他"不会忘""忘不了"，用语言为下次成功交易打下感情基础。

‖ 一开口就充满爱

一开口就是爱，远胜过一开口就是害。这不是危言耸听。商场上，尔虞我诈屡见不鲜。对你不熟悉的人，如果你说的话不合适，对方很可能会心生警觉，怀疑你是不是在设"陷阱"。如果你所说的都是关爱之话，对方就会逐渐放松警惕心，慢慢接受你。

一个深知说话之道的营销高手，在对客户初次进行自我介绍时，通常不会单纯地介绍自己，提出自己的意见，因为这样会引起对方的反感。若先表示出对对方的关爱，站在对方立场上去看问题，就更容易获得对方的信任，让对方乐意听你说下去。营销是一场心理战役，如果客户觉得你是在设陷阱给他跳，他肯定不会接受，但是你一旦打开了他的心门，则可以顺利地完成销售任务。

有一个笑话，讲的是一个吸尘器推销员，他给一位家庭主妇推销吸尘器时，把烟灰、饼干渣、碎纸片等通通扔到地上，然后说："我会让您看到我们的吸尘器是如何工作的，它的吸尘效果要比任何吸尘器都强，要不然我就把这些都吃了。"主妇到厨房给这位推销员拿了一个汤匙，推销员纳闷地说："您拿汤匙做什么？"主妇回答说："我想你应该会用到，因为今天停电。"

这位推销员只得尴尬地离开。

而营销高手则会这样做：先询问主妇的家庭情况，聊聊她的丈夫、孩子，表示了解并同情其境遇。试想，一个被烦琐的家务、几个孩子缠在身上的母亲，没有自己的娱乐，没有时间化妆打扮，每天都要收拾打扫，她多么需要一台吸尘器来解放自己啊！看着每天被孩子们当成战场的家，每天期望回到干净整洁的家的丈夫，自己更需要一个好帮手。

诚恳的关爱，将主妇自然而然地拉到了自己的一边。

每个人都需要别人的关怀，关怀的话语令人温暖，令别人更容易敞开心扉。即便你同所谈话的对象并不是十分熟悉，对方已经很劳累，或正因某事而伤脑筋，适当的关怀都不会错，这能够帮助他们暂时摆脱疲劳与烦扰。当他（她）感受到了你的知心，从而愿意与你进行进一步的交谈，进而为你向他介绍商品提供机会。

第十四章

亲子话题处理好，与孩子交流要有分寸

　　为人父母，和孩子的交流是必不可少的。怎么说才能让孩子更听话？怎么和孩子更有效地交流？不要做无用功，更不要让你和孩子中间出现鸿沟。在和孩子交流之前，也要注意拿捏分寸。这样的父母才是明智的，他们能把话说到孩子的心坎儿里，同时也会成为孩子忠实的倾诉对象。

这样说话孩子更爱听

亲子关系的重点在于父母要走进孩子的内心世界，要想消除与孩子之间的代沟，首先需要读懂孩子内心的秘密。其实孩子内心最大的秘密是情感，或情感的焦虑。即父母必须掌握情感交流的秘方，让孩子敞开心扉和自己说话，增加彼此之间的信任和感情。

通常情况下，孩子遇到了问题或烦恼，他们首要求助对象是父母。如果父母不善于与孩子交流，忽视了孩子的感受，也就从一开始就阻断了与孩子之间的融洽关系。

小羽有个外号，叫"爱哭鬼"。暑假时，她的表妹小童来跟她住了一个假期。暑假快结束时，小羽非常舍不得表妹离开，眼泪汪汪地对妈妈说："小童就要走了，以后又只有我一个人了。"

妈妈很轻快地说："有时间她还会过来玩的。"

小羽回答说："可是我不想让她回家。"

妈妈开始安慰她："这哪儿行啊。小童也想她的爸爸妈妈了。"

"不，我不要她走！"小羽顿时哭起来了。

妈妈也生气了："你都快念中学了，还是这么喜欢哭。"

小羽狠狠地瞪了妈妈一眼，跑进卧室里，哭得更伤心了。

如果妈妈能这么想：女儿很难过，我应该尽最大的努力来帮助她，尽量设法使她知道我明白她内心的感觉。如果懂得这样想，她就可以用以下方式来安慰女儿："小童走了，让人觉得很寂寞。""你们俩这么要好，真舍不得让她走。"

"你会想她的。"这种方式使父母与孩子之间产生亲密的感觉。一旦了解了孩子的内心感受，并给予适当的同情、安慰和诱导，孩子的寂寞和情感创伤感就会慢慢消失。了解和同情孩子的感受是父母联系孩子情感的纽带，可以治愈孩子受伤的心灵。因此，父母必须对情感交流的技巧加以自觉的领会，架设好与孩子之间的情感交流的"桥梁"，达成和谐美满的亲子交流。

要知道，孩子希望能够平等地与父母谈话。如果父母总是很严肃，高高在上，就很难和孩子交心，孩子要么会不愿和父母谈话，要么就用假话对付父母。所以，父母和孩子谈话时，要从孩子的角度出发，用孩子能理解的语言进行平等的沟通，这样的话孩子才更容易接受。

与孩子有效沟通的秘诀

许多父母发现，随着孩子年龄的增长，同孩子的沟通越来越困难。自己的苦口婆心被孩子当成了耳旁风。那么，父母如何说才能让孩子真正把话听进心里去？如何才能摆脱沟通危机？

沟通是一门学问，需要讲求方式。一位教育家说得好："父母教育孩子的最基本形式，莫过于同孩子之间的沟通。世界上最好的教育，是在和孩子的完美沟通中实现的。"父母在和孩子进行沟通时，在沟通之前应先充分了解孩子。

小玉的父母发现自己的女儿变了，16岁的小玉开始喜欢买衣服、买化妆品，父母觉得小玉还在上学，应该把精力都放在学习上。可是看着每天精心打扮的小玉，父母不知道该怎么和小玉沟通。

微博进入了母亲的视野，母亲有了办法。

晚上吃完饭，母亲把做完作业的小玉叫到电脑边，让她看自己先前看到的一条微博。微博里有许多国家的学生校服，小玉看得很着迷，里面的女生校服有的真的很漂亮。可是，她马上嘟起了嘴，对母亲说："我们现在只能穿运动服，我平时都是把自己漂亮的衣服穿在运动服里面。"

母亲微笑着说："我们像你们这么大的时候，穿件白衬衫、绿军裤，就很拉风的。等你上大学时，就可以穿着自己喜欢的衣服了。"小玉不以为然："我真羡慕女大学生。穿得那么好看，还可以化妆，打扮得漂漂亮亮的。"母亲继续说道："是啊，像你们这个年纪，不用化妆也很美。可是对化妆品有了依赖之后，想不化妆都不行，到时候只会更老更丑。"小玉一听，不乐意了，说："其实你就是想说我吧。"母亲说："我是看一条新闻上写的，韩国有位美少女，因为连睡觉的时候都不卸妆，没几年就老得像大妈一样。"

小玉开始还不信，看过那则新闻后，一脸难以置信的表情。母亲发现，小玉用在化妆、挑衣服的时间少了，又做回清清爽爽的"邻家女孩"了。

当孩子茫然无措时，真的很需要家长支着。他们需要倾诉的对象。父母只有多倾听孩子的心声，才能与孩子更好地沟通。当孩子向你诉说高兴的事时，你应该有所回应，而不是漠不关心。

孩子向你诉说不高兴的事时，你应该让他（她）发泄出心中的不满，并表示同情。不管孩子说的话题你是否感兴趣、有没有时间，都应该耐心听完，你可以使用"嗯""噢""是吗""后来呢"等词语，表示你正在关注他（她）所说的，鼓励孩子继续说下去。孩子会更乐意向你倾诉，也提高了语言表达能力，可谓一举两得。

不要和孩子这样说话

父母与孩子的关系自然是亲密的，这使一些父母认为和孩子说话无须顾忌，其实并非如此。孩子与父母在年龄、阅历和心理等方面有很大的差异，如果父母不能注意这些差异，对孩子说一些不适合说的话，势必会伤害他（她）的心理。

小燕的父母性格很急躁，脾气也很暴躁，一生气，便说一些伤害小燕的话。比如，"你这个白痴""真没用"等等，腼腆且容易害羞的小燕觉得特伤自尊心，这些话犹如一柄柄尖刀，给她幼小的心灵留下了挥之不去的阴影。

有时候，父母常常喜欢拿小燕和别人家的孩子相比。"你看人家，门门功课都能拿满分！""你比人家差远了！"这样的话语，让小燕心里产生了深深的不安。她觉得自己一无是处甚至已经没有希望，没人会喜欢自己。

父母发现，小燕好像总是有心事。以前总喜欢缠着父母的小燕，放学后开始不按时回家了，放了假也跑出去，她似乎很害怕父母。

　　归根到底，是因为小燕父母的说话方式不正确。这种错误的说话方式，令小燕对家产生了恐惧，对父母产生了反感。

　　孩子不是父母的出气筒。但是有些父母，自己一不顺心就拿孩子撒气。如"别来烦我，找你爸去"，"怎么不说话，哑巴了啊"；孩子有时缠着父母问些事情，父母便没好气地说："别问我，不知道。""老问啥，烦不烦……"这些态度恶劣的话，是父母应该避免的。父母说话没好气，孩子不敢接近。当他们实在不能继续承受时，便会躲得远远的。

　　所以父母和孩子说话要注意方式方法，注意沟通技巧和内容，不要伤害孩子幼小的心灵。

青春魅力好口才

跟任何人都聊得来

苏千语 / 编著

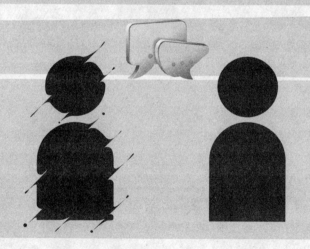

北方妇女儿童出版社
·长春·

前　言

天天聊天，不见得你会聊天。

初遇陌生人，怎样寒暄才能不那么尴尬？

面对上司、下属、同事，怎样聊天才能游刃有余地混迹职场？

面对长辈、父母，怎样聊天才能不伤感情？

面对朋友，怎样聊天才能巩固友情？

面对爱人，怎样聊天才能永葆甜蜜？

面对孩子，怎样聊天才能和他们打成一片？

……

事实上，高情商的人，跟谁都能聊得来。

别小看聊天，语言其实是自带"魔力"的，想要让自己说的话有料、有趣，入得人心，就必须掌握聊天的语言技巧。

真诚的态度、倾听的姿态、恰到好处的赞美、适时的幽默、委婉的语气、巧妙的拒绝、含蓄的批评，这些都关乎着你的聊天质量。

一个高质量的聊天，应该是轻松愉快的，让人对你心生好感的；应该是对提升你的人际关系有所助益的；应该是能简单化解尴尬的。

现实生活中，我们会遇到这样一类人，他们是大家眼中公认的"冷场王"，本来活跃的气氛，结果他们一开口，就将聊天氛围降到了冰点。诚然，没有人天生想做"冷场王"，"冷场王"之所以会出现，就是因为他们没有掌握聊天的技巧。

很多时候，我们也会遇到"尬聊"的情况，没话找话说真的令人头疼，想要避免"尬聊"，就要学学怎样与不同的人说不同的话，怎样在不同的场合说不同的话。

本书分三部分，第一部分全面介绍了各种说话技巧，帮你的聊天锦上添花。第二部分详细地介绍了与各类人的聊天术，帮你成为与任何人都聊得来的"聊天达人"。第三部分细致地介绍了在不同的场合下该怎样说话，帮你应对各种充满紧张又重要的局面。

这本书结合了深入浅出的议论、丰富的聊天案例及各类实用的方法。

议论：晦涩、枯燥。NO，本书力求简单直白，一读就懂。

案例：不经典，不现实。NO，本书精选各类经典的中外、古今事例，力求读者能吸取圣贤和名人的智慧妙语。同时，贴近生活，收录了大量极普遍的生活小事例，还原生活百态，让读者能真正掌握应对各种情况的聊天小技巧。

方法：不全面，不实用。NO，本书提出的聊天方法面面俱到，适合各类读者，无论你是职场精英，还是职场小白；无论你是社交达人，还是"冷场王"；无论你是生意人，还是销售员……每个人都能从这本书中找到适合你的聊天方法。

做一个会聊天的人吧！从本书开始，握住话语的力量。

‖ 目 录 ‖

第一章

说话"技能包"，想怎么聊就怎么聊

初次见面，开场有讲究

热情寒暄，良好沟通的开始

著名散文研究家林非先生在学术方面多有建树，许多研讨会等都会邀请他前往。某次，林非先生受邀参加全国散文研讨会，并在会议上做了散文方面的专题发言。在这次的发言中，他以这次与会的某位代表在自己房门上贴着的"请勿骚扰"这四个字为例，具体阐述了语言轻重的问题。当晚，林非先生想知道代表们对自己的发言有什么想法，就来到了那间门上贴着"请勿骚扰"字条的房间。

一推开房门，林非先生便笑着说道："各位，我来骚扰大家了!"大家看到林非先生的到来都很高兴，马上站起来说："欢迎骚扰! 欢迎骚扰!"房间里充满了轻松、热烈的氛围。寒暄过后，大家都踊跃地发表了自己的意见，进行了深入的探讨。

可以说，林非先生一开始便制造出愉快的氛围为这次探讨定下了良好的基调。

这句简单的话语，充分展现了林非先生在语言运用上的机智，他在谈笑间便扫除了双方的生疏感，与他人建立了良好的联系。

谈话气氛对谈话效果有重要的影响，其中，轻松、愉快的气氛是最有利于谈话的。这种气氛可能是不知不觉产生的，也可能是故意营造出来的，但不管是哪种，自然顺畅、不显生硬都是关键。聪明的说话人大多会在说话前就充分了解自己的谈话对象，并会在一开始就制造出适合交谈的气氛，帮助谈话双方尽快进入状态。

心理学研究表明，如果人们是以一种轻松、愉快的心情进行交谈，就会更容易产生包容心，更容易接受对方的观点。因此，如果谈话会以不欢而散告终，那么没能在一开始就建立一个愉快的谈话氛围，很可能是导致这种结果的原因。

如果是与对方初次见面，那么"您好""认识您很高兴""很荣幸见到您"就是最标准、最不容易出错的说法。想要稍微文雅一些，则可以选择"久仰"或是"幸会"之类的话语。想轻松、随意一些，则可以说"早就听某某说过您"，或是"您的大作我很早以前就拜读过"等。

如果对方是你认识的人，那么寒暄时不妨用一些亲切、具体的话语，如"上次见到您还是几个月前了""您今天的气色真不错啊""这是您的小儿子吗？真可爱呀""今天真是最近难得的好天气"等。

寒暄是交谈的序曲，它定下的基调对整个谈话会产生直接影响，我们绝不能轻视寒暄。因此，我们应该了解以下几点寒暄的注意事项：

1. 热情、友善的态度

恰当的方式和语句是寒暄的必备元素，但这些方式和语句都是基于热情、友善的态度而进行的。只有让这三者恰当地结合在一起，才能达到寒暄的目的。试想，如果对方以一种极为冷淡的态度对你说"很高兴认识你"，你会感受到对方所说的"高兴"吗？如果对方以嗤之以鼻的态度称赞你"精明能干"时，你又会有怎样的感觉？因此，寒暄时的态度是我们必须多加注意的要点。

2. 怀揣友好之意、尊重之心

敷衍了事般地打哈哈或是戏弄对方都是寒暄的禁忌。"来了""看您那副熊样""才几天不见您怎么又长膘了"之类的语句也应当禁用，这些会让对方觉得你对他并不尊重。

3. 删繁就简，避免沉闷

简单明了是寒暄的基本要求，如果像是八股文那样拖沓冗长，又有几个人能忍受下去并产生好感呢？

4. 适可而止，热情也怕太过

无论做什么事情都要把握好尺度，寒暄也不例外。适度的寒暄可以帮助你更好地打开话题，但没完没了、过于热情的寒暄只能引起不适。善于说话的人，总是在寒暄中找到合适的契机，因势利导，进入正题。

5. 民族性和地域性值得注意

有些寒暄用语具有十分明显的民俗性、地域性特征。例如，老北京人和人打招呼时总喜欢问"吃了吗您？"，其实就是在说"您好！"。如果你认真地回答"还没吃"或是具体描述你刚才吃了什么，那么就显得有些奇怪了。如果以之问候南方人或外国人，对方可能会认为你"要请我吃饭""没话找话""多管闲事"，因此而产生误会。

6. 易导致误会的寒暄语不要提

涉及个人隐私、禁忌及私生活等方面的寒暄语都可能会引起误解。例如，一见面就戳对方的痛点，"最近是不是又失恋了？"或是"怎么药还没停呢？"等，这些都会使对方产生反感，我们要避免提及。

恰当的寒暄可以让双方更加熟悉、放松，营造一种对交谈更有利的氛围，因此，千万不要轻视寒暄。

初次相见，要掌握说话的禁忌

在社交场合我们会见到许多与我们初次相见的人，争取与这些人建立联系，就是你经营好人脉的开始。但是，很多人都难以与第一次见面的人轻松自如地交流。其实，如果能开好头，找到恰当的话题，就能打开局面。不过，想要在初次交谈中将话说得恰到好处却并不简单，这需要足够的交谈技巧，知道哪些话能说，哪些话不能说，否则你很难与之进行深入交流。

某天，林安要坐飞机到国外出差。飞机上，林安隔壁坐着的是一个英国姑娘。林安是个"自来熟"，没过多久就开始与对方聊了起来。

聊天时，林安询问对方："你今年多大了？"

姑娘有点儿不高兴了，但还是尽量轻松地说："你猜猜看。"

一问一答间，关于年龄的话题终于过去了，可没想到林安转而又问："到了你这个年纪，一定已经成家了吧？"这次姑娘没有再答话了，她转过头去，不再搭理林安，直到下飞机，她们也没有再说一句话。

林安与那位英国姑娘不欢而散的最主要原因就是，她不应该一直询问对方的隐私。在国外，年龄与婚姻都是十分私密的事情，被问到的人可以直接拒绝回答这类问题。

林安就是典型的"不会说话"，初次见面没几分钟就得罪了对方，这样是不可能进行进一步沟通的。

"我姓刁，现在是玩具厂的一名工人。"一位姑娘这样自我介绍道。

"是貂蝉的貂吗？貂蝉的美人计可真是厉害，一会儿喜欢董卓，一会儿喜欢吕布，弄得他们反目成仇。"

"不是这个，是学习的习字去掉一个点的刁。"

"噢！刁德一的刁啊。电影里的人物就有姓这个的，不过那里面姓刁的都不是什么好人，不知道在现实生活里的人怎么样。"

姑娘听到这些话会有什么样的想法呢？她肯定觉得对方是在戏弄她、污辱她，之后也不会与这个人有进一步的交往。

初次相见，正是左右别人对你的印象的关键时期，一定要知道哪些话能说，哪些话不能说，让嘴上有个把门的，千万不要贪图一时的痛快信口开河，要学会尊重他人，适当讲一些对方爱听的话，这样才能让对方对你产生良好的印象，才有可能有进一步的沟通与联络。在这个故事中，如果这个人说："刁这个姓可真是少见，物以稀为贵，大家肯定都特别喜欢你！"那么相信姑娘对这个人的印象一定截然不同。

那么，初次与人相见时，有哪些说话的禁忌呢？

1. 注意自己的身份

与一个陌生人初次相见时，对方肯定会关注你的身份，想要了解你的身份。你的身份可能会使初次相见的人对你产生大致的猜想与期待，因此，说话时要注意让自己的动作和话语符合自己的身份。

2. 不要过于卖弄自己

中国人都是讲究含蓄、谦虚的，很多时候，这样的态度更能展现出人的风度和内涵，过于炫耀、卖弄只会让对方，尤其是初次见面的陌生人，对自己产生反感。即使我们的确在某方面有所建树或者优于常人，也不能说明你总是出类拔萃的，况且，在初次见面的人面前说起这些其实无任何意义。

3. 不要总是抱怨

初次见面，不要自己抱怨个没完。许多人喜欢四处宣扬自己对生活的不满，这样实在很容易引起别人的反感，更何况对方只是一个与你初次见面的人。谁会想要听那些破坏心情的唠叨和抱怨呢？你的这种行为只会让对方觉得你是一个啰唆、消极的人，不会产生继续与你交往的念头。因此，不停地抱怨不会让人产生同情，它只能引起对方的厌烦。

4. 不要信口开河

很多情况下，有些品位不高或者知识有所欠缺的人，为了掩饰自身的缺陷或是显示自己，就会信口开河、夸大事实。这样的话说得越多，就越容易被别人戳破。而一旦被别人察觉，别人就会对他们产生不信任感，不会与之进行深入交往。

5. 不随意打断对方

当你在表达自己的想法时，如果有人不断地打断你的话语，你会产生怎样的想法呢？想必你就不想继续说下去了吧。随意打断别人的话是一种十分不礼貌的行为，很容易让对方对你产生反感。如果你有与对方不同的意见，也完全没有必要一定要马上打断对方，说出自己的想法，等对方说完再阐述自己的观点也不会损失什么。因此，如果你不想引起对方的反感，就一定要注意这个问题。

6. 不要左顾右盼

注视对方、认真倾听对交谈有很重要的作用。交谈时，神情应专注，表情应自然，语言应亲切，表达应得体，双目应注视着对方。在交谈时左顾右盼或处理毫不相关的事务，会让对方认为你不重视他，也就不想继续与你交谈了。

7. 把握好开玩笑的分寸

玩笑能够活跃气氛，消除陌生感，使自己显得更亲切，有利于感情的交流。因此，与初次相见的人开一些玩笑是一种良好的说话方法。可是，我们一定要注意把握好开玩笑的分寸，保证玩笑在对方的接受范围内，毕竟因不恰当的玩笑而害人害己的事情屡见不鲜。

8. 绕开敏感话题

有些话题十分敏感，你对此有足够的了解吗？如果忽视了这些细节，你可能会在不知不觉间得罪对方。例如，政治见解、个人隐私、宗教信仰等问题都十分敏感。谈论这些问题，多多少少会带有一些"评价对方"的感觉，因此，我们在初次与他人相见时，最好避免谈这类问题。

‖ 别光顾自己说，而忘记倾听

倾听，是一种难得的修养

倾听是一种礼貌，是最好的恭维，能表现出对说话者的尊敬和赞美；倾听是一种难得的修养，能获得对方的赏识与信赖。

每个人都希望被尊重，被重视。当我们兴致勃勃地说着一件事时，对方不仅毫无反应，还总是三番五次打断我们，这就会使我们有一种不被尊重的感觉。倘若对方专心致志地倾听，那么必然会使我们心情舒畅，觉得对方格外亲近。

顾远是林州的朋友圈中最受欢迎的人士之一。他经常受到他人的邀请，参加各种聚会和娱乐活动。一天晚上，林州在一个朋友举办的小型社交活动中发现顾远正和一位年轻漂亮的女士坐在角落里。林州一直都对顾远的交际方法很感兴趣，因此便悄悄地观察着他们。林州发现那位年轻女士一直在说，而顾远只是时不时点点头、笑一笑，偶尔附和两句，仅此而已。几个小时后，年轻的女士微笑着向顾远告别，还留下了联系方式。

林州见状便走到了顾远身旁，禁不住问道："刚才那位年轻漂亮的女士好像完全被你吸引住了。我发现你在聊天这方面可真有一手。快说说，你是怎么抓住她的注意力的？"

"很简单。"顾远说，"见面后我只是对她说：'你的手真漂亮，配上这只手镯更是锦上添花。我看你这只手镯很独特，是在哪买的呢？'

"她说是在拉萨，是去年到拉萨旅游时买的。

"于是我告诉她，我一直有想去拉萨的愿望，但至今还未实现，让她给我讲讲拉萨的故事。

"于是，我们就找了个安静的角落，接下来的时间她一直在说拉萨的故事。

"临走前她告诉我，说她很喜欢和我聊天，有一种很轻松的感觉，认为我是一个可深交的朋友。但说实话，我整个晚上基本没说话。"

这就是顾远受欢迎的秘诀。其实很简单，顾远只是给对方一个说话的机会，而他则全神贯注地倾听。倘若想受到周围人的欢迎，万万不可将话题只围绕自己一人展开，多谈谈对方的兴趣、爱好、事业、成功等，对方才会有被重视的感觉。

实际上，大部分人表达自己的观点和情感并不是为了获得别人的认同，只是为了宣泄自己的情绪。一旦他们有了表达的机会，将自己的情绪发泄出来，心情就会变得舒畅，自然就会喜欢与你聊天。所以，倾听能在心理上给予对方安慰，打动人心，增加亲近感。

对于销售员来说，倾听更是重要。很多时候，你倾听的时间越久，对方就越是愿意接近你。相反，说得越多，顾客可能越厌烦。

洛城是一家家具城的销售员，有一次经理派洛城前去拜访一位曾经买过他们家家具的商人。见面时，洛城递上自己的名片，说："您好，我是XX家具城的推销员，我叫……"

　　谁料，自我介绍还没有说完，顾客便严厉地打断了洛城的话，并开始抱怨当初买家具时的种种不快，如"家具的价格同比其他商场要贵""服务人员的态度不周到""送货上门的时间不及时"等。

　　顾客一直在数落着洛城所在的家具城的服务，洛城只好满脸歉意地站在一旁，安静、认真地听着，没有发表一句话。

　　等到顾客将所有的不满全都发泄出来后，洛城顺势递过一杯水。顾客喝完水后才发现眼前的这个推销员好像很陌生，并不是上一次为他服务的那一个。他顿时感到有些歉意，于是对洛城说："小伙子，你贵姓呀？别一直站着了，坐下吧。你们那有没有好一点儿的酒柜，你给我推荐推荐吧。"

　　当洛城离开时，已经兴奋得难以自抑，因为那位顾客不仅购买了一个高端酒柜，还将洛城推荐给了他的朋友。

　　从洛城见到顾客到最后酒柜成交，他说的话并不多。这一单完成的关键就是在于洛城懂得倾听，没有滔滔不绝地讲自家产品如何如何好，而是引导顾客说出自己的购买意愿，向顾客表达了自己对他的尊重。

　　苏格拉底说过："上天给予我们一个舌头，却给了我们一对耳朵，所以我们听到的话比我们说的话多两倍。"在适当的时候，让我们的嘴巴休息一下吧，动起自己的耳朵，多听听顾客的话。学会倾听才能得到所有，才能双方受益。

　　那么在倾听时需要注意哪些问题呢？下面我们来讲解一下：

　　1. 选择好交谈所坐的位置

　　如果是和顾客交谈，尽量避免与顾客面对面而坐，面对面的交谈方式会让顾客有谈判对立的感觉；尽量避免让顾客面对门或者窗，这样的位置顾客容易被外界吸引，容易分心，最好让顾客面壁，以保证顾客的眼睛只注意到你，不受干扰。

2. 眼睛勿要左顾右盼

在交谈时，不要左顾右盼，这样的举动会让顾客有不被尊重的感觉。但是也不要眼睛直勾勾地盯住对方眼睛，最好注视对方鼻尖或前额。还要注意眼神应温和有礼。

3. 点头和微笑必不可少

顾客谈论时，点头会起到事半功倍的效果，顾客会觉得你在认真思考他说的话。微笑会拉近两个人之间的距离。

4. 不要随意插嘴或打断对方讲话

不插嘴有三大好处：让对方感觉良好；让对方多说，以获得更多有用信息；让对方说完整。

5. 不明白的地方见机追问

追问有两大好处：使你尽可能听懂他的意思，让你"捕获"更多信息；让对方觉得你听懂了。

听，就要听出弦外之音

倘若你是一名领导，下班时你听见有职员向同事抱怨："我快要累死了！最近几个晚上我都加班到十点钟才回家，今天还要加班呢！"这个时候，你应该知道，职员并不是随意抱怨的，你应该仔细想想他所说的话的弦外之音。从中找出隐含的讯息，并做好应对。

那个职员可能在向你传达这样一个意思："我最近的工作量实

在很大,迫切需要别人帮忙。我知道我有责任做完公司指定的任务,如果我向上级反映我需要帮忙的话,公司就会认为我没有能力做好这份工作。所以,我不想直接说出来,只好以这样的方式间接告诉你,最近工作量太大了。"

或许他想表达的意思是这样:"上次公司总结职员成效时,你说希望每个人都更加努力工作。现在我每天加班到晚上十点钟,就是按照你的指示去做的,想要你看到我的努力。"

也或许他是这样想的:"公司最近有裁人的意思,我有点儿担心,怕公司辞退我,我之所以这样说就是为了让你知道我尽职尽责。"

还或许隐含着一个这样的讯息:"我希望你听到我说的话可以拍拍我的肩膀,并对我说:'你的工作能力很出众,工作态度端正,加油!'"

说话者无法直接面对面地表达自己的意思便采用弦外之音,他需要一个聪明的听话者领会他话中的意思,就像上述的下属一样,采用弦外之音间接向领导传达自己的意愿。

倘若没有人注意到说话者的隐含讯息,说话者就会以无可奈何的态度表达自己的意思,这个时候所表达的意思或许就不再是真正的意愿。真正的意愿需要从他的"弦外之音"中去发掘。就如上述所说的职工"喊累",也有可能是他认为公司没有前途,或者晋升空间较小。领导没有听懂职员的弦外之音,职员也没有得到肯定的回馈,因此就会寻找一个容易表达的原因来说,但那并不是真正的原因。

毫无疑问,人际交往中有太多的言外之意。很多人不便太直接、太露骨地表达自己的想法,因为需要考虑到各个方面,如批评人不能伤了对方的自尊，给领导提建议不能让对方失了脸面，你有难言之隐但又不能不顾全大局，事情紧急但涉及商业机密要打暗语……

那么究竟怎样才能做到听出对方的言外之意呢？以下几种方法或许会对你有所帮助：

1. 找准对方的真正意图

从对方说的话中听出真正的意图、愿望、设想、期望、价值观、观点等。或许这些你并不能接受，但要做到尽力去理解它，只有这样，才能保证交谈顺利进行下去。

2. 认真思考对方的语言

同样的话从不同的人嘴里说出来以及对不同的人说，都会有不同的含义，因此要认真思考这些话的隐含意义。就算是同一词语在父母和子女之间也会有天上地下的差别。当相互交往的两个人理解方式不同的话，就会引起较大的误会，甚至会造成难以想象的后果。

3. 注意非语言暗示

除了用语言表达自己的意思以外，还能够用非语言信息来传达，如手势、腿部动作、面部表情、声调、眼神等，这些非语言信息同样是传达语言的重要组成部分。仔细观察、倾听并综合分析这些信息，看和听同样重要。市场上有大量关于身体语言的书籍，我们可以借鉴它们，但也要注意并不是所有的场合都适用，在人际交往中还需要根据文化背景和个人风格来帮助了解。

所以，作为听话的一方，想要认真摸索、仔细思考其中暗含的意义，明确他人心理，并从中掌握方法、积累经验，只有这样才会真正理解别人的弦外之音。

‖ 与人聊天，真诚最受宠

心诚能使石头开花

人们常说："心诚能使石头开花。"真诚是沟通我们与对方心灵的桥梁。因此，我们应该秉持着真实、真诚的态度与对方沟通、交流，这样才能收到良好的效果。

一个商人曾在某公司购进 15 万元的货物，但是还没有将尾款付完。这天，这位商人怒气冲冲地来到了这家公司总经理的办公室，告诉总经理，这家公司里的员工对他屡次冷眼相待，自己对这家公司失望了，所以他不但不会再付尾款，而且之后也绝对不会再购买这家公司的任何一样产品。总经理听完他的话，态度温和地说："谢谢您特地来把这件事告诉我。您真是帮了我的大忙，如果我们公司的员工对您的态度不友善，那么他们对别的顾客的态度可能也会不尽人意，这就太不幸了！请相信我，您的反馈对我有很大帮助。"

随后，总经理又真诚地说："鉴于您提供给我这样重要的信息，您的尾款我们就不再收取了。既然您不想继续购买我们的产品，我可以向您推荐一些其他公司的产品。"这位商人怎么也没想到他以发泄的心理来到这里，却受到了这样真诚、恳切的礼遇。这种诚意完全征服了他，他也因此成了这家公司的忠实顾客。

总经理以真诚、恳切的话语进行耐心的劝说，最终打动了对方，改变了对方的想法，不仅不动声色地化解了一场很可能产生的冲突，还为公司赢得了一位忠实顾客，实在是非常高明。当我们带着真诚与人沟通、交流时，对方会更容易获得亲切感。态度真诚，是使对方感受到尊敬与重视的极好的方式。如果你能够做到，那么你的聊天就会发挥出更好的效果。

一位妻子十分渴望在生日时得到一颗钻戒。但是丈夫独自在外打拼也不容易，不好勉强他满足自己的愿望。于是，妻子委婉地对丈夫说："老公，今年你就不要给我买生日礼物了，好吗？"

听了这话，丈夫很吃惊，问道："怎么了？"

妻子没有说什么，只是轻轻地叹了口气。丈夫感到有些莫名其妙，又说："咱们结婚这么久，我每年都会给你送生日礼物，今年为什么不送？你想要什么，就告诉我吧。"

话音刚落，却听妻子说："明年你也别买礼物了。"

"啊?!"丈夫张大嘴巴，简直不敢置信。

"老公，我是这样想的。"妻子轻声说，"你把给我买礼物的钱存起来，等几年之后，就能买到一颗小钻戒了。"

听了妻子的话，丈夫愣住了，随后一把将妻子搂入了怀中，没有再说些什么。

妻子生日那天，她的丈夫还是将礼物送给了她，那就是她梦寐以求的钻戒。

丈夫能够真的去买来钻戒送给妻子，主要是因为妻子是秉持着一颗真诚的心与他沟通的。如果这位妻子态度不真诚，张口就让丈夫给自己买钻戒，那么很可能不但丈夫不会满足她，反而会引发争吵，让夫妻之间产生隔阂。因此，我们在与人聊天时，除了采用一些交际策略外，也要保持一个真诚的态度，这样才能实现你的目的。

事实上，无论何时何地，我们在与人聊天时都要有一个真诚的态度，这样才能使对方理解你、认同你。

心理品质与一个人是否能真诚待人密切相关，一个真诚的人必然会拥有良好的道德品质和健康的心理素质。可以说，真诚无法伪装，它是个人气质最真实的展现。真诚的人能够虚心接受别人良好的意见，也愿意为别人的困惑提出中肯而实在的建议。谦虚恭谨是真诚的人所拥有的特征，高傲自满的人不可能对他人表现出应有的尊重，更不可能是一个真诚的人。想要成为一个真诚的人，一定要提升自身的修养，心术要正，摒弃所有邪念和不正当的想法，这样，说出来的话才会让人感到真诚。有了真诚的态度，对方也会更乐意与你聊天。

不难发现，很多成功者在向着成功奋斗时并不会恃才傲物，反而会以真诚的态度求教于他人，吸取前人的经验。这种真诚待人的态度的确是一种通往成功的捷径。

大量事实告诉人们，很多情况下，真诚是最明智的沟通方式。如果我们能真诚待人，就会更接近成功。

将心比心是一种良好的处世之道，其实，与人聊天也是如此。在与人聊天时，我们只有真诚以待，对方才会报以真诚。

用真诚之心来为你的魅力值加分

真诚，其实就是诚挚、守信，也就是说，说话人所说的言辞应该是诚恳、真挚且有信用的。

说话的魅力，不是在于说得多么花团锦簇，也不是在于说得多么流畅自如，而是在于是否能以真诚的态度来表达。无论是说话者还是听话者，真诚的语言对其都极其重要，语言魅力在于真诚，与人沟通，贵在真诚。

晏殊步入仕途后，天下太平，国家无事。因此，每逢假日，京城的大小官员们都会在外面宴饮游乐。由于家境贫寒，没钱出去享乐，因此晏殊只好在家里和兄弟们闭门苦读。

某天，真宗突然钦点晏殊来辅佐太子读书，大臣们都因为这个突如其来的消息困惑不已。真宗解释道："近来大臣们都经常外出宴饮游乐，只有晏殊与他的兄弟们每天闭门读书，这样自重谨慎的人，想必就是最合适的人选了。"

晏殊上任后，有了得见真宗的机会。真宗将选择他的原因告诉了他，可没想到晏殊却说："其实我并不是不喜欢游玩，只是因为家里贫穷没有钱玩乐。倘若我有钱，我也早就跟其他人一样四处宴饮游乐了。"听完晏殊的话后，真宗更加欣赏晏殊的真诚，对他的信任也日渐加深。

由此可见，真诚是多么重要。倘若你能以得体的语言来显露你的真诚且对方可能会因此而喜欢上你说的话，你们就有了一个良好的沟通基础，对方也就很容易信任你，与你建立起信赖关系。

真诚且可以打动人心的话语，才能算得上是"金口玉言"，一字千金。

庄子说："至信辟金。"即最大的诚信无须借用金玉之类的信物，孔子主张"轻千乘之国，而重一言之信"，谚语中也有"一言既出，驷马难追"的说法。说话者倘若能够真诚地对待听话者，就能维护情感，获取信任，加强沟通，避免矛盾。而那些夸夸其谈、口惠而实不至的话语，只会让对方产生反感，丧失对你的信任，使沟通与交流陷入僵局。

在长期为周恩来总理进行英语翻译的生活中，冀朝铸对周总理有了较为深入的了解，他认为，周总理说话向来都十分真诚。他回忆说，他结婚7年之后都没有孩子，周总理特意请来专家给他进行全面的检查，还安慰他道："小冀啊，你没有孩子，我也没有孩子，咱们一起干革命！"对此，他十分感动。冀朝铸担任周总理翻译17年后，某天周总理真诚地建议他说："小冀，不能一辈子当翻译啊！40岁的年纪是转行的时候了！"并让他到外语学院找一名合适的接班人。

1973年，冀朝铸出任了中田驻美国联络处的对内参赞。在离开前，周总理邀请韩叙、冀朝铸共进午餐，席间他说："你们也有白头发了……"周总理的话尽管都只有寥寥数语，却能让人充分感受到他的真诚。

所谓"精诚所至，金石为开"。真诚才是最能打动人心的事物，待人以诚，对方才会信任我们，彼此才能建立足够牢固的关系。无论何时，如果我们将真诚之心抛在了身后，那么所有的关系可能都很快消散。

‖ 赞美的话语，最动听

恰到好处的赞美才是金玉良言

美国心理学之父威廉·詹姆士说过："渴望被赞美、被尊重，是人类本性中最深层次的企图之一。"正因为这是一种最基本的愿望，所以我们每个人都应该不吝对他人的赞美。当然，赞美虽然动听，但是也需要恰当、合宜，如何拿捏，就是衡量一个人交际水平的标准。

俄国著名的作家屠格涅夫是一个打猎爱好者。这一天他又出去打猎，无意中捡到了一本名为《现代人》的杂志。出于好奇，屠格涅夫随便读了几页，迅速被杂志上连载的一篇题为《童年》的小说吸引住了。屠格涅夫读完之后深受打动，但是看作者署名却很陌生，显然是个名不见经传的作者。屠格涅夫非常迫切地想当面向这位作者表达自己的赞赏之意，于是四处打听作者的住处。最终他得知作者是一个仅20来岁的年轻人，当时正和姑妈住在一起。屠格涅夫找到了年轻人的姑妈，不巧的是年轻人当时在其他城市，于是他便向年轻人的姑妈表明了自己的身份，并由衷地表达了自己对这个年轻作家的喜爱和赞赏之情。

当时屠格涅夫已经因为《猎人笔记》成名了，姑妈看到自己侄子的作品得到这位名作家的欣赏，立刻给侄子写信说了这件事。她的侄子收到信之后兴奋了好久，他读过《猎人笔记》，对屠格涅夫非常佩服，现在竟然得到了作者本人的赞赏，他怎么能不欣喜若狂呢？在屠格涅夫的鼓励之下，这个年轻人迸发出了无与伦比的信心和热情，最终成为世界文坛上无比耀眼的巨匠，他就是俄国文豪列夫·托尔斯泰。

屠格涅夫看到了这个完全有可能成为自己竞争对手的文坛新秀，不仅没有产生压制、排挤的想法，还迫切地表达了自己的赞美，这种心胸值得每一个人学习。在人与人的交往中，很多时候不仅需要赞美朋友，也需要赞美对手。政治家往往深谙此道，无论是多么敌对的两个人，即使身处互相敌对的两个国家，他们见面时也会亲热地拥抱、握手，"热情洋溢"地赞美对方的某些优点，这是一种风度，也是必要的手腕。

我们的赞美或许没有屠格涅夫或者政治家那样意义重大，但是在生活和工作中，多赞美自己的家人和朋友，多夸奖自己的下属、同事乃至领导，在他们变得更加优秀的同时，自己也能在和谐、上进的环境中变得更加优秀，何乐而不为呢？尤其是在充斥着沉闷紧张气氛的办公室里，赞美的语言通常是最好的润滑剂。

那么，我们在与人交往时，应该怎样正确地赞美对方呢？

1. 赞美要因人而异

每个人都是不同的个体，都有自己的独特之处，所以赞美的语言也必须突出个性，因人而异：赞美老年人，不妨提一提他辉煌的过去；赞美年轻人，要多夸奖他"初生牛犊不怕虎"的闯劲；赞美商人，要称赞他头脑灵活、善于把握市场形势；赞美知识分子，要赞扬他博闻强识、学识渊博……如果做不到因人而异，用一套词去夸所有人，那样一来你的赞美将变得毫无价值，不仅收不到应有的效果，反而会让对方心生厌倦甚至反感，那就得不偿失了。

2. 赞美的内容要具体

像是"你工作能力真强""你真是一个好领导"这样空泛、生硬的赞美，毫无真诚的成分，很有可能让对方对你的动机产生怀疑。所以，具体而言之有物的赞美，才能让听到的人心生愉悦，并将你视为知音。比如，夸赞一个女孩子，反复说"你真漂亮"反而不如夸奖她双腿修长笔直、眼睛清澈迷人的效果好。赞美言之有物，才能说明你真的关注了对方，对方才会相信你的赞美是发自内心的，而不是客套话。

3. 赞美的语言要真诚

不真诚的赞美，不仅无法让人相信，而且会让人觉得你做人虚伪，甚至会对你心生厌恶。举个例子，你在街上碰到几年没见的老同学，对她说："好久不见，你还是像以前那样年轻漂亮！"她听后心里会很舒服。但是如果你对她说："好久不见，你变得更漂亮了，简直能跟西施媲美了！"如果你们关系比较亲密，她可能不会往心里去，如果只是泛泛之交，就会让对方觉得非常别扭，还会觉得你在讽刺她。所以，不真诚的赞美往往不如不说。

4. 用第三者的口吻赞美

通常在人们的观念中，"第三者"的立场总是相对客观、公正的。善于运用这个普遍心理赞美他人，往往能收到事半功倍的效果。例如，你去拜访一位朋友，想要赞美他的妻子，就可以说："嘿，我早听某某说过你的妻子既漂亮又温柔，今天一见果然名不虚传！"这样的话既避免了自己直接称赞可能引起的尴尬，而且赞美的效果也会倍增。

日常生活中，想要让人际关系变得更和谐，不妨用心去寻找别人的闪光点，扮演一个善于鼓励他人的角色，同时也能树立起自己开明的、善于合作的形象。

背后赞美，事半功倍

俗话说："谁人背后无人说，哪个人前不说人？"背后恶语相向、众口铄金的案例数不胜数，产生的危害比当面诋毁要大得多。但是，事物皆有两面性，背后赞美人的好话，也往往能起到出人意料的效果。人们对当面的赞美会有一定的质疑心理，但是对那些背后的赞美往往没有抵抗力，很容易就会"沦陷"，从而对背后说自己好话的人产生好感。所以，我们想指出某人的长处从而赞美其优点时，不妨选择适当的时机进行一番"背后赞美"。

下面，我们就通过一位老师的日记，来见识一下"背后赞美"的魔力吧！

一天上课之前，我在办公室里与同事讨论工作上的问题。这时，数学老师说起了K同学——那个整天丢三落四、贪玩淘气的"刺儿头"。他摇着头对我抱怨说："K真让我哭笑不得，他明明那么聪明，但却不爱动脑筋，这孩子要是'改邪归正'，肯定是一棵好苗子。"我随声附和道："可不是，这个聪明又帅气的孩子，如果把学习搞上去……"我的话音未落，上课铃响了，我拿起教案走出办公室，正好看到K红着脸从办公室门前快步走了过去。我没有多想，赶紧走进教室开始上课。

这一节课让我颇有些意外：K同学今天像换了个人似的，不像从前那样松松垮垮地趴在桌子上听课，而是一脸认真、坐得笔直，甚至开始举手发言了，这可真是太罕见了。而且，他的作业也没有拖延，及时上交，字也写得端端正正。

大半天的时间，我都在为这件事好奇。下午放学后，我看到K正在学校超市挑学习用品，于是紧走几步想找他谈一会儿话，正好听到他跟老板聊天。

"你这个'刺儿头'，平常不都是买些零食吗，今天怎么买起文具了？"看来老板对K印象挺深刻。

"嘿嘿，告诉你吧！"K语气中带着得意，"我们班主任和数学老师都喜欢我，班主任还夸我聪明又帅气呢。"

老板被他逗笑了，说："看起来老师还真的喜欢你，那你的成绩肯定不错吧！"

"这……"K挠了挠头，笑着说，"你说的是以后的我！"

我想这真是个美丽的误解，其实我当时并不是在夸他，只是话还没说完就被铃声打断了。但是没想到，这几句话会有这么大的力量，让他发生这么大的改变。

我带着喜悦和感叹转身离开了，我相信这个孩子以后肯定会变得更好。

由此可见背后赞美的力量多么强大。原因就是这种表扬来自背后，被表扬的人不会认为那是虚情假意或讽刺奚落，会让受表扬者深信不疑，受到巨大的鼓舞，其激励作用不会打任何折扣，直接传达到对方的内心。

西方一位学者曾经说过："背后颂扬别人的优点，比当面恭维更为有效。"背后赞美他人，是一种处世的技巧，也是我们心胸开阔的体现。对于夸奖者来说，有时候一些赞美的语言即使出于真诚，在面对对方时也会由于害羞等原因说不出来，或者打了折扣，这时候我们何不发挥第三方的作用？多称赞一下别人，你的善意总会传达到对方的耳中。

拒绝，也是一门艺术

让对方舒服地接受才是高明的拒绝

人际交往是一门学问，处理好人际关系需要智慧。人与人在往来之间常常会有所求，因不想破坏人际关系的和谐，没法拒绝别人的要求，只得勉强答应……这样的情况很是稀松平常。虽然体谅对方有所谓的难处，能帮一把固然应该帮，不过遇到只是一方一味忍让的情况，时间长了，彼此关系难免会出现裂痕。只是一两次的交集的话或许还好，倘若不止，那么学会拒绝就很有必要。

在中国人的传统性格中，拒绝别人，尤其是当面拒绝是一种特别失礼的行为，所以很多人都不愿意，甚至说没有拒绝别人的习惯。多数情况下，人们是害怕拒绝会造成彼此之间关系的破裂，不过高明的拒绝方式，是可以既不用怕驳了别人的面子又可以做到尊重自己的内心。

一样都是拒绝，表达的语气和方式不同，产生的效果可是千差万别。凡是有所求的人，每次开口请求帮忙的时候，肯定也是经过内心的挣扎，跟自己的自尊心做过斗争的，心里难免会惴惴不安，语气也会带着很多试探。"可以吗?""拜托了。"……如果我们不由分说，脱口就是"不行""办不到"，势必会直接伤害到了对方的自尊心，也会让对方陷入一种很尴尬的境地，引起对方强烈的反感。而如果你在拒绝之前，先是从头到尾认真听完对方的请求，并表示了安慰鼓励的话语，再将自己的难处一一道出，清晰地告诉对方，自己不是"不能做"而是"做不到"，让对方予以理解，再配合上委婉妥帖的语气，并充分表达自己的歉意，相信对方一定可以接受。这样的拒绝势必不会影响你们的关系。

比如，有个朋友想请长假外出旅游，去医院来找医生朋友出具一份假的病例和住院证明，给自己的公司领导，妄图蒙混过关。对此违规行为医院早已多次明令禁止，一经查实不仅要严肃处理，还会吊销医生的执照。于是该医生在耐心地听完朋友的原因之后，恳切地说明了自己拒绝的原因。最后朋友说："对不起，我一时没想那么多，我不该因为自己一点点私利，就让你搭上自己的前途和喜爱的医生事业。经你这么一说，我也觉得这个办法不行。你就当我从来没做过这件事情吧。"

每个人都有自己不得不请人帮忙的时候，而对方同样也会有没办法帮你的苦衷。只要认真地说出自己无能为力的理由，这样的拒绝，是不会影响朋友间的感情的，因为真正的朋友可以看到你的善意和坦诚。

另外，有的时候，其实你也不必当场拒绝，你完全可以说："不好意思，我现在没办法确定，这样，我再考虑一下，明天答复你吧。"这样的话，既给了自己合理的时间考虑请求的可行性，又不会让对方觉得失望。即便是最后你没有办法帮到对方，也不会影响彼此的关系，因为对方会以为你很认真对待这个请求。

比如，某单位一名职员对于自己目前的工作不是很满意，找到自己的领导想要公司内部转岗，领导心里很清楚以那位职员的资历和能力，根本达不到转岗的要求。但是领导并没有当场回答说"内部转岗以你的能力是不可能的"，而是说："内部转岗涉及的是两个部门，我一个人可做不了主，这样吧，我帮你把这个问题反馈一下，让公司开会决定，有结果的话，我答复你，好吗?"

这样回答既不会让职工觉得公司并不重视自己的意见，打击职工对公司的忠诚度和对工作的积极性，又能让对方明白公司内部转岗不是一件简单的事情，需要领导上报，那么结果就会存在两种可能。不当场回绝可以给职工一个做思想准备的时间，可以最大限度地降低心理落差，这比当场回绝效果要好得多。

即便是当面拒绝也不一定就是要跟对方站在对立面上，要拒绝、制止或反对对方的某些要求、行为时，你可以利用那个人的原因作为借口，避免与对方直接起冲突。

比如，同事向你推销一套茶具，然而你刚刚已经有了一套，这时候，你无须顾虑太多，可以直接说："你推荐的茶具确实比较便宜，只是我不是很确定这套茶具适不适合我刚在云南买的观音茶，听说品茶有很多讲究呢，不同品种的茶要配不同材质的茶具，这样才能相得益彰，发挥出茶叶最大的茶性。哎呀，说实话，对于这个我也不是很了解呢。"

一般在这种情况下，同事会听得云里雾里，并且作罢，因为他已经在你委婉的话语中听出了你"不买"的意思。什么茶具配什么样的茶，是不是有所依据，具体应该如何搭配，同事也未见得研究得很透彻，这样一来，即使同事想要进一步推荐，也会因为找不到明确的"狙击对象"，而放弃"攻击"的目标。

又比如，一家软件公司的销售主管在跟一家大的合作商谈合作时，合作商代表突然提出想要看一下这个软件的设计原稿和成本分析数据，可是这些数据都是公司的绝密资料，主管根本就没有权力私自答应给外商查看。不过，要是实话实说，不仅会驳了对方的面子，影响两家和气，甚至这次的合作也会泡汤。这位销售主管并没有那么直白地说"不可能""没办法，公司有规定"之类的话，但是"不可能"的意思却表达得清清楚楚。

"这个，好吧，不好意思，您看要不我下次见面把资料给您带来，可以吗？"

那位合作商在商场打交道很多年，自然是明白"下次"是什么意思，也就知趣地不再纠缠。

再比如，某位企业家接到老朋友打来的电话，邀请他到某大学做成功经验的分享讲座，企业家在电话里缓缓地说："我真的很荣幸，也很开心你能邀请我。我让我的助理查看一下我这个月的日程安排，稍后给你回复可以吗？"

很多的要求如果没有很多的不确定因素影响的话，不如先缓和一下。这样，就算是企业家表示不能到场的话，他也有足够的时间去化解可能产生的内疚感，并使对方轻松自在地接受。

拒绝别人有很多的讲究，其中语气占很大的作用。比如"不好意思"四个字，如果你的语气谦恭，对方听了心里就舒服，倘若你的语气生硬、冷淡，对方听后便会反感、不痛快。不仅达不到预期的效果，还会引起对方的不满，造成不必要的矛盾与冲突。伸手不打笑脸人，如果你的态度温和柔软，那么对方也不会用尖酸刻薄来回馈你。在拒绝对方时，采用委婉含蓄的表达方式，将会使你的人际关系更加协调。

掌握技巧，拒绝的话也可以很动听

你的身边有没有这样一个人？不管大家有什么要求总是会答应，大家有什么事情总是会习惯性地去找他帮忙，以至于这个人每天忙来忙去，总是会有干不完的事情和操不完的心。

如果有，我告诉你，这样的人不是"活雷锋"，天生热心肠，更不是"天使"下凡，普度众生。他不过就是脸皮比一般人要薄，心脏比一般人弱，不懂得拒绝罢了。在大多数人的固有观念里，"拒绝"两个字听上去是很刺耳的，然而事实上，拒绝也可以动听。

苏楠是公司市场部的一位员工，她在让"拒绝"变得动听悦耳这方面绝对称得上是一个高手。她拒绝别人的时候，既不让对方不舒服，自己又能成功脱身。每次别人找她帮忙前，她都会很细心和耐心地听别人说完，尽量弄清楚别人真正的意图，之后她三言两语便可以拒绝对方的请求，对方还不会埋怨她。

有一次，公司要召开新品发布会，到时除了新产品展示和演讲介绍之外，还会搭建一个延展台，摆放合作公司的一些相关产品，规模不小。这个项目不仅预算庞大，而且请了很多一线有影响力的媒体参加此次的新品发布会。因此，能够在公司讲台演讲的厂商不仅能够获得抢眼的展位，还能为公司的产品免费做一回广告，可以说是一举多得。为此，各大厂商争持不下。

其中有两个战略合作经理，为了能让自己负责的合作商在这次发布会上赢得机会，都来和新品发布会负责人苏楠沟通，希望把产品放在最显眼的地方。不过最显眼的位置只有一个，给谁都会让另一个人不高兴。况且大家都是一个公司的，关系都不错，并且活动的宣传工作以后都需要战略合作经理配合，因此让苏楠做这个决定就显得十分艰难。一旦处理不好，不仅会得罪同事和合作厂商，甚至还会影响发布会的质量。

不过，这可难不倒苏楠。面对两位战略合作经理，苏楠没有直接说出结果，而是先发制人，用一连串的问题，来为自己找解决的办法。

苏楠说："难道这次新品发布会受邀的合作厂家就只有你们两家吗？"

战略合作经理 A 答："不止，据我所知，有十多家呢，不过我们这两家的合作商规模最大，合作时间也长，自然是最重要的！"

苏楠又问："既然如此，你说这两家合作厂商最重要，那么如何来衡量合作厂商的重要性？有什么参数作为依据？"

战略合作经理 B 答："可以以进货出货的数量、合作推广的次数和时间，再加上合作厂商的知名度为依据。"

苏楠接着问："那你们推荐的厂商涉及的以上参数有没有做过整理，然后按照年份季度做出表格存档呢？"

两位战略合作经理答道："这个自然是有的，都会定期存档保存。"

苏楠问："既然都有存档，这样，就把数据调出来，逐一查看。查看一下最近两个季度的排序，看看变化的幅度。大家都是知道的，咱们在新品发布会上展示的产品一定是所有的参数数据排序靠前的合作厂商的产品。等一会儿，你们把数据图先发到我的邮件里，我也会请各个部门的同事一起查看排序的表格，然后调出所有厂商排序的表格，再和你们部门确认。确认无误后，我会按照顺序把这些厂商的展示图放到发布会上。倘若大家同意，我会上报给法律部，看看有没有什么潜在的法律隐患。这样做比较公平吧？"

两位战略合作经理答道："好的，那就这样吧。"

苏楠很聪明，她提出一个词"公平"。其实在这件事情上，两位战略合作经理找到苏楠就是因为想要走走后门，并且以为有后门可走。如果苏楠没有给出一个明确的回复，他们自然不会罢休，会一直揪着这个问题不放。之后苏楠告诉他们产品摆放的位置的展示图会公布于众，还要和其他部门沟通，用最真实有效的数据做依托，这样的"拒绝"办法，显然可以让两位战略合作经理心服口服，不会记苏楠的仇，也不好再提走后门的事情。

由此可见，掌握说"不"的技巧是很有必要的。

1. 拒绝也要分场合

当众拒绝的杀伤力太大了，一般人是承受不住的，所以拒绝最好在私底下。即便找理由拒绝之后，最好第一时间找机会解释清楚，免得造成不必要的误会。

2. 先示好，后拒绝

先向对方抛出友善的橄榄枝，先给予肯定再拒绝，这样更容易让别人接受你的意见。与其说"我反对"，不如微笑着说："你的方案做得很棒！不过，有些地方无法完全说服我。"

3. 与其解释还不如提出解决方案

当不能如期赴约的时候，与其一直讲述当时的情况："现在已经超过半夜十点了，明天还要上课……"还不如直接提出替代方案："假如下次时间允许，请再给我一次机会好吗？"

聊天课外宝典

我们在哪些情况下应当保持沉默?

1. 当与专横的人交谈时

蛮横、不讲理的人通常不会听从别人的见解,即使这份见解再高明、再精彩,他也不会认同,甚至可能会心生厌烦,从而怀恨在心。因此,当我们面对这样的人时,保持沉默或任凭他声嘶力竭地叫喊就是最合适的应对方式。这样他才可能会感到无趣,随后冷静下来。

由于身份和地位的原因,有些人,如上级、长辈等,可能会有些强势,在对方训话、提意见的时候保持一定的沉默,是应有的态度。另外,女性常会对男朋友耍泼撒娇,对她的强词夺理保持沉默,也是很有必要的。

2. 当与情绪正激愤的人交谈时

有些人在阐述自己的观点时,总是十分激动,认为自己的发言十分重要。如果此时你要表达观点,对方大多会置若罔闻或竭力反驳。因此,此时你应当保持沉默,待他的情绪平复,再与他平心静气地交流。

3. 当与不明事理的人交谈时

不明事理的人大多一旦认定一个道理就很难改变,无论你说得多透彻,不是对牛弹琴,就是增添了对方的嚣张气焰。此时,倘若你沉默不语,可能反而会产生正面效果。

第二章

见什么人，聊什么话

与上司聊，小心触雷区

与领导聊天的艺术：掌握魔鬼语言

以常理来看，"一把钥匙只能开一把锁"，锁与锁之间有着不同的构造，因此导致钥匙与锁头具有专一的特性。但"道高一尺，魔高一丈"，"一把钥匙只能开一把锁"的真理被造锁的人打破，他们成功地研制出了"万能钥匙"。"万能钥匙"，顾名思义，一把能同时打开多把锁的钥匙。

对于职场人士来说，他们每天面对不同身份的同事，以及不同层次的领导，迫切需要一把"万能钥匙"打开不同的"锁"。那么，究竟有没有这样一把"万能钥匙"呢？肯定是有的。那"万能钥匙"又是怎样的形态呢？简单来说，就是我们日常所说的"话"。它并不是轻松、平常的，而是难以操纵的"魔鬼语言"。一旦掌握这种"魔鬼语言"，就会让你赢得领导的信任与尊重，让你的职场生涯更加顺利、从容。

1. "我现在就处理解决"

唐陌在一家玩具制造厂上班，是车间的经理。由于他们公司的玩具销量很高，公司每天都会生产大量的玩具，所以常常出现机器故障问题。更可怕的是，有时员工会因操作不当受到伤害，引发纠纷。

有一次，机器出现问题，导致整个车间一时无法正常运转。公司领导找到唐陌，询问他机器出现问题的原因。唐陌支支吾吾，一时说不出个所以然来。领导大为不满，生气地对唐陌说："你是怎么干活儿的？出了问题连原因都不知道吗？"唐陌听后马上辩解："机器是采购部门购买的，而且已经运转两个多月了，一直没有问题，今天突然发生故障了，我也不清楚原因，更何况……"领导没等唐陌说完，便摆手让他离开了。

唐陌的同事知道后对他说："你怎么能这样对领导说话呢？你应该对他说：'您放心，我现在就处理解决。'对于领导来说，原因、经过并不重要，重要的是事情解决了没有。事情已经发生了，再多的辩解有什么用呢？领导想听的无非就是'我马上解决'罢了。我们只需说这一句话，让他安心，然后自己找原因并及时解决。"同事的一番话让唐陌瞬间醒悟。此后，一旦出现问题，还没等领导开口，唐陌就会说："您放心，我现在就着手解决！"

如果领导询问你问题原因并要你迅速做出回应的时候，你应该摒弃所谓的"我也不清楚，明明一开始……"，最好立刻、冷静地回答"我马上处理"。有了这样的回应，领导就会觉得安心，就会认为你是一个能果断处理问题、工作讲效率、服从领导的好下属。假如你支支吾吾、推卸责任，领导就会认为你是一个优柔寡断、办事能力不强、毫无责任心的下属。同时，还需要注意的是，当你做了保证后，需要立刻拿出实际行动。

2. "我们似乎遇到了一点儿问题"

付文静是一家淘宝店的客服总管。近来，店里进了一批新鞋，由于质量不过关，客户纷纷差评，并要求退款。作为客服总管，付文静认为自己有责任向老板禀告这件事。因为信誉对网店而言至关重要，如果网店的差评太多，顾客必然不会再光顾网店的生意。

付文静将这件事情仔细考虑后，敲开了老板的门。

付文静一进门便以轻松的语气对老板说："老板，我们似乎遇到了一些问题。"老板听后笑了，问："怎么了？遇到什么问题了呢？"付文静有条不紊地将事情的来龙去脉汇报给了老板，最后又表达了自己的意见，说："我觉得道歉是平息客户怒火的最佳方式，我们需要想办法来挽回店里的信誉。我们可以公开发表一份声明，表明新进的这批鞋出现了失误，给顾客带来了不好的体验，是我们的责任。另外，我们主动对顾客保证，觉得新鞋质量不过关的一律可以退货，运费由我们承担。这样，顾客就会感受到我们的诚意，就会收回对我们店的差评，对我们网店有一个好印象，对我们产生信任。毕竟，开网店，最主要的还是看顾客的购买量和好评率。"付文静的话让老板非常赞赏，他笑着说："你的想法和做法非常不错，你就直接负责这件事吧！"

当你负责的一笔业务出现问题，或你们的市场出现危机时，该怎样向领导汇报呢？是风风火火地禀告领导这个坏消息，还是有条不紊地向领导陈述事情的经过，并提出有效的建议呢？显然，后一种做法更值得学习。这样做不仅不会让领导觉得你是一个推卸责任的人，反而会认为你是一个能沉着冷静应对危机的人。

"我们似乎遇到了一点儿问题"，是正确向领导传达坏消息时用到的"魔鬼语言"。这样说最委婉、最安全，作为领导人，肯定不想听到坏消息，而这样说就会给领导一个心理缓冲的时间，让他有一个充分的思想准备。一上来就汇报坏消息，领导只会发怒或者乱了阵脚。当然，能力强的下属不只是禀告事情的经过，还会给领导提供一些解决问题的方法，让领导知道事情还有解决的余地，让领导觉得安心。

3. "给我时间想想，一小时后给您答复好吗"

小杰和阿斌是某保险企业的宣传部员工。一天，领导将他们两个叫到办公室，说："现在公司想要借助网络平台宣传我们的保险业务和企业文化。叫你们来是想问问你们有什么好的操作方法吗？"

小杰和阿斌呆住了，因为来之前没有任何思想准备，突然被问，一时不知道怎么回答。

小杰几乎脱口而出："我之前没有做过这样的事，不清楚如何具体操作，我需要回去研究研究。"领导听后不满地说道："之前没做过是理由吗？"

阿斌见领导不高兴了，急忙笑着说："领导，这件事事关公司的信誉和形象，我需要慎重、仔细地想一想，一个小时后再给您答复，这样行吗？"领导听后满意地点了点头。

小杰和阿斌表达的意思相同，但表述方式不同导致了结果也不同。显然，领导对阿斌的表达方式更为满意。当领导询问你如何做，而你又没有详细的解决方案时，你就可以说："给我时间想想，一个小时之后再给您答复好吗？"

这句话不仅能帮助你解决眼下之危，让你避开领导的问题，还能让你有足够的时间去思考。事后，你可以认真查阅相关的资料，或者向有经验的人请教。最后将找到的解决方案告知领导，这样，就会给领导留下好印象。

除了上述的三条"魔鬼语言"，还有一些话语也极为有用。比如，你想表现自己的团队精神，可以这样说"我觉得xxx的意见不错，值得借鉴"；你想向领导寻求帮助时，可以这样说"领导，这件事关键还是需要您指导啊"；领导批评你时，可以这样说"谢谢您帮我指出错误，我会及时改正的"；你认为自己的任务过重，想减轻工作量时，可以这样说"我知道这件事很重要，我们可以先将手上的工作集中处理完，再全心全意做这件事"；你禀告工作，谈话出现冷场时，可以这样说"不知道领导是怎样看待这件事情的呢"……

这些语言都是与领导说话的"万能钥匙"，是领导喜欢听的语言。这样说，不仅能帮助你避免被问题波及，还能让领导觉得你做事从容不迫、果断、有分寸。

对无休止的加班说"不"

当时针指向下班的时间，你是不是想立刻收拾东西，关掉电脑，急忙走出办公室呢？但是在更多时候，你可能都被加班绊住了脚步。当别人舒适地在家看电影、与恋人约会的时候，你却在空荡荡的办公室里对着电脑抓耳挠腮。因为要加班，只能推掉与好友的"酒会"，吃着平淡无味的盒饭；因为要加班，只能推掉周末与恋人的约会；因为要加班，晚上只能迎着星光赶最后一班车。当加班成了家常便饭的时候，生活的乐趣一点一点地被磨灭。

无休止地加班，并不见得就能把工作完成得多么出色。长时间地工作往往造成员工工作效率低下、精神萎靡不振、对工作的激情剧减。对于企业来说，意味着管理存在问题、统筹能力差，长此以往，在市场上就会缺乏竞争力。工作时间的长短并不是衡量一个人工作能力高低的标准，最重要的是效率，也就是在有限的时间内达到目标。因此，面对无休止的加班，我们要学会大胆、恰当地说"不"。

那么，如何在不得罪领导的前提下，拒绝加班呢？

晴雯是一家出版公司的职员，经常加班到深夜。一天，临下班时，主任对晴雯说："现在有一份稿子特别着急，明天上午九点前必须要做好。"晴雯看着厚厚的稿子心里充满了无奈，没办法，只能加班熬夜赶了。她拿出了桌里时常预备着的泡面，草草吃了几口便埋头工作。等晴雯终于处理好这份稿子时，她发现整个公司内就只有她这一处有亮光，打开手机一看，已经凌晨三点了，看着男友几个小时前打来的电话，她满脸苦涩。因为太疲惫，她随便收拾了一下就趴在办公桌上睡着了。

第二天一早，晴雯被公司的保洁阿姨叫醒，她带着困意去洗手间洗脸，望着镜子里憔悴不已的自己，再翻开手机看到男友的短信——你的工作永远比我重要。晴雯思前想后，决定找领导推心置腹地谈一谈。她找到部门的主任说："非常感谢领导对我这一阶段的关心，我一直努力工作，唯恐辜负您的期望。但是这段时间以来，我觉得我的工作效率更低了。首先一点，我的身体难以承受这样的负荷，加班到凌晨两三点，第二天上班完全没有精神，工作状态非常差。再一点，我的个人时间被工作填满了，没有时间好好陪伴自己的家人和爱人。您是过来人，相信您能明白在亲情和爱情中，陪伴是最重要的。希望您能理解我的苦衷，尽量减少加班的次数。不过我会在工作时间做好自己该做的！"

部门主任听后，一脸抱歉地对晴雯说："我只想着工作进度，没有考虑到你的身体和私下时间，给你生活带来这么大的影响。我同意你的意见，希望你以后也像今天这样能及时提出自己的意见！"

当内心不愿意加班或者出差时，有人会向同事抱怨发牢骚，最后被领导得知，卖力不讨好；有人想向领导反映情况，奈何不会表达，说出来只会得罪领导。像晴雯这样，开诚布公地向领导说出自己的苦衷，且说得恰当、合理、有人情味，领导自然能够理解，自然会接受你的建议。

当面对无休止的加班时，可以这样说："我今天已经约好了……，实在是没有办法加班！但是我会遵照您的指示，按时完成工作。""这些事情我不用加班也能完成的，到时准时交给您。"或者你可以以幽默轻松的语气说："亲爱的老板，那样，你会参加我的'过劳死'葬礼的"……给领导一个合理的不加班的理由，而不是私下向同事抱怨。

身在职场，加班是无法避免的一件事。公司真的有一定要解决不可的事情时，留下来加班是对企业负责的表现，每个人都应该这样做。但加班并不是评价一个人努力与否的标准，对于过分的、不合理的加班，要及时站出来拒绝，避免让自己无休止地"被加班"。

与下属聊，别趾高气扬

笼络下属要有技巧

作为一个团队的领导者，有必要了解一些感情投资、笼络人心的技巧。这样当人心不齐时，就能够将涣散的人心凝聚起来，让你的下属尽心竭力地为你效劳。

一家企业聘请了一位擅长管理却不擅长专业技术的经理。技术精湛的前任经理在员工心目中形象高大，再加上多年的相处，早已深得人心。所以部门内的员工对新经理并不认可和信服，不愿意和他打交道，而且对于他安排的工作也很不配合。面对这种情况，新经理并没有气馁，因为他相信自己可以收服人心，早晚能够和员工们打成一片。

经理打算先从大家比较信服的两位头儿下手，下班后，他带着精心准备的小礼物，去他们家里做客，和他们交流感情，互诉衷肠，以加深对他们的了解。慢慢地，他们的关系越来越亲近，开始你来我往，这两位头儿也会到经理家串门，向他透露一些公司里的情况以及员工们的想法。于是，经理逐渐对他手下的员工有了一定的了解。

上班时，经理会经常在员工当中走动，以拉近和他们的关系。见到仓库管理员小林，就搭话："小林，我经常看见你男朋友来接你下班，眼光不错，小伙子看着就靠谱！"

看到刘师傅，又说："老刘啊，听说你儿子考上了重点高中，这么聪明这是遗传了你的优点啊！"

赶上节日，经理就招呼大伙一块儿聚餐，聚会上经理一边和大家喝酒，一边拿那两位头儿的小癖好开玩笑，惹得在座所有人都哈哈大笑，而和经理早有默契的两位头儿就在一边赔笑。

不久后，经理就和厂里的员工们搞好了关系，相处得十分融洽和睦。他的管理也得到了大家的一致支持和认可。在新任经理的领导下，他们部门的业绩节节攀高。

笼络下属的心是需要技巧的，以下几点值得借鉴。

1. 找机会和下属沟通

上司要找机会和下属沟通，交流一下双方的想法。当领导对下属有了了解，就能对症下药，从而处理好和下属之间的关系。而下属也会在这当中找到存在感，受到莫大的激励。

2. 认真聆听下属的意见

聆听下属的意见，能让下属感到领导对自己的重视，从而调动他们的积极性和主动性。美国历史上有七位四星级上将得到了同一个结论：那些有精湛的战斗技巧但在事业上却没有取得成功的军事领导者，是因为他们不懂得聆听部下的意见。

3. 充当下属的知心朋友

当下属遭遇困难、突发意外时，非常需要领导给予关怀和安慰。领导的支持会给下属莫大的感动和欣慰，使他乐意向领导倾诉心声。如此一来，领导便获得了下属的信任，有利于工作的顺利开展。而有的领导在遇到工作不顺时就会乱发脾气，将责任都推到下属身上，这样的领导是不会得人心的。

4. 练就火眼金睛，点石成金

作为领导，你要知道每个下属的身上都有闪光点，都有自身独特的优势。领导要善于发现和捕捉他们身上的才能，做到人尽其才，物尽其用，才能让金子发光。这样当下属取得成就时，也会感激领导的点拨与指引，领导的光辉形象也得以树立。

5. 鼓励下属，"你能做到"

一定要学会鼓励下属，鼓励能够极大地激发一个人的潜能，能够带来强大的动力，以增强下属的积极性和自信心，从而让他们充满斗志地为你卖力。

表扬下属要用对方法

作为公司领导，如果想让员工尽心竭力地为公司效劳，物质奖励确实是一种办法，但想从根本上收服人心，适时表扬往往能达到意想不到的效果。

大多数领导或许会犯这类错误：明知道员工工作出色却不动声色，明知道员工取得了很大进步却依然吹毛求疵，还自以为这样做可以激励员工。古人指出，"求将之道，在有良心、有血性、有勇气、有智略"，对于勤恳忠心的员工，一定不要吝惜你的赞美之词，大胆表扬，能够使他们做得更好。

工作了3年的小罗前几天和我谈起自己的领导，谈话中颇有赞美之词。他说公司正处于创业期时，大家的收入微薄，但领导却有本事让大家不计回报地为他效劳。

有一次，他的同事小张连夜为公司写策划案，第二天挂着两个黑眼圈，精神萎靡地将方案交给了领导，领导见状就说："小张啊，你是公司的'国宝'啊，写方案没人能比得过你，咱们公司多亏有你呀！"小张一听立马容光焕发、斗志昂扬，然后又充满热情地投入到工作当中。

因为领导没有一副高高在上的姿态，十分懂得体察人心，特别会夸奖人。如此一来，员工的士气自然高涨，积极性受到激发，工作就更卖力了。

心理学家杰斯莱尔说："表扬就如同温暖人心的太阳，我们的成长不能没有它，然而很多人都太轻易地对他人吹去寒风似的批评与谴责。"

不过，表扬员工时，还有以下注意事项：

1. 要具体，不要含糊其词

表扬本是促人奋进的一种有效方法，但如果方法不当，效果就会大打折扣。因此，作为上司在表扬下属时应该斟酌字句，要具体明了。例如，有些上级想要对下级进行表扬，却使用了含糊不清的评语"你做得很认真""你是咱们公司的劳模"等。实际上，这样的表扬是很难起到实际作用的，因为没有明确表扬的原因，从而很容易使下级产生误解，感到摸不着头脑，甚至觉得领导虚伪、没诚意。

一般来说，用词越具体，表达越清楚，表扬的有效性就越大，因为这样会让下级认为，你对他非常了解，对他十分关注，对他的进步与成绩很重视。

有这样一个故事，罗斯福总统下肢瘫痪，无法驾驶普通的汽车，于是克莱斯勒公司专门为罗斯福总统打造了一辆汽车。总设计师钱柏林先生将这辆汽车送到了白宫，总统立即表现出极大的兴趣，说道："真不可思议，只需要按按钮，车子就能发动，毫不费力就能驾驶，简直太妙了。"他的朋友和属下们也在旁边欣赏汽车，总统在大家的面前再次夸奖，"钱柏林先生，我非常感谢你们耗费时间和精力制造了这辆车，你们真的很了不起！"然后总统将车的各个部件欣赏了一遍，也就是说，他注意并提到了每一个细节，他深知工人们花了多少心血和汗水，总统还坚持让他的夫人和部下和他一起仔细欣赏这些部件。

2. 把握时机

在与下属的谈话中能抓住有利时机去表扬对方，其结果可能是事半功倍。通常来说，下属在开始为领导处理某件重大的事情前，就应该给予表扬，这是一种鼓励；在处理这件事的进程中，领导也应该抓住时机再次表扬，最好是在下属刚刚取得一点儿成绩时交谈一次，以激励下属再接再厉；最后，在下属的工作告一段落并取得一些成果时，也是非常渴望能得到公开表扬的，这时候领导应该满足下属的愿望。

当然，这种表扬应该把握好一定的"度"。适度表扬可以让下属获得荣誉感，反之，则可能让他感到不安、难为情。所以领导把握好表扬时机的同时，在谈话中必须注意自己的措辞。在上下级的沟通技巧中，表扬往往有"画龙点睛"的作用，但它需要分情况使用，只有适时的表扬，才能消除上下级之间固有的隔阂，使上下级关系更加和谐融洽。

3. 多表扬下属的才能

希腊有句谚语："使人幸福的不是强壮，也不是财富，而是正义和才能。"才能，是一个人区别于他人最鲜明的标志，是一个人幸福的源泉。我们想表扬一个人，就要用最打动他的方式，也就是对其才能给予肯定和高度评价。

我们身边不乏多才多艺之人，有的能言善辩，有的妙笔生花，有的能歌善舞……诸如此类的才艺都是值得表扬和欣赏一番的。

4. 放低姿态

放低姿态，就是说领导要用谦虚、真诚的态度对下属进行表扬。

秦穆公深知百里奚是个有才能之人，就费尽心思将他从楚国的囚牢里救赎出来。

那时的百里奚已有 70 岁高龄。秦穆公召见他时，亲自为他解除囚犯的镣铐，尊之以上座，并向他请教治理国家的良策。

秦穆公的举动使得百里奚诚惶诚恐，推辞道："下臣乃亡国之臣，哪里值得您垂问呢！"垂头丧气的百里奚语气中透露着伤感和惭愧。

秦穆公诚恳地说："虞君蔑视您的才能，不重用您，所以才被迫亡国。这不是您的过错呀！"

秦穆公的一番话，不仅表扬了百里奚的政治才能，而且极大地鼓舞了他。而秦穆公诚恳、谦虚的姿态，也令百里奚大为感动，就把自己的治国策略向秦穆公倾囊相授。

5. 多说"你"，少说"我"

多说"你"少说"我"的表扬原则，指的是你要让对方成为你们交谈的重点对象，通过表现你对对方的欣赏，或者虚心向其请教等方式，由衷地表达出你对他的认可，以使得对方能够心安理得地接受你的表扬。你还要懂得分享他的喜悦，肯定他的成就，为他所自豪的事情喝彩。这样做便让他得到了从别人那里没有得到或者没有被满足的心理需求，从而达到了表扬的最佳效果。

批评下属也要看场合

在日常工作中，员工难免会出些差错，如果领导想指出员工的错误，一定要分清场合。否则，就很容易伤害到被批评者的自尊，那么通过批评达到纠错的目的就很难实现了。

有一次，一位厂长撞见几个工人正在吸烟，而就在他们身后的墙上标着这样几个大字：禁止吸烟。

面对此情此景，这位厂长没有直截了当地斥责工人们。他面带笑容地走到工人们面前，掏出一盒烟，分给他们一人一支，然后礼貌地请他们到可吸烟区域去抽。此时工人们已经意识到自己违反了规定，于是纷纷惭愧地道了歉，从那以后再也没有人在"禁止吸烟"区域吸烟了。

面对工人的错误，这位厂长并没有批评，却达到了比批评更好的效果。因为厂长没有说一句言辞激烈的话，就让他的员工认识到了自己的错误并主动改正。毋庸置疑，用含蓄的指正来代替批评更容易让人接受。

而不得当的批评，很难令人心悦诚服，即使嘴上服从了，心里也一定不服气。因此，批评也要讲求方法。

工作中不乏一些领导痛批下级的场面，那是因为领导从未对员工将心比心过。在那样的场景中，如果还有第三者在场，被批评的员工就会颜面扫地，而第三者难免会感到尴尬和忐忑不安，他可能会想："下一个批评对象是不是轮到我了？"如此一来，会在无形中令员工感到恐慌和危机重重。这也许是领导者的无心之失，但这会严重损害领导者在下属心中的形象，甚至会影响到整个团队的工作情绪，公司的业绩又何谈蒸蒸日上呢？

那么，我们到底如何正确地批评下属呢？

1. 私下批评

如果领导在公开场合批评员工，不仅会使其颜面尽失，还会使双方的关系降到冰点。就全体员工而言，不仅打击了士气，还会打击人心，从而使员工们对领导颇有微词，甚至会出现跳槽的想法。此外，这样的领导带出来的下属也会模仿这种工作作风对待自己手下的员工，这样的领导带出来的团队也是没有凝聚力和战斗力的。

所以领导一定要在批评员工时避免公开进行，一次密谈，一通电话足矣。这样既能维护被批评者的尊严，也能让对方坦然接受并深深反省自己，从而积极改正。

2. 巧施弦外之音

利用弦外之音可以避免与员工正面交锋引起员工的反感，而且用一种委婉迂回的方式来提醒员工，还可以达到意想不到的效果。

举一个例子，在一家企业举办的活动上，邀请了很多名家到场，而活动策划人因一时疏忽忘记将桌签带到会场，可是会议马上就要开始了。巧的是在会议的前一天晚上这家企业的老总在办公室看到了被落下的桌签，于是带到了会场，就在活动策划人急得团团转时，老总将桌签递给了他，并开玩笑说："下次可不一定有人愿意当跟班了，一定要重视这个问题啊！"自此，那位员工再也没出过这类差错，并且每次活动都策划得滴水不漏，还得到了领导的提拔。

3. 鼓励为先，鞭策为后

倘若某员工没有按照工作进度完成工作，领导若直言批评道："我对你真是太失望了！"这位员工听后，很可能第一感觉就是领导不重视我了，领导对我非常不满意。倘若我们换一种方式来处理，可能会收到更积极的效果。你可以说："你做事向来都是很积极的，这次是有别的原因吗，我很重视这件事情。"这样不仅能够很好地解决问题，而且也不至于把上下级关系处理得很紧张。

4. 点到为止，留有余地

画家在画花鸟时，常常只画三两支，而不会画满，然后让鉴赏者品味其中意境；诗人写诗时也是如此，寥寥几笔就能达到"言有尽而意无穷"的效果。同样的道理，领导也要学习这样的表达方式。有时候不必把话说得那么白、那么满，应留有余地，能够让员工了解到自己的意思，认识到自己的问题即可。

‖ 与长辈聊，别犯怵

这样说服父母才有效

有句话说得好："父母和子女，是彼此赠予的最佳礼物。"父母和子女之间的关系本应是最亲密的关系，但是由于种种原因，很多人觉得父母是"最熟悉的陌生人"，和他们交流起来总是有难以弥合的代沟，很多时候还会因为交流和沟通不畅产生矛盾。一些父母认为自己对于子女有着绝对的权威，所以固执己见，只要认定自己的做法正确，无论子女如何争辩都无济于事。

所以，要想说服父母，需要运用特殊的交流和沟通方式。

伟大的数学家、物理学家、天文学家伽利略，出生在比萨的一个没落贵族家庭。他的父亲精通音乐，对科学也有兴趣，他的母亲则是一位衣料商的女儿。伽利略从小受到父亲的影响，对音乐、诗歌、绘画和机械都有浓厚的兴趣。但是父亲不想让他从事这些"挣不到钱"的行当，而是想让他学医。17岁时，伽利略拗不过父亲，进入了比萨大学医学系。他在年轻时就立下雄心壮志，要在科学研究方面有所成就，所以对医学类的课程毫无兴趣。于是，在第一学期结束时，他想转到数学系，但是他知道父亲肯定不会同意，于是决定用真诚去打动父亲的心。

　　这一天，他从大学回到家里，看到父亲心情不错，于是上前问道："父亲，我有一件事很好奇：您当初为什么要和母亲结婚呢？"

　　"因为我爱上她了。"

　　"你没有想过娶别的女人吗？"

　　"没有，在结婚之前，家里的人曾经催我去娶一位社会地位较高的女士，但我对你的母亲情有独钟，所以坚持和她结婚了。"

　　伽利略说："您不娶社会地位高于我母亲的女人，是因为您爱她。现在的我也是如此，除了科学，我不会爱上别的职业。财富对我来说毫无价值，因为科学是我唯一的需要，我对它的爱胜过对美貌女子的倾慕。"

　　父亲说："那么，你想怎么做呢？"

　　伽利略说："亲爱的父亲，我已经18岁了，我不想再浪费时间去学我毫无兴趣的医学，我想转到数学系去。"

　　父亲似乎有所感触，但却没有说话。伽利略看到父亲没有动怒，知道他已经被自己说动了，于是继续说："父亲，我知道您热爱音乐和科学，虽然您有才干，但没有力量，而我却兼而有之。为什么不让我继承您的愿望，继续走科学的道路呢？我一定会成为杰出的学者，得到教授的身份。我能够靠这个维生，远远超过当一个不称职的医生。"

　　父亲终于被打动了，伽利略转到数学系之后，孜孜不倦地学习数学、物理学等自然科学，很快就在大学里名声大噪，人人都认为他有出色的才能。25岁时，他就成了比萨大学的数学教授，并逐渐成长为一位伟大的科学家。

在越来越多的孩子觉得跟父母难以沟通的今天，要想更好地说服父母，以下几个建议可供参考：

1. "献殷勤，套近乎"

献殷勤，并不是让你用虚情假意去"套路"父母，而是要真心实意地孝敬他们，让他们感到心情愉悦，这时候提出你的看法，他们更容易接受一些。作为儿女，关心父母的身体和健康并为父母排忧解难，本来就是我们义不容辞的责任。但是在生活压力越来越大的今天，很多人对父母的关心都有所懈怠。所以，不妨借着说服他们的机会"献殷勤"，用诚恳、亲切的态度关心父母，这样你的意见父母才能听得顺耳，不仅有助于说服他们，还能增加感情，可谓一举两得。和父母交流，一定要耐心、认真地回应，他们总是希望了解子女更多的事，千万不能敷衍了事。

人与人的交流以互相尊重为基础，子女和父母也是如此。除了一些必须坚持己见的原则问题之外，子女都需要多听听父母的意见，尽量和他们"套套近乎"。就算有些时候很清楚无法按照他们说的去做，也不要刻意违拗他们，这样能让父母高兴，有利于随后的说服工作。

2. 多用类比法讲道理

说服父母时，可以巧妙地将父母过去的经历和自己目前的处境进行类比，让他们感同身受，这样更容易使他们认同你的意见。

有一个年轻人，大学毕业之后想到南方去闯一闯。他软磨硬泡说服了母亲，但是父亲却不想让他离家那么远，始终不肯答应。最终，他是用这样的理由说服父亲的："父亲，您跟我说过，您当年18岁时就孤身一人到陌生的城市去工作，经过多年的努力才取得了今天的成果。我已经22岁了，比您当时还大好几岁，为什么您就认为我没法照顾好自己呢？请让我去南方吧，我对那里向往已久了，早就下定决心一毕业就过去闯荡一番，在家乡我是无法安心工作的。现在坐高铁几个小时就能回来了，我们还可以用视频交流，您何必过分担心我呢？"父亲想了想，终于点头同意了他的请求。

3. 以父母的期望为论据

"望子成龙，望女成凤"，父母都有这样的心理，对子女的未来充满希望。但是，他们的心理也有矛盾的地方：既希望孩子能够勇敢打拼，从而出人头地，又害怕他们社会经验不足，会在打拼时吃苦。这种情况下要说服他们，就要让你的意见和他们的期望保持高度一致，让他们产生认同感，说服力就会大大增强。

小金毕业于名牌大学计算机系，应聘了一家初创的人工智能公司，踌躇满志地想干出一番事业。父亲担心儿子入错行，耽误未来的发展，于是想让他当一个稳妥的公务员。小金对父亲说："我找的这家公司虽然目前规模不大，但是却非常有前途，又跟我的专业对口。您常看新闻，肯定知道人工智能是目前全世界最热门的高新产业之一，我只有在这样的'朝阳'产业中才能干出一番事业。这家公司的总经理承诺，只要我去就能进入核心研究部门，这是一个难得的学习机会。我知道您是为了我好，希望我能安安稳稳的，但是我记得您总是说让我成为一个掌握高精尖技术的人才，现在为什么又想让我到论资排辈的机关单位去呢？您应该清楚我的性格，在那里我何时才能出人头地呢？"小金的话说得如此透彻，父亲还有什么理由反对呢？

父母对子女的期待是一以贯之的，他们有时候之所以会动摇，主要还是为子女考虑。在说服他们时，只要强调他们的期望，用他们的话当论据，一般都能让他们兑现自己曾经说过的话。

4. 发挥坚决态度的震慑力

在说服父母时，语气要温和、恭敬，但是态度必须坚决，让他们知道你无论如何都不会动摇，而且如果选择错误了，自己会勇敢承担后果。这种坚决的态度会产生很强的震慑力，让父母看出你的决心、主见和责任感，相信你不是一时冲动做出的决定，就不会一味地反对，反而会给你一个去尝试的机会。

最后要注意一点，那就是如果你意识到自己的意见不对，那就不要为了所谓的面子去和父母争论，而是应该坦然地放弃，父母也会原谅你的。

拒绝长辈好意，要有礼有节

我们所处的是一个讲究"长幼有序"的社会，对长辈的顺从自古以来就被视为一种崇高的美德。无疑，长辈们有着丰富的人生经验，他们的指点和提携能够让我们少走很多弯路，但是生活中类似于长辈安排的相亲、长辈安排的饭局、长辈交代的事情、长辈预定的约会等往往与今天的年轻人有着种种冲突和矛盾，让一些人颇感痛苦。

艾莉在父亲的战友以及多年好友李伯伯的帮助下进入省城某所高校工作，由于她的父母都在老家，所以李伯伯让她把自己家当成"第二个家"。她的父亲更是把她的婚事都托付给了李伯伯。李伯伯一家完全把艾莉当自家人看待，让艾莉非常感激。但是这也给她带来一个巨大的烦恼：李伯伯发动自己的一切力量替她物色合适的对象，艾莉觉得自己简直成了相亲专业户。她有心不去，但是李伯伯两口子把她的婚事当成头等大事，他们总是自己先把"候选人"筛选一遍，尽量掌握他们的情况，认为靠谱的才安排艾莉去见。眼看李伯伯一家这么热情，艾莉怎么忍心驳老人家面子。她几乎没有业余时间学习充电了，隔三岔五要去李伯伯家相亲，她觉得很累，也很焦虑。

作为年轻人，尊重长辈、虚心向他们学习、听从他们的劝告，都是应该的，因为他们作为过来人有着丰富的人生经验，可供我们借鉴和参考的地方非常多。况且，尊老爱幼作为中华民族的传统美德是不会因时代的发展而褪色的，需要年轻一代发扬光大。但是，长辈们毕竟和年轻人有着巨大的观念差异，有代沟是难免的，所以很多时候一片好心却得不到年轻人的认同，甚至进行一些不合理的安排，让年轻人吃不消。所以，对于长辈善意但不合理的安排，必须要进行有技巧的拒绝，才不致影响自己正常的生活。此时可以尝试下面这些拒绝方法：

1. 甜言蜜语哄着他们

拒绝长辈的安排时，必须保持礼貌，避免给长辈留下不懂礼貌的坏印象。很多上了年纪的长辈仿佛是"老小孩儿"，必须用甜言蜜语哄着他们，他们一旦中了你的"糖衣炮弹"，就很可能放弃不合理的安排，尊重你的选择。

2. 必要时用善意的谎言来当挡箭牌

如果身边有热心的同事总帮忙介绍对象，如果你不想见就可以用一条善意的谎言来让对方停止行动。例如，你可以这样说："王姐，其实我有男朋友的，但是他现在在国外留学，我想等他回来。如果我们俩成不了，那时候再拜托您帮我找吧。"这样既不会让对方不快，又能够避免被相亲弄得身心俱疲。

3. 用崇高的理想感动他们

一个人在上海工作的小张，常常受到妈妈的同学孙阿姨的邀请，不是让她去家里吃饭，就是带她出去逛街。小张很喜欢孙阿姨，但是频繁地去她家打乱了小张自己的很多计划。于是，她报了一个俄语培训班，并主动告诉孙阿姨，请她原谅自己无法经常来看她，还将自己几年之内的计划详细地讲给孙阿姨听。孙阿姨觉得她非常上进，就不再那么频繁地邀请她了。所以，我们面对长辈们不厌其烦的邀请和安排时，也可以学学小张，用自己"崇高的理想"打动他们，相信长辈会支持你的决定，不再占用你学习、上进的时间。

好好交流，婆媳并不是死对头

在无数的影视剧等文艺作品中，"婆媳矛盾"总是一个热门的题材，甚至冠以"婆媳战争"的名头。诚然，在家庭生活中，婆媳关系的确是复杂且难以处理的，但婆媳间的紧张关系并不是不可改变。做儿媳的只要在说话上下点儿功夫，掌握一定的与婆婆的交流技巧，很多的矛盾是可以避免的。

很多人受传统思想的影响，以为婆婆和儿媳天生就是"死对头"，其实，这种思想早就过时了。所以，儿媳要想迅速融入新的家庭，就要把婆婆当成朋友，而不能当成敌人。但是，这也不是说要和婆婆"知无不言，言无不尽"。而要把婆婆当成那种保持一定距离且又有相关利益需经常联络的"朋友"。即见面热情寒暗，相处起来相互尊重。

同时，不要为了博取好感刻意伪装自己，因为毕竟成为一家人了，靠伪装是无法长时间隐瞒的，还不如索性在婆婆面前保持自己的个性，一些不好的习惯很可能会在新的环境中得到矫正。所以，自己的习惯最好别藏着掖着，光明正大地表现出来就可以了。否则，一旦你不小心露出了"狐狸尾巴"，给婆婆留下的坏印象就很难扭转了。

还有很重要的一点就是，不要与婆婆发生正面冲突。婆媳最初本是陌生人，互相了解很少，要变得亲密必然有很长的路要走。坦率地说，即使始终都无法亲密也是很正常的事。所以，婆媳在相处的过程中免不了有大大小小的矛盾和摩擦。当婆婆的某些行为不合你的心意时，当面拒绝很可能伤她的自尊，这个时候不妨借用别人的嘴来表达你的意思。

尤娜结婚一年多了，一直和公公婆婆住在一起。她性格很好，人又勤快，与二老相处得很融洽。最近，尤娜检查出怀了身孕，一家人高兴极了，婆婆对她更关心了，成天嘘寒问暖不说，所有的家务都不让她碰了。

没想到，这么一件好事却带来了一个不小的烦恼。事情是这样的：尤娜的妈妈患有比较严重的高血压，她的外公和外婆全都是因为高血压引发中风过世的。尤娜为了规避风险，所以饮食一直很清淡，这个理由她跟婆婆说过，也得到了老人的理解。但是，自从得知她怀孕后，婆婆总是想方设法地让尤娜吃一些高脂肪、高蛋白的食物，例如猪蹄汤、鱼汤等。尤娜不得不重申自己饮食清淡的理由。但是没想到多说了几次之后，婆婆反而不乐意了："我这都是好心，你不吃这些，孩子营养不足怎么办呢？"尤娜虽然知道婆婆是好意，但是她很清楚，孕妇如果血压高的话，不仅影响自身健康，还会危害到胎儿。想到这些，尤娜真是坐卧不安。

　　经过一番思考之后，尤娜想到了解决的方法：她让丈夫借口工作忙抽不开身，请婆婆陪自己去产检，并提前给医生打了个电话，请医生帮忙劝婆婆。婆婆高高兴兴地陪尤娜进行了产检，胎儿一切正常，这时医生突然神色凝重地对婆婆说："通过我们的检查，孕妇的血压是有一点儿偏高的，如果不加控制，孕妇和胎儿的健康都会受到影响。所以，孕妇的饮食必须尽量清淡，少吃高蛋白、高脂肪的食物……"婆婆吓得脸都白了，出了医院后，她对尤娜说："原来孕妇血压高这么危险啊！早知道我就不逼你吃高脂肪、高蛋白的东西了……"尤娜终于松了口气。就这样，尤娜借助医生之口，不仅说服了固执的婆婆，还丝毫没有损害婆媳之间的关系。

与陌生人聊，也别尬聊

好的开场白，是成功交流的一半

俗话说："好的开头是成功的一半。"在人际交往中，这句话可以改成："好的开场白是交流成功的一半。"人们在与他人交谈时，往往在开头是好奇心最浓、兴趣最大的，也最容易被谈话氛围所感染。一旦你的开场白苍白无趣甚至招致反感，这场交流也差不多算失败了。正如著名人际关系学大师卡耐基所说的那样："开场白是讲话者向听众最先发送的信息，它如戏剧演出前的开场音乐，直接影响到听众的心态。"

我们一生中认识的大多数人，都是由陌生到熟悉的，其中很小的一部分会成为我们一生的朋友，大多数人都在我们生命中匆匆消失了。一个陌生人之所以能够变成朋友、顾客或者支持者，初次见面时的开场白往往有着较为重要的影响。我们见到初识者往往会问："请问您贵姓？"知道了对方的姓名可以追问一句："请问是哪几个字？"在很多的场合都可以这样说，既表现出礼貌，又能让对方感受到你对他的重视。而在一些特殊场合，开场白就必须仔细斟酌了。

有一个比较典型的例子：今天，在北京百货大楼前矗立着一尊塑像，那并不是某位领导的塑像，而是一位普通的售货员，他的名字叫作张秉贵。张秉贵是北京百货大楼的糖果售货员，曾荣获全国劳动模范的光荣称号。他曾写过一篇名为《柜台语言很重要》的文章，详细谈到自己不断改进服务用语的过程。最开始，他见到顾客上门会问："同志，您想买点儿什么？"有的顾客就会反问他："不买东西，难道就不让瞧瞧吗？"他认为是自己的措辞不当，所以改成："同志，您要点儿什么？"但还是有顾客反问他："我什么都要，你给我吗？"这又让他哑口无言。此后，他反复琢磨、推敲，终于找到一句最合适的开场用语："同志，您想看看什么？"这句话在百货商场来用非常合适，实践证明，顾客也都比较满意。

同理，我们在跟别人第一次见面时，开场白直接影响到交流的氛围。想要给人留下好印象，想与对方有更多的交流机会，有必要掌握一些说好开场白的技巧。一般来说，以下几种都是比较成功的开场白形式，我们可以适当借鉴：

1. 以提问开场

人无论被问到什么问题，总是会下意识地进行思考，这是心理学上的一个常识。我们不妨利用这个心理，在说开场白时提一个问题，迅速让对方的注意力集中起来。对方在期盼你说出答案的同时，也就会不由自主地关注你。所以，以提问为开场白很容易引起别人的注意。但注意不能提太过简单的问题，对方不假思索就得出了答案，这起不到效果。所以，你可以问一个有趣味又不是那么容易得出答案的问题，要能引发对方的思考，当然，如果你能问一些出人意料的问题那就更好了。

伟大的科学家伽利略的母校比萨大学曾举行过一场隆重的学术报告会。进行报告的人中有一位不太知名的意大利学者，但是听报告的人中不乏举世闻名的专家、教授。想给这些大人物留下深刻印象不是一件容易的事，所以那位学者决心用一句不同寻常的开场白引起大家的注意。于是，他走上讲坛之后，用英语问大家："尊敬的各位先生、女士，你们觉得我应该用英语进行报告，还是用法语呢？"这句别出心裁的开场白出乎听众的意料，又展现出这位学者的博学多才，现场的气氛迅速活跃起来，听众们也对这位学者留下了很好的印象。

2. 以动作开场

我们与陌生人交谈时，并不是总在安静的环境下，很多时候会在一些声音嘈杂、秩序相对混乱的情况下进行。这时，对方的注意力很可能被噪音或者其他东西吸引住，我们的开场白就无法引起他的注意了。这个时候如果大声喊着与对方交流，会让对方觉得我们缺乏素养。这个时候，用什么样的方法会更好呢？

有一位中学老师的做法就很值得我们借鉴。一次，课堂上非常骚乱，这位老师的个性比较温和，他知道此时拍着桌子大叫"静一静"之类是没什么效果的，于是他默默地转身，开始在黑板上一一写下学生们的名字。很快，学生们被他这个异常的举动吸引住了，没多大会儿就完全安静了下来，将注意力集中到黑板上。这时，老师默默擦掉黑板上的字，开始安心讲课了。我们与别人第一次交流时，如果担心对方被其他东西吸引，也可以借鉴这位老师的方式，用适当夸张而又不失优雅的身体语言，吸引住对方的注意。

3. 以故事开场

多数人都喜欢听故事，尤其是那些精彩的故事。我们在与别人初次交流时，如果能将有趣的小故事融入开场白中，对方肯定会很感兴趣，会有与我们继续交流的欲望。

卡耐基是一名出色的演说家，他有一次成功的演讲是这样开场的："在我大学刚毕业那年，遇到了这样一件事：那是一个晚上，我步行回家路过一条大街，看到一群人围着一个脚下垫着箱子在说些什么的人。我出于好奇加入了人群，想听听他在讲些什么。没想到，他接下来的话让我非常惊异，他是这样说的……"听众为了得知那个人说了什么，注意力非常集中。但是我们平常的交流毕竟不同于演讲，要是想用故事作为开场白，必须注意很多问题：所选故事情节必须跌宕起伏；最好是真实的故事，这样才有说服力和感染力；故事篇幅不能太长，双方毕竟还不熟悉，讲长篇大论会很不合宜，而且容易让人厌倦。

4. 以自嘲性的语言开场

我们与陌生人第一次交流，双方都不了解对方，这个时候运用一些无伤大雅的自嘲性语言来介绍自己，一定程度上能够消除双方的距离感，让对方觉得你真实、可亲，会将对方与自己的距离拉近。但是注意自嘲并不等同于自我贬损、破坏自己的形象，选择语言时一定要避免妄自菲薄。

在一次联欢晚会上，一位歌手在开场白中这样介绍自己："他们认为我长得很中国，五千年的沧桑和苦难都写在我脸上了。女观众对我的印象不太良好……她们认为我是人比黄花瘦，脸比煤球黑。"台下闻言爆发出一阵笑声，晚会的氛围变得非常好。

找出共同话题，打破交流坚冰

在一架北京飞往三亚的客机上，两位男士坐在同一排。靠窗的那位悠闲地读着空姐送来的报纸，后来的那位放下行李坐稳之后，跟里面那位男士攀谈起来："您到三亚是做什么？"

里面的男士看起来像一位成功的企业家，他很有涵养，虽然有一点儿不想闲聊但还是礼貌地回答："去度假。"

"哦，我也是去度假。我的家人已经先我一步到那里了，我有些事耽搁了才独自飞过去。"

"真巧，我也是一样的情况。"

"您也是北京人吗？"

"不，我是承德人。"

"啊，承德可真是个好地方啊！我已经连续3年夏天都到避暑山庄去玩了，我尤其喜欢外八庙，那里的景色别提多迷人了……"

里面的男士瞬间来了兴致，他放下报纸，两人开始讨论起避暑山庄的七十二景，直到飞机广播快到目的地了还在聊，但是话题已经转换好多次了。飞机落地之前，两人已经互赠名片，约好带家人一起到某个景点游玩了。

两个陌生人的搭讪、交谈直到约定一起度假，就在于他们找到了"避暑山庄"这个共同话题。我们与陌生人交流时，也要善于找共同点。

1. 要懂得察言观色，找准交流的切入点

就算是陌生人，对方的心理状态、精神追求、生活爱好等，也会一定程度上反映在他的服饰、谈吐、举止等方面，只要细心观察，总能够发现自己与对方的共同之处。

一辆大巴车上，一位退伍军人与一位陌生人坐在同一排，两人看起来都是不太爱说话的人，所以也没有什么交流。车开到半道，突然抛锚了，驾驶员忙活半天都没有找到问题所在，急得满头大汗，车上的乘客也开始连连抱怨起来。

这时，坐在退伍军人身边的乘客走上前去对驾驶员说："你去检查一下油路吧，我估计是那里的问题。"驾驶员将信将疑地去查了一遍，果然找到了问题，车又启动了。

那个人回到座位后，退伍军人猜测他的这一绝活可能是在部队学到的，于是试探地问道："你在部队待过吗？"

对方笑着说："是的，我在部队当了六七年的驾驶员呢！"

"噢，我也是部队的驾驶员啊。你当兵时部队在哪里？"两个陌生人就这样谈了起来。这位退伍军人很善于观察，发现了他们都当过兵这个共同点，打破了沉寂的气氛。

2. 以简单问话试探，找出共同点

在一些特定场合下，两个不得不近距离相处的陌生人，如果一直保持沉默，场面会非常尴尬。要打破这种局面，必然有一方要先开口讲话。但是，如果试探的话选择不当，就有可能引起更大的尴尬。对方会以为你别有所图，用冷言冷语来回应，甚至对你置之不理。所以，选好试探性语言非常重要。通常陌生人搭讪都是以简单的问话开场，例如询问对方的籍贯和身份等，获取相应的信息以便于进一步交流，除了对方的回答之外，他的口音、言辞等会一定程度上反映出一些情况。此外还可以用边帮对方做某些事边问话来发现对方的特点，开始双方的交流。

　　一家超市里，一位个子比较娇小的姑娘盯着货架上层的一件商品，表情焦急地冲着不远处的一位服务员喊道："服务员，你能帮我拿一下那件商品吗？"她的普通话虽然标准，但是"我"却说成了地道的苏北方言。那位服务员没有听到，姑娘就伸长胳膊想自己去拿那件商品。恰好，附近的另一位顾客也是苏北人，听了姑娘的话之后，顺手把商品取下来递给姑娘，并用苏北话问了一句："姑娘，你也是苏北人吗？"在千里之外的城市听到渗透着家乡气息的话，让这位姑娘感觉非常亲切，她点了点头，两位陌生人相视一笑。结账时，两人又碰上了，于是一路谈着话走出超市，从老家谈到工作单位，从眼下的境况聊到几年来走过的路，介绍着将来的打算……

　　3. 通过第三者介绍，揣度共同点

　　这种情况需要有一个与自己和对方都认识的第三者来实现，"破冰"的难度是比较低的。例如，你到朋友家串门，恰好他还有其他客人在，对两人都比较熟悉的主人就可以居中介绍双方的一些情况，如与主人的关系、各自的身份、各自的工作单位等都可以简单掌握，甚至双方的个性特点、爱好也能略知一二。细心的人通过简单的介绍就能找到双方的共同之处，接下来的交谈就容易多了。

　　有第三者居中介绍时，双方要进一步交流还需要一个突破口才行，否则也容易演变成双方都跟第三者搭话，互相之间却无话可说的情况。这个突破口就需要你在听到第三者介绍时就进行仔细分析，找到一个共同点就要立刻在交谈中延伸，不能错失良机，随后就可以不断地发现新的共同关心的话题。有两个素不相识的人在一个朋友家见面了，他们一位是商人，一位是中学教师，看起来不像有太多可聊的话题。但是，主人对二人做了介绍之后，商人立刻发现自己和对方都是主人的同学，所以开始围绕"同学"这个突破口跟教师搭话，话题一旦引出，两人很快聊得火热了，也变成了朋友。

陌生人初次相识，寻找共同点的方法还有很多，只要你用心发现、合理运用，陌生人之间交流时的坚冰是很容易打破的。只有善于打破这层坚冰，你才能交到更多的新朋友。

与朋友聊，不能肆无忌惮

安慰的话要思量再开口

小诺去一家五百强企业面试，结果没有拿到 offer，于是沮丧万分地找闺蜜诉苦。没想到闺蜜说："哎呀，我早跟你说过，去面试之前先在家模拟一下。你要是听我的就好了，别难过了，下次争取吧。"

小诺听了之后心里很不是滋味："你这是在安慰我吗？比挖苦还让人难受，就你懂得多，我蠢还不行吗？你又没有参加过五百强公司的面试，我为什么要听你的？再说了，我哪知道怎么模拟！"

上文中，闺蜜说的"别难过，下次争取"是比较常见的安慰的话，难过的人往往想找人倾诉一下，这样的话是中规中矩的。但是她前面的一番话却对朋友造成了一定的伤害，会让小诺觉得她在显摆自己比小诺高明，这就完全与安慰的本意背道而驰了。

其实，闺蜜完全可以这样安慰小诺：

"我知道你对这家公司心仪已久，错过真的有点儿可惜。不过也不是毫无收获，你现在应该知道五百强企业的面试流程了，可以总结一下哪个环节出了问题：是准备不充分，还是临场发挥失常，或是因岗位不匹配遭到了拒绝？这都可以为下一次面试积累经验，你的学历和资历摆着呢，怕什么？"

这样既不会打击对方的自信心，又缓解了她因面试失败而产生的焦虑和挫败感。

很多时候，我们安慰别人时往往找不到合适的语言，有时候还会一时不慎说错话，产生反作用，那时候真是恨不得时光倒流，收回错话。那么，得体的安慰话要怎么说呢？这里给出几个小建议：

1. 不要以自己的想法为中心，要顾虑对方的感受

当一个伤心的人找你倾诉时，你要牢记自己的任务是支持他、帮助他，这就要求必须顾虑对方的感受，而不能只想到自己的感受，尤其不能以对方的不幸际遇为借口，大聊特聊你自己的类似经历，这样完全起不到安慰的作用。如果你单纯说："我是过来人，很清楚你的感受。"那当然没有什么关系，但如果你的言下之意透露出你当初处理类似事情时的表现更出色之类的意思，就会让对方觉得你在炫耀自己，这就起不到安慰的作用了。

2. 专心倾听，接受他人的感受

当对方遭遇的是失去亲人之类的巨大的悲痛事件时，他们的悲伤往往需要经过几个阶段才会慢慢消减，而且迫切需要有个人能够倾听他们的感受和回忆。倾诉越多，越能尽快走出悲伤振作起来。所以，这种时候你就当一个合格的倾听者，让他随着自己的意愿去宣泄伤感就够了，不用想方设法逗他开心，只要表示理解他的感受和心情就可以了。如果有些人沉浸在悲痛中不愿意说话，你也要对他的态度表示尊重。有一个例子很说明问题：一位

正在接受化疗的女士表示，她最感激的是一个朋友的关怀，那个朋友除了不时来看看她之外，还会每天给她打一次电话，为了不让她太累，谈话时间多数控制在 1 分钟以内，而且从来不坚持让她报告病情。这样既表达出对她的关心，又不给她任何压力。

3. 安慰要以乐观为基调，但说话要切合实际

泰莉·福林马奥尼是美国马萨诸塞州综合医院的一名医生，她曾经为数百位艾滋病患者提供咨询服务。她根据自己的经验表示，很多人慰问身患绝症的人时，由于不知道该说些什么，往往只会说"别担心，很快就会好的"之类的话，即使明知道这些话病人根本就不相信。

"在去医院探望这类病人时，说话一定要切合实际，但是基调却要是乐观的，"泰莉说，"'你觉得怎么样了'和'我能帮你做些什么'之类的话，永远是得体的，因为这些话能够让病人知道你关心着他，而且也知道你愿意帮助他。不要害怕和病人的接触，轻拍他的手或拥抱他一下，往往能起到比语言更有效的安慰作用。"

4. 主动提供具体的帮助

一个沉浸在悲伤中或者是被伤病困扰的人，日常生活中的一些小事都可能让他们觉得无法负荷。这个时候你要自告奋勇，帮他跑跑腿，或是替他接送一下孩子，这类小小的帮助往往能够起到很大的安慰效果。尤其是对于伤病者来说，他们无法自由活动，会觉得生活完全不在掌握之中，如果你能帮助他们完成一些日常的小事，就能让他们放松下来，有利于恢复。

5. 要有足够的耐心

无论有什么不幸的遭遇，人跟人在悲痛的深度和时间上都有

所不同，有的人的悲痛往往会持续几年之久。对于这种悲伤异常深切或者历时长久的朋友，你要始终让他知道你在关心他，向他表示你始终陪在他身边，愿意帮他应付种种困难，靠你的耐心帮他最终走出阴霾。

交情甚笃也不能失了分寸

"距离产生美"，在很多情况下都适用。两个关系亲密的朋友，往往在某方面有共同的目标、爱好、见解，虽然有时候不乏"心有灵犀"的时刻，但并不能说明你们是毫无间隙的。很多好朋友都因为无法保持合适的距离，不分彼此，反而使他们的友谊出现了裂痕。可见，再亲密的朋友也要设定一定的底线，不要跨越朋友的禁区，那样你们的友谊才能长久持续下去。

有很多人对好友往往有这样的错误认知：我们谁跟谁啊，讲究什么客套！他们会觉得好朋友之间彼此熟悉、互相了解，就像兄弟姐妹一样值得信赖，如果讲究客套就会显得太拘束。但是事实上，保持亲密的朋友关系的前提就是相互尊重，如果互相有强求、干涉和控制等行为，再亲密的朋友关系都会遭到破坏。好友之间过于亲密，不分彼此，一个小小的事件都可能导致双方的默契和平衡被打破，友好的关系也可能被葬送。人都有自己的原则，每个人都希望拥有自己的一片小天地，很多时候我们即使不强调自己的面子，也要保住朋友的面子，而不能以关系好为借口肆意挑战对方的底线或闯入对方的禁区，那样就容易引起隔阂、冲突。

中国号称礼仪之邦，感情的维护必须靠礼仪来进行，当然，也不要因此走入另一个极端，在任何情况下都固守着不必要的烦琐礼仪，那样也会不利于友情的维持。要想友谊长存，下面几点必须注意避免：

1. 言谈不慎，伤人自尊

很多时候言谈不慎的情况是难以避免的，但是要注意在发生之后及时补救，并注意下一次不要再次发生。例如你在才华、相貌、家境、前途等方面高出好友一筹，如果你不分场合地大露锋芒、表现自己，言行中透露出一种优越感，就可能让朋友觉得你是在居高临下地与他交往，自尊心就会受到伤害，逐渐对你敬而远之。

一向口无遮拦的阿泰和阿宁相识多年，阿宁由于个性很好，所以成为阿泰"硕果仅存"的好朋友，阿泰很珍惜和阿宁的友谊，但是即便面对阿宁他也改不了有什么说什么的习惯。

一天，阿泰和阿宁约好带着各自的孩子去图书大厦买辅导书，他们的孩子在同一所学校读书，还是同年级，两个孩子的关系也不错。挑选英文辅导书时，阿泰和阿宁各自看上了一套，都觉得自己选得好，于是产生了小小的争执。

阿泰说："我选的这本书内容很全面，方法也非常合理，让两个孩子用这本吧。"

阿宁说："我选的这本内容丰富，又有习题，还是用这本好。"

阿泰笑着说："算了吧！你高中的时候英文都没及格过，哪分得清好坏啊，我可是从没低过八十分的，听我的准没错。"

阿宁觉得非常尴尬，尤其是两个孩子都笑着看着他，让他更难堪了。虽然他还是选择了阿泰推荐的那本书，但是以后再出去玩时，他就不愿意再叫上阿泰了。

与朋友交往时态度必须谦逊，平等地看待对方，时刻注意对方的感受，这样你们的友谊才能长久。

2. 彼此不分，过于放肆

觉得不用分彼此，而对朋友的物品处理不慎。例如，不经许可就擅自使用，使用时不加爱惜，迟还乃至不还。朋友碍于情面，一两次不会说什么，但是时间一长，就会觉得你过于放肆，从而对你产生防范心理，影响你们的友谊。

朋友之间，除了感情之外，往往还有一种非常微妙的契约关系。我们仍以借东西为例，向好朋友借东西，可以大方开口、随时借用，但是正因如此，更应牢记"这是朋友之物，应该加倍珍惜"的道理，毕竟"好借好还，再借不难"，这是个放之四海而皆准的道理，好友之间当然不例外。所以，好朋友之间也要注重礼尚往来的规矩，把珍重朋友的物品看得与珍重双方友情一样重要。

3. 过于散漫，粗鲁无礼

言谈举止大方、亲切，不矫揉造作，这样的朋友大多数人都会喜欢，而过于散漫、忘乎所以，即使是朋友也会觉得你粗鲁无礼，久而久之就会心生反感。很多人就是这样，与一般人相处时能够保持理性、自我约束，一旦与朋友相处就完全"不拘小节"了，说话时指手画脚、信口雌黄，随意打断朋友的话或对他的话心不在焉，这虽然是你自然本色的流露，但是朋友却可能认为你有失体面，缺乏风度与修养，甚至觉得你对他不够尊重，久而久之就会疏远你。因此，与好友交流时最好做到自然而不失自重，热烈而不失态，有分寸，有节制。

4. 不识时务，缺乏教养

去朋友家拜访时，遇到朋友正在读书学习，或接待客人，或与恋人相会，或准备外出等情况时，应该"识时务"一点儿，视情况做短暂停留后就知趣地起身告辞，对方真诚挽留再决定是否留下。如果以挚友自居，不分时间、不看场合、不顾朋友脸色，一坐下就开始夸夸其谈、喧宾夺主，完全不管对方是否如坐针毡、极不耐烦，那样就会让朋友觉得你不识时务、缺乏教养，为了避免你再次打扰他的私生活，就会对你敬而远之。

5. 乱开玩笑，恶语伤人

有的人在与朋友处于大庭广众之下时，或为了炫耀自己能言善辩，或为了哗众取宠，或为了向众人显示他与朋友之间非常"亲密"，就会用一些尖刻的词语嘲笑、讽刺朋友，目的不过是博众人一笑，自己也得到一时快意。但是，这些人或许不知道，这种行为是会大伤和气，让朋友感到人格受辱的。如果你总是如此不加节制，朋友就会后悔误交了你，双方的友情会大打折扣甚至从此断绝。这些人或许会用"朋友间开个玩笑而已，何必较真"之类的话来为自己辩解，但是却不会站在对方的角度上想问题。因此，朋友相处，必须和睦相待、互相尊敬，千万不要乱开玩笑，尤其是在大庭广众之下更是如此，以免恶语伤人。

6. 强行索取，行事霸道

一般人有求于人时，首先想到的总是自己的朋友，但是如果事先不进行通知，就直接登门索取，朋友有为难之处毫不体谅，依然不屈不挠、软磨硬泡，甚至不管朋友是否愿意就强行让他与你一起做某件事，这都会使朋友左右为难。如果与他既定的活动安排冲突，就会让他更加难堪。这种情况下，就算他勉强同意了，心里也会产生不快，认为你太霸道、不讲道理。所以，当你有求于朋友时，必须事先告知对方，采取商量的口气，尽量不要让朋友为难。同时，必须记住先人的这句话："己所不欲，勿施于人。"不要强行胁迫朋友帮你做事，那样只会让你们的友情逐渐滑向深渊，难以挽救。

与孩子聊，得有方法

以朋友的角色与孩子谈心

在与他人沟通时，人们往往为了让对方认同自己的观点，而将话说得过多、过满，特别是为人师者或为人父母者，很容易犯这类错误。身为家长，应尽可能让孩子多表达。即使在说服教育孩子时，也不要喋喋不休，你要适时向孩子提出问题，这样才能知晓他们内心的真实想法。

如果你不认可他的想法，想要打断他的讲话，那么请一定要克制住，因为那样做很危险。当孩子有很多话急着倾诉的时候，他听不进任何劝阻。所以不妨抱着一种开放的胸怀以及诚恳的态度，耐心地倾听，让孩子将自己的想法充分地表达出来。给孩子一定的发言权，有助于化解家庭中的矛盾。

王姐有一个女儿叫小溪，小溪从小就是一个聪明乖巧的女孩子，但是到了十几岁时却变得非常叛逆，喜欢争辩，经常和王姐作对。王姐一度教导过她，训斥过她，甚至处罚过她，但最终没有起到任何作用，反而使得她和女儿的关系更加恶化。

在一个周末，小溪因为受不了王姐的唠叨，家务还没有做完就出门去找她的朋友了。

王姐突然意识到，小溪已经长大了，不能再用她小时候的方法教育她了。于是等小溪回到家后，王姐克制住自己想对她大吼一番的冲动，尽可能心平气和地对女儿说："小溪，说说你的想法吧。"

小溪察觉出妈妈的变化，用平静的语气问妈妈："你真的想知道?"

王姐点点头，于是小溪就向妈妈倾诉了自己的想法，起初还有点儿吞吞吐吐，但当看到妈妈非常耐心真诚地倾听时，终于毫无隐瞒地说出了一切。

王姐从来没有听过女儿的心里话，她只会向女儿传达指令，告诉她什么该做，什么不该做。而当女儿想把自己的想法、感受传达给她时，她却总是毫不留情地打断。

王姐这才认识到，女儿真正需要的不是一个只知道对她发号施令的母亲，而是一个让她把成长所带给她的苦闷和烦恼诉说出来的朋友。

从那以后，王姐想批评女儿时，都是尽量先让女儿说，让女儿把内心的想法都告诉自己。慢慢地，她们之间的关系开始缓和。王姐不再需要训斥，就让原来乖巧懂事的小溪回来了。

让孩子多发表自己的看法，试着去了解孩子，你和他之间的摩擦就会大大减少，你甚至可以成为孩子信赖的朋友。从孩子的角度看待问题，就会发现一片新天地，从而创造生活奇迹。记着，你可能认为孩子的想法完全错误，但他并不这样认为。因此，不要随意责备他，试着去了解他吧。孩子存在的任何想法，都不是凭空而至。了解到背后的原因，就等于拿到解答他的言行、个性的钥匙了。

假使你对自己说："如果我和他处于相同的情况下，我会有什么感受，做出什么反应？"那你不仅能节省不少时间，还能减少许多烦恼。戴尔·卡耐基指出："若对原因发生兴趣，我们就不太会对结果不喜欢。"

吉拉德·黎仁柏在他的《打入别人的心》一书评论说："当你表现出你认为对方的观点和感受与你自己的观点和感受同样重要的时候，交谈的气氛才更加融洽。在交谈刚开始时，就要让对方提出自己的观点或想法。如果你是听者，你要以你所要听到的内容来约束你所说的话。如果对方是听者，你接受他的观点将会鼓励他敞开胸怀来接受你的观点。"

对比西方国家家长"民主开放"的教育理念，中国的家长更信奉亘古流传的"言听计从"的教育方式。然而在当今社会，这套守旧的做法早已不适用了。孩子们应当被教育得更有主见、更独立。因此，让孩子讲述，听孩子诉说，是中国当代家长和教育者们亟须学习和掌握的教育方法。

与孩子沟通，需要家长放弃居高临下的权威地位，以朋友的角色和诚恳的态度与孩子相处。

德国教育家福禄培尔说过："给予孩子尊重和重视，会使孩子肯定自己的同时，增强自信、学会自尊。而自信与自尊，是处理一切问题的基础，是成功人士所必不可少的素质。"每个孩子都有自尊，他们期望得到其他人的尊重，并且会竭力维护自己的尊严。所以与孩子沟通的前提就是尊重他的人格，这样孩子才会同样尊重你，在双方平等的基础上进行沟通才能达到最好的效果。不然，就很可能对孩子造成不良影响，从而使孩子产生逆反心理。

周日，一位母亲带着儿子晨晨在公园和几位朋友闲谈，忽然聊起了孩子的话题，这位母亲就随口说道："晨晨直到4岁那年还尿床呢。"朋友立马笑着对晨晨说："晨晨，你这么擅长在床上'画地图'，地理知识是不是特别好啊。"她的话立即引得大家哈哈大笑起来。而此时的晨晨则面红耳赤，羞愧得低下了头。回到家晨晨就和母亲大闹了一场，自此见了母亲的那几位朋友就躲着走。妈妈还十分不理解：哪有小孩不尿床的，再说这也不是什么大事嘛。

综上所述，家长与孩子沟通时，应当注意以下几点：

1. 要给予孩子足够的尊重

家长要站在孩子的位置上看待事情，很多事在成人眼中无足轻重，但是在孩子眼中却非同小可。我们要做到换位思考，别因为自己的"无所谓"而使孩子的自尊心受到伤害。

孩子和大人一样，都有独立的人格以及强烈的自尊心，都希望得到他人的尊重。况且他们的心智尚未成熟，自尊心一旦被伤害，身心的发展也会受到恶劣影响。

每个孩子的心中都有一些不想被公开的小秘密，所以家长不能处处打探，或者随意向他人泄露，不然孩子就会把自己隐藏得更深。

2. 创建平等的交流条件

沟通的基础是平等。想成为孩子愿意亲近的父母，就要低下身子来与孩子交流，给孩子倾诉的机会，并给予完全的尊重和信任。想让孩子吐露他心底的秘密或者让孩子认同你的看法，就必须先让孩子接纳你、信任你，而这都需要建立在双方平等的基础上。

　　在大多数家庭中，父母和孩子之间的交流都是单向的，父母掌握最终决策权，孩子仅仅是执行者。家长完全剥夺了孩子自由选择的权利，即便是在孩子自己的事情上。所以，孩子往往都是心不甘、情不愿地依照父母的指令办事，然而，这样做只会使孩子的逆反心理越来越强烈。要知道，比起严厉的命令，平等的沟通会更有说服力，不仅能锻炼孩子独立自主的能力，还能培养孩子的自信心。

　　3. 学会鼓励和赏识孩子

　　美国心理学家詹姆士说："人类本性上最深切的渴望之一，就是被赞赏、敬佩和肯定。"鼓励能起到出乎意料的激发作用，促使孩子奋进。赏识能给孩子带来动力，以激励他更进一步，争取做得越来越好。

　　家长在与孩子沟通时，要避免使用消极悲观的言辞，尽可能多地给予他们肯定和赞赏，特别是当着他人的面表扬孩子，更能使孩子产生自豪感和荣誉感，从而加强他们在学习和处理问题时的信心。

　　4. 父母要做个耐心的倾听者

　　在沟通的过程中，倾听和表达缺一不可。如今的孩子"不爱说话"，大多是因为父母的观点完全不符合他们的所思所想。想要孩子听你的话，首先要懂得倾听孩子的心声。父母因孩子表达能力有限、表述不清或者对小孩子谈的话题没有兴趣，就不耐心倾听，这会使孩子感到沮丧和自尊心受创。如果大人学会倾听孩子的需求，那么孩子就不会拒听大人的要求。倾听孩子的诉说有以下几点注意事项：

　　（1）不要随意打断孩子的话。这是一种礼貌和尊重，随意打断孩子的话会使他失去与你交谈的兴趣，甚至会影响到你们日后的沟通。

（2）要专注、耐心。因为你表现出的态度会直接影响到孩子的言行，而且孩子也会察言观色，你专注、耐心地倾听孩子的谈话，表现出积极的态度，他才更乐意对你吐露心声。

（3）对孩子的问题表现出极大的兴趣。听完孩子的话，要对其中的问题进行分析，引导孩子正确地看待问题，并合理地解决问题。只有你对孩子所讲述的问题表现出极大的兴趣，孩子才乐意对你倾诉衷肠。

5. 选择恰当的沟通方式

孩子的性格、所处的环境等都是影响沟通的客观因素，而沟通方式则是主观因素。在与孩子沟通的时候，采取恰当的沟通方式，方可取得事半功倍的效果。

有的家长就喜欢翻旧账，孩子一旦出了错，他们就把孩子原先的过错全部抖出来批评一顿。父母自以为反复地批评能够加深印象，希望孩子牢记教训，可往往事与愿违。扑面而来的指责会压得孩子喘不过气来，况且已经改正的错误还要被三番两次提起，孩子难免会产生误解：出了错改也没用，还是会被责骂。如此一来，孩子就不再肯积极改过了。

很多父母还热衷于拿自己的孩子与别人家的孩子攀比，常常抬高别人家的孩子，而贬低自己的孩子。长此以往，孩子就容易自暴自弃，并对父母产生敌对、逆反心理，甚至变得冷漠、易怒，故意和父母作对。

显而易见，不恰当的沟通方式不仅不利于搭建良好的沟通桥梁，还可能破坏家长和孩子之间的关系。反之，如果父母能在生活的点滴中时刻留心孩子的一言一行，寻找一个恰当的沟通方式，那必将达到理想的效果。

陪伴孩子成长的过程是漫长的，而沟通则是这一过程中必不可少的一部分。家长只有学会把孩子当朋友进行沟通，才能让孩子在正确的道路上健康快乐地成长。

用幽默化解代沟

家是心灵的港湾，每个人都期望家庭的港湾温暖而和睦，每当回到家就能感受到家庭的温馨。不论家里住的是两代人，还是祖孙三代，甚至是四世同堂，这都是家庭成员的一个共同的心愿。但一个难以规避的问题却不时地出现在家人的面前，那就是代沟。

鲁迅曾经说过："孩子的世界，与成人截然不同，一味蛮管，就大碍孩子的发展。"

代沟，似乎与生俱来就夹在父母与孩子之间，有的父母希望在孩子面前树立威严的形象，对孩子严厉管制；有的父母却倾向于培养孩子的独立自主，对孩子任其自然。

不管是"严"还是"松"，父母与子女之间好像总是有着难以消除的隔阂。

有的父母为了了解孩子的内心，爱偷偷翻看孩子的日记本，在背地里乱翻他们的东西。这些举动，在家长心目中，是为了关心孩子，了解孩子，让孩子更好地成长。但是，在孩子心目中，父母的这种"偷窥"行为是对他们的不信任、不尊重。于是为了更好地保护自己的隐私，孩子不得不采取一些行动。例如，给自己的日记本上锁，甚至把自己的内心世界封闭起来，如此一来，父母与孩子之间的代沟不断加深，父母想要了解孩子更是难上加难。

父母与孩子之间为什么会产生代沟呢？最根本的原因就是沟通太少。正是因为双方没有得到良好的沟通，才使得彼此的隔阂不断加深。

实际上，如果想真正了解、关心孩子，最好的方法无非是与他们多多交流，和他们打成一片，而运用幽默不失为一种良好的交流方式。幽默不仅可以活跃家庭气氛，还可以消除两代人之间的矛盾和代沟，促进两代人之间的沟通，让生活处处都充满了欢笑。

有一位父亲十分懂得运用幽默，一天，父亲看到儿子又在赖床，就走到儿子跟前说："俗话说：'早起的鸟儿有虫吃。'你明白其中的含义吗？"

儿子自然知道父亲的言外之意，却也很机智地反驳道："那么，早起的虫子岂不就是太愚笨了吗？"儿子的话里有话，分明就是在为自己睡懒觉找借口。

父亲笑了笑，回答说："虫子被鸟吃，不是因为起得早，而是因为它们还在睡懒觉。这下你明白睡懒觉的害处了吧？"

这对父子之间的对话既充满了创造力和想象力，又充满了幽默趣味。在你一言我一语的幽默对话中，父亲不仅达到了沟通的目的，还消除了儿子的抵触心理。

剧作家沙叶新非常具备幽默感，他的女儿也有与生俱来的幽默细胞。沙叶新的女儿还在童年时就对"女大不中留"有过一番趣谈，她说："我对'女大不中留'的理解就是……嗯……就是女子长大后，不要在中国留学，要去外国留学。"

长大后，她真的去了美国留学。

一次，沙叶新的女儿回国看望父母，和父母提起了同样在美留学的弟弟，说弟弟找了一个黑人女孩做女朋友。母亲听了惊诧不已。

女儿便说："您难道还有种族歧视吗？这位黑人女孩，风姿绰约，是个大美人呢！"

这时，沙叶新插话道："我倒没有种族歧视，我就是担忧他们将来给我生个黑孙子，来上海看我们的时候，万一赶上夜里停电，一片漆黑，看不见孙子那不得把我们急死啊！"

女儿立即解释说："这好办，停电的时候你就赶紧叫孙子露出牙齿，不就能找到了！"

在这对父女一番幽默风趣的谈话中，作为父亲的沙叶新展现了他开阔的胸怀与年轻的心态，而女儿可谓更胜一筹，她机敏的回应、狡黠的还击为她与父亲之间增添了欢乐，拉近了双方的心理距离。

在家庭中，有幽默感的父母更讨孩子喜欢，幽默感使年龄上的差距得到淡化，让父母和孩子能像朋友一样愉快地相处。家中常伴幽默，欢声笑语不断，烦恼自然也会逃之夭夭。

有一个 10 岁的小男孩由于痴迷于武侠剧，整天模仿演员的动作，把家里的搞得天翻地覆，父母为之忧心不已。

一天，男孩在玩具店里又看中了一支"新型武器"，便拽着母亲死活不肯走，而家中的武器玩具早已数不胜数，母亲对儿子的请求头疼不已。而父亲则不紧不慢地弯下腰对儿子开玩笑说："儿子，咱家的军费花销也太大了。如今可是和平年代，咱们将军费充作粮草可好？"刚才还一脸苦相的男孩一下子被父亲逗笑了，于是打消了买玩具的念头，主动拉着母亲的手走出了玩具店。

一个优秀的家长，不会一言不合就对子女的过错和无理要求施加严厉的斥责，因为这样做会使孩子的自尊心受到伤害，甚至激发孩子的逆反心理，从而使父母与孩子之间的代沟不断加深。

为人父母者都希望孩子能够健康成长，而幽默与包容就是促进孩子健康成长的最有利的土壤。幽默体现的是一种乐观豁达的精神，一个洋溢着幽默气氛的家庭能够促进一个良好的教育氛围的形成。

若想解除父母与孩子之间的代沟，就要为孩子营造一个宽松、愉悦的家庭氛围。父母不要总是一副居高临下的姿态，要主动找孩子沟通，并在言谈中加些幽默感、玩笑话，这样不仅能够消除彼此的隔阂，还能让生活充满温馨与欢笑。

聊天课外宝典

与不同的人聊天时应注意以下5点：

1. 回避对方的忌讳

与老人交谈不能谈及他太老了，与年轻人交谈不能批评他太不懂事，与领导交谈不能指责他没有水平……不同的人有不同的忌讳，你应当回避这些忌讳。

2. 以对方的喜好为话题

与人聊天总要有个话题，这个话题应该让对方感兴趣，这样才能更愉悦地交谈下去，对方的喜好就是最好的选择。

3. 表达清晰是基本要求

语言表达清晰对方才能理解，因此这是聊天、说话的基本要求，但这并不简单。倘若你的表达能力不太强，交流时总是出现障碍，那么就可以在告诉别人某件事前先梳理一下，进行预演。随着预演次数的不断增多，你的话就会越来越清晰，与他人沟通起来也就自然多了。

4. 决定沟通效果的是态度

无论跟谁说话，哪怕对方和你有很大矛盾，都要有一个良好的态度，这很可能对你们的沟通产生决定性的影响。因此，我们要学会掌控自己的情绪，以平和的态度面对一切。

5. 三个万能话题

在与人聊天，尤其是与不熟悉的人聊天时，可能会遇到不知聊什么好的情况。此时，围绕着工作、生活、事业三个方面展开话题是最容易的。

第三章

不同的场合，说不同的话

这样面试，万事俱备

自我介绍要亮眼，面试难关巧解决

面试是步入职场的起点，是与未来的领导、同事的第一次公开交谈。在面试中，大多数面试官都会让前来面试的人做一个自我介绍，时间一般都不长，基本都是两三分钟。自我介绍是展现自己的第一环节，也是关键环节，由于"前因效应"的影响，这短短的两三分钟的自我介绍能否出彩，对你能否进入公司、公司领导能否对你产生良好的印象以及之后双方能否交往顺利都有十分重要的影响。

自我介绍是一个绝佳的表现自我的机会，作为面试者，你应当将自己的基本情况介绍给面试官，注意突出自己的长处和优点，尤其是有丰富实际经验的人，更要告诉对方自己的具体优势在哪里，而且为了让你的话语更加可信，最好能将自己曾经所做的项目告诉对方，以此佐证你之前的言论；你应当显示出你的个性，可以适当利用老师和朋友对你的评价，让你的个人形象更加突出、鲜明；另外，在进行自我介绍时，你应当保证你言论的真实性，不能过于夸大，少说虚词和感叹词；除此以外，你的自我介绍应当不超出常规，讲求逻辑，层次清晰，重点鲜明，将自己的优势逐步展现给对方，而不是马上就将自己的优点罗列在面试官眼前。

以下是一位护士在进行某次面试时的自我介绍：

本人于 2000 年从某省某卫校护理专业毕业，当年 7 月被分配至某医院，之后便一直在此工作。迄今为止，我曾轮转工作于小儿科、普外科、心血管科和肿瘤科。在 2016 年 8 月的全院护士长竞聘上岗选拔中，凭借出色的工作能力成功竞聘为普外科护士长。

自我参加工作至今已经有 17 年了，这些年来，我一直忙碌在临床护理最前线，深切了解广大患者的苦痛及需求，切身体会到我所从事的这份工作的琐碎及重大责任，也切切实实地感受到了将濒临死亡的生命重新抢救回人世间的喜悦。如今，我正处于工作所需的最佳年龄段，拥有热情周到的服务态度和精湛的技术，尤其是在心理护理及健康宣传方面，我经验丰富，有许多成功的案例。另外，我性格开朗，为人热情耐心，有较强的团队协作能力、有较好的人际关系及较突出的语言表达和沟通能力，对病房管理工作的开展很有帮助，符合我院对管理人才的大部分要求。

我以热情、耐心、关爱、创新为服务宗旨，在我力所能及的范围内尽量满足患者需求。我将以身作则，为其他护士树立起榜样，带领全科护士为患者营造一个安全、优质、温馨、高效的就医环境。

以上这段自我介绍，只是将自己的经历和处世的态度介绍了出来，没有什么亮点，只能算是中规中矩。我们不能说这样的自我介绍有什么不好，但是过于规矩，就意味着没有新意，无法给人一个记忆点，也就注定会被人遗忘。

那么，怎样的自我介绍才能让面试官印象深刻呢？

1. 对自己有准确的把握

在进行自我介绍前，你需要对自己有一个准确而清醒地了解与认识，明白"你过去是做什么的""你现在正在做什么""你将来想要做什么"，你需要了解自己的每一步，清晰地认识自己，准确地把握自己，将自己的闪光点展示给面试官。在具体面试时，首先，你要强调自己与他人的不同，让自己与他人能够明显被区分开，这会让你一下子突显在众多的面试者当中；其次，你要对未来进行合理、具体的规划和自我设计；最后，你要在自己的经历中找到与未来相联系的一点，由此谈起，这会让面试官对你产生更深刻的印象。

2. 迎合对方所想

当充分地了解自己之后，你可能发现自己拥有很多优点或是很多想与对方说的话。但是对方留给你自我介绍的时间并不会太长，过长的自我介绍可能会在还没说到重点时就被打断，或是唠唠叨叨引起对方的反感，因此你只要挑出与该公司相关的重点内容讲述即可。例如，你去一家汽车公司应聘，你就应该多说那些与汽车相关的知识。

3. 注意内容的排列顺序

排序是自我介绍中重要的一步，内容的编排方式将决定你能否牢牢抓住对方的注意力。因此，你应当将最想让面试官记住的事情放在最前面，他们通常都会特别注意。你也可以将你的与之相关的作品或记录列举出来，使对方对你产生更深、更好的印象。

巧妙提问，迈好求职最后一步

许多应聘者一路披荆斩棘，眼看只差一步就能抵达成功的彼岸，最终却铩羽而归。其中的原因，与问得不当不无关系。通常情况下，在面试即将结束时，用人单位会让求职者来提问。而求职者能否把握住这个机会，可能会对面试的成功与否产生直接影响。

因此，在当面试官已经表现出对你的赞许或肯定后，如果这样问你："你有什么问题想问我吗？"或是"你还想要了解本公司的哪些事情呢？"那么你一定要把握好这个提问环节，运用一定技巧恰当提问，这样就会大大提高面试的成功率。

在某次面试中，杜先生展现出了出色的能力，面试官对他也很满意。在此次面试即将结束时，面试官对他说："我的问题已经结束了，你有什么问题想问我吗？"杜先生没有预料到这种情况，不知道要问些什么好，于是就公式化地问："贵公司有怎样的发展前景？个人又会有怎样的发展空间呢？"这两个问题一出，面试官就笑着对他说："小伙子，我想，如果你问我'在我到岗的三个月里，公司会怎样衡量我能否胜任这个岗位'这个问题可能会更好。"

很明显，杜先生的提问并不恰当，他所提出的两个问题都是求职者在面试前就应该已经有所了解的问题，提出了这种问题，说明求职者在面试前没有对公司进行基本了解，让面试官觉得你对公司不感兴趣，也没有什么求职的诚意。因此，所有的用人单位都不可能录取一个对公司的基本信息和情况完全不了解的人。

由此可见，面试官最后设置让求职者提问的环节，是想让面试者通过提问来展现自己对这份工作的看重，而不是将面试官问得哑口无言。因此，求职者应该对哪些问题可以提、哪些问题不能提有充足的了解，经过深思熟虑，而后将问题提得恰如其分。

事实上，面试结束前的提问是用人单位特意将主动权放在了应聘者的手中，如以自己能否胜任这一职位为角度提出相关问题，从这一问一答中挖掘出胜任这一职位所需的基本素质和自身还有哪些差距，你就能更好地理解与了解你所应聘的公司和职位，同时，也能对之前陈述中不完善的部分进行补充与纠正，从而更全面地展现自己的真实水平。如果面试官没有正面回答你的问题，你也可以借机强化自己的优势，加深面试官对你的记忆。

提好最后的问题其实也是答好最后一问，这不仅可能锦上添花，甚至可能"起死回生"。想要成功通过面试，在最后的提问中提出能展现自己的决心和工作热情的漂亮问题十分重要。那么怎样提问题才能恰如其分呢？

1. 围绕应聘的岗位提问

围绕自己所应聘的岗位提问，会让自己明确地得知自己能否胜任这项工作，有明确的改进方向，还能使面试官对你的印象更加深刻。这类问题可以用"如果我成功接手了这个岗位，您有哪些建议呢""您觉得这个岗位会在哪些方面对我形成挑战"之类的话语来提问，千万不要使用"麻烦您介绍一下这个岗位的行政职责可以吗？我对这方面不太了解"一类的过于直白的话语，这样会使面试官认为你可能是在盲目应聘。

2. 围绕自身进行提问

无论你应聘的是怎样的岗位，在面试官将提问的主动权交给你后，如果你一时间不知道应该提什么样的问题，也不能以"没问题"作答，你可以选择围绕自己提出相关问题，如："您觉得我如果想胜任这个岗位还应该在哪些方面进行努力？""在您看来，对于这一岗位，我还有哪些欠缺？"这样的问题既体现了你对面试官的尊重，又展示了自己谦虚、追求进步的品质。千万不能没话找话，重复提问早已讲明的薪水、假期、福利等情况，这样会起反作用。

总之，面试结束前的最后一问是求职的最后一步，只要了解其真正的含义，恰当地提出问题，迈好这一步，那么你面试成功的概率将会大大提升。

面试问题慎重解，离职原因谨慎答

离开之前的公司后，阿曼一直到处找工作，可都没有理想的。其实，让阿曼最感到头疼的是，在面试时，许多用人单位都会询问离职原因，而她觉得这个问题很难回答。

阿曼离职的原因有以下两点：

第一，经常加班，而且没有加班费。每天工作结束后再乘公交回家已经半夜十一点了，阿曼觉得十分疲劳。

第二，跟某位同事相处得极为不融洽，早就想要离职。

对于离职原因的问题，阿曼每次在面试中被问及时都不知道该怎样回答，如果直接告诉对方自己是因为嫌弃加班太多还没有加班费才离职的，对方也许反而觉得她的工作有问题，如工作拖沓、没有效率之类的，或是觉得你不求上进。可这并不是事实。而如果说是因为个人原因、想换环境之类离职的，可能新公司会觉得你是在随口敷衍，或是有什么难以启齿的事情。

以上案例可以充分地告诉我们，面试回答离职原因时一定要多加注意。

事实上，面试时"你为什么会从原单位离开呢?"一类的问题出现的频率非常高，从你的回答中，面试官能提炼出很多有效信息。所以，求职者千万不能因为这个问题看上去非常简单就疏忽大意。对于那些具有普遍性且大部分人都能理解的原因，如生病、结婚、专业不对口等，可以老老实实地告诉对方。而对于以下这些敏感的原因就一定要小心对待了，否则，你的面试很可能会陷入僵局。

1. 涉及前任上司的问题

面试时一定不要大肆批评、议论你的前任上司，要知道你面前的面试官可能就是你所应聘的岗位的直属领导，既然你能对他大肆批评、议论前任上司，今后你也很有可能在别人面前议论他的是是非非。一个人想要在社会立足，就要与形形色色的人接触，而挑剔上司可能意味着你适应性的欠缺。

其实面试官心里也清楚，很多人都是因为无法与上司和睦相处而选择离职的。就是他们自己，可能也因为这个原因跳过好几次槽。但是，不会有人想要听到这种原因。

惠普公司的副总裁麦克·李弗尔曾这样说："我不知道为什么有些人想要让我录取他，却又说起他与之前上司的冲突。那就相当于拉响了警报。"不过，倘若你的确是由于难以和前任上司和谐相处而辞职，那么你可以委婉地告诉面试官，并且以冷静、客观的态度，得体地把话讲明。

孟月佳从事文秘工作已经 6 年了，极富工作经验，工作能力也很强。当面试她的女经理询问她："孟小姐，你经验丰富，工作能力又强，样貌举止也很出众，你的前任上司难道不重视你吗？"孟月佳笑了笑说："大概就是因为我的样貌比较出众，所以才会离开之前的公司。我宁可老板事多累下人，也不想要对方'情多累美人'。我想跟您一起工作，想必也不用担心这个问题。"孟月佳并没有大肆谈论前任上司的好与坏，但一句"情多累美人"既委婉地说明了离职原因又激发起了人们的怜爱之心。最终孟月佳顺利地进入了这家公司。

倘若你是由于领导层频频换人而选择离职，但领导本人并没有什么问题，你也不能随意告诉面试官这个原因。因为你应当做好你分内的事情，顾好自己就可以了，领导层的变动本与你的工作并无瓜葛。你对这个问题过于敏感，显露出了你的不成熟和没有把握好自己的角色定位。

2. 关于复杂的人际关系的问题

团队精神是所有企业都十分看重的问题，企业要求员工们要能够与别人友好协作，如果你胆怯、避讳人际关系的问题，无法处理好人际关系，对方可能会以为你的心理状况不太理想，当下的心境有些忧郁、焦躁，因此不会录用你。

3. 关于工作压力的问题

现代社会，尤其是在大城市中，工作、生活节奏都很快，无论是企业内部的竞争还是同行业之间的竞争都十分激烈。而有竞争就会有压力。因此，企业都希望员工能有一个较好的心理承受能力，能够适应环境，干好本职工作。如果你动不动就抱怨之前的公司工作压力太大，令人难以承受，就很可能让眼前的招聘单位丧失对你的信心。

卢东宁之前在某经济报专刊部当记者，这家报社不但对记者每个月要完成的文稿有字数要求，而且还要让记者来拉广告。毕业于中文系的卢东宁对家电市场的行情真的完全摸不着头脑，要专攻这方面的文章，实在有太大压力，而且感觉无从下手。于是他就到另一家报社应聘新闻记者去了。面试官问他："你是不是觉得之前的报社工作压力太大？我们社其实也有不小的工作压力，你能接受吗？"卢东宁说："我觉得工作压力大一些没有关系，我还年轻，正是有精力也应该努力拼搏的时候，最重要的是我希望能从事一份可以发挥自己长处的工作岗位。"最终卢东宁成功进入了这家报社。之后，他的文章屡次获奖，没过多久就被提升为新闻部主任。

4. 关于希望转换行业的意愿

某位 HR 曾说："被询问辞职时，不要直接回答'我想换一份工作试试看'。面试官听了通常会想：'这个人现在都没有给自己规划好发展方向。'"你应该这样回答，根据你的能力、个性和志向来综合考量，你会更加适合这份工作。

　　在回答离职原因时，我们应当尽量选择那些与工作能力没有直接关系、能被人们理解和接受的原因，这样才能避免给对方留下负面印象，影响面试结果。

如此谈判，旗开得胜

识破对方真实意图，掌握主动权

与客户谈判是人们日常工作的重要内容。现代商务谈判多以磋商洽谈为手段，以双方互惠互利为目的，因而在许多场合，人们都免不了要与对手进行谈判——谈判的实质是通过对对手施加影响，使对手理解或接受己方的观点。因此，我们可以说谈判其实就是一场心理战，谁掌握了主动权，谁就能赢得最终胜利。

兵法有云："知己知彼，百战不殆。"在双方的心理较量中，如果我们能有效地识破对手的真实意图，无疑将会为获得整个谈判的胜利赢得主动权。在某些时候，我们可以利用对手的真实意图施以适当的压力，往往会更容易让对手做出决定，让对手迫于压力接受我们的要求。所以，在谈判中我们要有打好一场心理战的信心，并在心理较量中确定对手的真实意图，以达到我们的谈判目的。

20世纪80年代，我国曾与突尼斯的一家公司就在我国开办化肥厂的相关事项进行谈判。中突双方对这个建设项目都非常重视，双方耗费了大量的物力、财力完成了可行性研究报告，并让相关人员进行了反复的论证，最终选择了具备优良港口条件的秦皇岛作为建厂地点。就在此时，科威特的一家石油化学公司得知消息后便立即表态，愿意参加该项目，与中方合资建厂，并派出了代表谈判。谈判由双方变成了三方，形势变得极其复杂。

让人意想不到的是，科威特一方在谈判开始就断言："秦皇岛并不适于建厂，你们前期的工作都是徒劳的，一切都要从头开始！"此话一出，无异于当头棒喝，我方代表一时间难以反驳，谈判就此陷入僵局。我方代表最初有些措手不及，没料到对手上来就是一个下马威，其目的无非是想先发制人打压我方的气势，以便迫使我方同意他们提出的条件。综合各方信息，我方代表迅速冷静下来，并识破了对手的真实意图：放弃秦皇岛只不过是唬人而已，其真实意图是想以最少的代价征得秦皇岛的土地。如此想来，我方代表便有了对策，顿时心生一计。

我方代表猛地起身发言："为了兴办这个化肥厂，我们安置了一处靠近港口、地理位置优越的场地……许多合资企业都希望得到这块土地的使用权，我们都拒绝了……看来事项要无限期拖延下去了，那我们也只有把这块地的使用权让出去了！对不起，因为还有别的事要处理，我宣布退出谈判，今天下午请你们给我最后的决定！"说完我方代表就离开了谈判室。半个小时后，形势发生了逆转，对方表态："快把代表先生请回来，我们强烈要求迅速征用秦皇岛的土地！"

此次谈判获得成功的关键在于，我方代表有效识破了对手的真实意图：放弃秦皇岛地理位置优越的土地只是个幌子，其真实目的是想以最小的代价征用秦皇岛的土地。于是，我方代表巧妙地利用对方不敢放弃秦皇岛厂地的心理，向对手施压"那我们也只有把这块地的使用权让出去了"。此话一出，果然吓住了对手，正中对手要害，令对手不得不屈服。

在谈判中，我们需要灵活地运用心理战术，提取有效信息，以此来识破对手的真实意图，如此才能掌握主动权，赢得整个谈判。

1. 以静制动，谋定而后动

所谓以静制动，就是对手不动我不动，静观其变，谋定而后动。在谈判过程中，尤其是在双方僵持不下时，你若四处乱动，那就毫无胜算可言；你若以静制动，便能发现对手的破绽，逐渐将劣势转化为优势。并且在这段时间里，你可以通过分析对手的言行从而识破他的真实意图。如此一来，你就赢得了主动权。

2. 懂得退让，才能识破对手的底牌

在谈判过程中要懂得退让，若是一味地紧紧相逼，不仅不利于识破对手的真实意图，反而会过早地暴露自己的意图，陷入被动的局面。另外，退让不能一退到底，而是应该一步一步地退让，并且也不能过早地退让，过早退让往往会让己方悔不当初。但在关键时刻若是不肯退让，也往往导致谈判破裂。通常情况下，当对方已经到了退让的最后阶段，我们可以适当地做出让步，以确保谈判得以顺利进行。

关键点在于，如何有效地识破对手的真实意图。在让步时可以做出一些假设性的提议，如，"如果我们降价5%，您能确定和我们签约吗?"这样既不会让自己受到约束，也可以试探对方的真实意图。

谈判桌上要会打"太极拳"

谈判是一门与人打交道的学问，虽然我们都希望谈判双方能在谈判桌上融洽地会谈，你一言，我一语，顺利地结束谈判，但谈判双方毕竟存在利益冲突，再加上双方不免要进行针锋相对的争论，因此彼此不满意的情况常有发生。在某些时候，如果对方的要求或观点自己完全不能接受，那么我们就应该果断拒绝。

当然，在谈判桌上拒绝对方是非常讲究技巧的。毕竟，谈判双方或多或少都会带有一定的情绪，若是拒绝得过于生硬或武断，就会伤害到对方的感情，导致谈判破裂，这种局面当然不是我们想看到的。那么，在谈判桌上应该如何巧妙地拒绝呢？

最巧妙的方法就是打"太极拳"。太极拳是一种讲究以柔克刚的拳法套路，其特点是当对手非常强时，拳手采用卸力或四两拨千斤的方式予以反攻。在谈判桌上打"太极拳"也是如此，越是高明的谈判专家往往越会"以柔克刚"，巧妙地拒绝对方不合理的要求。

2009年，四川一家企业曾与日本一家企业进行商业会谈。最初，这家日本企业自恃财大气粗，态度颇为傲慢。他们向四川企业代表提出：四川企业要提供十套以上的总统套间，他们才会派专家来厂里进行指导。

四川企业的代表一听就知道对方这是在刁难自己，但他们并没有立即说"不行"，而是委婉地回答道："专家住在高级的酒店，当然是应该的。不过，由于我们那儿去年刚发生过地震，这种高级酒店有倒是有，不过都在安全检查中，是否适合入住，我们也不大清楚。当然，如果贵方坚持要入住，那我们也会尽量安排的。"

听到四川企业代表这样说，这家日本企业急忙表示不必如此，只要酒店安全，符合行业标准，即可安排专家前来。

四川企业代表全程没说一个"不"字，但却巧妙地拒绝了日本企业的不合理要求。其中的关键就在于他们巧妙地打起了"太极拳"——不直接拒绝，而是如实说明实际情况，并表明愿意配合对方的态度。这样一来，日本企业再厉害，它的"拳头"也无处着力。客观条件就是如此，愿不愿意不在我，而在你们的选择。

这种让对方"一拳打在棉花上"的拒绝方法，正是谈判桌上"太极拳"的经典应用。其实如果我们再将思路拓宽一些，就会发现工作中还有很多"棉花"：技术条件、惯例、权限，等等。这样一来，对方就会意识到再坚持也是徒劳，只好放弃自己的无理要求。

要想打好谈判桌上的"太极拳"并不难，我们总结出了几个小方法，以供读者参考借鉴：

1. 使对方自我否定法

有时，我们在面对非常强势的对手时，不必急于否定对方。不妨通过旁敲侧击的方式提出一些事先经过构思的问题，诱使对方在回答问题时不自觉地否定原来的要求或观点。如此一来，根本不用我们去否定，对方已经主动否定了自己。

例如，有个傲慢的谈判者说："我们能给的价格就是这样了，这可是市场上最低的，不可能再便宜了。"这时，我们不妨这样反问："您的公司在进行商务合作之前，一定会进行调查吧？"

相信对方必定会做出肯定回答。这时，我们不妨进一步发问："我相信比较合理的市场价格到底是多少您也有一定的了解。您也一定非常清楚，对方所说的价格有时候并不一定如此。如果您听到对方的报价就直接决定买或不买，那这笔生意肯定就做不成了。相信您也一定会劝导对方再沟通一番，然后再做出决定，而不是很快地下结论，您说对吗？您和别的公司进行谈判，目的是达成合作，而不是冷战，您说对吧？"

相信对方听到这样的回答，不会再坚持先前的态度，反而会收回刚才所说的话，与你进行进一步的沟通。这时，我们虽然没有明确拒绝，但我们的实际目的却达到了。

2. 先承后转拒绝法

相信没有人喜欢被否定，因为在听到"不"时，人们的自尊心多少都会受到损害，谈判桌上也是如此。因此，在拒绝对方时，就要尽力降低给对方心灵带来的伤害。这时，先承后转拒绝法就派上了用场。

例如，当对方给出的价格过高时，我们不妨这样与之交流："没错，一分价钱一分货，你们的产品质量确实非常好，这个价格也确实值得。我想，咱们的科研人员应该大多都是研究生吧？"我们这样说，就等于先给予对方以极大的肯定与认可，同时又引出了对方团队的话题，拉近了彼此的距离。

当我们与对方建立了比较平静、客观的谈话氛围后，我们不妨接着说："不过，最近我们的资金确实有限，我们也想保证产品的质量，这不仅是对我们，更是对咱们合作商家的共同宣传。所以，您看这个价格能不能再给我们一点儿优惠？这样，咱们以后还有长期合作的机会！毕竟，我们的品牌慢慢做大了，对咱们都有益！"

因为有了先前的肯定和尊重，对方已经得到了满足，所以当我们再提出拒绝时，对方也会深感我们通情达理，因而更容易接受我们的要求。

3. "移花接木"拒绝法

这里的"移花接木"，就是用一种看上去客观的方法，将拒绝的理由转移到别的方面。这种方法与打"太极拳"有些类似，都是委婉地向对方表示自己确实无能为力，这样也能让对方明白其中的缘故。

例如，当对方不断地压低价格时，我们不妨这样说："非常抱歉，除非我们采用劣质的原材料，把生产成本再降低百分之三十，不然真的没法满足您的价位需求……"这样一来，我们既暗示了自己的产品质量过硬，同时还委婉地拒绝了对方继续压价的要求，这样反而会促成此次谈判的成功。

‖ 这样社交，不伤和气

怎样拒绝送到嘴边的酒

当今社会，不得不说越来越多的人愿意把一些事情放在酒桌上说，于是酒变得不再解忧，它慢慢地被赋予了许多其他意义，甚至有很多人用酒来衡量彼此感情的深浅。在工作和生活中，我们免不了要出席一些需要应酬的场合，在这种场合里，最难避免的就是喝酒，如果你千杯不醉、身体健壮倒还好说，不过对于那些不爱喝酒、酒量不好的人来说，在五花八门的劝酒词面前，可就苦不堪言了。那么在对方敬酒的时候，应该如何巧妙地拒绝饮酒，又不会让劝酒的人觉得你不给面子或者故意扫兴呢？通过下面的几个事例，也许可以寻找到方法或经验。

顾海搬进了新家，为了祝贺乔迁之喜，就邀请了几个好朋友到家里，袁羽也在其中。袁羽这个人没什么酒量，喝几杯就满脸通红。在酒桌上，顾海举起酒杯提议和袁羽单独喝一杯，袁羽是知道自己酒量的，也了解顾海的性格，要是接了这一杯，接下来不知道还有多少杯等着自己。袁羽忙起身，一个劲儿地扮笑脸，一个劲儿地说圆场话：

"顾海，这新家不错，真为你感到高兴，酒不在多，喝好就行。"

"咱们都这么熟了，说这话多见外啊。以后经常见面，不必客气。"

"你看我现在红光满面的，可都是沾了你的光呢，真的是……"

袁羽几乎要把所有的好话都说尽了，弄得顾海也就只好作罢，不再纠缠。

在很多需要喝酒的场合里，有些比较有经验的拒酒者，任凭劝酒和敬酒的人说得如何天花乱坠，他总是面带笑容举杯不饮，甚至振振有词，说的话让你一点儿都挑不出错来。这种"笑脸盈盈"式的拒酒方法在运用上最有效果，往往对方在这样的情况下，拿你一点儿办法也没有，最后只能悻悻作罢，换下一个对象。

在顾海的乔迁宴上还有一个朋友是典型的爱劝人喝酒的那一种人，叫二伟。二伟，为人爽朗，尤其爱在酒席上盛情劝酒，欲抑先扬的劝酒术是他惯用的手段，每次都是先举杯走到对方面前，恭维对方是"高人"或直呼"朋友"，之后便开始进入正戏，让对方喝酒。这样一来，对方便有些骑虎难下了，喝吧，自己实在是招架不住；如果不喝，不仅不配做"朋友"，少不得还得自降身价，连"高人"都配不上。

这不，二伟又打算估计重施，劝袁羽喝酒，可袁羽经过几轮不能避开的酒后，实在是撑不住了，表示自己不能再喝了。二伟不肯罢休："老袁，你这不喝太不给哥们儿面子了吧，俗话说'感情深，一口闷'，咱们是好兄弟，这一杯，你不喝说不过去了吧。"袁羽便很无奈地说："你看我的脸，我今儿要是喝了你这一杯，没准就要了我的命了。我怎么可能不拿你当兄弟呢，要是你还把我当兄弟，这杯酒就算了吧。"

二伟看着袁羽通红的脸，也实在是不好意思再劝了，只能识趣地说："那好吧，下次咱们再喝。"

袁羽的回复其实正好是借力打力，可谓是"以子之矛，攻子之盾"。袁羽并没有直接说自己不喝了，没有直接拒绝喝酒，而是想表明自己是把你当作兄弟，与这杯酒没有关系。其次，再套用二伟一样的说话技巧，袁羽想让他明白自己的言下之意：我如今已经这样了，你如果坚持要我喝酒也是不够兄弟！这点其实就是抓住了劝酒者的一个语言上的漏洞，劝酒者用兄弟做借口，想要用喝酒作为一个看得到的东西作为依据。他们的共同心理其实就是喝也罢，不喝也罢，口头上都必须承认是朋友，是兄弟。那么拒酒者便很聪明地抓住这个弱点予以回击，你来我往，都是建立在朋友的基础之上。那么最后，劝酒者碍于"朋友"的情面，不得不就此作罢。

乔迁宴上，二伟在袁羽那里碰了一鼻子灰，便开始去找小白。二伟好长时间没有见到小白了，于是说什么也要拉着小白痛饮三杯，小白推托说："二伟，谢谢你的好意，我心领了。不过，真的是遗憾啊，我最近一段时间身体不好，正在吃药，滴酒不沾好长时间了，只好请老朋友你多多担待了。不过好在来日方长，找个时间，咱们一醉方休，好吗？"

小白的话一出，二伟也没再说什么，见好就收了。

能在一个酒桌上喝酒的人肯定多多少少都是相识的，能举杯相敬的肯定也是相熟的人，敬酒大多是为了联络感情，如果坦诚相告自己的情况，再配上得体的语言，他人自然可以知道你的真诚，不会再咄咄相逼。这样完全就不用担心会驳了对方的面子，并且还能让自己舒服，一举两得。

一次，在婚宴上，当酒宴进入高潮时，其中一桌宴席上有一位酒量不小的宾客似醉非醉，侃侃而谈，言辞上有些咄咄逼人，偏要请三位上座的来宾合起来喝一瓶酒。面对那位宾客的纠缠，其中一位上宾从容地站起来说：

"想要问您一个问题：'三人行，必有我师焉。'是不是孔圣人说的呢？"

"没错。"宾客随即回答道。

上宾又问："你刚才是要求我们三个一起喝，是吗？"

宾客笑着答："是的。"

上宾见其已经不出所料上钩，便说："既然连古人都说了'三人行，必有我师焉'，之前你要求我们一起喝，古人的话肯定是有道理的，那么现在你就是我们最好的老师，那就请你先来做个示范，喝一瓶，怎么样？"

宾客听完之后，直接愣住，压根儿就没有想到上宾会给他突如其来的一击，让宾客一时之间束手无策，无言以对，只好作罢。

上宾没有一上来就指责对方的无礼，也没有和他计较要求是否合理。而是循循善诱，巧设圈套，反守为攻。而宾客在不明就里的情况下就落入了上宾的圈套中，反之，上宾在不动声色之间就化解了危机。这就好比是在作战一样，先设下一个局，步步引诱，静观其变，等待时机，一旦时机成熟，抓住对方语言上的漏洞，反守为攻，使对方无言以辩，从而回绝。

自古以来，饮酒是为了助兴，而不是败兴。在酒席上，为了增进彼此的感情，熟络一下，可以借用酒的力量，不过，只是为了让对方喝醉、喝倒，这只能说是一种低级趣味劝酒，没有可取之处。而作为被劝者，也应该清楚自己的酒量，量力而行，该拒绝的时候要懂得拒绝。

酒宴之上，说话要谨之又慎

俗话说："对酒当歌，人生几何。"在宴席上喝酒本身是一件值得开心的事情，但切不可忘乎所以，百无禁忌。一个人需要知道自己的酒量，以免酒后失德。

何东在一家汽车公司做销售工作，一次，经过团队的不懈努力，拿下了一个大单，老板很是欣慰，决定在晚上举行一次聚会，犒劳一下职员。老板订了一家比较高档的酒店招待大家。在席间，老板说要给何东团队放假，还提供了免费的旅游券。大家听说可以休假，都喜上眉梢。酒到正酣时，老板举杯："今天大家都要玩得高兴，都别拘束，咱们今天都要畅所欲言，不醉不归。"

同事们你一言我一语，聊得很开心。何东喝得有些多了，倚靠在椅背上，有些醉意，看见大家聊得十分开心，而老板也一副乐呵呵的模样。他晃晃悠悠地站起来，突然说了一句："老板啊！不是我说你，你也太小气了！咱们加了那么久的班，好不容易给公司拿下了这么一个大单，连个鲍鱼龙虾都没有，就想把我们打发了啊？"

何东一说完，酒桌寂静一片，他一下子就发现气氛不对了，同事们都面面相觑，老板脸上也霎时间没了笑容。好在坐在旁边的小董把他拉下来坐下，还及时说了一句："何东哥这是喝多了。"

老板没有说什么，大家又继续聊起来，但何东便坐立难安，不敢再说一句话了。

在酒宴上，虽然气氛放松，说话可以不必一本正经，但是还是不能忘记，任何时候说话都是一种礼仪，不能不经过大脑张口就来，失了分寸，不顾礼数，不计后果。这样很容易得罪他人，并且会给自己带来麻烦。在酒宴上说话要会察言观色，尽量保留说话的余地。

那么如何做到在酒宴上得体地说话呢？下面有几点，大家不妨借鉴一下。

1. 酒宴上要懂得察言观色

什么事情都要讲究"三思而后行"，你说出的话不能完全按照你的心意来。比如：对方在席上忙着招呼客人，你就长话短说，不要絮絮叨叨、没完没了；如果你想与对方谈笑风生，不妨等对方闲下来的时候再与之交谈。

另外，我们说话做事，还要分清楚场合，要学会察言观色，看清楚周围的气氛是否协调。在喜庆场合你要说祝贺的话，在悲痛场合要说安慰的话。

鲁迅先生有一篇散文《立论》，其中有这么一段故事情节：孩子满月的时候，家里人都很开心，抱着孩子出来给宾客们看。每个人忙道喜，讨个好兆头。其中有一个人说："这个孩子将来要发财。"主人听了感到很高兴，并感谢他；又有一个人说："这孩子将来要死的。"主人听了很不高兴，这个人遭到大家的一顿痛打。

故事里面说的"这孩子将来要死的"，这句话实际上并没有错误，每个人都有生死轮回的那一天，但是对着一个新生的孩子说，势必是不合时宜的。家里添了新成员显然是件开心的事情，氛围是开心和欢乐的，新生的日子谈"死"显然是与气氛不协调。如此看来，这人遭受暴打也只能说是咎由自取了。

2. 不要小声议论，放在明面说

很多事情都是说者无意，听着有心，大多都是捕风捉影而产生的误会。那么在酒桌上，忌讳之一便是和左右窃窃私语。大家都是朋友，如果一两个人一直交头接耳，还有说有笑的话，那么在同桌的人看来很容易就误会，你们是不是在说桌上某某的坏话，在一起嘲笑他人。如果有些话无伤大雅，不如大声地说出来，有什么可笑的事情，不妨让大家一起笑笑。

3. 注意语言的组织

一句话可以让两个人的关系一瞬间拉近，一句话也能让两个人当场掀桌子翻脸；一句中听的话会引起共鸣，一句不好听的话会引起共愤。因此说话前要学会组织自己的语言，让语言尽量变得巧妙，只有这样才更容易被人接受。

比如，酒桌上甲乙两个朋友聊得特别开心，酒过三巡，甲突然对乙说："喝酒喝得这么痛快，怎么求你办事的时候没见你这么痛快过啊?"乙听了当场翻脸，两人开始各翻旧账，结果闹得不欢而散。也许甲不过是正在兴头上想要调侃一番，不过乙却当了真。

同一个意思可以用不同的语言来表达，如果改成这样说："这喝酒其实和做人有着一样的道理，来，我希望你啊，越来越能喝，越来越痛快。"那结果一定大不相同。

酒宴相对其他场合而言，既紧张又放松，看似随和、亲切，但却有很多讲究，所以，在酒宴上说话一定要谨慎，千万别给人留下失礼的印象。

谁说下逐客令不可以有人情味儿

常言道："有朋自远方来，不亦乐乎。"的确，三五个好友相聚在一起谈天说地，确实是人生的一大乐事，不过，不要忘记"谁知对床语，胜读十年书"的道理。每个人都需要一个独立的空间，都需要拥有自己的私人空间，不被他人打扰，用来缅怀过去，思考当下，畅想未来。每个人都有偏安一隅的权利和自由，独处对于一个人来说很是重要。

不过，天不遂人愿的时候很多，你想要独处的时候，你的朋友偏偏来找你高谈阔论。这时，我们就会面临两难的选择。下逐客令的话，不免会伤及俩人之间的感情，可隐忍不说，自己又是十分纠结难受。

高奇近来便是处在这样的境地中。慕容和高奇初中的时候便是同桌，两个人断断续续来往有十多年了，关系一直非常要好。慕容因为家境清贫没有上过大学，不过他人很上进又能干，年纪轻轻就自己开了一家服装加工厂，高奇在考研期间没少受他的接济。因此，在高奇的心里，慕容对他很是重要，一直拿他当恩人看待。

高奇的公司有定期的晋升制度，只要通过考试，就能升任部门经理，工资也会随之上涨很多。高奇在公司工作的这段时间一直兢兢业业，很受领导的赏识，所以，领导鼓励高奇，让他在忙完手头这个项目之后，不必急于接下来的工作，可以先把手头的工作放一放，留出充分的时间，安心准备考试。高奇知道这次考试的重要性，为此他还花钱在培训学校报了个班，计划把周末的时间好好利用起来，争取能抓住这次晋升机会。

这天晚上，高奇正在培训学校上课，便接到了慕容的电话，在电话里，慕容喝醉了，还说自己和老婆吵架了，在酒吧喝酒，不想回家，想让高奇去陪他喝酒。高奇不放心慕容自己在酒吧，只好跟老师请了假，直奔酒吧把他接回了自己家。

慕容酒醒之后，表示目前不想回家，妻子跟自己正在冷战，家里的气氛压抑，想在高奇家里住一段时间。高奇答应了下来。原本高奇以为慕容在自己家里最多就是住一周，没承想，慕容在家里一住就是一个多月。在这期间，慕容对回家的事只字不提。

高奇每天下班之后，都想要准备一下考试的内容，不过慕容总会拉着高奇谈自己创业的不易以及婚姻里种种的琐碎。以前高奇很爱听他讲这些，每次听他说的时候，能悟出很多道理，有时还会热血沸腾。可是眼下，高奇有更重要的事情要做，时间对他来说很宝贵，所以他一点儿耐心也没有，完全听不进去慕容的话。

另外，慕容这个人特别喜欢看球赛，每次看还总是会把声音开得很大，这样才能尽兴。而高奇喜欢安静，所以，每到这时候，高奇特别想打开房门劝慕容回家，可是一想到十多年的交情，想到之前慕容对自己的帮助，高奇就又放弃了，他开不了口。高奇很是无奈，为了有时间准备考试，只好跟慕容撒谎称最近公司接了个项目，自己是负责人，有些忙，每天都要加班，实则是一个人躲在办公室备考。

我想我们很多人都曾遇到过高奇这种两难的境遇，如果舍命陪君子，自己的生活就会是一团糟；如果拒绝，自己又不知道这个逐客令怎么下好。那么遇到这样的情况我们该怎么办呢？最巧妙的办法就是适当地运用一些婉转高超的语言技巧，将"逐客令"说得美妙动听，既不挫伤朋友的自尊心，又能让他理解到你的难处，知趣地离开。下面的几种下逐客令的方式，我们可以借鉴。

1. 以婉代直

如果你真的没有空闲的时间来与来客闲聊，不妨用婉言柔语来提醒，让对方知晓自己此刻的情况，知道自己的不便，那么之后他就会识趣地离开。比如，你可以这样说："这样吧，今天晚上我请你吃饭，咱们好好畅谈一番，想说什么就说什么。不过我事先声明，明天我就要开始备战我的会计职称的考试了，我已经努力好几个月了，这几天差不多就要考了，我可得再努力准备准备，争取这次可以一举拿下证书。"这样的话，既不用残酷地直接拒绝，也可以让朋友知晓自己的苦衷。

2. 以疏代堵

喜欢拉着人闲聊，并且没完没了的人，大多比较清闲，没什么事情可做。其实你可以改用疏导法，引导或者支持他有计划地去完成一些事情。这样一来，等他找到自己喜欢的事情的时候，就无暇光顾你这里了。

小房的爸爸今年快 70 岁了，从单位退下来之后，就没什么事情可以做，每次小房下班回家，爸爸要么是拉着小房聊天，要么是抱着自己的棋盘找他杀几盘。而且老爷子很敏感，只要小房表现出一点点不耐烦，他的脸就会立刻耷拉下来，特别伤心。没办法，小房只能顺着他。不过小房也有自己的事情要做，一直这样下去可不是一个长久之计。一天，小房看到了市里准备书法大赛的广告，于是计上心来。

小房在吃饭的时候，便趁机说了这件事。

"爸，您知道吗？咱们市里准备书法大赛呢，您说您写得一手好字，又有这么多年的功底，不去参加大赛实在是太可惜了！"

老爷子听完之后很是受用，大笑着说："小子，还真不是跟你吹呢，我练了几十年的字呢，不过，好长时间没碰了，手生了，人老了不中用了。"

小房一看有戏，便继续说道："没事，现在离比赛还有一个多月呢！您好好练练，肯定没问题！"

于是老爷子在小房的不断鼓励下报了名。之后的时间里，小房每次回家，都看见老爷子在屋子里练习书法。后来老爷子不仅在比赛中得了奖，还创办了一个老年人的书法俱乐部。这么一来，老爷子每天都有干不完的事，小房再也不必担心被打扰了。

如此销售，订单炸裂

别忽悠了，顾客不吃这一套

销售，就是发现并满足客户需求的过程。基于此，良好销售提问技巧的锤炼就具有显著的意义。

王太太想买张床，于是，她进了一家品牌店。

导购小姐急忙迎了上去，热情地说道："太太您好，是买床吧？"

王太太点头道："是啊！"

导购小姐说道："太太，您看看这款……现在购买的话还附赠大礼包哦！"

王太太询问道："这款的价格是多少？"

导购小姐答道："不贵不贵，只需4999元。"

王太太笑道："我再看看。"说完，王太太就离开了这家店。

王太太逛到了另外一家店。

导购小姑娘热情招呼道："太太，您来看床呀？"

王太太点头："是啊！"

导购小姑娘问道："您买床是自己睡还是家人睡呢？"

王太太回答道："父母马上就要从老家过来与我一起住了，所以想买张床。"

导购小姑娘以关切的口吻说道："哦，您是给老人买的啊！请问，老人家的腰椎可好？"

王太太说道："老人嘛，总会有些腰椎方面的毛病。"

导购小姑娘："哦，这样的话，我建议您还是为老人挑硬板床为好。睡硬板床，可以有效减轻体重对腰椎的压迫……"

导购小姑娘带着王太太走到一款硬板床旁边，说道："这款硬板床就非常适合老人的需求。您不妨躺上去试一试！"

王太太躺在上面试了试，感觉非常满意。于是，王太太询问道："这款床的价格是多少？"

导购小姑娘答道："这款床限时优惠，目前只需 3888 元，非常划算的！"

这价格在王太太的心理预期之下，王太太并未仓促决定购买，而是这样说道："我先转转看，对比一下，待会过来再买吧！"

后来，在对比了好半天之后，王太太还是决定购买导购小姑娘推荐的那款硬板床。

很多销售员都存在这样的认知误区：只要善侃，就能侃得客户心悦诚服、侃得客户俯首帖耳、侃得客户乖乖就范。于是乎，在现实销售场景中，我们也常能看到，一些销售员牢牢掌控着话语权，不容客户插嘴。结果呢，客户极少有吃这一套的。当然，客户又不是 3 岁孩童，能任你玩弄于股掌之间。事实上，将客户当傻瓜的销售员，才是真正的愚蠢。

从上述案例中可以清楚地看到，导购小姑娘之所以能成功地完成销售，就在于小姑娘经由巧妙地提问，不仅让客户讲出了内心的真实需求——为父母而消费，而且在问答之间与客户建立起了良好的情感牵连——为老人选择适合的产品。所以说，要想实现成功的销售，既要销售员具备良好的口才，也需要销售员精通销售提问之道。

那么，在面向客户进行销售的时候，销售员该如何进行卓有成效的提问呢？

1. 提让客户说"是"的问题

销售员若是能巧妙设置一系列让客户必须回答"是"的小问题，经由步步引导、层层推进，客户在最终回答是否该签单的问题上怕也是难说一个"不"字。

销售员："我非常荣幸能与您有这次的交流机会。我想，您一定非常希望提升贵公司的营业额吧？"

客户："那是当然！"

销售员："既然如此，我们公司的这款产品或许就能很好地帮助您实现这样的目标。您一定非常渴望实现您的目标吧？"

客户："是的。"

……

不难想见，上述案例中的客户的抗拒心理迟早会被销售员一点一点地消磨干净。巧妙设置问题，让客户一路说"是"，能有效驱使着客户跟随销售员的推销逻辑，逐而深陷销售员设置的"思维陷阱"，并最终做出切合销售员根本意图的签单决定。

2. 提让客户意想不到的问题

出其不意，才能让对方措手不及，也就能乘虚而入。在销售过程中，出其不意提问方式的运用，更多的是为了调动客户的好奇心，从而有效驱动客户的购买欲。

销售员敲开了客户的门，开口问道："请问，您家里有非常高端、智能的空调吗？"

销售员这突然的一问，显然在男主人的意料之外，男主人愣住了。

回过神来的男主人扭头向屋子里的妻子询问了一番。

妻子显然被这个没头没脑的问题激发了好奇心，于是跑到门口对销售员说道："家里自然是有空调的，但算不得高端吧！"

销售员接了女主人的话道："我这里就有一个高端的。"说着，销售员便从随身公文包里拿出了一份有关空调的宣传册。

最后，夫妇俩从销售员手里订购了一台其所推荐的空调。

不妨想一想，若销售员敲开客户的门后，直接就推销自己的产品，那么极有可能会被男主人拒绝。而正是销售员不按常规，提出了一个出乎客户意料的问题，才有效地展开了下面的销售沟通，并最终实现了对客户的推销。

销售有忌语，一失足成千古恨

在向客户进行推销的时候，销售员一定要注意与客户交谈时的一些忌语，以免惹恼了客户，从而导致销售的失败。

一个客户才踏进店门，导购员就扯开了嗓门大喊道："欢迎光临，欢迎光临。我们店铺正在做钻石节活动，优惠多多，欢迎选购！"

客户说道："我只想看看黄金首饰。"

导购回道："我觉得吧，您年纪轻轻的，戴黄金怕是不合适。

您不妨看看钻石饰品，戴起来既显活力，又能很好地彰显品位！"

客户心想："你的意思是说我老土咯！我喜欢什么难道要你说了算？"于是，客户冷眼扫了导购一眼，愤然离去！导购呢，一脸蒙地注视着客户离开的方向，久久没有回过神来！

导购建议客户选购钻石饰品，这可以理解，毕竟导购也有业务压力。然而，导购在话语上却犯了大忌，流露出了对顾客倾心的黄金首饰的鄙夷意味。这当然会引起客户的不适感，自然就会招致推销失败的结局。

话语的威力是巨大的。有时，一语戳心，直接就能抹杀人与人之间的情谊；有时，一语暖心，陡然就能升华别人对你的爱意。对于销售员来说，事业的成败很大程度上就取决于其语言话术运用的优劣。

那么，有哪些销售忌语是销售员必须注意的呢？

1. 不谈隐私问题

作为一个优秀的销售员，是要能找到客户内心深处的真实需求，而不是去挖掘客户的内心隐秘。触碰客户的隐私，是一种愚蠢而无礼的行为，而且，客户没有义务、也不会满足你的这份猎奇心理。销售员要时刻铭记自己的目的：你的所有行为都是为了成功地实现对客户的销售。然而，你所探知的客户隐私于你的销售而言毫无意义。既然如此，你又何苦冒着惹恼客户的风险去向客户询问这种毫无价值的问题呢？所以，销售员要切记，勿谈隐私问题。

2. 少问质疑话题

在与客户沟通的时候，你是否常向客户抛出一些诸如"你懂吗""你知道吗""你明白吗"这样的问题？设身处地想，当别人以这种说教与质疑的口吻来询问你的时候，你会做何感想？毫无疑问，当你这般毫无分寸地询问你的客户时，必然会激起客户的反弹情绪。

若你确实担心客户没有听明白你的见解，你不妨以试探的口吻去询问客户："您有没有需要我再详细说明的地方？"如此这般，客户就能更容易接受你。

3. 不说夸大之词

为了一时的成功销售，而故意夸大你所推销产品的功能，或许能蒙骗客户一时，但绝骗不了客户一世。当客户意识到自己受骗之后，你的麻烦也就来了。任何产品都存在自身的优势与不足，成熟而睿智的销售员所做的就是客观地帮客户分析产品的优劣势，让客户自我去权衡与选择。谨记，任何的夸大之词都是一种欺骗，而任何的欺骗都是销售的天敌。

聊天课外宝典

面对不同场合有不同的说话方式：

1. 自己人场合与其他人场合

对内与对外肯定会有一定的区别。在和自己亲近的人说话时，可以谈天说地甚至说些放肆的话；而对不是很亲近的人，通常都是公事公办，聊天内容也有所选择。遵循内外有别的界限谈话，通常被认为是恰当、得体的。

2. 正式场合与非正式场合

在正式场合中，交谈、讲话都必须严谨，做好事前准备，不能信口开河。而在非正式场合则可以放松身心，轻松地交谈。有些人不管哪种场合都显得庸俗或是过于文绉绉，就可能是没有认清楚这两种场合界限的缘故。

3. 欢愉场合与悲伤场合

一般来说，说话内容要符合所处场合的气氛。当别人办喜事时，不能讲煞风景的话；在别人难过时，不应表现得特别开心，否则，很可能引起别人的反感。

4. 宜多说的场合与不宜多说的场合

如果对方很忙，那么就尽量减少打扰对方的时间，讲话要更加简洁。如果对方想与你进行深入交流，你却不怎么开口，谈话也无法正常进行。

口才三绝

会赞美　会幽默　会拒绝

青影 / 编著

北方妇女儿童出版社

·长 春·

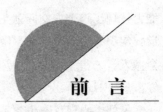

前　言

　　人生路漫漫，最怕碌碌无为、一事无成。我们每个人都不是天生的弱者，也没有人甘心一生平庸，成功虽然说起来简单，但真正成功的人却寥寥可数，为什么其中没有你呢，你是否思考过？

　　成功虽然看起来可望而不可即，但其实没有那么遥远。只要我们确定好方向，一步一步，踏歌前行，就没有到不了的远方。

　　不要期望成功会有捷径，也不要认为只要努力就能成功。成功不仅需要强大的信念，还需要矢志不渝的坚持，以及纵横捭阖的智慧。成功虽然没有捷径，但却有秘诀。

　　那么，成功的秘诀是什么呢？

　　是方法。

　　成功需要不懈的奋斗和努力，但有些人努力了也徒劳无功，为什么？因为他们的努力没有效果。想要左右逢源，想要心想事成，想要功成名就，就要通过各种途径去重塑自身，包括说话、办事、心理建设等。

　　为人处世是一门精深的学问，一言一行都有其道理。说话是我们与人沟通的重要方式，不在于说什么，而在于怎么说。做事能力体现了一个人交际能力的强弱，想要事成，就要深谙交际之道，编织好人际关系网。做人不简单，弄懂做人之道可受益一生。会做人，才能立身；会做人，才能广交朋友；会做人，才能办好事。

　　另外，心理状态也深藏玄妙，一颗心如果充满了负能量，郁郁寡欢，还斤斤计较，容不下，看不开，想不通，那么我们的人生也不可能顺遂。积极的心态是成功的加油站，只有元气满满，才能一往无前；只有不畏失败，勇往直前，才能所向披靡。

　　本书不仅包含了为人处世的智慧、成功的方法，还涵盖了修心以及读懂他人的方法，这些秘诀一定能稳住你彷徨的心，指导你去努力与拼搏，提升你的人生高度，改写你的命运。

　　愿本书能对你的人生有所帮助，帮你认清人生的真相，看清事实，找到通往成功的光明大道。

‖ 目 录 ‖

第一篇

摆脱"尬聊"的窘境，与任何人都谈得来

┃第一章　面对爱人，甜言蜜语

你要试着和爱人这样说话

情感对一个家庭影响很大，丧失了它，就会造成悲痛、忧郁，甚至家庭破裂。所以，我们要想拥有幸福、和睦的家庭，就要学会多积感情，少生是非，多些谅解，少些批评。这样，家才能成为幸福的港湾。

夫妻应当处在和谐的生活环境中。许多夫妻不能像知己一般相处，他们总是用辱骂、奚落和批评来对待对方。我们知道，用批评和谩骂来攻击对方是愚蠢的行为，你最好说"我真高兴你能用心听我说话"，而不是"你从来就不听我说"。婚姻专家建议，要有一颗仁慈的责任心，释放正能量，而不要总是去挑剔对方的缺点。要分清什么是可以容忍的小缺点，什么是对婚姻至关重要的大问题。

迪斯累里和威廉·尤尔特·格莱斯顿是一生的政治对手。他们在帝国每一件能够争辩的事情中都会产生冲突，但他们却有一个相同的特点：私生活都充满幸福和快乐。试想一下，这位英国最威严的格莱斯顿首相轻握着他夫人的玉手，和她在火炉边的地毯上跳着舞，那是一幅多么动人的画面啊！

在公开场合，格莱斯顿是一个可畏的人。但在家中，他永远不批评其他人。当他到楼下吃早饭的时候，看到全家人还在睡觉，他就以委婉的方式来表示他的不满。他提高了声调，唱着不知其名的圣歌，声音充满整个屋子，以便告诉家里的其他人，全英国最忙的人已经一个人在楼下等着吃早饭了。他保持着外交家的风度、体谅人的心意，并有意地控制自己的情绪，不对家事有所批评。

从上面的例子我们可以看出，夫妻之间的相处要讲究艺术。在夫妻沟通的过程中，委婉是一种颇有奇效的黏合剂。委婉是一种以婉转沟通来对待对方的方式，同时也代表着尊重他人的感受，不做无谓的伤害。当然，委婉并不意味着永远顺应对方的一切意思，特别是当对方的行为令人不能接受时。否则，就会导致不满和愤怒的累积，那样，总有一天情绪会爆发并严重挫伤双方的感情。其实，夫妻对话也是大有学问的，同样的意思用不同的语气和方式表达出来，效果会大不相同。

1. 婉转表达

比如，妻子说："我不漂亮，你应该找个漂亮的女人。"丈夫如果说："是的，我是应该找个比你漂亮的。"那么妻子一定很伤心。但是如果丈夫说："我如果真找了个漂亮的，就不一定能碰上你这么贤惠的。"这话既不违心，又能使妻子得到安慰，是一种比较好的表达方法。

2. 把批评变成表扬

例如，妻子批评丈夫："你对孩子太不关心了！"这往往会使丈夫不能接受："我怎么不关心了？"如果换一种积极的说法：

"你对孩子比以前关心多了，如果能再多分点儿心，我就会显得更年轻了。"这样的话，自然不会让丈夫反感。

3. 不要伤害对方的自尊

如果妻子这样说："你还能升职？除非太阳从西边出来!"这话太伤对方的自尊心了。

4. 不要伤及无辜

有人这样指责对方："你怎么和你爸爸一样，一天到晚抽个没完，屋里都是烟，就不能想想别人吗?"光是谴责对方，这话说得就够重了，还要株连对方的父亲，这就更不妥当了，能不让对方反感吗?

5. 絮叨最招人烦

有的人几次三番地重复同一句话，比如总是对爱人说："我爱你。"对方听多了，不仅产生不了共鸣，反而会感到厌烦。俗话说，"话多了不甜，胶多了不黏"，正是这个道理。

6. 幽默是最好的良药

比如对方生气了，另一方说："你看，你的嘴快能挂一个瓶子了!"对方可能就会消掉怒气，使气氛缓和过来。

7. 要征求对方的意见

夫妻之间对话，尽量不要说"你听我说""你懂吗""必须听我的"这类没有协商色彩的话，而应该多说"你看呢""这样行吗"一类的语言，使双方产生相互平等、相互尊重的感觉。

8. 礼貌用语不可少

在家中也要使用"请""对不起""谢谢""再见"之类的语言，这样会使夫妻双方有"相敬如宾"的感觉，同时也有助于养成讲究文明礼貌的习惯。

能不能让吵架温和一点儿

在幸福的婚姻当中，夫妻吵架是不可缺少的一道"甜点"。吵完了就结束，只要互相退让一步，就会和好如初。毕竟，夫妻没有隔夜的仇。

俗话说："勺子没有不碰锅边的。"恩爱夫妻也一样，两人共处的时间长了，难免会遇到不愉快的事，夫妻间总有语言摩擦的时候。如果你不想伤害对方的自尊心，你就必须学会说："很抱歉！"

在日常生活中，我们有时会遇到这样的情形：一些夫妇动辄吵架，事后又不分析原因，不设法解决。对此，许多夫妇颇有微词，并将其称为婚姻上的"慢性自杀"。许多夫妻认为，一味地忍耐，不发生任何口角和冲突，夫妻关系就会好。这话听起来有道理，实则已走向了另一个极端。回头看看他们的二人世界，关系的确"好"，但他们之间却不会很温暖，不会经常有爱情的火花进发。因为他们忽略了这样一个事实——所有的家庭都存在着一定程度的矛盾，你的爱人不会每时每刻都对你充满柔情蜜意，彼此希望满足某些要求是合理的，只要这些要求不苛刻就行。正确的做法应该是，既认识到偶尔的生气和冲突是一种正常现象，又注意保护你应该具有的"权利"。

夫妻吵架无输赢之分，谁是谁非不可能都明明白白。有时只不过是做某一个"选择"，而这个"选择"往往来自一方的让步。懂得了吵架的艺术，夫妻就能虽吵犹亲，爱情的纽带也会变得越来越紧。怎样才能做到这一点呢?

1. 允许对方偶尔生气

如果你了解到感情极深的一对夫妇也不免会有让人忌妒、烦恼和生气的事情发生,那么当这些情绪来临时,你就不会惊慌失措,因为这并不意味着双方已经"没有感情"了。也许你的另一半是因为上司的缘故而变得情绪低落,没有向你表示缠绵之情,但即使这暂时的不快不是你的过错,你也应该问:"亲爱的,我做了什么事惹你生气了吗?"如果回答是否定的,你可以再问:"那么,我能为你分忧吗?"如果对方不需要,你就不必打扰。要知道,这些问候是你给予的最好的安慰。

2. 以冷对热

以冷对热的关键,就是你吵我不听。在一方情绪激动、控制不住自己的时候,任他发火,任他暴跳如雷,不去理睬他。"一个巴掌拍不响",一个人吵,就吵不起来,等他情绪平和以后,再和他慢慢说理,他就容易接受了。

3. 说话要有分寸

即使忍不住争吵,说话也要有分寸,不能说绝情的话,不能讥笑对方的某些缺陷或揭对方的伤疤,更不能在一时气愤之下破口大骂,不计后果。比如有的人吵架时言语不留余地:"你是不是管得太多了?""我要你怎么干就怎么干!""你受不了可以走。"这类言语咄咄逼人,很容易引发更大的冲突。

情人节那天,王峰吃过晚饭后急匆匆地打开电脑玩起了游戏,而妻子一边整理床铺,一边念叨:"今天,单位里的女同胞们可开心了,有的人收到了男朋友送来的一大捧玫瑰,有的还收到了来自老公的大大的红包,还有的收到了暗恋者送来的漂亮的围巾。"

接着，她叹息道："唉！我可没这个福气。"尽管王峰听了以后感觉很不舒服，但又不想惹起事端。平时类似这样的话妻子说得太多了，王峰的耳朵都快磨出茧子来了，所以当时妻子这样絮叨也不足为怪。王峰心里想：只要置之不理，她自然偃旗息鼓。于是，他只盯着电脑看，装作没听见。

但没有收到礼物的妻子心里很委屈，她埋怨老公自从结婚后就再也没有主动送过她什么东西了，嘴上则继续喋喋不休。王峰开始重重地点击着鼠标，以表示内心的不满。可是，妻子丝毫没有发现王峰的忍耐力已经达到了极限，依旧不停地抱怨着。终于，王峰的怒火爆发了，他把手里的鼠标狠狠地扔在桌子上，对妻子大吼："你别总这么烦人好不好？嫁给我你是不是后悔了？你要是后悔，现在走也来得及啊！你看谁好，跟谁过去！"听见王峰说出这样的话，妻子惊得一时说不出话来。她瞪大了眼睛，默默地看着王峰，眼睛里充满了失望和怨恨。后来，妻子盯着他看了几秒钟，独自走回了卧室。王峰看着神情落寞的妻子忽然明白，其实女人非常渴望从丈夫那里得到尊重，而这种尊重很可能就是一些不起眼的小礼物。王峰顿时悔恨交加，他突然意识到，自从结婚以来，自己确实变了很多，以前恋爱的时候也曾浪漫过，但他现在却没有把妇女节、情人节、结婚纪念日等女人很在意的节日放在心上，而是把它们当作普通的日子。

意识到自己的举动有些过分后，王峰赶紧回到卧室，这时他看见一脸阴沉的妻子正在打包衣物。王峰问她："老婆，你这是要干什么？""回娘家！"她头也不抬地回答。王峰一把从她手中夺过行李箱，说："老婆，咱不生气了，为了一个小小的礼物就离家出走，不值当！"但妻子却使出全身的力气，又从王峰手中抢回行李箱。王峰赶紧从妻子的背后搂住她的腰，真诚地说道："老婆，刚刚是我说话太过分了，我不该冲你发火，说完我就后悔了，我真的很在乎你！说真的，我真怕你回娘家，到时候我一个人可怎么面对这个空房子呀！"妻子听后，掩面而泣。王峰乘势把妻子揽入怀中，这时妻子更难过了，她一边用拳头捶打着王峰，一边流着眼泪解释道："我其实不需要昂贵的礼物，只要你有一句体贴的话就足够了。我这么好满足，你为什么还要凶我呢！"此时，王峰才猛然醒悟，原来女人真的要求不多，只要丈夫在耳边轻轻地说一句"我爱你"，就足以让婚姻生活更加鲜活、更富有激情。

4. 直接表达自己的期望

如果一方想表达自己的某种强烈愿望，最好直说"我想……"，比如妻子责怪丈夫好久未带自己去餐馆，她就不妨直说："我想今晚到外面吃饭。"而不要说："李华每周至少带妻子上一次饭店，而你呢？"

一天，娜下了班就急忙往娘家赶，因为弟媳远道而来，娜这个做大姑姐的，一定要表现得热情一点儿。但到了娘家，却只见弟弟一个人。"小云呢？"娜连忙问。弟弟沉着脸，气呼呼地说："我们俩刚才吵架了，她不跟我回来。我也没办法，只能一个人回家。唉！这日子能过就过，不能过就离，离婚也不是什么大不了的事儿。"

天啊！这对小夫妻分别了一个月，今天一大早才团聚，见面就吵，真是匪夷所思。娜赶紧劝弟弟："你是个大男人，一定要宽宏大量。你赶紧给她打电话，请她回家。"娜特意把"请"字说得很重。但弟弟把脖子一扭，不服气地说："我呀，就不该惯她这个坏毛病，凭什么每次吵架都得我让步？"娜只好用家里的电话拨小云的手机，可她没接。娜接着用弟弟的手机继续给她拨电话，但弟媳依旧不接。"这么犟，难道真不回来了？"娜挂掉电话，顿时没了主意。"姐姐，你不用管她，等她想明白了，会自己回家的。"弟弟赌气地说。

娜瞪了弟弟一眼，接着用他的手机给弟媳发短信："小云，饭已经做好了，我正在家里等你一起吃饭。"嘿！这个温馨的短信果真发挥了作用。不一会儿，弟弟的手机响了，是弟媳的来电，告诉弟弟不用等她吃饭了，她正在往家赶呢。娜在一旁听到以后，心里的石头落了地。一小时以后，弟弟的手机又响了。娜急忙问弟弟："小云在哪儿呢？"弟弟回答说："在'好家乡'餐厅门口，让我去接她。"娜连忙说："你赶紧去呀，外面正下雨呢。"弟弟摇了摇头，倒头便睡，不理她了。娜长叹一声，赶紧从衣柜里取出雨衣，带上伞出门了。走在路上，娜想起前几天看到的一篇情感文章，文章里有这样一句话：两个相爱的人之间发生了矛盾以后，第一个转身的人就是"天使"。娜想，等一会儿接弟媳回家，一定要把这篇文章找出来让弟媳和弟弟好好看一看。

5. 就事论事

为哪件事吵嘴，说清这件事就行了，不要"翻旧账"或上纲上线，也不要无限扩大。不要随便给对方扣什么"自私""不可救药""卑鄙无耻"的帽子，否则就把事情搞得太严重了。另外，对事情也切忌扩大化，如果从这件事又提及以前的事，从对另一半不满又扯到他（她）的父母和兄弟姐妹身上去，就会把事情搞得越来越复杂。

6. 主动退出

不少夫妻在争吵过程中总有一种心理，就是都要以自己"有理"来压服对方，结果谁也不服谁，反而越说越气。其实，夫妻之间的争吵，一般没有什么原则问题，许多是是非非纠缠在一起，也不易分清，特别是在夫妻双方头脑发热、情绪激动时更不易讲清。如果争吵到了一定时间和一定程度，发现这样下去还不能解决问题，那么其中一方就要及时"刹车"，并提示对方"休战"了。这代表的不是屈服、投降，而是冷静、理智。

‖ 第二章　面对朋友，谨言慎语

和朋友也不能肆无忌惮，不该说的话不要说

再熟悉的朋友也需要讲究礼貌。正因为彼此是很熟悉的朋友，所以说话时更需要以诚相待、以礼相待。我们和初次见面的人或不甚熟悉的人交谈时，对方的每一句话我们都会很留意，但随着跟对方越来越熟悉，成为好朋友，就不免会放松下来，有时候不小心便会说出伤害对方或者令对方不高兴的话。以下列出的这几点就值得大家借鉴：

1. 不要批评好朋友的亲朋好友

例如你的朋友有时候会和你诉苦："我爸爸很没用的，不仅胆小，还畏畏缩缩，可是在家的时候却乱耍威风，差劲极了。你说是不是？"遇到这种问题的时候，回答一定要考虑清楚，异常谨慎，如果没有经过考虑就附和他："是啊，我也这么觉得。"对方肯定会不高兴，因为你的附和，从字面意义上来看就等于批评了他的父亲。

人的心理是很奇怪的，有时明知自己或自己身边的人一无是处，自己抱怨无关紧要，但若遭到别人批评或指责就觉得不愉快，

厌恶那个指责的人。所以，遇到此类情况时，聪明的你就应该及时地反应过来，补充上一两句赞美的话，比如："但是，每个人都有他的优点，也许你还没注意到。"这样才不至于使你的朋友不开心，他会认为你是个善解人意的朋友，从而为你赢得好人缘。所以，无论对方是你多么熟悉的朋友，都不要去批评对方的亲人或朋友。

2. 不要指责或嘲弄朋友的爱好

有个非常著名的企业家，最烦朋友问他："你最爱吃什么东西？"

因为他最爱吃肥肉，吃菜时专拣肥肉吃。如果据实回答爱吃肥肉，朋友多数会说"怎么喜欢吃肥肉呢""会不会妨碍健康"等，而那位企业家则会产生一种不快感："我喜欢吃肥肉关你什么事！"

也许有人会觉得不可思议："这人怎么气量这么小，这种小事也会生气？"其实，人的爱好或趣味大多包含着很微妙的因素，只要不妨碍别人，喜欢什么东西都是个人的自由，轮不到别人干涉。爱好、趣味被批评和不认同，容易引起一种被束缚的不快感，自尊心较强者甚至会认为这是一种侮辱。所以，即使彼此关系亲密，也不要随意批评对方的爱好或趣味。

3. 即使只是开玩笑，也不要触及对方的职位头衔

有个人在某企业担任副总，无论是实力还是贡献，大家都公认他足以当上总经理。但长久以来，总经理换了一个又一个，他却一直无法去掉头衔上的那个"副"字。经常会有朋友跟他说："贵公司实在太过分了，以你的实力和贡献，早就应该去掉'副'字了。"当然，朋友说这些话也许是无心的，但在这位副总看来，

别人谈到自己的头衔、职位时，关注点都在这个"副"字上，他总觉得不是滋味。

所以谈话时我们务必要多留个心眼，再熟悉的朋友，即使只是开玩笑，也不要谈到对方的头衔、职位等有关面子的事。

4. 不要随便附和闲言闲语

你的朋友有一天忽然对你说："我觉得 A 很骄傲，你认为呢?"你千万不要附和说："是啊! 我也这么认为!"因为说人坏话的人大抵是"广播电台"，这件事他既然和你说了，自然也会和别人说。当他和别人再提到这件事时，难免会在后面加上你的名字说："B 也这么认为。"当然，这并不是最严重的，那个说人坏话的人也很可能直接对 A 说："B 说你很骄傲。"

世上没有不透风的墙，尤其是社会竞争越来越激烈，今天的朋友，明天就可能是你的对手。慎言，已经成为许多人的座右铭。而越来越多的事实表明，不在背后说人闲话，能管得住自己的嘴巴，是人们获得成功的重要保证之一。

这样说话，友谊长存

在漫长的人生旅程中，人要与周围环境中的各种事物打交道。但是，在所有的生活经历中，最耐人寻味的还是人与人的关系，而其中最广泛的关系要数朋友关系了。人生在世，离不开朋友，少不了友谊。哲学家培根曾说过："得不到友谊的人将是终生可怜的孤独者。"因为多一个朋友，等于增加了一种信息源，多了一个保护层，多了一条生活之路、事业之路、快乐之路。

人生没有朋友，就像天上没有太阳。纯真的友谊不仅能使人获得上进的勇气，还能使人感到生活的欢乐。然而友情不同于亲情、爱情。亲情是天然的，有永恒的血缘纽带维系；爱情虽是后天的，但可以用家庭来巩固；友情则是无根而生的，朋友之间没有共同的利益，只有相同的善意。古人云："人生得一知己足矣。"在漫漫的人生旅途中，拥有几位相知的朋友，会减少许多寂寞，增添许多快乐。礼物是你送我一份，我给你一份，我们每个人都有一份；而友情则是你给我一份，我给你一份，我们每个人都有两份。

当然，想要维持良好的朋友关系，你一定要注意与朋友沟通时语言运用的方式，这样可以避免无谓的争端。

1. 不可在谈话中为难朋友

虚心、坦诚和尊敬朋友是语言沟通的必备条件。为难朋友下，以逞一时之快，于人于己都没有好处。你不愿朋友伤害你的自尊心，你也不可伤害朋友的自尊心。

2. 不可听朋友的一面之词

首先你要明白，你从朋友那里听到的事情不一定可靠，也许还有许多隐情你不了解。要是随意把你所听到的一面之词宣扬出去，难免会颠倒是非、混淆黑白。话说出口就收不回来，事后完全明白真相时你还能更正吗？

"张某借了王某的钱不还，存心赖账，真是卑鄙。"昨天你对别人说。这话是你从朋友王某那儿听来的，他当然站在自己的立场说话。人都觉得自己是对的，当然不易把话说得很公正。如果你有机会见到张某，他也许会告诉你，他虽然借了王某的钱，但有房产证押在王某那里。因为自己资金周转出了问题，到期不能清还，只好延长押期。当初王某表示如果有需要延长押期时，可以延长押期，而今王某急于拿回现款，张某一时无法立刻付清，既然有抵押物，就不能说张某赖账。

人与人之间的关系大都是如此复杂，你如果不知实情，就不可信口开河。

总之，竭力维护朋友的形象，沟通彼此之间真诚的友谊，可以运用如下具体方式：

1. 少说"我"，多说"您"

古希腊大哲学家苏格拉底说："不要老是说'我想'，而是多询问朋友'您认为如何'。"的确，一般人在说话时总是将"我"字挂在嘴边。在一个鸡尾酒会上，主人在 5 分钟内用了 30 个"我"字：我的车子，我的别墅，我的花园，我的小狗……你想想看，这样能不令人生厌吗？

亨利·福特曾说："无聊的人是把拳头往自己嘴巴里塞的人，也是'我'字的专卖者。"如果你在说话中，不管听者的情绪或反应，只是一个劲儿地提到"我"如何如何，必然会引起朋友的厌烦与反感。谈话如同驾驶汽车，应该随时注意交通标志，就是说，要随时注意听者的态度与反应。如果"红灯"已经亮了，你却仍然往前开，那必定会闯祸。

多说"您"，这对你并不会有任何损失，只会让你获得朋友的好感，使你同朋友的友情进一步加深。例如：您认为如何？您怎样处理？您遇到这种情况怎么办？为什么会如此？您能举一个例子吗？

每个人都是喜欢以自我为中心的。你若能暂时放弃自我，而提出朋友感兴趣的问题，让朋友也发表见解，你将会在人际关系上左右逢源。只有在满足朋友心愿的同时，你自己的心愿才能得到满足。

2. 不要有意无意地排除他人

谈话时排除朋友，就像在宴会上赶走客人一样荒唐而不可思议。千万记住，让你的双眼环视着周围每一个人，留心他们的面部表情和对你谈话的反应。在多人的聚会中，常有少数人被无情地冷落。假如被你冷落的恰巧是日后对你事业前途能起帮助作用的朋友，那将是怎样的后果呢？

因此，不要冷落任何人，即使他的言谈举止是多么令人讨厌。"己所不欲，勿施于人"，应该想想自己被人冷落的滋味。要使别人觉得你的谈话洋溢着饱满的感情，从而产生兴趣，而不是在坐"冷板凳"。

3. 要坚决改变以下不良的谈话习惯

（1）打断朋友的谈话或抢接他的话头。

（2）注意力分散，使朋友再次重复谈过的话题。

（3）对朋友的提问漫不经心，使朋友感到你不愿为朋友的困难助一臂之力。

（4）不适当地强调某些与主题风马牛不相及的细枝末节，使朋友厌倦或感到窘迫。

（5）随便解释某种现象，轻率地下断语，借以表现自己是内行。避实就虚，含而不露，让朋友迷惑不解。

（6）连续发问，让朋友觉得你过分热心或要求太高，以致难以应付。

（7）当朋友对某话题兴趣不减之时，你却感到不耐烦，就立即将话题转移到自己感兴趣的方面去。

（8）忽略了使用概括的方法，使朋友一时难以领会你的意图。

4. 要随时注意说"谢谢"

作为一个普通人，总是希望自己的好意得到朋友的理解，所以在人际交往时，对朋友的好意要及时表示感谢，这是一个招朋友喜欢的好办法。事实证明，在交往中，恰当地运用"谢谢"这两个字，会使你变得很有魅力。

感谢必须是诚心的。你确实有感谢朋友的愿望再去说，并赋予它感情，不要让人听起来觉得呆板，成为应付人的"客套话"。

直截了当地道谢，不要含糊其词地嘟囔，不要因朋友知道你要向他道谢而不好意思。

指名道姓，通过说出被谢人的名字，使你的道谢具有明确性。

道谢时，应注视着被谢者。

第三章　面对同事，和气婉言

主动向新同事伸出友谊之手，别故作清高

同事之间的沟通在职场沟通中也占有很大的比例，因为同事总是在一起工作，经常会合作。和同事之间的沟通情况决定着工作氛围。良好的工作氛围能够影响一个人的工作情绪，从而影响他的事业发展。

在职场中，当你进入一个新环境时，面对的上司和同事都是陌生的，从事的工作可能也和你以往做过的截然不同，这些差别可能都会对你造成一种负担，仿佛人海茫茫，你却在一座孤岛上，不知道如何才能使自己投入人群之中并被大家接纳。

人们的内心深处都会对陌生人存在一种排斥心理。如果你聪明的话，首先就要抛开自己对他人的陌生感、畏惧心、戒备心。一方面，你要多多拜访你的新同事、新上司，多了解新单位的情况；另一方面，你必须专注地投入到你的新工作中。这样的话，你的新同事很快就会接受你、适应你。因为你的拜访说明你对他们有兴趣，愿意和他们相识、结交。同时你专心投入工作，也使他们认为你是个认真的人，并且很喜欢你的新工作，也表明你在

各方面都力求和他们保持一致。他们会很快消除对你的排斥心理,你也很快会同他们打成一片的。

一次,某单位同时调进来两个人——小杨和小白。小杨是个性格开朗、爱说爱笑的人,小白则老是一脸严肃,沉默寡言。

小杨看起来性格非常好,非常开朗,平常爱说爱笑,可是却目中无人。来到新单位许久,他不仅没有拜访过任何一位同事,而且在工作过程中也从不向别人讨教,也许他认为自己有足够的能力干好自己的工作。过了一段时间,大家都认为:小杨能调来本单位,一定是上面有人,看他那副神气劲儿,也不像个能干好工作的料。我们干了这么多年,还免不了互相请教、学习。他一个新来的,不向我们请教,就能把工作干好?时间一长,大家都对小杨敬而远之、不冷不热的了。

小白平时虽然很少在办公室跟别人寒暄,但是他总是非常勤奋、踏实地工作。他在闲暇时间对同事嘘寒问暖、逐家拜访、了解,询问新环境、新单位的一些情况,顺便也提出了许多工作上的问题并向同事讨教。所谓"一回生,二回熟""人敬我一尺,我敬人一丈",没过多久,小白就与同事们混熟了,工作起来更是如鱼得水。虽然自古以来就有"君子之交淡如水"之说,但"礼尚往来",有礼有节,你有情,我就有意。人与人之间就是通过交往、沟通增进彼此间的了解与友谊的。

当你进入一个新的工作环境时,要想更快地适应新环境,最好的方法就是利用闲暇时间多和同事沟通。通过你的话语,让你的同事知道你需要他们的帮助,你需要他们的友谊。如果你能做到这种程度,那么还会有谁拒绝向你伸出友谊之手呢?

"小赵,你好!冒昧打扰,实在不好意思。不麻烦你吧?我也没什么事情，就是来你这儿随便坐坐。我刚来新单位，也没有熟悉的朋友。我们在一起工作，所以就不自觉地走到你这儿来了。"

"平时上班时间忙忙碌碌，也没空儿深谈。你来这个城市多久了？你对这儿一定很熟悉吧？"

"小孟，找你真难呀！原想着你是单身，家在外地，我也刚来此地，正好做个伴儿。没想到找你几趟都不在，今天终于'逮'到你了。"

"原来你有这么丰富的业余生活，桥牌、麻将、钓鱼、下棋，样样都会。杀一盘怎么样？我也好向你学几招。"

我们可以从以上的例子看出一些道理，只要你诚恳、虚心并主动向他人伸出友谊之手，你的新同事也会以同样的态度对待你。

职场最忌说三道四，说什么都别说谣言

在同事中不乏这样一种人：他们总是喜欢散布别人的谣言，每天不是东家长就是西家短，没完没了，让所有人都讨厌。这类人也许只是没事练练舌头，或者增加一点儿饭后的谈资，但他们的言辞却对别人产生了很大的影响，有些人甚至会被流言蜚语淹没，自身的才能也被流言蜚语渐渐吞噬掉。

谣言对每个人的生活都会产生不利的影响，如果我们身边有这样的同事，就会感到痛苦。赵小姐就有过这样的痛苦经历：

赵小姐平时为人善良，也很要强。她既想在事业上有所作为，又不想让他人说三道四。高考落榜后，她进了一家工厂。一进厂，厂里就组织她们一同来的 40 个女工进行培训。4 个月以后，只有

她一个人分到了科室工作，其他人全部下到车间。当时她很高兴，在科室工作，许多事要从头学起，她便虚心向老同志请教，勤奋学习，细心观察别人对问题的处理方法，现在她已能很好地胜任自己的工作。

赵小姐脑子也比较灵活，有一定的办事能力。就在工作取得一定成绩的时候，她听到别人议论自己，说她是靠不正当手段进科室的，说她与上司的关系不一般等。赵小姐的上司有能力，但名声的确不好，而且为人粗鲁，经常开过头的玩笑。赵小姐对他也很看不惯，但毕竟是上司，又能怎么样？所以对他敬而远之。可是有些同事总是在背后议论赵小姐的品行，他们这些无中生有的议论实在影响她的情绪，为此她产生了很大的心理压力。当然，赵小姐自知没有用任何手段使自己分到科室工作，自认为是凭自己的本事得到这份工作的，可是人言可畏啊！自从听到传言之后，她处处小心，常感到孤独、烦恼，导致工作积极性不高，精力很难集中起来。

上述案例中的赵小姐是一位典型的被流言蜚语所伤的受害者。

大部分人都讨厌散布谣言的人，都对此深恶痛绝。而对于制造流言蜚语，虽然大多数人也表示厌恶和排斥，但不少人总是容易不知不觉就加入其中。

"今天我看见业务科的小赵在咖啡厅和一个年轻姑娘坐在一起。"

结果经多人的传播，内容已经发生了很大的改变，传到最后已经变成："业务科的小赵在咖啡厅和一个漂亮姑娘搂搂抱抱，可亲热呢！"甚至那姑娘还是本公司的××小姐。但实际上呢？小赵只不过是在咖啡厅同妹妹商量搬家的事。

一旦你成为谣言中伤的对象，你必须要在第一时间处理掉这个问题。

首先，及时地找出散布谣言之人的动机，然后鼓励那些散布谣言之人在你面前勇敢地说出他们的看法，让他们面对面地向你道出自己的不满。这样做，你就可以打碎遮挡于你们之间的"屏风"，判断出问题的真正所在，然后澄清事实，及时将矛盾解决。

要想在职场中和同事和平相处，一定要及时地消除闲言碎语。如果任其滋生蔓延，就会对你不利，其他人也会觉得你无法处理这一问题。谣言传播得太久，会被他人误以为是事实，因此，你可以与散布谣言者正面交锋，与其单独谈谈这一问题。你可以问问他们："我所听到的话都是你真心想说的吗？""我猜测你不同意我的观点，对吗？""你能谈谈你的想法吗？"……

在谣言出现时，如果你表现得真诚而直率，那些谣言传播者也是无意与你为难的。他们只是逞一时口舌之快，看到你的表现就会自动投降，向你表示歉意，并制止和收回自己的谣言。

你可以请谣言制造者吃饭，私下与他进行一次交谈；你也可以请一个中间人，以缓和你们之间的气氛。如果事态确实严重，你们之间的私下交谈也无法解决这一问题，你就要找到自己的老板清楚表明："这是我觉察到的正在发生的事，我希望大家能见个面，坐下来好好地谈一下。"你还可以直接找到制造谣言者，当面对他说："我知道你说过……"如果那个人觉得心虚，不敢面对你，他可能会说："哦，没有。""谁，我？""这怎么可能呢？"这时，你可以趁机回答道："好，我很高兴你没有说，我也不希望再听到这些谣言。"如果对方理直气壮，他也许会说："是的，怎么样？"这时，你可以问问他："能跟我说说你具体的想法吗？"或者："我们能坐下来好好交换一下各自的看法吗？"这样，你们之间的问题也许可以得到解决，你们之间的冲突与矛盾也可以得到缓解。

　　如果办公室中流传着一些谣言，散布谣言的不是你，但别人却怀疑你是谣言散布者之一，在这种情况下，你最好表明自己的坚决态度，即你根本不愿意介入说三道四者之列。

‖ 第四章　面对上司，恭敬巧言

与上司聊，说得好不如说得巧

在职场中，与上司交谈是在所难免的，话说得好不好，直接影响着个人的发展前途。把话说到上司的心坎里，可以加深感情，获得更多的机会。

李明上大学时学的是投资管理专业，毕业后很顺利地进了一家投资咨询公司，任销售副经理一职。由于年轻、有闯劲，再加上有丰厚的专业知识做基础，他逐渐为公司打开了局面。

在一段时间里，李明拓展的客户竟占了公司新增客户总量的一半以上。老板非常高兴，见到李明总要拍拍他的肩膀，有事没事还拉上李明去喝酒，外出参加活动也会把李明带上。

李明自认为与老板的关系已经非常亲密了，再加上自己的业绩在公司内部无人能及，所以说话也渐渐地理直气壮、没大没小、没上没下了。

有一次，李明在业务上出了一些纰漏，老板把他叫到办公室说："你是公司的骨干，要为其他人做个好榜样，工作总是马马虎虎可不行。"李明却说："我给你创造了那么多的利润，就出了这点儿小问题，至于这样小题大做吗？再说，我的工作能力很强，走到哪里都是一块香饽饽，其他老板恐怕不会像你这般小气吧！"

老板考虑到公司目前的状况，没有与李明争辩，就让他出去了。

没过多久，公司出现了人事变动，市场部经理离开了公司。按能力与业绩来说，李明本该被提升为市场部经理，可出人意料的是，老板花高薪从其他公司市场部挖过一个人来担任此职。李明感到非常不满，当场对老板说："你是公报私仇！为什么不提升我？我哪点比不上那个家伙？"老板什么话也没说，直接递给他一张解聘书。

与上司谈话要讲究分寸，要知道什么样的话该说，什么样的话不该说。与上司进行交谈时，怎样才能把话说好呢？以下几点内容可供参考：

1. 婉转说话，把能力体现出来

当今社会是一个充满竞争的社会，没有竞争，就没有机遇和成功。可是，竞争需要以能力为前提，如果自己的确有能力，就可以将工作成绩、技能、才干和潜力摆在上司面前，以此来表现自己，让上司对自己有个充分的认识。

但是，在表现自己的同时，还要注意言辞，即使业绩突出、能力强，在言语上也要显得低调一些，绝不能将骄傲的情绪表现出来。否则，上司会认为你是个好大喜功、骄傲自满、目中无人的员工，这对自身发展没有任何好处。

2. 自谦的话要常说

谈话是一门很深的学问，尤其是与上司说话更应该注意分寸。

与上司交谈是引起上司注意的最好时机。这时候，只有把话说得更谦卑，才能赢得上司的好感。

每个上司都喜欢谦虚、谨慎的员工。此时，你完全可以虚心地向上司请教一些工作上的问题，同时也可以发表一下自己对工作的看法，还可以与上司一同探讨公司的发展前景与发展方向。假如能说出谦恭且具有远见卓识的话，上司势必会对你刮目相看。

如果专业能力很强，谈话时就要说得详细一点儿，你可以主动介绍或者谈一些与自身专业相关的东西；如果你是多才多艺的人，当上司问到你的兴趣爱好时就要主动介绍，碰到多才多艺的上司时，还可以"拜师学艺"，这样，上司一定会高兴。

除此之外，在言谈中还可以表现出自己的忠诚与服从，在交谈上力求热情、亲切，及时给上司提出建议或意见（大凡有上进心的上司，都喜欢员工能给自己提出意见，也很愿意倾听员工陈述的理由和想法）。这样，既能表现员工的能力，又可使上司感到有面子。

3. 受到不公平的待遇时，要心平气和地与上司理论

有些时候，上司忽视了你的业绩，从而使你受到了不公正的待遇，尤其是在评职称、评先进的时候，自己未被提名，这时候就要出面理论。当然，绝不能怒气冲冲地去找上司理论，而应心平气和地跟上司把事情谈清楚。当上司了解到你为公司所做的贡献时，顺便让上司指出自己的不足之处，这样交谈才有助于以后工作的开展。

4. 用委婉的方式反驳上司

对于上级的命令，不能执行的时候要给予拒绝，但拒绝时要

讲究方式、方法和技巧。

当上司要求你做某件事，以自己的能力无法完成，你想要拒绝时，不妨请同事和你一起到上司那里，借同事的帮助来达到拒绝的目的。

见上司之前，要与同事策划好，一方赞成，一方反对，然后与上级争论。争论一会儿后，同事再向你这一方靠拢，说："似乎有些勉强了。"如此一来，就可以避免直接拒绝上司的尴尬了。

而且，这种方法会让上司认为"这是大家讨论之后才得出的结论"，任何一方都不会受到伤害。

5. 有话直说

工作中，上下级难免产生矛盾，一旦遇到这种情况，切忌吵闹，不然只会把事情办坏；但也不能忍气吞声、逆来顺受，否则很难在职场中出人头地。最好的办法是与上司"打开天窗说亮话"，有什么问题摆在桌面上解决。如果确实找到了上司有意为难你的证据，就可以有话直说，拿出证据与他理论，没有必要绕弯子。不管上司持什么态度，都要把道理与上司讲明，不管他愿不愿意听，都要像对朋友一样诉说，让他明白你的内心感受，明白你是一个不记私仇的人。不过，在与上司理论时，要注意一下场合。在公众场合拆穿他，会让他尴尬难堪。上司为了维护自己的面子，很可能令你也下不了台，虽然理在你这边，但也可能无济于事。

一名责任心强的员工，发现上司决策错误时，为了维护公司的利益，应该给上司一个忠告。但向上司进谏之前，需要仔细地考虑清楚，该怎样说才能取得最理想的效果。

戴尔·卡耐基曾经说过："如果你仅仅提出建议，而让别人去得出结论，让别人觉得这个想法是他自己想出来的，这不是更聪明吗？"他的这一结论被大量实践所证实。大凡聪明的员工，如果想改变上司的意见，他们不会直截了当地向上司进谏，而是摆出大量的可行建议留给上司去定夺，换句话说即是你种树、培育，上司摘果。

现实中，各种类型的上司都有，特点也各有千秋。认真揣摩，在实践中找出与上司交谈的技巧，这才是最实用的。

怎么搞定不懂装懂的上司

在职场中，不可避免地，每一个人都要和上司沟通，如何与上司进行沟通是一门高超的艺术。余良是上海一家大型软件公司销售部的总监，上司是高总。高总主要负责的是软件研究和开发，对于销售一知半解。但高总经常呼东喝西地插手销售部的事。碍于面子，即使高总指挥有误，余良也决不提出意见。于是，没多长时间，销售部的体系就变得一团糟，销售业绩也连续下滑。一时间，高层批判，属下埋怨，圈子里曾经赫赫有名的"销售大王"余良被弄得焦头烂额、有苦难言，却又无法跟上司道明原委。

余良思索再三，决计采取兼并策略，就是通过自己的销售智慧"兼并"不懂销售的高总，让他在销售方面按照自己的想法走。为保全对方的面子，余良首先整理总结了自己过去的失误，并检讨自己过于懒散、不够努力，然后提出挽救和解决的办法。

为了获得对方的认可和支持，他还列举了当今的市场背景和其余软件公司的成功事例。

同时，他也积极主动地出击。在高总还没有开始指挥的时候，他就把处理事情的几种方式、路径，以及它们的利弊等一一列出，然后认真地请教高总。高总虽然对销售不甚了解，但也知道采用成本最少、赚钱最多的那套销售方案。

就这样，没多久余良就把高总"兼并"了，他在销售上做得十分出色，业绩一再攀升，因此获得了董事会的认可和称赞。高总也渐渐不再插手销售部的工作，把更多的时间用在自己的专业以及人事、财务的管理上，企业的不稳定因素完全得到了控制，公司从此步入了高速发展的轨道，余良的工作一帆风顺，越做越好。

从这个案例中我们可以知道："兼并"上司的想法，的确不失为与不懂装懂的上司沟通的上等策略。首先，它并不否定上司的见解，而是从上司的视角来看待问题，以维护上司的威望为目的，本意是好的；其次，为了更有效地说服上司，余良针对实际问题，多方面陈述事实材料和数据，以事实为证，然后因势利导，对上司进行适当的提醒和说服，从而实现说服的目的，这既是对工作尽职尽责、兢兢业业的表现，又是对上司的爱护。这种策略是一种温和的方式，既能维护上司的尊严，又容易被上司认可，效率较高。

如何与上司沟通真的是一个很重要的课题，它关系着上司对你的好感度和信任度，关系着你将来的职场走向问题，所以大意不得。面对上司，你可能有许许多多的看法，你可能把他看作自己的朋友，也可能把他当作一个针锋相对的"敌人"。但是不论是敌是友，你都可以利用沟通技巧，把他拉到自己的阵营，与上司建立良好的关系，这样，你们双方都会感到很愉快。

第五章 面对下属，和"言"悦色

与下属聊，攻心为上

要想成为一个优秀的领导，一定要学会倾听下属说话。可以说，不会倾听下属谈话的领导，是完全不称职的。通过倾听，可以了解到许多下情。闭目塞听，只能使你成为孤家寡人，同时也会使你的工作脱离实际。

大部分人工作主要是为了拥有足够的物质，并得到精神上的满足。随着经济的发展，生活水平普遍提高，物质需求的满足已基本不是问题。员工期待解决的是怎样满足自己的精神需要。领导的赞扬能够使员工的精神得到满足，对员工的激励作用非常大。问题是作为领导，该称赞哪个员工，这个员工需要什么样的称赞。倾听下属的谈话，可以帮助领导解答这个问题。

同时，倾听下属的谈话，领导能够更加了解下属，看清楚下属的人品和性格。许多人嘴上说得好听，做起事来却拖拖拉拉；许多人虽然说得少，工作却如老黄牛般；还有许多人喜欢溜须拍马、投机取巧。

语言是心灵的喇叭。一个会倾听下属说话的领导，能够了解下属的思想。看清楚一个人的性格和脾气，做起工作来就很容易了。

1. 攻心为上

做领导容易，做一个好领导却并不是一件容易的事，特别是做一个受下级尊敬、爱戴并信任的领导就难上加难了。领导和下属之间，因为职位的不同导致了地位的不同，但是地位不同并不代表着两者的人格有差别。摆正自己与下属的位置，应把下属视为良朋知己，而不是奴仆。放下架子，善于听取下属的意见，善于接受正确的批评，做一个平民领导，就能消除下属隐藏在心底的防线，从而获取他的尊敬和信任。

办公室新来了一个小伙，性格比较内向，话比较少，只知道自顾自地认真工作，很少与人来往。其他同事见他这样，也对他很冷淡。长此以往，对他、对办公室的工作都不利。

怎么办？作为办公室主任的你看在眼里，急在心头。

找机会跟他聊聊？好主意！

过了几天，正好有个同事过生日，在你的授意下，几个同事软磨硬泡把他拖了去，席间你让他坐在自己旁边。酒过三巡，大家都微有醉意，气氛有些热烈起来。谈论的话题慢慢转到这个新人身上。你首先表扬了他认真工作的态度，他脸上露出感激的神色。接着你话锋一转，点出他过于沉闷了，应该活跃一些，跟同事们多多接触，搞好关系，因为团结就是力量嘛。他听了神色黯淡下来。

过了一会儿，他悄悄地对你说："主任，其实我也不想这样，我也想和大家打成一片，只是我心里苦啊！"

好，有戏。你用眼神鼓励他说下去。

"在之前工作的一家公司里，我有一个女朋友，我们交往了三年，但是她最后竟然跟我们公司一个有钱的帅哥跑了。我恨透了他们，恨她薄情寡义，恨他那种平时跟你称兄道弟、背地里却对你不仁不义的小人。我现在心都冷了，过一天算一天吧。"

找到病因就好办。你先肯定了他愤世嫉俗是一个正直的人应有的行为。然后你又开始劝他，让他把一切都看开，多往好处想，世上并不都是坏人，再说像那种无情无义的人失去了也不可惜。

从那次生日派对以后，那个新人开始变得越来越活泼开朗，对人也更热情了。

所以，当领导的你如果以为自己职位高一些，只会对下属发号施令、指手画脚，就会使你和下属的距离越来越远，使下属对你不交心。相反，与下属打成一片，则更显你作为领导的风度。倾听他们的谈话，了解他们的性格，满足他们的需要，赞扬他们的优点，只会使你工作起来更得心应手。

2. 恩威并用

领导都要有威严，威严由于领导的职位而逐渐产生。同时，平日的批评、命令也表现了你威严的一面。但是只有威严的领导是不全面的，对于开展工作也不利。因为对这样的领导，员工一般是敬而远之。如果一个领导想赢得员工尊敬的同时，还想令对方信任的话，"恩"是必不可少的。可以说，赞美就是一种"恩"，了解下属的疾苦，关心他们的生活，也是"恩"的表现。

和蔼地、诚恳地倾听下属的谈话，聆听他们的喜怒哀乐，将使下属对你愈加佩服，从而心甘情愿地听从你的指挥。在倾听中你了解了他们的喜好，明白了他们的特长或特点，你就能做到知人善任、胸有成竹。

用威严暗示他们你的职责所在，而用你的关心告诉他们你对下属的尊重与重视。

美国电话巨头福拉多被称为"十万人的好友"，他和下属就保持着良好的关系，下面是一个有关他对员工"施恩"的例子。

一个寒冬的深夜，福拉多从街中心的地下管道口钻了出来。路上的行人非常少，他的行为使人联想到电影中罪犯借地下管道潜逃的场面。旁边刚好有一个警察，警察便上前去盘问他，走近一看，才发现竟是"电话大王"福拉多。原来福拉多听说有两个工人在地下管道内紧急施工，便前来表示慰问，并且听取了他们的一些意见，决定提高这种条件下的加班费。

日本管理大师松下幸之助先生认为，平时以温和商讨的方式引导下属自觉地做事，无论用人还是教人，都要一手执剑，一手温和如慈母。作为一个领导，要做到恩威并行、宽严得体，只有这样，才能得到下属的尊敬。

偶尔拍拍下属的"马屁"，不丢人

人们传统的认知观念认为，溜须拍马似乎是下属的"专属权利"，如果有天某位领导突然拍下属的"马屁"，真的会让人惊掉下巴。其实，出于把工作做好的目的，领导奉承下属也是在理的。例如，某天公司突然接手了一个很难做、但利润空间很大的项目，这个时候其他人都束手无策，只有一位下属有本事完成这个项目。那么，做领导的就应该积极主动地走过去，对这位下属多多鼓励，即使阿谀奉承几句也不用在意。

切记，领导"拍马屁"一定要"拍"出新高度，"拍"出新境界，你的"马屁"要拍得神不知鬼不觉，不能让下属看出迹象来。只有这样，下属才能奋力为公司创造更大的价值。而且高级的"马屁"会让下属以为领导者礼贤下士，没有"官架子"等。总之，对下属"拍马屁"，有助于建立领导个人的威信。

要想拍好下属的"马屁"，首先上司得放下"等级观念"，其次，还得注意"马屁"不能拍得太勤快。如果你经常拍下属的"马屁"，会让人认为你没有能力，一味地依赖下属。久而久之，你在下属面前将毫无威信可言，而一个失去威信和领导力的上司，势必会遭到职场的淘汰。

《单独中的洞见》中有这样一句话："恭维就像搔痒，只要部位吃得准，被恭维的人无不感到惬意和陶醉。"要笼络下属，让他身心惬意，恰到好处的奉承实在是一件轻巧实用的武器，又用不着你掏腰包，何乐而不为呢？

那么领导"拍马屁"，如何才能"拍"出分寸感呢？其实从日常细节入手是一个很不错的角度。比如，下属穿了一件新衣服，你第一次遇见他，可以摆出欣赏的神色，兴高采烈地赞扬：

"你穿这件衣服很有气质啊！"

"噢，打扮得叫人眼前一亮哩。"

"嗯，今天穿得这么漂亮，真是办公室里一道亮丽的风景线呀！"

"你真有眼光，这件衣服太帅了！"

有人做了个新发型、换了个新手表，或者背了个新的包包，都能成为你赞美的内容。不过记住，必须在第一次见面时就说，否则就流于虚假和公式化。

当然，除了下属的穿衣打扮之外，你还可以赞美他的工作表现。比如，某人刚刚完成了一次精彩的谈判，或者顺利出差回来，别忘了恭贺人家，说：

"你真厉害啊，甲方那么难缠，都被你降伏了！"

"你的干劲儿实在值得我们学习！"

"对于你此次的精彩表现，我们全公司的人都惊叹不已！"

这些说法并非叫你虚伪做人，而是多留意点儿别人，学会欣赏别人，对你有一定的好处。人人都喜欢被赞美，作为上司的你也可以大方迎合别人的喜好，多说几句好听的话。比如，"这个意见不错，就这样做吧！""真棒，你给我提供了一个好办法！"这样，下一次他一定会有更大的工作动力。

第六章 面对顾客，语 "撩" 心窝

和顾客聊天，废话别说

销售员要想与顾客建立情感链接，就必须利用聊天的方式，把话说到顾客的心里去。那么，如何说话才能拨动顾客的心弦呢？这关键的第一步，就是选一个能够引起顾客关注的话题。

在与顾客交谈的过程中，选对话题非常关键。如果你说的话在顾客的心里激不起半点儿涟漪，那么他就不会对商品有兴趣，也就不会注意你接下来说的是什么。脾气好的人可能还会耐心地应付一下，脾气急的人则会直接对你下 "逐客令"。

因此，销售的开场白一定要说有意义的话，如果你打算讲 "不好意思，占用你几分钟时间……" "你想不到……" 等一些没有意义的话，最好能做到与众不同，采取出其不意或实用、新颖的提问，这样既能让对方眼前一亮，又能顺利地把销售的话题延伸下去。为避免对方分散注意力，开头的话必须生动有力，不拖泥带水、支支吾吾。说话时，双目注视对方，以免对方神游，从而漏掉你所表达信息的关键点。

当然，销售最关键的还是要 "投其所好"，抓住顾客感兴趣的点，把话说到他的心坎上，这样话题才能开展下去，销售人员也会占据主动地位。

有一位名叫王丽的女推销员上门推销清洁膏，当顾客打开门时，听到的第一句话就是："您家里有全能的清洁膏吗？"

男主人被这出人意料的话问住了，他转过身与太太说了几句话。他的太太也是满脸疑惑，她下意识地答道："清洁膏我家里倒有一盒，但不是全能的。"这时，王丽接着说道："我这里有一款全能的清洁膏。"说着，她从随身携带的包里拿出了自己推销的产品，一边讲解，一边演示。

在这里我们做一个假设，假如王丽见到顾客后说的第一句话是"对不起，打扰一下，你们是否需要一款新型的清洁膏"，或者是"您需要一个全能的清洁膏吗"，那么势必会遭到果断的拒绝。

王丽的问法非常巧妙，这看似明知故问的话，仔细推敲却别有一番用意：

一是没有立即向客户传递推销的信息，因此没有给顾客设置一个拒绝的理由。因为人们一般比较讨厌别人主动卖给他们什么，而是喜欢自己主动去买。

二是王丽说有一种全能的清洁膏，她并没有急着推销它，因而顾客不仅不会有戒备心理，反而很好奇全能的清洁膏究竟高级在哪里。如果正符合顾客的需要，推销就会很顺利地完成。

从上述案例中可以看出，销售员王丽把话题集中到了客户感兴趣的点上，这才使得她有了进一步推销产品的可能。

杭州有家足疗店，生意做得很不错。究其原因，主要是老板有一套独特的经营秘诀：每月都买回各种报纸、杂志，规定店员每天早晨开始工作前，必须阅读这些报纸和杂志，从而使员工在为顾客服务的时候有话可聊，并且这些新鲜的谈资很容易赢得顾客的欢心。

在推销的过程中，找准顾客关心或熟悉的话题，可以为双方找到合适的谈资，进而可以促进双方关系的加深，最后，推销就成了水到渠成的事情。

被美国人誉为"销售大王"的霍伊拉先生就很擅长利用顾客感兴趣的话题与其沟通。一次，他听说梅依百货公司有一宗很大的广告生意，便决定将这笔生意揽到自己手中。为此，他特意通过各种渠道探知了该公司负责人的喜好和专长——驾驶飞机。

获得这个重磅消息之后，霍伊拉与该负责人见面了。双方互做介绍之后，霍伊拉紧接着问道："听说您会驾驶飞机。您是在哪儿学会的？"一句话引发了对方的兴致。他谈兴大发，扬扬得意地介绍了自己学习驾驶飞机的经历。最后，两人越谈越投机，霍伊拉不仅得到了广告代理权，还荣幸地乘了一回该负责人亲自驾驶的飞机。

总而言之，销售员要想和顾客套近乎，就不要说无关紧要的废话。聪明的销售员懂得站在顾客的角度，照顾对方和其家人的感受，从而使其产生一种被真诚照顾的感觉。而一些业绩平庸的推销员并没有这种意识，只是把推销单纯地看作推销产品。

针对这个观点，以下是一些相关的可供参考的方法：

1. 介绍靠近法

介绍靠近法，顾名思义，就是通过介绍自己的身份来建立彼此之间的信任感，这样做可以消除顾客的戒心，为进一步推销创造有利条件。

2. 产品靠近法

这个方法的关键点在于让产品说话。如果通过产品自身强大的功能就成功吸引了顾客的关注，那么可以说这次销售就成功了一半。

3. 馈赠靠近法

人们都有占便宜的心理，如果销售员能抓住顾客这一心理特质，然后准备恰当的赠品让其免费体验，相信一定会激发其参与的积极性。

4. 建议靠近法

如果顾客有什么需求还没有得到满足，或者他有什么难题还有待解决，那么不妨抓住时机向他献上具有可行性的建议，这样可以轻松获得顾客的青睐。

其实，拉近与顾客的关系的方法有很多，学以致用，对以后的工作开展肯定大有裨益。

要把话说到顾客的心窝里

在如今这个竞争激烈的社会，销售员能否掌握说话的技巧非常关键。如果你把话说到客户的心窝里，让客户听得明白、听得舒服、听得高兴，那么你的推销就已经成功了一半。

说话是这个世界上最简单的一件事情，同时也是最难的一件事。如果你掌握了一定的说话技巧，懂得"见风使舵""看人下菜碟儿"，把话说到对方的心坎里，那么一定会给人以如沐春风的感觉，从而使推销水到渠成。

　　但是在现实生活中，很多销售员似乎并不懂得这样的道理，他们张口闭口都是自己的喜好，很少顾及顾客喜欢什么样的内容和表达方式。例如，销售员一见到顾客就开始滔滔不绝地向其介绍自己的产品如何好，使用之后可以带来什么样的美好体验，性价比如何高等。但是很可惜，客户不想听这些，即使你说得再好，也不会起到任何打动人心的作用，反而会把顾客越推越远。所以，销售员一定要懂得一些必要的说话技巧，挑顾客喜欢的话说，用最巧妙的语言，把话说到对方心窝里，为自己顺利开凿一条成功推销的通道。

　　魏霞是一名在校大学生，也是兼职的化妆品推销员，有一次，为了推销化妆品，她来到了一个女生的寝室。

　　"抱歉，我们的化妆品有很多，暂时用不到，等我们有需要了再找你，好吧？"寝室的女生们看看她，然后客气地拒绝了。

　　魏霞被拒绝后，正打算离开。然而就在转身的一瞬间，突然发现门口挂着一件很漂亮的衣服，这时魏霞立刻计上心头，便话锋一转说道："这件衣服是谁的？真好看！"

　　这时，有个小女生笑着说："是我的！"

　　"你的这件衣服看上去很高端，也很漂亮啊！"

　　女生们看见魏霞把话题引向了衣服，纷纷来了兴致。有个高个子女生抢着答道："噢，这是她妈妈今年去巴黎旅游时买回来的，这个款式目前在国内还没有呢！"

　　"那这件衣服一定很贵吧。"

　　"是啊，还真花了不少钱呢！"

　　魏霞附和道："对啊，这么高档的衣服一般人是买不起的。"

　　那个小女生见魏霞这么说，自然很高兴，她眉飞色舞地谈论起了自己的衣服，魏霞不失时机地说："是的，同样的道理，我手中的这种化妆品不是便宜货，价格确实贵了一点儿，但它的质量很好。所以，像你这么漂亮的女生，穿那么高端的衣服，肯定不能使用劣质的化妆品。你的皮肤状态这么好，一定要保护好自己的皮肤，这种好品牌的化妆品才能给你的皮肤更好的呵护！"

这段话说得那个小女生心花怒放。为了不失自己的面子，小女生也只好"高高兴兴"地买下了一套化妆品。

推销很大程度上考验的是销售员的说话技巧。销售员若是能掌握一定的说话技巧，面对不同的客户选用最得体、最恰当的语言来准确地传递信息、表情达意，力争取得最佳的表达效果，才是真正的能说会道。

老赵在县城开了一家家具店。一天，他的店里走进了一位顾客，这位顾客进来之后，在店里转了一圈，最后把目光锁定在两把办公椅上，他一边打量着椅子，一边询问价格。

"这一把是600元，而那个较大的是250元。"老赵说。

"哦，是吗？可是为什么我觉得这两把椅子的价格应该对调一下呢？"顾客说。

"先生，请您过来，坐在上面比较一下。"老赵说。

按照老赵的要求，顾客依次坐了两把椅子，试完之后，顾客感觉一把偏软，一把偏硬，不过坐起来都挺舒服的。

等顾客试坐完两把椅子后，老赵接着说："250元的这把椅子坐起来较软，觉得非常舒服，而600元的椅子柔软度就没那么好了。您一定好奇，为什么越硬的椅子反而越贵呢？这是因为600元的椅子弹簧数较多，绝对不会因变形而影响到坐姿。不良的坐姿会让人的脊椎骨侧弯，从而引起腰部不适。另外，这把椅子的旋转支架也很给力，它是由纯钢打造的，不会因为长期的旋转或过重的体重而磨损、松脱。因此，这把椅子的平均使用年限要比那把长一倍。

"此外，这把椅子虽然看起来样式比较简单，但是它的设计却很用心，因为它是根据人体科学设计而成的，所以坐久了也不会感到疲倦。对一个长期坐在椅子上办公的人来说，选择一把好的椅子非常关键。这把看起来并不奢华的椅子，其实实用价值会更高一些，所以我觉得它很适合你。老实说，那把 250 元的椅子中看不中用，是卖给那些喜欢便宜货的客户的。"

"你说的很有道理。健康是无价的，我觉得为了保护自己的脊椎，买个贵一点儿的椅子也很值得。"客户听了老赵的说明后说道。

语言是人与人之间进行交流的最重要的工具，人们通过语言进行情感和思想的交流。语言作为一种媒介，会使人们产生不同的心理反应，一句话如果说对，就能够赢得客户的信任，但如果说错，就可能使推销员失去一笔生意。因此，话不能随便说，应该经过仔细的思考、精心的琢磨。

某上市公司举办了一场盛大的新产品展销会。为了赢得更多的客户，使自己的商品深入人心，该公司特地精挑细选了 20 多名推销精英进行现场推销。这 20 多名推销精英个个口齿伶俐、能言善道，特别善于和客户沟通，能够让客户开开心心地购买自己的产品。

他们有的在台上以极为专业的术语向客户详细地介绍产品的原材料、配方、使用方法等，有的专门回答客户的各种疑问，反应既快又准，对客户的问题对答如流，态度彬彬有礼，语言风趣幽默，很快就吸引了很多客户前来订货。

忽然，有一位客户问："你们的产品真的像广告上说的那么好吗？"

一位年轻的推销员马上满面笑容地回答道："您试过以后的感觉会比广告上说的还要好。您为什么不试试呢？"

客户不放心地问："如果买回去，用过以后感觉不好怎么办？"

另一位推销员笑着说："我们会真诚地等待您的反馈。"

因为有这些优秀的推销员在现场进行推销并及时解决客户的疑问，这次新产品展销会空前火爆，不仅产品的销量大大超出预计，而且产品的知名度也得到了很大程度的提高。后来，在公司的庆功大会上，公司总经理特地感谢和表彰了那 20 多名推销精英，说如果没有他们的参与，公司的新产品展销会是无法取得如此巨大的成功的。最后，总经理要求其他推销员向他们学习说话的技巧，提高自身的推销技巧。

如果不能够打开客户的心扉，说再多也是白说；而对客户胃口的话，说一句就能顶十句。很多推销新手在向客户推销时，总是喜欢单刀直入，迫不及待地向客户灌输"垃圾信息"，想以此来撬开客户的嘴，然而客户却常常冷冷地说"不"。对此，这些推销员常常无计可施。而有经验的推销员则会先寻找和客户的共同话题，一直聊到让客户开心，再趁机提及推销，这样做往往会后发制人。

有一位客户因为自己刚买的汽车出现了问题，便十分生气地去找推销员理论。推销员很认真地听客户发完牢骚，对客户的意见表示认同，并说："如果我买到这样的汽车，也会气成您这样的，真是很抱歉。"这样一句贴心、充满理解的话使火冒三丈的客户一下子消了一半火气，由原先的坚持退货变成了更换产品。可见，只要把话说到客户的心窝里，就能够化解问题。

即便与利益相关，推销也应该是温柔的，不要生硬冷漠，这样才能更有效地化解客户的排斥心理。推销员不要总是给客户一种气势汹汹、时刻准备抢客户钱包的感觉，这样势必使客户的心扉锁得更严、更紧。

‖ 第七章　面对面试官，三思而后言

求职时，你的每一句话都需要"小心"

求职关乎一个人的生存，同时它又和其职业发展息息相关，因此求职者在面试的时候一定要注意谈话技巧。

1. 主动打招呼，注意开好头

在见面试官之前，先平复一下自己的心情，然后再轻轻敲门，得到应允之后，推门而入，面带微笑，点点头，然后可以这样说："您好！不好意思，不会打扰您吧？"用这种提问的方式，一是为了礼貌，二是为了引入自我介绍。对方接话之后，你可以这样介绍自己："我是某大学刚毕业的学生，我叫某某。我对贵公司的名气早有所闻，今天慕名而来，希望能成为咱们大家庭中的一分子。"通常这个时候，你会接收到招聘方礼貌的接待，比如，让座、倒茶等，此时你要说"谢谢"并主动迎上去说"我自己来"，而且自己倒茶的时候，不要忘了给别人也添一杯水，这也是对你自身素养的一个小小考验。另外，面对面试官，说话一定要礼貌得体，千万不要一开口就是："你们单位招人吗？"对方给你让座、倒茶你都是被动接受，这样会让别人觉得你呆板、不灵活。

2. 大胆展现你自身的优势，向面试官证明你很行

在谋求职业时，自己的条件可能与用人单位的录用标准有差异，有时甚至大相径庭。例如工作阅历比较少、年龄要求不符、专业不对口等。但你也不要因此灰心，用人单位能否接收你，关键还要看你的自我推销能力。你要做的是从不足中寻找自己的强项，扬长避短，让对方看到你在公司还是有很多发挥空间的。你的价值体现在你的学识、能力、阅历，以及对工作内容的理解上，你的工作作风预示着你未来所扮演的角色，也预示着你能在对方的公司里发挥什么样的作用。换句话说，你的自我推销应该紧紧围绕公司对人才的核心需求展开，这样才能突破对方固有的人才标准的心理防线。这些才是征服用人单位的主要方面。

裔锦声在四川成都的锦江边出生和长大，后到美国留学，获得华盛顿大学的文学博士学位。可是她所学的专业在美国很难求职，她毕业后一直找不到工作。为了生存，她不得不到餐馆打工。

不满足于现状的她，终于有一天鼓起勇气，准备向华尔街的金融行业进发。做了这个决定后，她给著名的舒利文金融市场信息与人才管理咨询公司打电话，但招聘经理米切尔要么在开会，要么出差，根本约不到他的时间。一个礼拜过去了，就连接线员都对她的叨扰不胜其烦了，她还是没有得到面试的机会。有一天，裔锦声忽然灵机一动，她直接拨总机让接线员转接公司总裁。

很快，总裁秘书就帮她转接到了总裁唐纳德的电话上，在接通电话并自我介绍后，裔锦声把准备了一个多星期的话一股脑儿地全讲了出来。她如实告诉唐纳德总裁："我没有商学院的学位，但是有文学博士学位。文学是人学，长期的文学熏陶使我善解人意；在获得博士学位的过程中，我知道怎样发现问题、解决问题。

我经受了很多艰难困苦，它们都没有使我倒下，而是使我变得更加坚强。我相信您可以感受到我的决心和勇气吧?"

后来，她又补充说:"虽然我没有银行工作经验，但恳请公司让我先试试，为我提供一个成功的机会，或者至少让我获得一份除了教书和餐馆打工以外的主流社会的工作经验。您完全不必付给我薪水!"

这半个小时的通话给裔锦声的职业生涯带来了新的转机，很快她就接到招聘经理米切尔的秘书打来的面试邀请电话，最后裔锦声凭借自己锲而不舍的精神进入了华尔街。三年后，她成了行业内享有盛名的人——华尔街排名前三位的猎头公司的副总裁。接着，她又在花旗银行和高盛集团的支持下，在华尔街创立了重心集团。

裔锦声的求职经历可以给我们如下启发:

（1）求职需要强大的决心和勇气。她面对一个完全陌生的行业和公司，竟然能坚持打一个礼拜的电话。找不到招聘经理就直接找总裁，不达目的不罢休。而且她的面试过程中虽然有过阻碍，但她毫不气馁。这种不屈不挠的精神正是求职所需要的。

（2）对于自己的不足坦诚交代，对于自己的优势重点强调。文学和金融是两个风马牛不相及的专业，但是她之所以能拿着文学博士的文凭找到了金融方面的工作，很大一部分原因在于她善于把不利变为有利，从劣势中找到自己的亮点——"文学是人学，长期的文学熏陶使我善解人意;在获得博士学位的过程中，我知道怎样发现问题、解决问题"。

这样的话语很有说服力，这也是总裁被打动的重要原因之一。她接着强调:"我经受了很多艰难困苦，它们都没有使我倒下，而是使我变得更加坚强。"实际上是让对方知道自己也是身经百战依旧能够屹立不倒的勇者，这种不怕挫折、勇于开拓进取的精神对于企业来讲难能可贵。

（3）利用人生价值说服对方。通常来说，求职者多数是本着赚钱去的，但是裔锦声则恰恰相反，她的目的是"为我提供一个成功的机会，或者至少让我获得一份除了教书和餐馆打工以外的主流社会的工作经验。您完全不必付给我薪水"。

这样的人生价值观和求职境界让唐纳德总裁对她刮目相看，从而给了她面试的机会。另外，她突出"教书和餐馆打工"不是为了博得对方的同情，而是要向对方暗示自己虽然有过下层工作的经历，但是依旧对事业有着炽热的追求。总而言之，她的目的就是告诉总裁：我裔锦声既是一个能吃苦耐劳的人，又是一个敢于挑战自我，有着远大目标的人。

裔锦声求职的故事告诉我们，职场上只要你是块真金子，就没有踏不进去的高门槛。

3. 讲究说话的艺术，追求表达创意

口才在求职的过程中发挥着巨大的作用。面对招聘者，你自我推销的说辞一定要生动活泼，富有情趣。你可以讲你的名字、所学专业或者用人单位的特色、见闻等，只要是能扣紧话题的事，都可以试着讲一讲。若是你的特长和能力能以一种充满创意的方式表述出来，那么用人单位可能会对你产生浓厚的兴趣，增加你被录用的筹码。当然，这样的创意一定要灵活自然、恰到好处，如果牵强附会，就会大大增加失败的概率。另外，为了保证面试时能正常发挥，你最好事先做好万全的准备。

请记住，无论如何，语言技巧都是不可忽视的。

有一天，一家化妆品公司迎来一位面试求职者，这位求职者是中文专业毕业，名字叫聂品，她应聘的职位是销售经理助理。虽然专业不对口，用人单位不满意，但她的"自我推销"很有新意：

"我叫聂品，三只耳朵三张口，就是没有三个头。"面试官一听她这样说，来了兴致，微笑着示意她继续讲下去。她接着说："从事营销工作，重要的是具备收集信息的能力和良好的沟通能力。假如我有幸成为贵公司的一员，那么我一定好好用'三只耳朵'接受各方信息，用'三张嘴巴'即伶牙俐齿说服客户，靠能言善辩与客户谈判……"

聂品这独具创意的自我介绍很快赢得了招聘者的认可。招聘者觉得她是一个反应机敏、能说会道的人，而这正是他们公司渴求的人才，便破格录用了她。

4. 随机应变，懂得寻找新的突破口

在面试中碰壁是一件很稀松平常的事情，这个时候如果你能另辟蹊径，也许可以让自己"转危为安"。当然，在此过程中，有个条件是很重要的：你能在与对方的交谈中得到潜在的人才需求信息。换句话说，在求职的过程中，你需要收集招聘者透露出的所有信息，寻找另外一些适合你的岗位，以此来获得再次推销自己的机会，如果理由充足，对方重新考虑录用你是完全可能的。善于应变，有勇气、有胆量，就能找到新的机会。

中文系毕业的师范生小张，去一所实验中学应聘教师。浏览完小张的简历之后，教务处的人对他甚为满意，因为他曾经在大学里担任学生会主席，成绩很不错，多次获得奖学金。教务主任对他说："从你的简历看，你很优秀，但可惜的是，我们现在不招语文老师，所以希望以后有机会咱们再合作。"虽然肯定了他的优秀，但因专业不对口，拒绝了他。

小张遭到拒绝后，并没有就此放弃，而是主动和教务主任谈起了师资配置的问题。在交谈中得知学校正缺英文老师，于是小张提出自己在英语方面也有所长，愿意改教英语。教务主任让他找主管人事的副校长谈谈。

于是，小张又找到人事副校长，副校长以同样的理由拒绝了他。但小张仍然坚持为自己争取："一直以来，英语是我非常热爱和擅长的一门学科，这一点从我大学的成绩表中就可以看出来。另外，在大学里，我还取得了英语四六级的证书，所以在专业知识方面没有任何问题。当然，除了具备专业的知识素养，我还有一定的英语教学经验，支教时，我担任过初二学生的英语老师，所以我相信自己能胜任这一职位。另外，需要的话我还可以兼任语文老师。您只聘一名老师，却能教两门课，不是很划算吗？"

后来副校长被他的话打动了，就给了他一个试讲的机会，最后小张如愿通过了面试。

5. 结束谈话要做两件事

求职面试不是一场持久战，在此过程中，如果用人单位有意录取你，你就该适可而止，不可过分表现自己，这样也可以证明你是一个果断和讲究效率的人。你要选择机会向对方告辞，临走时，你可以这样说："谢谢您给我这个面试机会，多有打扰了！您忙吧！"如果你感觉面试很失败，也应当大度而有礼貌地离开，这既是一种修养，又能给对方留下一个好的印象，这样你的"复活"概率就大大增加了。另外，辞别面试官的时候一定要留下自己的联系方式，并记下对方的联系方式。在迈出对方办公室门槛的时候要回一下头，说声"再见"，然后从容地离开。

小心面试官的语言陷阱

有人把面试比作相亲，这不无道理。对求职者来说，希望碰到一个赏识自己的老板；而对用人单位来说，他们则希望招聘到品学兼优的合作伙伴。互不认识的双方在相见时，都会把糟糕的地方藏起来，尽力展现自身的优势，以此来博得对方的好感和认可。因此，面试双方玩的是一场智力游戏。面试官为避免"选错郎"，会在语言方面设置各种陷阱，以此来测试求职者的性格、能力、抗压性等是否符合公司的要求。作为求职者，要想成功避开这些陷阱，首先必须识破它。

1. 用"激将法"遮蔽的语言陷阱

激将法是面试官惯用的手法，他们往往借助这种手法过滤一些心理素质不是很好的求职者。面试官在使用这种方法时，往往在提问之前就会用怀疑、尖锐、咄咄逼人的眼神逼视对方，先摧毁应聘者的心理建设，紧接着他们会用一个很刺耳的问题继续攻击对方。如："你的经历太单纯，而我们需要的是社会经验丰富的人。""你的性格过于内向，恐怕不适合我们这个职业。""我们需要名校毕业的高端人才，而你不符合我们的要求。""你所学的知识和我们的岗位不是很匹配！"面对这种咄咄逼人的发问，作为应聘者，首先要做到的就是无论面试官怎么说，你都要保持冷静。如果抵挡不了这种攻势，表现慌乱，那就大大增加了面试失败的可能性。

那么，面对这样的发问，如何接招呢？如果对方说"你的经历太单纯，而我们需要的是社会经验丰富的人"，你可以微笑着回答："我坚信如果我成为贵公司的一员，很快就能积累到丰富的社会经验，对此我表示非常期待。"如果对方说"你的性格过于内向，恐怕不适合我们这个职业"，你可以微笑着回答："如果辩证地看待这个问题，我们会发现内向的人一般都比较沉稳，做事全神贯注，不容易被外界影响。另外，内向的人善于倾听，能吸收到更多来自他人的精彩想法。"如果对方说"我们需要名校毕业的高端人才，而你不符合我们的要求"，你可以幽默地说："听说比尔·盖茨也不是从哈佛大学毕业的。"如果对方说"你所学的知识和我们的岗位不是很匹配"，你可以这样回答他："据说，当代社会，最抢手的就是复合型人才，而外行的灵感也许会具有突破性，因为他们没有思维定势，没有条条框框。"如果对方说"你原来就职的公司条件也不错，而你却选择辞职，是不是觉得在那儿混不下去只好挪个窝儿"，此时，应聘者若结结巴巴、无言以对，抑或怒形于色、据理力争，那势必会中计。聪明的求职者看得清真相，打得了太极，也能头脑冷静地与面试官巧妙周旋。

2. 挑战式的语言陷阱

这类提问专门戳求职者的软肋。对于刚刚毕业的大学生，面试官会问："你的相关工作经验比较欠缺，你怎么看?"对于女大学生，面试官也许会问："女性常常会对自己的能力缺乏自信，你怎么看?"

此时，如果你直接给出否定的答案，未免显得有些生硬、简单，这并不是面试官希望看到的。对于这样的问题，你可以用"这样的说法未必全对""这样的看法值得探讨""这样的说法有一定的道理，但我觉得……"为开场白，接着你可以有理有据地阐释自己的观点和看法。面试官有时还会哪壶不开偏提哪壶，提出让求职者尴尬的问题，如"你的学习成绩并不突出，这是为什么?""从目前来看，你并没有从事过和管理相关的工作，这样会不会无法胜任我们的这份工作呢?"等等。碰到这样的问题，有的求职者常常会不由自主地摆出防御姿态，甚至狠狠地反击对方，这样做会给面试官留下一个过度自信、刚愎自用的印象。通常，理智的回答应该是这样的：既不掩饰回避，也不要太直截了当，而是用明谈缺点、实论优点的方式巧妙地绕过去。

比如说，面试官质疑你的学习成绩不好时，你可以坦率地认同他的这个观点，接着你可以以分析原因的方式引出你另外的优点。如："在校期间我的学习成绩之所以不是很优秀，是因为我在校期间曾担任过××品牌的校园代理，为此我投入了很多的精力和时间。虽然校园代理让我成长了很多，但是学习成绩不太理想，这是不争的事实，对此我深表遗憾。"

3. 诱导式的语言陷阱

所谓诱导式提问就是面试官事先设置了一个特定的背景条件让求职者作答，不过任何一种回答都不能让对方满意。这时候，你就需要用模糊的语言来回答。如："依你现在的能力，恐怕最佳的选择未必是我们公司吧?"如果你回答"对"，那么你就有了"一仆侍二主"的嫌疑。如果你回答"不是"，又会说明你对自己缺少自信或者你的能力有问题。回答这类问题可以这样说："这个问题不能一概而论，也许我还能找到更好的公司去发展，但别的企业或许在人才培养方面不如贵公司重视，机会也不如贵公司多，但我想，珍惜已有的最为重要。"这样的回答虽然还是没有给面试官一个明确的答案，但是其中表述的观念已经赢得了面试官的好感。

　　另外，还有一种诱导的表现方式，那就是单项选择。不管你怎么选，还是避免不了入坑的可能。比如说，对方问："你认为金钱、名誉和事业哪个重要？"对刚毕业的大学生来说，无论哪一项都非常重要。如果你在反复纠结之后，任选其一，那你就掉入面试官设好的陷阱了。其实你仔细分析，会发现这三者并不是相互矛盾的，因此可以确定这个前提条件是不存在的，明白了这一点后，你可以向面试官解释三者对自己的重要性及其统一性。你可以这样组织语言："我觉得金钱、名誉和事业并不是矛盾对立的，而是和谐统一的。作为一名刚刚迈入社会的大学生，追求事业的成功当然是自己人生的主旋律。而社会对我们事业的肯定方式也多种多样，有的时候会以金钱的方式回报我们，有的时候会以名誉的方式回报我们，有的时候我们还会名利双收。因此，我认为，我们应该在追求事业的过程中去获取金钱和名誉，三者对我们都很重要。"

　　4. "引君入瓮"式的语言陷阱

　　比如，你前去应聘一个医院的医生，也许会被问到这样的问题："如果医院对医生收红包的行为默许，那么面对患者塞过来的红包，你应该怎么做才能保证不被别人发现？"如果你当场抓耳挠腮地思考私藏红包的计谋，或文思泉涌，立即列出一大堆收红包的方案，那么你就大错特错了。因为这个时候面试官是在利用这个问题考验你的职业道德，如果你顺着他的思路作答，那就正好落入陷阱。要记住，不管任何时候，遵纪守法是员工最基本的行为要求。比如，你正有意辞职换个新的工作环境，面试官问你："你们公司是不是只要求加班，不给工资，要不然，你为什么会选择跳槽?"也许他的猜测正是你跳槽的原因,即使是这样,你也要保持冷静,不能顺着他的意思往下说。若你把满腔的怨愤倾泻而出,那你就完了,因为这样不但显得你斤斤计较,还暴露了你没有一点儿吃苦耐劳的精神。

总而言之,在面试的过程中,处处是机关,一不小心就有可能掉入面试官设好的陷阱,作为求职者,一定要事先了解面试官的这些语言陷阱,然后想好应对套路,这样才能成功获得工作的机会。

第二篇

让语言生花，三言两语惊艳四座

第八章　美化语言，锦上添花

赞美的话，动不动听要看怎么说

　　赞美的话语就像火炬一样，照亮别人生活的同时，也照亮了自己的心田。赞美不仅可以巩固友谊，促进友谊的发展，还能消除人和人之间的怨恨，让人与人之间的相处更为融洽。

　　赞美别人，就是在赞美自己。

　　有一次，小林去参加市里举行的"谈论人生"演讲比赛。一个高位截瘫的青年讲完以后，坐在小林旁边的一位老年人深深呼出一口气，转过头来高兴地对小林不住地称赞道："真好，真好！这才是演讲，这才是人生啊！"事实上，小林跟他并不熟，他也不知道小林就是下一位演讲者。

　　的确，那位青年的演讲风格朴实无华，以真情打动了人心；而小林却想着自己的演讲，何况，他也是小林的一个"对手"吧。虽然小林也觉得他的演讲出色，却并未认真倾听，只是以一种旁观者的态度来看待。老年人诚挚和充满感情的赞美，立即使小林惭愧起来。

　　当小林开始演讲时，他首先赞美了那位坐轮椅的青年，或者说是"对手"。在小林演讲期间，全场静默无声，演讲也收到了很好的效果。就在小林结束演讲走向座位时，他看到那位老年人正兴奋地为自己喝彩。

我们可能很少主动赞美别人，不过对于那些志同道合、值得敬佩的人却会由衷地表示称赞，而我们自己也会感到无比愉快。因为赞美不是谄媚与逢迎，是发自内心的真情流露。

事实上，赞美的话重在诚挚、自然，而不是应酬，更不是奉承。适当地赞美别人，有时能影响别人一生。赞美的力量、鼓励的火花，可让人的生命有奇迹般的改变。

某公司的领导每年都会出资举办员工旅游活动，但突然有一年停办了，因为他的付出得不到员工的一句感谢。有一位母亲生气地把稻草丢在饭桌上说："我为家人煮了一辈子的饭菜，却没有一个人表示感谢和赞美，这跟让你们吃稻草有什么区别！"有句话说得好："百分之七十的创意是被冷言冷语抹杀掉的。"通过这些例子我们可以看出，生活离不开赞美，这也说明了赞美的话何其重要。

懒散的学生成为大文学家离不开赞美，内向的学生成为演说家离不开赞美，孩子未来成就大业离不开赞美……人生如果没有赞美，就等于没有前进的动力。

俗话说：若要佛法兴，除非僧赞僧。一位大师说：赞美如阳光，能将温暖散播十方；赞美的语言像香水，小小一滴，就能弥漫四周。赞美要触动人的心灵。赞美别人是一种择善而从的行为，是对自己的一种激励。赞美是世界上最动听的话语，是人际交往最好的润滑剂。人世间最实惠的礼物便是赞美，多赞美别人、欣赏别人，社会自然会祥和。能用开阔的心去赞美人，人生就会变得更加美丽，生活就会变得更加愉快。

虽然赞美是一件好事，但实行起来并不容易。赞美别人时若是把握不对时机，使用的技巧不恰当，那么，即使你是真诚的，也会变好事为坏事。所以，在开口赞美前我们一定要三思。这就要求我们做到以下几点：

1. 赞美要情真意切

谁都喜欢别人的赞美，但并不是所有的赞美都能使人愉快，只有那些真实的、自然的赞美，才能赢得别人的好感。相反，你若无根无据、虚情假意地赞美别人，对方不但会感到莫名其妙，而且会认为你为人虚伪、油腔滑调。举个例子，你遇见一个相貌普通的姑娘，为了赢得对方的好感，于是对她说："你真是美极了。"对方马上就会认定你所说的是虚伪至极的违心之言。但是如果你从她的衣着、言谈和举止入手，针对她这些方面的超群之处予以称赞，她准会愉快地接受。真诚的赞美不仅会使被赞美者产生心理上的愉悦，还可以使赞美者常常发现别人的优点，从而对自己的人生保持积极乐观的心态。

2. 赞美要因人而异

每个人的素质不同，年龄也不相一致，所以赞美时要做到因人而异、突出特点，这样有针对性的赞美比普通的赞美能收到更好的效果。虽说"好汉不提当年勇"，但对某些老年人而言，他们却不这样认为，他们希望别人能够牢记自己"当年"的成就和风采，所以和他们交谈时，要多称赞让他们为之骄傲的过去；对年轻人，不妨语气稍微夸张地赞扬他们的创造才能以及他们的开拓精神，并引用事实证明他们确实前途光明；对于商人，可以赞赏他们思维敏捷，经商有道；对于知识分子，可称赞他知识渊博……当然，所有的赞美都是以事实为基础的，不能脱离实际，更不能一味逢迎。

3. 赞美要适可而止

赞美的时候要严格把握一个度，见机行事、适可而止，真正做到"美酒饮至微醉后，好花看到半开时"。

如果赞美不到位，没有恰到好处，结果就会适得其反。

4. 赞美要适时

对于一些自卑或者遭遇挫折的人来说，赞美的话语是很难听到的，而一旦有人当众对他们表示真诚的赞美，他们就有可能振作精神而大展宏图。所以，最有实效的赞美不是"锦上添花"，而是"雪中送炭"。

5. 话语要具体翔实

赞美他人时，话语一定要具体翔实，让对方感受到你是真挚、亲切和可信的，这样你们之间的距离就会越来越近。假如你只是用一些空泛、漂浮的话语模糊地赞美对方，如"你做得不错""你是一位好老师"等，势必会引起对方的猜疑，导致误解，造成信任危机。

6. 学会背后赞美

当你希望与之亲近的人站在你面前时，你赞美说："你真棒！太了不起了！"虽然也是夸奖的话，但因为别人也说过很多次，效果就显得不太理想。赞美的言辞，在对方背后说出来效果更好。

比如说，另外一个部门的某位员工工作很出色，你很佩服他，你就可以跟他的同事说："××先生工作真优秀！"这种评语就会以另一种方式传回他耳中——"某某对你的工作表现赞赏不绝呢"。相同的话自己听到和从他人那里间接获悉，想必后者更让人高兴吧。毕竟，间接听来的赞美，意味着别人也知道自己受到赞美了。单就这一点来说，不仅能使人觉得自己的能力受到了极高的评价，而且足以说明赞美的人是真诚地佩服自己。

甜言蜜语，给爱情加温

人们总是说，情人之间的话其实是最不值钱的，也是最没有价值的。不管是一见钟情的少男少女，还是一起共度了几十年的老夫老妻，肉麻的情话总是重复着说、重复着讲。每当听到爱人说"我爱你"的时候，总是会激起万般柔情、千种甜蜜。

恋爱总是跟交谈相连接的，这是经验之谈，对于那些初次见面的男女来说更是如此。已婚夫妇之间更是需要交谈，虽然说感情上的交流有很多方式，可是语言上的交流是任何时候也没法被淘汰的。

张丫结婚没有几年就跟丈夫分居了。她对朋友说："他这个人肯定有问题。每天回到家里总是很少跟我沟通，吃完饭就马上躺在沙发上看电视，然后什么也不干，直到深夜。看完最后一个电视节目才上床睡觉，也不问我是不是劳累，一句情话也没有，仿佛所有的情话在结婚之前就说完了，真的让人很难接受。"

张丫需要的并不是什么奢侈品，只是受不了丈夫那种木讷。

亲切的语言对于恋爱中的男女是必需的。尤其是在进餐或者是放松的时候的亲切交谈，这就是"情感增效剂"。

王朔与柯娜已经结婚几年了，他曾经羞于向妻子表达自己满腔的爱。"某一天晚上，我深深地吸了一口气，然后不断地跟她倾诉对她的柔情，对她的爱慕之情。我跟她说，对我而言，这个世界上最不平凡的女子就是你。我说的这些热情洋溢的话让她很是激动，这些也让我感到很开心。现在，只要有机会我就会向她表露我的心意，每次都会收到不一样的效果。"

但是，这些话应该怎么说出口呢？怎样说才不会让自己觉得做作，让对方觉得肉麻呢？"闷热的时候，有一股穿堂风吹过，那么你会说些什么呢？你会脱口而出：'太凉快了！'或'真爽！'不用多想，也没有必要长篇大论，爱的语言就是如此。假如你正和爱人一起待在家里，你觉得能和她这样待着真的很幸福，那你就对她说：'和你在一起我真的很幸福。'"

大家所熟悉的大文豪马克·吐温经常会把写有"我爱你""我非常喜欢你"的小纸条压在花瓶、盘子下面，给妻子一份意外的惊喜。这样的习惯伴随了他们一生。可见，甜言蜜语并不是多此一举，而是增进恋人之间感情的一种良好途径。

把话说得有趣一些，笑声也会多一些

当遇到毁约的尴尬时，遇到生活中人际往来的困局时，遇到低头求人办事的难堪时，遇到伴侣吵闹，情人、恋人的不悦与拒绝时，遇到熟人、朋友的刁难时，遇到上级领导的批评与指责时……我们该怎么办？是坐以待毙、伤春悲秋，还是虚与委蛇、巧言令色？很简单，此时你若能想到一种快乐的法宝——幽默，它定会在你的生活中荡起快活的涟漪。

幽默往往伴着笑出场。一个幽默的人，一定会将笑带给所有遇到的人。能给人带去笑声的人，自然是十分受欢迎的人，也是办事最容易成功的人。那么，我们要如何让自己口吐幽默风趣的话呢？

1. 浮想联翩

一般懂得幽默的人善于发现幽默，即使是一件很容易让人忽略的事，他们也能发现其中滑稽可笑的成分。而一般人就缺少这种眼光，区别就在于你没有幽默思维，不擅长远近联想。

看了下面这两则故事，你就会明白我讲的是什么意思。

杜罗夫是俄罗斯一位著名的丑角。他在演出幕间休息的时候，一位观众傲慢地走到他的身边，讥讽地问道："丑角先生，你非常受观众欢迎吧？"

"还好。"

"我觉得丑角一定有一张丑陋并且愚昧的脸蛋，才能在马戏班中受到欢迎吧？"

"确实如此。"杜罗夫回答说，"如果我能生一张像先生您那样的脸蛋的话，估计我的工资会翻倍。"

事实上，杜罗夫的工资是否能够翻倍，和眼前傲慢观众的脸蛋没有丝毫联系，但是幽默的杜罗夫却巧妙地把它们牵扯在一起，产生了强烈的幽默感，同时也讽刺了这位傲慢的观众。

盛杰的老板一边用手拍着会议桌，一边满脸躁郁地大吼："你们这次再把事情搞砸了，我就把你们一个个扔进海里喂鲨鱼……"这时，盛杰衣冠楚楚地站起来，转身欲走，老板双眼喷火："你干什么去？"本来是去洗手间的盛杰立马板起脸一本正经地说："学游泳！"同事们听了哈哈大笑，紧张的气氛马上缓和下来，老板也笑了："你这浑小子！你以为我真的忍心把你们扔进海里……"

盛杰在这里用的就是幽默的话术。看似极短时间内的一句接话，其实在脑中有一系列快速的思维活动：你要把我们扔进海里喂鲨鱼，我就顺着你的思路走，被扔进海里难道我们只能等死吗？不，我们可以自己求生，如果我们都会游泳，岂不是就不用怕了？既不用怕淹死，也有一线生机逃出鲨鱼之口，学游泳对逃避这两种危险肯定有用。他的这句话之所以有幽默感，能引得众人大笑，就因为他能在短时间内机智联想。

2. 生编硬造

生编硬造是指在人际交往中，借用一个毫不存在的理由迷惑对方。往往幽默的人会生编硬造出一些理由，迷惑对方甚至让对方相信。生编硬造有两方面的意思：一是完全捏造事实；二是将毫不相关的事实人为联系起来，营造一个假想的关系。

下面通过实例来看看生编硬造是如何产生幽默效果的。

一次，老张头儿在集市上买一个精致的花盆花了六元钱，而邻居家的姑娘却只花了三元钱。老张头儿气不过就去找那个摆摊的小青年理论。

"喂，你刚才卖给姑娘才三元，而卖给我是六元，这是什么道理？"

"老人家有所不知，那个姑娘是我亲戚。"

老张头儿听了，二话不说拿起一条围巾就走。小青年紧追上去："你怎么不付钱就走？"

"我们是亲戚呀，我是那个姑娘的爹，照理你自然要白送我！"

小青年强词夺理，生编硬造，老张头儿抓住时机，如法炮制，两个人以假对假，荒诞幽默。小青年本来是想气走老张头儿，没料到老张头儿以牙还牙，针锋相对，也来了一个生编硬造，也和那个姑娘攀亲戚，甚至编了一个父女关系，其荒诞性发展到极点，可笑之处便淹没了令人恼怒之情。

3. 偷换概念

在辩论界，逻辑上有一个叫作"同一律"的概念，即双方对讨论的同一个概念要取得一致的含义，这是基本的要求。而偷换概念，则是巧妙地移花接木，和原来的含义相反，如此一来也同样能达到幽默的效果。

下面我们还是看一个例子。

一个将军到连队视察，正赶上士兵们吃中午饭。

"你们对饭菜还满意吗?"将军问士兵们。

"报告长官，汤里泥土太多。"一个多嘴的士兵回答。

"挑三拣四！你们参军是为了报效国家而不是来挑剔伙食的!"将军愤怒地大声斥责道，"难道这个道理都不知道?"

"知道!"士兵立马站起来回答，又大声说了一句，"既然是来报国就更不能吃掉国土。"一句话，说得将军登时对这个士兵刮目相看了。

于是，军队里的伙食有了改善。

我们都知道，"泥土"与"国土"意义相去甚远，但士兵却将"泥土"的概念巧妙地偷换成"国土"，达到了改善伙食的目的。

4. 攻其不备

一对年轻夫妻偶尔会浪漫一次，这天，他们来到一家餐厅，丈夫向妻子展示了自己的大方，结果一口气点了满满一桌子菜，太多了，两人没能吃完，只得惋惜地起身离开。这时，善解人意的服务员拿着几个餐盒过来递给这两位，微笑着说道："二位先不要走啊！我们餐厅还要请你们'吃不了兜着走'呢!"这对夫妻忍不住"扑哧"一笑，感激地接过餐盒装下剩余的菜肴。

一般情况下，"吃不了兜着走"含有威胁的意味，是"吃不消"的意思，不过这句话却在服务员的口中变成了"将吃不下的菜肴装进餐盒带走"的意思，服务员根据当时的环境说的这句话，变成了风趣、幽默且充满友好和温暖的提醒，出人意料，却取得了很好的效果。

相信语言的魔力，营造欢乐的气氛

巧妙且机智的语言无论是在缓解尴尬气氛方面，还是在劝慰别人方面，都有非常大的效用。

1. 夸张的赞美

人际交往中，同别人见面总要寒暄一番，抑或是彼此介绍身边的朋友，这往往是活跃气氛的绝佳机会。借此把每个人的才能、成就、天赋、特长等做一些渲染，这可使朋友们感到你非常了解他，并且仰慕佩服他。你用语言将你的朋友推荐给其他人，对方是不会去深究你所说的真实性的，但你却突出了朋友的特长和优点。这种把人抬得极高但没有奉承之感的介绍，会让你的朋友非常满意，新认识到朋友的人也会很开心，整个谈话氛围自然就会活跃起来。

2. 有魅力的恶作剧

在和朋友交谈时，适当地、有分寸地善意调侃一下对方不是坏事，反而让双方增进了感情，同时享受到不受束缚的自由和解除规则的轻松，也是极为惬意的乐事。恶作剧有着出人意料的效果。大家在说话人制造的欢乐氛围中大笑时，也会不由自主地佩服这位欢乐制造者的乐观与幽默。

小军的朋友邀请他去参加婚礼，可是婚礼当天天气不好，小雨从早到晚淅淅沥沥地下个不停，等赶到朋友家时，小军衣服上溅满了星星点点的泥水。当一对新人向小军敬酒时，朋友看到小军满身的泥水，歉疚地对小军说："小军辛苦了，让你雨天出行，这全怪我，是我没有选好日子。"

小军赶紧举杯，接话道："自古人生有四大喜事：'久旱逢甘霖，他乡遇故知，洞房花烛夜，金榜题名时。'如今你们这对新人一下子就赶上了两件喜事，真可谓双喜临门呀！"一句话说得满堂喝彩。

3. 寓庄于谐

我们与人交往要注意保持庄重，但是如果一直这样，谈话气氛就会变得紧张。寓庄于谐的交谈方式比较自由，可以用在多种场合中，并且能够活跃聊天气氛。

4. 适当贬抑自己

一般老练而自信的人会采用自我解嘲、自我贬抑的方式，这无疑是一个非常高明的战术。贬抑会收到欲扬先抑、欲擒故纵的效果，众人将在哄笑声中把你抬得更高。自我贬抑会令人觉得你谦虚幽默，既能收到活跃气氛的效果，又能获得对方的好感。

5. 不妨戏谑一下对方

不可否认，举案齐眉的夫妻不一定过得舒心，而整天鸡飞狗跳、吵吵闹闹的夫妻可能感情更深。朋友间也是如此，若心无芥蒂、毫无隔阂，开句玩笑，贬低一番对方，互相调侃几句，不但不是坏事，反而显得与朋友之间关系亲密。诙谐、戏谑中的"君子风度"，最能活跃气氛。

自然，想要达到理想的社交效果，绝对不能舍本逐末，除了形式要对，最重要的还在于内容的新颖、别致。内容本身充满活力，气氛才会活泼、欢快。

小丽最近体重直线上升，为此非常苦恼。一天，她对小琴抱怨道："看我肚子上的赘肉，真是越来越胖了。""你不算太胖，看起来很健康。"小琴安慰道。小丽接着说道："我这还不算胖呢，马上就到一百五十斤了，发愁啊。""我看你称体重时肯定是在锻炼身体，手里正拿着两个哑铃吧？"小琴一席话把小丽逗得前仰后合。

人际交往中，谁都希望处在令人欢乐的气氛中，此时，那个能够营造欢乐气氛的人则更受欢迎。以上方法可帮助你成为社交场上的活跃人物。

尴尬也没事，自嘲来救场

试问，在社交场合中，如果你遇到了尴尬的事情，该怎么办呢？

最有效的办法当然就是借助自嘲摆脱尴尬。

一次酒会上，服务员倒酒时，不慎将啤酒洒到一位宾客那光亮的秃头上。

周围顿时静得出奇，服务员感觉天都要塌下来了，周围人都紧紧盯着这边的状况，害怕这位宾客闹起来，一时都不知道该怎么圆场。

然而众人担心的事情并没有发生，这位宾客笑着说："先生，你是要告诉我你家的酒还有育发的效用吗？"

在场的人闻言大笑，尴尬的局面立即被化解了。

这种尴尬的事情发生在这位宾客身上，他非但没有恼羞成怒，反倒用自嘲的方法化解了尴尬，既体现了大度的胸怀，又融洽了气氛。

一次，某大学中文系邀请当代诗人莫非来参加学术讲座。莫非来得比较早，讲座开始之前，他和学生们聊天，气氛非常好。

只是，讲座开始后，莫非谈到自己的诗作时，才想起来自己的诗稿放在了后排的学生座位上，于是他便走下讲台去拿诗稿。

讲座的台子有一定高度，设了几级阶梯，莫非拿到诗稿之后一边讲话一边上台阶，一不留神被脚下的台阶绊了一下，他想极力稳住，可是没有成功，一个趔趄摔在台阶上。

台下的同学们偷偷笑了起来。

不过莫非没有因此尴尬失态，他重新站起来，从容面向众人，手指着脚下的台阶说道："你们看，在生活中上一个台阶是多么不容易呀！作诗也是这样！"

莫非说完，大家纷纷鼓掌表示佩服。

见状，莫非微微一笑，继续道："一次跌倒了不要紧，爬起来，继续努力！"说完，他回到讲台，继续之前的话题。

如果莫非不用自嘲的方式化解自己的尴尬，这种情绪势必会对他产生影响，不但会导致讲座效果不好，还会让自己在同学们心中的形象大打折扣。

莫非的自嘲，不但为自己挽回了面子，还给学生留下了幽默机智的印象，可谓一举两得。

自嘲还能融洽气氛，增添情趣。

三个月前刚举行了婚礼，丈夫就要被派往国外，妻子有万般不舍，但是又无可奈何，只和丈夫半开玩笑地说："你到了那花花世界，说不定会看上别的女人呢！"

丈夫闻言，抬手指着自己的脸，笑着说："你看看我这副长相：瓦刀脸、罗圈腿、大眼泡、招风耳，这还不够安全吗？就算我看上人家，人家还看不上我呢！"妻子听完就"扑哧"一下乐了。

丈夫没有一本正经地在妻子面前立下山盟海誓，而是以自嘲的方式表明心意，这样更富有情趣。

自嘲往往具有奇妙的作用。自嘲其实是醉翁之意不在酒，表面上是嘲弄自己，而潜台词却另有韵味。

杜鲁门身为一国总统，深受国民敬重，而有一个人却不把他放在眼里，那就是傲慢的麦克阿瑟将军。有一次，杜鲁门总统会见麦克阿瑟将军。会面中，两人正在就一件军情大事交谈，将军一边说一边拿出了自己的烟斗，装上烟丝，把烟斗叼在嘴里，又拿出火柴，在准备点燃火柴时却停下来，对杜鲁门说："你不介意我抽烟吧？"

麦克阿瑟将军显然已经准备好抽烟了，没有留给杜鲁门总统拒绝的机会，因为如果杜鲁门说"介意"，那就显得粗鲁、霸道和不近人情。

自然，杜鲁门总统对麦克阿瑟这种傲慢的言行感到非常不舒服，并且十分尴尬，他看了麦克阿瑟将军一眼，自嘲道："抽吧，将军。别人喷到我脸上的烟雾，要比喷在任何一个美国人脸上的烟雾都多。"

一句自嘲的话，不仅化解了自己的尴尬，还显示了自己的宽容和大度，让我们不得不敬佩杜鲁门总统。

在生活中，我们可能经常会遇到揭短这种事情，而最令人烦恼的是来自亲人朋友的揭短。这时候你可能会觉得难堪，下不来台。默认吧，心里会觉得窝囊；反驳吧，又显得自己尖锐。那么我们怎样在这种情况下化解尴尬呢？很简单，用幽默的自嘲就能解救自己。

一位学者很有才华，发表了不少作品，美中不足的是学者个子矮了点儿。

一天，学者和妻子去别人家做客，闲聊间妻子拿丈夫的矮个子开玩笑。

这位学者笑眯眯地说："我看还是矮点儿好。我如果不是一米五七，怎么能让我的著作和身高一样高呢？如果不是我身短力小，我们的战斗怎么会让你场场取得胜利呢？如果不是我个子矮，你现在能很优越地在众人面前调侃我吗？"

说完之后，在场的人不禁捧腹大笑。

巧妙地运用自嘲，会有妙趣横生的效果。

此外，用自嘲化解"揭短"带来的尴尬时，还应注意：

1. 尽量不认为他人别有用心

不要对别人的话过于敏感，也许对方揭我们的短，只是无心的一句玩笑，其本意并不是想伤害我们。如果我们对别人的每一句话都琢磨一番，挖空心思地想对方是不是有潜台词、话外音，那无疑是自寻烦恼。

2. 不可反唇相讥

也许你因为你的短处多少留下了一些阴影，听不得别人提起，但是如果真的因为一句话就反唇相讥，尖锐地回敬对方一些难听的话，甚至动手出气，这样无疑会致使良好的关系破裂。你的这种表现不但不能给你挽回面子，还会给人留下气量狭小的印象。

3. 要临危不乱

假如别人随便讲了一句关于你短处的话，你就立刻原地暴走，那只会让别人觉得你心胸狭窄，没有风度。这时你应该泰然自若，暂时把别人"揭短"这件事放在一边，寻找别的话题，用另一件事情代替这个话题，这才是明智的做法。

第九章　锤炼语言，掷地有声

神奇的"字眼"

马克·吐温说："恰当地用字极具威力，每当我们用对了字眼……我们的精神和肉体都会有很大的转变，就在电光石火之间。"

美国一位伟人演讲时说："当我们今天得以享受到充分的自由时，不要忘了《独立宣言》，虽然那没有几句话，却是 200 多年来所给予我们每个人的保障。同样，当我们这些年致力于种族平等时，不要忘了那也是因为某些字眼的组合而激发出来的行动所致。请问谁能忘记美国马丁·路德·金博士打动人心的那一次演讲？他说道：'我有一个梦，期望有一天这个国家能真的站立起来，信守它立国的原则和精神……'"

许多人都知道，人类的历史就是那些具有威力的话所写成的，然而却鲜有人知道，那些伟人所拥有的语言力量也能够在我们的身上找到。

生活中时时选择积极性的字眼，最能振奋我们的情绪；反之，若是选择了消极的字眼，就易使人沮丧，甚至放弃希望。遗憾的是，我们经常不留意所用的字眼，以致错失唾手可得的大好机会。因此，我们务必要认识到遣词的重要性，这做起来并不难，只要你能聪明而用心地选择即可。

我们在跟别人说话时常常用字十分谨慎，然而却不留意自己习惯用的字眼。殊不知我们所用的字眼会深深影响我们的情绪，也会影响别人的感受。因此，如果我们不能好好掌握怎样用字，如果我们按习惯不加选择地用字，很可能就会扭曲所历经的事实。譬如说，当你要形容一项很了不起的成就时，用的字眼是"不错"，那么你就很难有兴奋的感觉。这是因为你用了具有局限性的字眼。一个人若是只拥有有限的词汇，那么他就只能体验有限的情绪。反之，若是他拥有丰富的词汇，那就有如手中握着一个可以调出多种颜色的调色盘，可以尽情去挥洒自己的人生经验。不仅为别人，更是为自己。

在此我们再举一个著名的例子。

这是一个发生于一家卡车服务公司的真实事件——因为改了一个字而大大地提升了他们的工作品质。那家公司的管理层发现他们所送的货物中有万分之六会送错地方，这使得公司每年损失25万美元，为此公司特别聘请了戴明博士去给他们"诊疗"一番。戴明博士通过观察发现这些送错的案子中有56%是因为该公司的司机看错送货契约所致。为了能一劳永逸地消除这样的错误，提高服务品质，戴明博士建议把工人或司机的头衔改为技术员。

一开始，公司觉得戴明博士的建议有些奇怪，难道把职位头衔改一改就能解决问题？难道做这么简单的一件事便可以了？可是没过多久绩效就出现了。当那些司机的头衔改为技术员之后不到30天，先前万分之六的送错率一下子便降到了万分之一以下，也就是说，从此那家公司一年可以节省二十多万美元。

这个例子说明了一个基本的事实，字眼的转换不管是用于个人还是企业都有很好的效果。

言不在多，达意则灵

山不在高，有颠则峰；言不在多，达意则灵。这个世界上直抵人心的话，往往是最质朴简短的。

语言简洁，指的是语言表达要简明扼要，言简意赅，不蔓不枝，不拖泥带水。正如古人说的那样："言简而意丰，言简而意准，言简而意新。"

如果你是一个善于观察生活的人，那么一定会发现那些会说话、会办事的人，往往话不是很多，但每说一句都掷地有声、意义非凡，反而是那些喋喋不休的人最招人烦，他们的话就像懒婆娘的裹脚布一样，又臭又长，没有重点，没有主旨，白白浪费别人的时间。所以如果你想要自己的口才真正得到提升，就必须尽可能地让语言简练起来，最好是在最短的时间内让对方明白你所表达的意思。

在剑桥大学的一次毕业典礼上，数以万计的学生聚集在大礼堂里，耐心地等待着丘吉尔的到来。后来，丘吉尔在随从的陪同下准时到达，并慢慢地走入会场，走向讲台。

但是让人诧异的是，丘吉尔走上讲台，脱了大衣，摘了帽子，盯着大家看了一分钟之后，缓缓地说了一句："永不放弃！"然后就又穿戴整齐地离开了会场。

面对这次演讲，大家先是不知所以、鸦雀无声，随后心领神会、掌声雷动。

这是一次很特别的演讲，也是最精彩的一次演讲。丘吉尔仅仅用了几个字，就将自己要演讲的精髓表达了出来。语言贵精不贵多，丘吉尔就是因为明白这样的道理，所以才会呈现出那样的演讲。

说到关于演讲的话题，就不得不提曾经发生在马克·吐温身上的一件趣事儿。一个星期天，他去教堂，适逢一位慈善家在那里做演讲，演讲的内容主要是慈善家在非洲的苦难生活。当慈善家讲了五分钟后，他马上决定对这件有意义的事情捐助五十美元，但在那之后，慈善家的演讲每超过十分钟，马克·吐温就把自己捐助的善款收回一部分，善款由原来的五十美元变成了二十五美元，再由二十五美元变成了五美元。一个小时后，当慈善家拿起钵子向大家哀求捐助，从马克·吐温面前走过时，马克·吐温反而从钵子里拿走了两美元。慈善家原本可以从马克·吐温那里获得五十美元的捐助，但由于他的絮絮叨叨，最终使自己倒贴了两美元。马克·吐温的做法看起来似乎太不合情理，但细想起来，却是理所当然的。

鲁迅说过："时间就是生命。无端地空耗别人的时间，其实是无异于谋财害命的。"慈善家之所以倒贴就是因为他"谋了马克·吐温的财，害了马克·吐温的命"。

从这个故事里，我们可以吸取一个教训：在五分钟里能说完的事儿，千万不要拖上一个小时，否则说的人累，听的人更累。为了取得双赢的效果，长话短说、言简意赅才是最好的表达方式。

语言也要有"形象"，否则勾不起人们的兴趣

到了礼拜天，在街上能看到很多踱步徘徊的青年男女，他们站在那儿等待着前来约会的对象。这时有两个擦鞋童，正高声叫喊着以招揽顾客。

其中一个说："请您坐下吧，我保证把您的鞋擦得又光又亮。"

另一个却说："约会前，请先擦一下皮鞋吧！"

结果，前一个擦鞋童招呼半天也拉不来一个客人，而后一个擦鞋童则忙得不可开交，找他擦鞋的人络绎不绝。为什么会出现这样的现象呢？

我们看第一个擦鞋童说的话，尽管他的话礼貌、热情，并且附带着质量上的保证，但这并不能勾起人们擦鞋的欲望，因为他推销的侧重点好像是为擦鞋而擦鞋，缺乏形象性，所以大家听到他这样的话，都觉得在黄昏时分浪费钱"买"个"又光又亮"实在是多此一举。

而第二个擦鞋童的话就与此刻青年男女们的心理非常吻合。"月上柳梢头，人约黄昏后"，在这浪漫唯美的约会氛围中，如果自己以干干净净、清清爽爽的形象出现在心爱的人面前，那一定能为自己加分不少吧！所以一句"约会前，请先擦一下皮鞋吧"真是说到了青年男女的心坎上。后一个擦鞋童的聪明之处就在于，他懂得把擦鞋的话题和充满温情爱意的约会糅合在一起，一句"为约会而擦鞋"一下子就抓住了顾客的心，因而大获成功。

形象的用语带有非常强的描述性，可以起到引起谈话对象自

动对话题内容进行想象的作用，从而也使其更能提起兴趣，将聊天继续下去。形象的用语在莎士比亚的戏剧中简直不胜枚举。例如作家们常用的"多此一举"，同样是这个词要表达的意思，在莎士比亚的笔下就会格外不同，请看他的不朽名句："给金子上光，给百合着色，给紫罗兰涂香水。"

此外，观察各民族的谚语不难看出，它们的描述基本上都是形象的事物，如"一石二鸟""树老根多，人老识多""强扭的瓜不甜"等；各种比喻也是如此，"懒得像头猪""像狐狸一般狡猾""像花儿般灿烂"等。此类例子不胜枚举。

法国哲学家阿兰说："语句的抽象总是糟糕的，你的句子里应放满石头、桌子、椅子、动物、男人、女人。"

这句话可以称得上金句，无论是写作、日常交流或是当众演讲，都应该采用这种办法。

聊天讲话如果能让对方眼前浮现出各种各样的形象，听众就会感到轻松、惬意。假如你的语言平平无奇，主题表达不明，这样的聊天勾不起别人的兴趣，恐怕只会让人昏昏欲睡，达不到聊天的效果。

欲擒故纵，诱人就范

欲擒故纵法，先顺着对方的思路肯定对方的想法，然后合乎逻辑地推出荒唐可笑的结论。简而言之，就是设真推假。

银行面试一批笔试合格的考生时，经理和人事部主任发现这批新人里面有不少留长发的男子。为了能使这些留长发的考生都剪成短发，人事部主任在致辞时没有正面提出要求，而是充分发挥了他的幽默才能，仅仅在愉快的氛围中说了几句话就轻轻松松达到了自己的目的。

他是怎么说的呢？

银行人事部主任顶着光秃秃的头，站在众人面前说："那么，在诸位入职之前，我要先说说头发问题，敝人对于头发的长短问题历来持豁达的态度，诸位的头发长度只要在我和经理先生的头发长度之间就可以了。"

话音一落，大家齐齐看向经理，感受到大家的目光，经理微笑着向众人示意，哦，原来他是一头实打实的板寸！

这就是一招欲擒故纵法，人事部主任最直接的目的就是让这批新人全部留短发，但他却不直接说出来，也没有用众人最讨厌的命令口吻，而是故意表现出一种豁达的态度，让人感觉他的态度很和蔼。

表面上，银行"放纵"新人，以"豁达的态度"对待头发长度，实际上，经理和主任的头发的长度就是一个限制，是真正的"擒"。人事部主任用不同的语句表达了同一个概念。

逻辑学常识告诉我们，有时同一个词语在不同的语境中可以表达不同的概念，而有时不同的词语在同一个环境中也可以表达相同的概念。很显然，主任用两句不同的话，其实都是为了一个目的，具有完全相同的含义。

由此可见，使用欲擒故纵法可以达到很好的效果。一方面增强了幽默效力，从而使谈话双方都处在愉悦中，他的要求也更易于为对方所接受。因为心理学理论告诉我们，同一要求采用不同的方式表达，其客观效果是不一样的。另一方面，先放后收，不给对方讨价还价的机会，只能顺着他的想法去办。

诱人就范之法，就是让自己的言行有多种可能的含义，然后诱导对方的注意力在一种含义上固定下来。谈话时悄悄给对方设下陷阱，让对方沉浸在一个错觉中，最后突然向另一种含义上转去。情境发生改变，对方会突然产生失落，于是制造出强烈的戏剧性效果。

一天，老张去拜访自己的朋友老刘。许久不见，两人一直在谈天说地，眼见中午了，到了该吃饭的时候，两人也都饿了，老刘却没有留客用餐的意思。

老张心想："这个老刘，抠门儿病又犯了，他若是留我吃饭，我不一定会留在这里吃；既然不打算留我，我却偏要吃你一顿，而且要吃好的。"他看见老刘养在院子里的鸡，就指着鸡说："老刘啊，你听说过吗？鸡这种家禽是有七德的。"

老刘疑惑地说："从来没听说过七德，只知道鸡有五德：一为文，其貌堂堂；二为武，脚爪尖利；三为勇，敢斗强敌；四为仁，保护同类；五为信，按时报晓。另外两德是什么呢？"老张笑笑说："你若舍得，我就吃得。这不就是另外两德（得）嘛！"

老张的聪明之处就在于用谐音的方法绕了一个圈子，等老刘发现的时候，自己已经愉快地跳进了这个圈子，也明白了老张是想吃他家的鸡。

诱人就范之法的秘诀在于语言圈套。语言之所以成为圈套，是因为同一个发音的词语有不同的词义。听者从这个话题开始的时候就自动认准了一个意思，在关键时刻说话者又突然引到另一个意思。

"鸡有七德"，就是让对方期待"七德"，结果却变成"你若舍得，我就吃得"的"得"。

诱人就范之法的关键在于使对方产生错觉。

罗斯福曾任海军要职。一次，他和一个朋友聊天，朋友左兜右转总围绕着当时海军在加勒比海一个小岛上建立潜艇基地的事情聊，这显然是探听军事机密。

罗斯福表面上不动声色，双眼环视四周，压低声音对朋友问道："你能保守机密吗？"

"肯定能。"朋友立马回答。

"那么，"罗斯福笑笑说，"我也能。"

罗斯福利用"保守机密"的不同指向，在询问朋友的同时，营造了一种只要朋友答应保密就把机密告诉他的错觉。可是待朋友上钩以后，"保守机密"却变成了罗斯福拒绝回答的原因。

可见，诱人就范之法比其他说话方法都要简单。只需要你想一个奇特的点，让对方走进你的圈套，同时不能让对方有丝毫受骗的感受，而按正常的理性思维去推理，你就成功了。

转换语言，随机应变

一家酒店的经理亲自面试三位男性应聘者，并问了一个问题："如果你不小心推开门看到女房客正在淋浴，而她也看见了你，这时你该怎么办？"

第一个人回答："说声'对不起'，然后关门退出。"这种回答虽然做到了快速应对，但是没有称呼，不是一个服务生该有的服务态度，不能使双方摆脱尴尬的境地。

第二个人回答："说声'对不起，小姐'，然后关门退出。"这次虽然有了正确的称呼，却会令房客感到更加窘迫。

第三个人回答："说声'对不起，先生'，然后关门退出。"

最后，经理录用了第三个人。这究竟是什么原因呢？因为他能随机应变地说话，有效化解了尴尬，维护了女房客的体面，异常得体、机智，表现出一个服务生所应该具有的职业素质和应变能力。

巧妙地随机应变有以下五种方法：

1. 示错法

与人交谈时，说错话是不对的，不过，并不是所有情况下说错话都是错的，也有说错话是对的情况，有意地念错字、用错词语，却有神奇的功效，能丰富语言的表现力，使人的谈吐生辉。一位报纸的主办人在一次演讲中提到一个毫无功绩的大恶人时，他说："这个人生平只做了一件有利于国家的事。"观众纷纷窃窃私语，急于知道是何事。他回答："那就是他死了——绝对地死了，很合时宜地死了。"这位主办人说的实在是妙，恶人很合时宜地死了的确有利于国家，在座的人都会意地笑了。

2. 谐音法

巧用谐音法，将平淡无奇的话变得非常神奇，取得出人意料的戏剧性效果。

据说，郑板桥做县令时，惩治了一个号称"地头蛇"的恶棍，将其收押入牢房。恶棍的亲人便赶忙带着酒菜连夜登门求情。在酒席上，与郑板桥是同科进士的恶人的舅舅提出要行个酒令，他拿起一个"清"字骨牌，想了一下吟道："有水念作清，无水也念青，无水添心便念情。"郑板桥立马纠正道："兄弟差矣，无水添心当念情。"进士听了大喜。见状，郑板桥立刻明白过来自己中了计，马上又大声吟道："酒精换心方讲情，此处自古当讲清。老郑身为七品令，不认酒精但认清。"进士见郑板桥态度坚决，只好告辞。先是进士巧用谐音求情，后面郑板桥听出玄机之后，也用了谐音，表明自己"不认求情只认清"，可见他为官一身坦荡、清廉和决不徇私的态度。

3. 点化法

古时候一个才子叫孙山，一年他和一个朋友的儿子一起去考举人。放榜那天，孙山的名字正好在榜单最末。孙山回家以后，这个朋友就问孙山自己的儿子考中了没有。孙山没有直接回答这个问题，而是仿照欧阳修的词《踏莎行》中"平芜尽处是春山，行人更在春山外"这一句，也用两句诗回道："解名尽处是孙山，贤郎更在孙山外。"言外之意即是"你的儿子在最后一名之外，没有考中"。从这以后，人们就把榜上无名称为"名落孙山"。

上面的例子中，孙山就用了"点化"这种说话方法。他巧妙地改造了欧阳修词中的句子，委婉而风趣地表达了自己的意思。

4. 颠倒法

很多时候，用颠倒词序的说话方法，可以增强语意，给谈话对象留下较深刻的印象；用颠倒词序的说话方法，可以改变语意，说出你想表达的意思。小敏刚刚毕业，来到当地一家小学任教，学校为了锻炼她，让她当了班主任。小敏老师认真负责，她清楚班里每个学生的学习状况，也经常会找学生谈话。一次，小敏老师向另外一名有经验的班主任讨教教学方法，她不好意思直接说自己的学生的问题，便说道："孔圣人的教育理念是'不愤不启，不悱不发'，我却发现我的学生'不启不愤，不发不悱'，这该怎么办啊?"对方立即明白了小敏老师的学生自主学习的积极性不高，于是马上给小敏老师讲了自己的一些教学经验。

事实上，颠倒词序的方法用在一定的情况下能更好地表达人们所要表达的内容。关于萧伯纳有一则趣闻。一次，萧伯纳来中国上海访问，不巧的是那几天天气一直阴沉沉的，林语堂陪着萧伯纳在花园里散步时，天放晴了，清凉的阳光照在他们身上。林语堂说："萧伯纳先生，您真是幸运，能见到上海的太阳。"萧伯纳却说："不，是太阳的幸运，可以在上海看见萧伯纳。"

5. 牵连法

其实，恰当地使用牵连法也不失为一个好办法。一位导游带领八位美国游客参观八仙过海风景区，导游边走边讲"八仙过海"的故事，讲完后，一位美国客人问："八仙过海漂到哪里去了?"这个问题在文化差异的背景下很难回答，显然不能说八仙去天上了，然而真实情况也没有人考证过。导游一见眼前的八位美国游客，突然灵机一动，答道："我想，为发展中美两国人民的友谊，八仙跨越太平洋去了美国吧!"美国游客听了，非常高兴。导游的回答巧妙地把眼前的情景、巧合的数字（八仙和八位游客）顺着游客的问话和中美两国人民的友谊自然地结合了起来。

牵连法是一种应急艺术，用好了就能非常讨巧地将人从困境中解救出来，但是必须注意，要"牵"得自然，"连"得巧妙，不能牵强附会，否则会弄巧成拙。

‖第十章 软化语言，绵里藏针

说服之道，就看你怎么"诱"和"导"

有人说过："与他人理论时，你的想法必须得到对方的认可。"为了达到成功说服的目的，我们必须采取一些方法及手段。而诱导，正是在这一过程中必须采用的手段之一。诱导说理时要心平气和，步步引导，耐心商讨，使别人易于接受。如果在说服过程中，说服的一方企图通过强调自己的优点而达到占据上风的目的，对方反而会高筑心防。所以，最有效的方法是先点明自己的缺点和不足，使对方觉得比你优越，再提出相应的论点加以说服，对方才会接受。登山之路，迂回曲折，多绕了一点儿路，却能顺利地到达山顶。以诱导技巧说理，尽管多费一点儿口舌，多动些脑筋，但能使你的说服奏效，所以费点儿心思也是值得的。

诱导技巧的关键在"诱"字，立足在"导"字。要诱得巧妙，导得自然，应做到以下几点：

1. 有目的地诱导

要有明确的说服目的，有的放矢，所有的诱导内容都要紧紧地为总目的服务。

说服的过程是说服者对被说服者攻心的过程，也是被说服者心理渐变的过程。运用"层渐递进"的说服技巧，从理论上讲，符合心理学的基本规律；从实践中看，只要运用得恰当巧妙，就能取得理想的说服效果。

2. 有预料地诱导

在诱导之前要考虑到对方会怎样讲，可能有几种讲法，怎样随机应变，这样才能使自己的诱导不会变成"哑炮"，避免一个人唱独角戏。要使自己的诱导能引出对方的话，开启其思路，就要预先做好打算。

例如，新转入某班的方方同学，做作业马虎、字迹潦草。老师把他叫到办公室，拿出一本字迹工整的作业递给他说："你看这位同学的作业写得怎么样？"方方看了一眼，没说什么。老师又拿出一本字迹潦草、错误较多的作业给他看，并说道："你看这本作业怎么样？"方方看了一眼，说："跟我的作业差不多。""你再看看这两个作业本上的名字。"老师温和地说。这一回，方方疑惑了："都是李林的？"老师抓住时机，耐心地说："较差的一本是李林同学去年的作业，这一本是他现在的作业。你现在的作业和李林同学去年的作业差不多，但这不能说明你永远会是这样。李林同学经过半年的努力，能写出工整漂亮的作业，老师相信你一定会像李林一样，用不了多长时间就能将作业写好。"老师这番话，言此意彼，既维护了学生的自尊，又起到了指出其不足、勉励其进步的目的。

在这里，方方的老师已经预测出他的每一句问话方方会怎样回答，然后他根据方方的回答顺势劝导，所以他的话起到了较好的说服效果。

3. 有诚意地诱导

诚意是我们和别人交谈时必备的素质，同样，要想说服别人，也要带着诚意。诚恳开导，不讽刺，不挖苦，这样才能使得对方心悦诚服。这样做的好处是容许被说服者在接受说服的过程中，通过获得一些全新的知识而得到全新的认识。一个电气公司的推销员去乡下推销电气，他找到一座气派的房子敲了敲门，是一位老太太开的门。她一开门见到是电气公司的推销员，就猛地把门关上。推销员再次叫门，门勉强开了一条缝。推销员说："实在打扰您了，但您先别急着关门，我不是来向您推销的，而是来向您买些鸡蛋。"老太太消除了一些戒备，把门开大了一点儿，并探出头，用怀疑的目光望着推销员。推销员继续说："刚刚路过您家门口，偶然看到您家的明尼克鸡种很漂亮，就想给我太太带一些新鲜的鸡蛋回去。"接着，他又充满诚意地说："我的来航鸡下的蛋是白色的，我太太非常不满意用这种鸡蛋做成的蛋糕，所以她嘱咐过我看到棕色的鸡蛋要买一些回去。"这时候，老太太从门里走出来，态度比先前温和了许多，并且两个人聊起了养鸡的事情。推销员指着院子里的猪圈说："老太太，这些猪是您养的吗？""不是，这是我丈夫养的。"推销员听了后，立即说："老太太，您对养殖这么在行，恐怕您养的鸡比您丈夫养的猪赚钱还多吧！"老太太被说得心花怒放，因为她的丈夫一直不承认这个事实。因此，她就更加相信这个小伙子的话了，并高兴地带他参观了自己的鸡舍。推销员一边参观，一边称赞老太太的养鸡经验，并说："您的鸡舍如果能用电灯照射，肯定会增加鸡蛋产量的。"涉及鸡蛋产量的事情，老太太也不再对用电的事情反感了，反而问这个热心的小伙子用电是否合算。他给了她圆满的回答。两个星期后，推销员收到了老太太的用电申请书。

　　这个推销员能成功说服老太太，没有什么别的秘诀，他只不过是没有那么急于求成，而是采用了由小到大、步步紧跟的说服方法，一步一步具体而又细致地为对方剖析情势，站在对方的角度思考对她有利的方案，这样便轻易地拉近了两个人的心理距离，慢慢改变了老太太的态度。这样就由小到大地一步一步接近预定目标，最终取得了说服的成功。

　　总而言之，诱导说服他人，要带着诚恳的态度，认真构思，逻辑要合理，事先把各个环节想清楚，交谈过程中又要针对实际情况灵活应变。

批评别"露骨"，柔中带点儿刚

　　一次聊天中，一位肥胖的夫人谄媚地问身材瘦小的萧伯纳："亲爱的大作家，你这样的身材实在太令人羡慕了，你知道防止肥胖的办法吗？"萧伯纳郑重地对她说："我确实知道一个办法，但是我很难翻译给你听，因为是'干活儿'这个外国词语啊！"

　　萧伯纳这种含蓄委婉、柔中带刚的批评，比直接说她太懒惰效果好得多。这种方法在实际应用中应注意，一般情况下要用间接的词语，声东击西，留给对方一个反思的余地。其特点是含蓄，不会伤害被批评者的自尊心。

　　批评的最高境界不是直白地说出"批评"的意思，而是用话语引导，逐渐点醒对方，启发他做自我批评。

　　越是批评的话越不能随意说出来，我们要在话说出口之前，给它们找到一个合适的方式，避免让对方难堪。对于那些有自知之明的人，最好采用暗示的方式，因为这样做就可以达到劝说的目的，不用将话说得太直白，否则只能徒增伤害。

1887年3月8日，美国牧师及演说家亨利·沃德·比彻逝世。就在那个星期天，莱曼·阿伯特接到邀请，要去给比彻生前那些要好的正伤心的牧师做演讲。他告诉自己一定要将演讲效果达到最佳，因此把演讲稿写了又改，改了又写，然后读给他妻子听。

这简直是在为难自己的妻子，因为事实上他写得很糟糕，和他平时写的演讲稿一样糟糕。如果他的妻子不懂得批评的技巧，她也许会说："莱曼，你写得真糟糕，读起来非常枯燥无趣，你的观众肯定会睡着的。你传道的经验应该很多了，我想你应该有更好的认识才是，看在上帝的分儿上，你为什么不像普通人那样说话？你为什么不表现得自然一点儿？如果你拿着这篇演讲稿去那么多牧师面前演讲，恐怕只会收获班门弄斧的尴尬。"

如果她真的这么说了，其后果是可想而知的。

不过，她还是有分寸的。她说："它真是一篇非常棒的文章，我想它都有资格发表在《北美评论》杂志上了。"换句话说，她称赞了这篇演讲稿，但同时很巧妙地暗示，如果用这篇演讲稿去演讲就不合适了。莱曼·阿伯特稍稍一想就理解了妻子话里的意思，于是立刻撕毁了他精心准备的演讲稿，重新写了一份。后来他讲道时甚至不再用演讲稿。

换位思考一下就能明白，不是所有人都能接受露骨的批评，大部分人还是很要面子的，所以批评应该点到为止。只要稍微做一点儿暗示，旁敲侧击，大家就会明白，下次便不会再犯。并且，这种表达批评的方式会显得批评者说话有技巧、有魅力。

第三篇

拒绝也能花样百出，让"不"怎么听都舒服

第十一章 不同的人，
不同的"拒"法

拒领导，能不惹他生气就别惹

当领导让你办事时，你要善加考虑，是否能够胜任这件事，做这件事有没有违背自己的真实意愿，然后再做决定。

虽然领导管理着下属，但下属也有他独立的人格，切不可不加分辨地唯命是从。倘若你的领导曾帮过你很多忙，可是现在他让你所做之事不合情理，你应该毅然地拒绝。这实际上是在帮领导，也是对自己负责的表现。

如果为了顾全彼此的情面，即使无法做到的事也接受下来，这种做法实在太软弱了。纵使是很照顾自己的领导委托你办事，你明明知道自己做不到，就应该很明确地表明态度，说："不好意思，我无法帮你这个忙！"这才是真正有勇气的人。否则，你可能因此耽误大事。

如果你认为这是领导拜托你的事不便拒绝，或者担心自己不接受会惹领导生气，那么此后你的处境就会变得很艰难。你之所以答应是因为担心领导报复，答应后又感到懊悔，可是后悔已经太晚了。

领导所说的话有违情理，你当然可以进行反驳，这才是保护自己之道。如果领导总是强迫下属接受无理的请求，这种领导便不可靠，你更不应该接受。

每个人的能力是有限的，不论如何努力都做不到的事，应该果断拒绝。但是这有一个前提，即是不是真的胜任不了，应该确实地衡量一下，千万不要因为恐惧放弃了本可以完成的事。经过多番考虑，思考了很多解决办法，认定实在无法做到，就可以拒绝。

当然，拒绝更要讲究方法，如何让领导愉快地接受你的拒绝，这里面也是有学问的。

1. 触类相喻，委婉说 "不"

如果领导委托你做一件超出个人能力的事，你直接答复 "做不到"，有可能使领导不高兴。这时，你不妨说出一件与此类似的事情，通过阐释同类事情难度很大，让领导自动放弃这个要求。

2. 陈述理由，直言不讳

一个美国科技公司召开了一次会议，公司经理拿出一个他设计的商标征求大家的意见。

经理说："我设计的这个商标主题为 '旭日'，很像日本的国旗，一定会吸引大量的日本消费者抢购我们的产品。"

销售部主管和广告部主管都赞成经理的商标，但年轻的营业部主管却说："我对这个商标很不满意。" 经理听了感到很吃惊，其余人全部睁大眼睛望向营业部主管。

营业部主管没有同经理争论那个商标的设计是否雅观，而是说："我担心它好得过度了。" 经理感到纳闷儿，依然笑脸相迎地说："我没有理解你的话，解释来听听。"

"这个商标确实很像日本的国旗，日本人肯定会喜欢，可是大家没有想到另一个市场——中国。中国人也会想到这很像日本国旗，他们可能对此没有好感，这不是同本公司扩大中国市场的计划相抵触吗？我觉得这个商标的设计有些顾此失彼。"经理满意地点了点头。营业部主管只说了几句实话，却胜过长篇大论。

3. 佯装尽力，不了了之

作为下属，如果你无法满足领导提出的某项要求，设法造成自己已尽全力的错觉，使领导主动放弃，也是一种好方法。

例如，如果领导安排了一件你难以完成的事，你就可采取下列步骤先答复："我明白您的意思，请放心，我一定尽力而为。"过几天，你再汇报："×××到国外出差了，等下周回来，我马上将您的意见转达给他。"又过了几天，你再告诉领导："我已经把您的意见转达给×××了，他答应在公司会议上认真地讨论。"后来，这件事情很可能不了了之了，但你仍然会给领导留下好印象，因为你用行动证明自己尽力了，领导也就不会再怪罪你了。

一般情况下，人们很长时间都不会忘记自己提出的要求。如果一个人提出的要求长时间得不到回应，便会觉得对方在轻视自己，由此产生反感和不满等情绪。因此，就算你无法满足领导的要求，只要让领导觉察到你认真做了，他就不会抱怨，说不定还会觉得你努力、上进，主动撤回让你为难的要求。

4. 借助群体掩饰自己说"不"

例如，领导要求你做一件事，你其实很想拒绝，但是却不好意思直接说。这时候你不妨拜托其他两位同事，让他们跟你一起去找领导。这不是所谓的三人战术，而是善于借助群体掩饰自己说"不"。

你们要事先商量好哪一方赞成，哪一方反对，然后在领导面前争论。过一段时间，你再出面含蓄地说"×××说的很有道理，这件事确实有些牵强"，从而靠向反对的那一方。

依靠这种方式，你不必直接对领导说"不"，也能够表达自己的态度。这种方法会给领导留下你们是经过激烈讨论才得出结论的印象，而且在场的所有人都不会因此遭受任何损失，领导会很自然地取消下达给你的命令。

拒同事，请求不合理就该拒

身处职场，经常遇到这样的问题：一位同事突然开口，让你帮他做一项难度很高的工作，答应下来吧，自己的工作任务可能就完不成；一口拒绝吧，碍于面子，又说不出口。

其实，拒绝别人也是很有讲究的。拒绝得法，对方便易于接受；拒绝不得法，会使人感到不满，甚至对你怀恨在心。

那么此时，我们到底应该怎样婉转地拒绝同事的不合理请求呢？

1. 先倾听，再说"不"

当你的同事向你提出要求时，他们心中通常也会有某些困扰或担忧，担心你会马上拒绝，担心你会给他脸色看。因此，在你决定拒绝之前，首先要注意倾听他的诉说。比较好的办法是，请对方把处境与需要讲得更清楚一些，这样你才知道如何帮他。接着向他表示你了解他的难处，让他心生被尊重的感觉，这样当你婉转地表明自己拒绝的立场时，就能避免伤害他，或避免让他觉得你在应付。如果你的拒绝是因为工作负荷过重，倾听可以让你清楚地界定对方的要求是不是你分内的工作，或者是否包含在自己目前的重点工作范围内。或许你仔细听了他的要求后，会发现协助他有助于提升自己的工作能力与经验。这时候，在兼顾目前工作的原则下，牺牲一点儿自己的休闲时间来协助对方，对自己的职业生涯也不无好处。

"倾听"的另一个好处是，你虽然拒绝他，却可以针对他的情况，建议他如何取得适当的支持。若是能提出有效的建议或替代方案，对方一样会感激你，甚至在你的指引下找到更适当的支持，反而事半功倍。

2. 温和而坚定地说"不"

当你仔细倾听了同事的要求，认为自己应该拒绝的时候，说"不"的态度应该是温和而坚定的。好比同样是药丸，外面裹上糖衣，就比较容易入口。同样，委婉表达拒绝，也比直接说"不"让人容易接受。

要婉谢，但不要严词拒绝，因为温和的响应总是比情绪化的过度反应要好。情绪是具有渲染性的，"不"这个词通常会引发他人强烈的负面感受，所以，当你必须要拒绝他人时，就不要再以不友善的言行，在情绪上火上浇油。

例如，当对方的要求不合公司或部门规定时，你就要委婉地说明自己的工作权限，让对方知道并暗示他：如果帮了这个忙，就超出了自己的工作范围，违反了公司的有关规定。在自己工作已经排满而爱莫能助的前提下，要让他清楚自己工作的先后顺序，并暗示他：如果帮他这个忙，会耽误自己正在进行的工作，会对公司与自己产生较大的冲击。

　　一般来说，同事听你这么说，一定会知难而退，再考虑其他办法，而不会对你产生误会。

　　3. 以对方利益为理由

　　对同事说明你之所以拒绝，并非不肯帮忙，而是为了对方的利益着想。从对方的利益考虑，以对方的切身利益为借口，往往更容易说服对方。比方说，同事要求你在一个不合理的期限内完成工作，与其直说你不可能办到，不如说服对方，仓促行事对他而言并不好。

　　例如："你交代的工作我不会这样马马虎虎、敷衍了事，因为这样无法达到你期望的水平。"

　　这样的话，同事不仅不会怀疑你的意图，还会对你切实为他利益着想的态度产生感激。

　　4. 关怀并提出建议

　　拒绝时除了可以提出替代建议，隔一段时间还要主动关心对方的情况。

　　有时候拒绝是一个漫长的过程，对方会不定时地提出同样的要求。若能化被动为主动地关怀对方，并让对方了解自己的苦衷与立场，可以减少拒绝的尴尬与影响。如果双方的情况都改善了，就有可能满足对方的要求。例如从事保险行业的人员面对顾客要求而自己无法配合时，这种主动的技巧就显得尤为重要。

　　拒绝不仅需要技巧，更需要发自内心的关怀。若只是敷衍了事，对方其实都感觉得到。这样的话，会更让人觉得你不是个诚恳的人，对人际关系伤害更大。

　　总之，只要你是真心说"不"，对方一定会体谅你的苦衷。

拒朋友，绝情也要有温度

好朋友遇到困难请你帮忙是很正常的，可是有些事会超出原则范围和客观现实。比如，有些朋友让你做的事情远远超出你的个人能力，你根本不能胜任；还有些朋友托办的事违反你的主观意愿；等等。如果你遇到了类似的情况，应该果断地说一声"不"，直截了当地拒绝。不要认为这样做很绝情，事实上这才是维护你们友谊的合理做法。

理由如下：首先，如果你做的事情违反原则，一旦东窗事发，你和你的朋友都要承担严重的后果；其次，超越你承受能力的事，你明明无法胜任却接受了，如果事情没有办成，反而会伤害彼此的友谊；最后，你不肯拒绝做违背意愿的事情，会影响你与朋友交往的情绪，间接影响了你们之间友情的正常发展。

拒绝朋友也要讲究方法，不是所有事情都适合直接拒绝。拒绝朋友的常用方法有：第一，耐心地劝阻，把其中的利害关系告诉他；第二，向朋友详细地说明自己的实际情况，使他体会到你的难处；第三，用委婉的方法处理问题，巧借其他方法完成朋友委托之事。

峰和涛既是邻居又是好朋友。有段时间，涛的水果店生意不好，亏了很多钱，资金一时周转不开，他来到峰的家里借钱。峰看在老朋友的分儿上，把自己攒了两年的八万元借给了涛。有了峰的倾囊相助，涛渡过了难关，心里十分感动。

因此，涛每天晚上都会到峰的家里问候峰，接着便大吐苦水。

峰每天下班比较晚，回来还要花两三个小时陪涛聊天解闷儿。涛不仅喜欢说自己的事，对峰家里的事也很关心。每次说完自己的事之后，涛就开始说峰家里的事，不管是大事小事，他都要评论一番。

刚开始的时候，峰认为涛生意亏损不少，心里难免有些抱怨，所以很耐心地听他说。只要他问起家里的事，峰都或多或少地说两句。直到有一天晚上，峰回家很晚，他发现涛和自己的妻子聊起了从自己嘴里听说的事情，害得妻子以为峰对她有意见。

更糟糕的是，涛后来还经常在大晚上敲开峰的家门，让峰陪他去酒吧。就这样过去了大约一个月，峰再也忍受不了了，因为涛的行为严重影响了家人的正常生活。峰觉得自己能为朋友两肋插刀，但是他不希望朋友为了表示感激而影响到自己的生活。

有一天，涛又在晚上来到了峰的家里，峰忍不住向他讲述了自己的难处。他们俩毕竟是多年的老朋友，对彼此了解很深。听了峰的倾诉，涛知道自己在与人相处方面存在问题，于是改掉了自己的毛病，他跟峰又能愉快地相处了。

拒绝朋友是件很难办的事，尤其面对交往多年的好友，更不好意思不帮忙。倘若你帮忙做的事情弊远大于利，就应该果断地拒绝，而且真诚地告诉朋友你拒绝他的理由，相信他会明白你的苦衷的。

当然，那些见死不救的人，朋友是不会轻易原谅的。

拒恋人，小心驶得万年船

恋爱是男女双方情感的交流，只有互相谅解、彼此体贴才能顺利圆满。初恋时有的人为了获取对方的好感，对对方百依百顺，不敢说半个"不"字，以为这样才能培养感情。殊不知，一味地迁就等于纵容，天长日久，对方就会像一个被惯坏的孩子，变本加厉地折磨你，而且对你的迁就毫不领情。试想，谁会喜欢一个"应声虫"般的人呢？

即使是热恋中的恋人，双方也不可能对彼此都言听计从，也不能事事都顺着对方的意思，那么恋爱中的男女应该如何表达自己否定的意见或者如何拒绝恋人的无理要求呢？

1. 寓否定于模糊的语言

含糊其词的语言技巧在恋爱中意义非凡，恋爱中的每个人都应该学会这一招。

女朋友穿了一条裙子，自己觉得很漂亮，然后在你面前得意地转了一圈，之后征求你的意见："美吗？我今天穿这件衣服参加舞会怎么样？"如果你觉得她穿这件衣服的确不合适的话，你千万不能说"真难看，一点儿都不合适"，这样肯定会激怒她。你应该含糊其词地说："亲爱的，我觉得你穿这件衣服不是很适合。这件衣服衬托不出你的气质，换一件其他的也许会更好。"只要对方是稍有灵气的女孩，便能体会这句话的真正含义，乖乖地接受你的意见。

2. 寓否定于肯定

小李的女朋友是一个非常"物质"的女人，经常让小李给她买衣服。有一次上街，小李的女朋友指着一个在街上偶然碰到的女同事的裙子说："看！这件衣服多漂亮！是她男朋友送给她的。"小李一听就知道，这又是在暗示自己给她买那件衣服了。而小李这个月已经给她买了 5 件衣服，如果再买，这个月就要入不敷出了，但是他又不好拒绝女朋友的要求。怎么办呢？小李想了想说："的确美，不过我赞赏苏格拉底的一句话：'女性的纯正饰物是美德，不是服装。'"小李的女朋友一听小李这么说，知道自己理亏，也不好催促小李给自己买那件衣服了。

小李并没有直接否定女朋友的要求，而是用了苏格拉底的一句名言，以肯定的方式拒绝了女朋友，取得了很好的效果。

3. 寓否定于感叹

小蒋和女朋友逛街。在服装店里，女朋友试了一套衣服，觉得很不错，在试衣间里看了又看，越看越满意，之后征求小蒋的意见，但是小蒋怎么看怎么觉得那件衣服不顺眼，怎么办呢？小蒋思考了一会儿说："天哪！我女朋友要是个丑女就配得上这件衣服了。"女朋友听了小蒋的话，"扑哧"一声笑了："你不喜欢就明说嘛，绕什么弯子？"

试想一下，如果小蒋说"不喜欢，花里胡哨的，像什么样"，肯定会惹怒女朋友，甚至两人会因此不欢而散，但是小蒋用了另外一种方式，既说服了女友，又没有得罪她。

4. 寓否定于商量

对方希望你多陪她（他）一会儿，而你又没有时间陪她（他）的话，你千万不要用非常生硬的口气回答："我没有时间，明天吧。"或者干脆说:"我现在哪有时间啊,明天再说。"这样说会让对方觉得你是在故意躲避她(他)。如果你这样说:"现在实在没时间,以后行吗?"或者说:"亲爱的,我今天的确很忙,明天好吗?"你的恋人肯定会答应你的。在拒绝恋人的时候,切忌口气生硬,态度强势,要试着使用商量的口气,让她(他)觉得你是在征求她(他)的意见,她(他)肯定会理解你的。

5. 寓否定于玩笑

当对方向你提出要求,而你又实在不能答应对方的时候,你可以通过玩笑来否定对方、拒绝对方,这样既可以达到目的,又不至于使双方尴尬,是一种很好的否定技巧。例如,男朋友邀请你到他家里玩,你如果觉得时机尚未成熟,就可以说:"我现在还不是你们家媳妇呢,再等等吧。"这比你直接对他说"不了,不去了,以后再说吧"好多了。

6. 寓否定于委婉

"委婉拒绝"也是一种很好的拒绝技巧,值得尝试。例如,你的男朋友指着时装店的一件漂亮衣服说:"我送你这件衣服吧,怎么样?"如果你不愿意接受的话,就可以委婉地说:"好的,但是我妈不让我轻易接受男朋友的礼物,等以后再说吧。"这样就比你直接拒绝他要好得多。

男女双方在交往的过程中,由于双方的性格不同和对一些事物理解上的偏差,往往会造成许多摩擦。如果我们能"花言巧语",巧推辞,妙拒绝,即使发生摩擦或者不愉快,也不会影响彼此之间关系的继续发展。

拒异性，要拒得恰到好处

"被爱是一种幸福"，这句话有一个前提，那就是爱你的人正是你所爱的人。如果爱你的人不是你心中理想的人选，或者你一点儿也不喜欢他（她），被爱便不再是一种幸福的表现，还可能会让你反感甚至痛苦。这份你无法接受的爱便会成为一种心理负担。

有人因为爱你所以向你求爱，他（她）并没有错；你不爱这个人因而拒绝了他（她）的求爱，你也没有错，关键在于你会不会拒绝。如果拒绝得恰到好处，你和对方都能得到解脱，也可以免去许多麻烦。假如你丝毫不考虑对方的感受，不能恰到好处地拒绝别人的求爱，不仅会对他人造成伤害，说不定也会伤害自己。

那么，如何恰到好处地拒绝异性向你求爱呢？

为了避免对方误会，你首先应该直言相告。如果你已经有了恋人，又遇求爱者，你就应该直截了当地告诉他（她），你已有恋人，请他（她）另择佳偶，而且一定要表明你很爱自己的恋人。同时，千万不要故意炫耀恋人的长处，避免无意间伤害对方的自尊心。

假如你觉得自己还很年轻，不想考虑个人的恋爱问题，干脆实话实说，好言劝解对方。

其次，如果你对求爱者毫无感觉，你们根本没有建立爱情的基础，你应该在尊重对方的前提下委婉地拒绝。对自尊心较强的男性和羞涩心理较重的女性来说，委婉地拒绝是最佳方法。因为有这类心理的人，能够鼓足勇气向你求爱已经克服了极大的心理障碍。如果你直接拒绝，他（她）会觉得自己受到了伤害，甚至痛不欲生，还有一些心态不好的人会采用极端的手段，以抚平自己的感情创伤。所以当你拒绝这一类人求爱时，态度一定要真诚，说话要谨慎小心。你可以告诉他（她）你的感受，使对方明白你愿意和他（她）成为朋友，希望你们的关系能保持在这一层面上。你不想对他（她）造成伤害，也不会对别人说出你们的秘密。

你不妨说："我们两个人的性格差别太大了，恐怕不合适。"

"你是一个善良可爱的姑娘，有许多人喜欢你，相信你可以找到如意郎君。"

"我很尊重你，你是个很好的男人，让我们愉快地做朋友吧!"

"我年纪还小，父母不希望我这么早谈恋爱，我也不想让他们担心。"

假如自尊心较强的男性或者羞涩心理较重的女性没有向你求爱，只是用言行含蓄地暗示他（她）的感情，上面的方法同样适用，你可以用暗含拒绝的语言，配合适度的疏远或冷淡让对方明白你的态度。

还有一点需要格外注意，那就是拒绝别人时不要指出或攻击对方的弱点或者缺点。因为你觉得是缺点或弱点的东西，别人不一定也这样想。所以，不能以一种"对方不如自己"的优越感来拒绝对方。有一些女青年条件比较优越，千万不能认为别人求爱是"癞蛤蟆想吃天鹅肉"，或者对别人不屑一顾，态度生硬地拒绝，让人难以接受。

男女真正意义上的恋爱标志是约会，因此，接受别人的约会请求就相当于接受了别人的求爱。如果不愿意接受对方的约会请求，我们应该明确自己拒绝的态度，千万不要由于一时的心软让对方误会，导致真正明确两人关系时牵扯不清，使对方承受莫大的伤害。拒绝约会应该有"快刀斩乱麻"的魄力，因为这次拒绝不单单意味着拒绝约会请求，而且暗示着自己对对方的爱情的拒绝，这需要我们明确自己的心意，断绝对方再次邀请的念头，同时也要尽量不伤害对方的感情。

　　赵刚已经暗恋同事小兰很久了，一天晚上，他终于鼓起勇气约小兰出来看电影。其实小兰早就感受到了赵刚的情意，可是她对赵刚实在没有"触电"的感觉，因此对他说："真的非常抱歉，我最近晚上在上电脑培训课，上完电脑培训课又要准备第二天的工作，实在没有看电影的空闲时间。你可以去找江峰啊，你们不是常在一起讨论好莱坞的影片吗？"听了小兰的话，赵刚只好悻悻而归，此后没有再约小兰看电影。

　　看一场电影用不了多长时间，假如小兰愿意接受赵刚的邀请，一定可以抽出赴约的时间。可是从她的话中可以听出，她根本没有想要赴约的意思。

　　想清楚了这一点，赵刚也能理解小兰的婉拒之意，只好收回自己的感情。

　　约会相当于恋爱的前奏，当对方刚刚提出约会请求，并没有流露出爱意时，可以"先发制人"，委婉地告诉对方已经心有所属。这样说可以让对方知难而退，自然不再强求，为了避免出现尴尬的情况，他（她）还会找理由取消此次约会。

第十二章 不同的情况，不同的"拒"法

拒劝酒，少喝一点儿是一点儿

人生活在这个相互联系、相互影响的社会中，就难免会有应酬。有应酬就免不了要喝酒，而拒绝别人的敬酒实在是一件难事。对于职场女性朋友来说，许多客户需要应酬，拒绝敬酒就更是一件难事了。

但在中国，不管是南北差异还是东西之间的不同，好像都十分注重聚会和酒文化，它成了中国人注重情感和礼仪的一个媒介和象征，企业也不例外。酒文化已经渗透到中国很多企业的骨髓之中，成为人际关系是否和谐的标志了。就连在一海之隔的日本，酒文化也源远流长。下了班的日本职员，只要不是周末，直接回家就会让老婆误以为人际关系不好，也预示着难以升迁。

相信很多女性都在为喝酒这件事而苦恼吧。别人敬酒，特别是一些客户，喝吧，就苦了自己，对身体也不好；不喝吧，不但会扫了大家的兴，还往往会得罪人，以后的生意就更加不好做了。拒绝别人的敬酒，还真是一件麻烦事。

　　小翟是客户经理，与客户沟通密切。要谈生意，自然就免不了应酬。无酒不成席，客户得罪不起，结果小翟活脱脱从滴酒不沾变成了"千杯不醉"。即使这样，小翟还是经常喝醉，耽误了几笔重要的合同。这还不算，他居然还喝出了胃病。小翟对酒深恶痛绝，但是对于拒绝敬酒依然束手无策。既然无法逃避喝酒，那么如何来因势利导，以免让其变成生活的负担呢？这就需要把握适度的原则。

　　适度有两层意思：

　　一是适度参与，很多对工作意义不大，没有任何沟通价值的，无非是放松神经的应酬就可参加可不参加了。要以工作酒会为核心，以不影响工作和心情为依据，做到既有利于上下级的沟通与和谐，又不至于因应酬过多而浪费太多精力。

　　二是照顾气氛，掌握方法，不能放纵贪杯。工作聚会和朋友小酌不一样，前者讲究气氛，后者追求随意。所以你最初应该向朋友阐明你不能饮酒，但要表达你希望酒会轻松快乐的愿望。其间，实在喝不了的情况下，每个人可以根据自己的特长予以灵活应对，不提倡那种义正词严的拒绝，因为那可能导致尴尬的场面。方法其实很多，如讲个小故事、做个游戏、唱个祝酒歌等。

　　酒桌最能考验一个人的口语交际能力。如果你酒量不够好，那么恰如其分的拒酒之词你必须掌握一些，这样，既不伤自己的身体，又不让劝酒者扫兴。下面看看几种常见的拒酒之词吧。

　　1. 只要感情好，能喝多少喝多少

　　这句话可以展开详细的阐述："九千九百九十九朵玫瑰也难成全一份爱情。只有感情不够，才用玫瑰来凑。因此，只要感情好，能喝多少喝多少。我觉得咱们的感情里最好不要掺杂那么多'水分'。我喝的虽然不多，但这点点滴滴都是浓浓的心意，来，咱们为这深情厚谊干一杯!"

2. 只要感情到了位，不喝也陶醉

你试试这样说："跟貌合神离的人一起喝酒，那是一种折磨；跟情投意合的人一起喝酒，那是一种享受。我们走到一块儿，说明我们情投意合、感情到位。只要感情到了位，不喝也陶醉。"

3. 只要感情有，喝什么都是酒

平时的你如果养成滴酒不沾的习惯，那么不妨说服对方，以饮料或茶水代酒。不过在此之前，你需要"先发制人"，和他展开这样的对话模式：你先问他，你们俩有没有感情，他肯定会答"有"，这时你就可以顺势说"只要感情有，喝什么都是酒。感情是什么？感情就是理解，理解万岁"，然后以茶代酒，这样既推了酒，又不失礼节。

4. 感情浅，哪怕喝大碗；感情深，哪怕舔一舔

酒桌上，推杯换盏在所难免。朋友或者同事之间侃侃而谈，但大多都围绕一个主题：劝酒。"你不喝这杯酒，一定是嫌我长得丑。""感情深，一口吞；感情浅，舔一舔。"如果劝酒的人为了让你多喝几口，非要把自己的美丑和你们之间感情的深浅拿出来说事，那么你不妨顺着他的思维，这样挡酒："如果感情的深浅与喝酒的多少成正比，我们这么深的感情，一杯酒不足以体现。我们最少应该跳进酒缸，这样才不负这么多年的交情，对吧？其实，感情浅，哪怕喝大碗；感情深，哪怕舔一舔。"

5. 为了不伤感情，我喝；为了不伤身体，我喝一点儿

有的人劝酒之词比较偏激，比如："喝！感情铁，喝出血！宁伤身体，不伤感情；宁把肠胃喝个洞，也不让感情裂个缝!"面对

不理性的话，你可以这样应答："我们要理性消费，理性喝酒。'留一半清醒，留一半醉，至少梦里有你追随'，感情对我而言很重要，身体对我而言也很重要，因为没有身体，感情无处寄托；没有感情，那和行尸走肉有什么区别！所以，为了不伤感情，我喝；为了不伤身体，我喝一点儿。"

6. 君子之交淡如水

有些挡酒高手，面对劝酒之人会巧妙设问，请其入瓮。比如你可以问他："现在你有两个选择，一个是君子，一个是小人，不知道你愿意做哪类人？"他如果说"愿意当君子"，你便说"君子之交淡如水"，以茶水代酒，或者说"君子动口不动手，你动口喝"，请他喝；他如果说"愿意当小人"，你便说"我不跟小人喝酒"。这样的对话逻辑严明，他也无话可说，不过记得说这些话的时候，一定要保持微笑，若是把这样的话说得严肃认真了，就会破坏集体的氛围。

总之，拒酒的话还有很多，要随机应变，"兵来将挡，酒来词拒"。你可以没有酒量，但是你不能没有口才，如果你能凭着机智应答如流，那么你在交际场所也一定能左右逢源、游刃有余。

当然，拒绝敬酒的方法还有很多，需要你在日常生活中多积累、多交流、多学习。记住，脑筋要灵活，什么场合用什么样的话语，要视客观情况而定。

拒谈判方，不说"不"也能拒

谈判，作为一个利益竞争的过程，势必伴随双方利益的碰撞和对抗。一个高明的谈判者，敢于和善于巧妙地拒绝对方的意见，并大胆地提出更为合理的方案，以便牢牢把握住自己的利益。但在实际的谈判中，一般不应直接用"不"这个具有强烈对抗色彩的字眼，更不能威胁和辱骂对方，应尽量用委婉的表达方式。

下面介绍谈判中几种婉言拒绝的技巧：

1. 局限抑制拒绝法

谈判中，当对方提出的要求超过了我方所能同意的限度，而运用其他晓之以理的方法仍无法摆脱对方的纠缠时，为了使对方真正意识到再磨下去也是白费劲，不妨在对方面前摆出一些自己无法逾越的客观上的障碍，表明自己确实力不从心、爱莫能助，从而使对方在放弃纠缠的同时对你的拒绝给予谅解。这里的局限和障碍可从两方面去强调：一是自身缺乏满足对方要求的某些必要条件，如技术力量、权限、资金等；二是社会的局限，如法律、制度、纪律、惯例和形势等。这两者有时可单独运用，有时也可综合运用。

2. 引诱自否拒绝法

面对谈判对方提出某些我方认为不合理的过分的要求、失实的指责，最好不要直言反驳，不要拍案而起、反唇相讥。可采用引诱自否法，即先不马上答复，而是旁敲侧击地提出一些经过构思的问题，诱使对方在回答中不知不觉地否定自己原来提出的要求或观点。

3. 先承后转拒绝法

人们的某些要求被对方拒绝时，或多或少都会因自尊心受损而感到不舒服。作为必须表示拒绝的一方，要把拒绝留给对方心灵上的阴影减少到最低限度，尽量避免以直接否定、全盘拒绝的语气去表达，以防止对抗心理的产生。我们应从人们通常所期望得到自尊、理解的心理需求出发，先从对方的意见中找出双方均不反对的某些非实质性内容，从某个适当的角度予以肯定与认可，摆出其中的共同点，表达对对方的理解与尊重（先承）；然后再对双方看法不一致的内容进行比较平静与客观的阐述，以启发和说服对方接受己方的观点（转拒）。这样一来，由于对方先获得了被尊重、被理解的心理满足，双方心理上的距离拉近了，当后来被拒绝时，会感到我方比较通情达理，因而由于被拒绝而引发的心理不协调会大大削弱。

4. 围魏救赵拒绝法

当对方提出我方所不能接受的要求或意见时，我方不要受对方的牵制，不要采取直接拒绝或反对的方式，而是针对前边的谈判中对方拒绝我方意见的某些要害问题，以攻为守，再次要求对方退让，使对方反处于被要求给予理解的位置而忙于招架。这样一来，对方也就不得不主动放弃要求我方退让了。

5. 补偿安慰拒绝法

在谈判中，有时我方对某些交易成交寄予较大希望，志在必得，但在某些条款上对方要求太高，我方无法接受。如果斩钉截铁地一口拒绝对方，会破坏谈判的气氛，甚至激怒对方而导致谈判失败，使我方的希望落空。为避免这种情况出现，我们可以在拒绝的同时，在我方力所能及的范围内，在心理需求、物质利益以及其他方面给对方以适当补偿，以缓解对方因失望而产生的心理失衡。

6. 委婉暗示拒绝法

委婉暗示拒绝法就是不直接用语言明确地拒绝对方的要求，而是以各种比较含糊的语言或表情态势来向对方传递我方不能接受的信息。例如，当对方在某件事情上情绪不好、措辞激烈的时候，你应该怎么办呢？一个老练的谈判者在这时候会说一句对方完全料想不到的话："我完全理解你的感情。"这句话婉转地表达了一个信息：不赞成这么做。但对方听了会心悦诚服，产生好感。

喜剧大师卓别林曾经说过："学会说'不'吧，那样你的生活会好得多。"一个人应该明白，他必须学会巧妙地拒绝，才能赢得真正的理解和尊敬。

拒推销，可以装装傻、充充愣

一个训练有素的推销员，从开门的那一瞬间起，就使出各种说服的技巧来。这些说服的技巧，大致都是由几句话连起来的，想把听者的心理导向对自己有利的方向。

所以，你只要在这个诱导效果发挥出来之前，分析其文句的连贯性，把每一句话逐句否定下去就可以了。

有一天，老李家里来了一位保险推销员，那个保险推销员神情认真地对他说："只占用您十分钟的时间，为您介绍一下我们的产品。"看着对方认真的模样，老李也不好意思拒绝。这要是闲来无事，聊聊也没什么不可以，可老李现在手头有一份非常紧急的工作，必须在今天上午完成。

正当老李感到为难时，对方很快发现了摆在桌面上的几张戏曲光碟。

于是他开口说："您好像对戏曲……"

老李不得不打断他的话："不，那是我爱人喜欢的……"

"哦，您爱人喜欢戏曲，那真好……"

"不好，她不在家……"

"那么能不能给我5分钟……"

"呀，好像超时了吧？"

这样一来一去，那个推销员只好知难而退了。

对于推销者而言，他当然想要和对方挂起一条心的输送带。如果在"你好像对羽毛球……"之后答一句"嗯，马马虎虎"，那么，"输送带"就算已被挂住。然后，接下去就是"是不是从小就喜欢，是否参加过什么比赛"之类的问话，一直引导到他要推销的产品上。

为避免这样的结果，在对方的输送带尚未挂上之前，就将其割断，那对方就无计可施了。

面对推销，也可以采用装糊涂的方法。所谓装糊涂是指答非所问，模糊应对。

看看下面这则故事。

推销员一进门，就迎出来一个白发老头。青年推销员恭恭敬敬鞠了一躬。"噢，噢，可回来了！你终究是回来了。"老头脱口而出，"老婆子快出来。儿子回来了，是洋一回来了。很健康，长大了，一表人才！"老太太连忙跑出来，只喊了一声"洋一"，就捂着嘴，眨巴着眼睛，再也说不出话来。推销员慌了手脚，刚要说"我……"时，老头摇头说："有话以后再说。快进来，难为你还记得这个家。你下落不明的时候才上小学六年级，我想你一定会回来，所以连这个旧门都没修理，不改原样，一直都在等着你呀！"

推销员实在待不下去了，便从这家跑了出来，喊他留下来的声音始终萦绕在他的耳边。

"大概是走失了独生子，悲痛之余，老两口都精神失常了吧？倒怪可怜的。"他想着想着回到了公司，跟前辈谈起这件事。老前辈说："告诉你吧，那是小康之家，只有老两口。因为无聊，所以经常这样捉弄推销员。"

"上当了！好，我明天再去，假装是儿子，来个顺水推舟，伤伤他们的脑筋。"

"算了吧！这回又该说是女儿回来了，拿出女人的衣服来给你穿。结果，你还是要逃跑的。"

用装傻来捉弄和对付难缠的推销员，不失为一种高明的手段。

装傻并不是真傻，而恰恰是一种高明的圆融之道，它真正体现的是你的聪明与灵活。

第十三章　拒绝有"法"，开口不伤人

开开玩笑，拒绝就没那么"严肃"了

幽默的人天然具有一种吸引力，不管走到哪里都非常受欢迎，因为大家都喜欢欢乐轻松的社交氛围，跟幽默的人交流能获得一种身心的愉悦感受。所以，在与他人的交往中，你完全可以多用一些风趣、幽默的语言来增强说理的吸引力、感染力。

有位打字员小姐，因为一次偶然的机会邂逅了一个男人。那个男人对她一见倾心，可是她对那个男人并不感兴趣，面对他的求爱信，她坚决地予以拒绝，可是那个男人并不死心，仍然一如既往，继续写信。于是，有一天，这位小姐把她重新打了一遍的信连同原信一起寄了回去，并附了一张条子："你要写的内容，我全都帮你打好了。"从此，那个男人再也不纠缠她了。

这位小姐的职业是打字，她巧妙地利用自己的看家本领幽默地回绝了男人的爱意，这样既不会使对方特别难堪，又能为自己免去很多烦恼，她的拒绝方式十分值得我们学习。

文学大师钱锺书先生是个"甘于寂寞"的人。他不愿被人炒作，也不愿抛头露面，只想一心做学问。自他的成名作《围城》问世之后，前来叨扰他的人络绎不绝，很多记者都想和他见面聊一聊，可是全都吃了闭门羹。

一天，一位英国女士打来电话，说她很喜欢《围城》，渴望与他见上一面。

钱锺书婉言谢绝，但那位女士却并不善罢甘休，一直重复着之前的诉求。最后钱锺书实在没有办法了，便以其特有的幽默语言对她说："假如你吃了一个鸡蛋觉得不错，你认为有必要去认识那只下蛋的母鸡吗?"

钱锺书是名副其实的语言大师，他的小幽默里藏着大道理，他以恰如其分、幽默风趣的语言告诉对方：请你离我的作品近一点，离我的私人生活远一点。这样藏着智慧的幽默拒绝，对方就算不能如愿以偿，也不会很难过。

有一次，林肯受邀在某报纸编辑大会上发言。林肯觉得自己的身份和大会的主题极不相符，所以就想办法推辞。

他给大家讲了一个小故事："有一次，我在森林中遇到了一个骑马的妇女，我停下来给她让路，可是她也停下来不走了，然后眼睛眨也不眨，长时间地注视着我的脸。她说：'我现在才相信你是我见过的长得最丑的人。'我说：'也许你说的是对的吧，可是我又能怎么样呢?'她说：'当然，相貌丑陋是天生的，你无能为力，但是你可以选择不出门啊！'"大家为林肯的幽默哑然失笑。

幽默虽然能产生"笑果"，但是它并不是你制造幽默的目的，你真正的用意在于营造拒绝的气氛，在不影响人际关系的同时让大家轻松地接受你的拒绝。

某市要举办一场歌手比赛，一个社会声誉不太好，且对音乐一窍不通的民营企业家找到举办单位的负责人说："我赞助1万元，你安排我当个评委怎么样？"负责人拍了拍他的肩膀说："老兄，你是钱多得扎手吗？那我建议你把这1万元钱扔在河里，最少还能溅起个水花！"

在对方提出要求后，你可以像这个负责人一样以诙谐幽默、玩笑打诨的话语作为遮掩，避开对实质性问题的回答，巧妙地拒绝对方提出的要求。

幽默和风趣是智慧的体现。如果你想成为有幽默感、善于以趣谈理的人，那么首先应该做的就是多积累知识，加强自身的文化修养，这样你在发挥幽默细胞的时候才有包袱可抖。其次还要学会自嘲，以乐观的心态去娱乐别人，活跃气氛。

拒绝别那么直接，给个借口谁都不失面子

人会在不断拒绝中度过自己的一生，就像事物经过否定之否定而螺旋上升一样。对产生拒绝行为的两方而言，主动采取拒绝行为的人往往能处于有利的地位。但如果拒绝未采用合适的方法和技巧，就很容易伤害他人，引发怨恨和不满，对自己的人际关系造成不利的影响，甚至引起各种难解的纠纷，使自己进退两难。即使不至于闹到很严重的地步，由于你的拒绝，对方也会因此变

得不愉快，甚至耿耿于怀。不管怎么说，一个人充满希望地请别人帮忙，却遭到无情的拒绝，确实是一件让人难堪的事情；自信十足地去说服别人，结果却遭到了严厉的拒绝，更加让人难以接受，甚至会造成心理上无法治愈的伤痕。

"我和你每天做一样的工作，为什么找我帮忙？""我实在没有钱借给你，不然我也不会辛苦加班了。""请恕我难以答应你的请求。"……在遭受这样的拒绝后，你会产生怎样的感想？会很高兴、很客气地说"如果是这样的话，那我就不打扰你了，真的非常抱歉"吗？恐怕不会吧。大多数人会因此怒不可遏，用犀利的言语回击对方："你说话怎么这么没有礼貌！难道你从来都没求过人吗？"然后便愤愤不平地离开了，可是心里依然记恨着对方，打算伺机报复。

别人和我们反目成仇，处处针锋相对，有时并非完全是由于我们拒绝了他，更可能是因为我们拒绝他的语言和方式不恰当，使对方内心受了伤。人活一世，谁也不知道什么时候需要他人助力，所以多一个敌人绝对不是什么好事。拒绝是无法避免的，但我们可以在拒绝时采取适当的方法，尽可能让对方不会因为我们的拒绝而与我们成为敌人。

1. 以"制度"为借口

有一位员工鼓足勇气敲响了经理办公室的门，他紧张地说："对不起，我想是不是该给我涨工资了……"

"我也觉得你应该涨工资了，但是……"经理指着墙上的一张表不紧不慢地说，"根据本公司职务工资制度，你已经是这个级别中工资最高的员工了。"

员工泄气了："唉，我竟然忽略了公司的工资制度！"

他退了出来，由于墙上冰冷的工资制度，他放弃了自己本应得到的东西。或许他也想过："我怎么才能推翻墙上那张工资制度表呢？"这或许也是经理希望他讲的话。

2. 以"他人"为借口

小孟是某电器商场的一位销售员，一天，他的朋友林枫来买CD机。林枫将店里摆放的样品看了个遍，可是没有找到令他十分满意的那种。于是，林枫请求小孟带他参观一下商场的仓库。小孟面对朋友，不好意思直接拒绝。他笑着说："前几天我们经理刚宣布过，不允许任何顾客进入仓库。"尽管小孟的朋友心中不悦，但总比听到小孟直接说"不能"好得多。

3. 以对方的"言语"为借口

军阀吴佩孚曾经是权倾一时的人物，当他势力壮大的时候，一位同乡前来投靠他，希望他给安排个一官半职。吴佩孚知道那位同乡才能平平，可是碍于面子，仍然给他安排了一个上校副官的闲职。没过多久，同乡因为嫌弃官职低再次找到吴佩孚，请吴佩孚给他安排个县长的职位，要求派往河南。听了同乡的请求，吴佩孚在申请书上批了"豫民何辜"四个大字，委婉地拒绝了他。谁知过了些时间，同乡又申请调任为旅长，还一本正经地说："我想率领一个旅去讨平两广，有朝一日凯旋，一定解甲归田，然后种树自娱。"吴佩孚看了同乡的申请书，感到又好气又好笑，最后提笔写了"先种树再说"五个大字。

4. 以"外交辞令"为借口

面对不想说或不能说的问题，很多外交官会采用同一句话来搪塞："无可奉告。"在日常生活中，我们有时也会遇到类似的情况。当对方的提问自己无法作答时，也可用这句话。除此以外，你可以采用"事实会证明一切""天知道""这个说起来很麻烦"等搪塞过去。